总 主 编　李红权　朱宪
本卷主编　李红权　朱宪

近代蒙古文献大系

概 览 卷

◇ 第 二 册 ◇

中华书局

目　录

外蒙问题

俞振楣　撰

（一）绪论

呜呼！疾痛惨怛憔悴呻吟于帝国主义铁蹄之下，盖莫甚于此时，而莫极于外蒙。外蒙，蒙古之一部分也，其土地之广，几占神州之半，其宝藏之丰，足救中国之贫，诚天赋之乐土也。惜乎有清之时，吏治昏暗，不思改革其恶俗，畅利其交通，教育其人民，开垦其土地，遂使日、俄有可乘之机。民国成立，内乱相寻，外患益亟，更不得经营外蒙，改藩为省，遂使大好河山，操纵于赤党手掌之中，沦为帝国主义之盘上俎〔肉〕。嗟嗟！外蒙问题之重要，良不亚于山东问题与西藏问题也；盖外蒙一失则内蒙危，富源尽，而中国永无自强之希望，国人幸勿以其远而忽之也。

（二）外蒙之沿革

外蒙之地，商前已不可考，据书籍所载，在周为山戎、猃狁、狁允之所居，周太王避寇迁岐山，足见当时已谋蠢动。其民非土著，其国无城郭，以牧畜为生，逐水草而居。秦汉时，匈奴最强盛，建王庭于喀尔喀，统辖漠南北地，且时入寇云中、上谷诸郡，前汉历代诸帝患之，故有公主和亲之举焉。至后汉分其地为单于，再变为蠕蠕，三变为突厥，四变为回纥，终变而为蒙古。唐时有鲜卑、乌桓、奚者，错居漠南，薛延陀、契丹等，则据漠北，建国曰辽，蒙古属焉。至也速该，乃并吞诸部，与女真抗，其子铁木真嗣位，勇敢善用兵，大举西征，所向披靡，欧人共传黄祸，前后灭国凡四十，疆域之广，即汉唐盛世，亦不能过云。在位二十二年殂，三子窝阔台嗣位，南灭金，威名远慑欧洲，莫敢撄其锋。世祖即位，建都北平，奋其余威，灭残宋而主中国。数传至顺帝，荒淫无道，为明所逐，遁归和林，复号蒙古，度其游牧生活，时南犯，英宗寻被掳焉。清初，既平察哈尔，蒙古乃惧而入贡，岁献白驼一，白马八，是为九白之贡。既而喇嘛教传入外蒙，遂失尚武精神，而国势渐衰。迨民国世，乃受日、俄之宰割，而不能奋向日成吉思汗之雄威矣。

（三）外蒙之地理

一、外蒙之自然地理（位置、山脉、河流、湖泽、沙漠、气候）

1. 位置　外蒙位中国北部，东界黑龙江、辽宁，南界察哈尔、绥远、宁夏、甘肃，西南界新疆，北界俄属西伯里亚之外贝喀〔加〕尔、伊尔库次克、叶尼塞斯克及托木斯克诸州，面积凡四百八十八万六千方里，人口百八十万。

2. 山脉　外蒙之山脉，以阿尔泰山为主，自新疆入科布多，折而北，沿中俄边界而入西伯里亚，其支脉在外蒙者，有唐努山、杭爱山、肯特山。

3. 河流　外蒙幅员辽阔，然天气亢燥，河流稀少，往往赤地千里，不见水草，其著者有克鲁伦河、敖嫩河、色楞格河、鄂尔坤河、图拉河、札布干河、翁金河、推河、拜塔里克河、贝克穆河、科布多河、乌陇古河、特恩河、额尔齐斯河。

4. 湖泽　外蒙湖泽颇多，故六畜赖以滋长，计其大者，有胡尔罕鄂伦泊、察罕泊、鄂罗克泊、锡拉布里都泊、特尔们池、桑金达赖泊、察罕克尔泊、乌布萨泊、伊克阿拉克泊、赫萨尔巴什泊、库苏古尔泊。

5. 沙漠　外蒙沙漠，几占全土三分之一，即大戈壁是也，东起兴安岭，西尽天山，斜亘外蒙古间，地势高出海面四千尺，土性干燥，赤地千里，行旅极感不便。

6. 气候　外蒙之气候，可谓全世界之最恶劣处，四季之长短不均，春秋均各一月，夏二月半，余皆冬令矣。而一日之间，气候亦有差至九十度者，其故在白昼阳光直射沙面，故酷暑非常，至日暮则沙土散热，遂降冰点，冷风忽起，纷纷降雪，俄顷之间，竟积数尺，诚异观也。

二、外蒙之人文地理（派别、区分、都会、人种、政体、宗教、教育、风俗）

1. 派别　外蒙自元顺帝被迫回蒙后，即建喀尔喀蒙古国，有部众万余，析为七旗，喇嘛教入蒙，乃分三图，即土谢图汗与同族车臣、札萨克图是也。

2. 区分　外蒙区域，现分六部，曰车臣汗、曰土谢图汗、曰三音诺颜汗、曰札萨克图汗、曰科布多、曰唐努乌梁海，为旗八十有六，分为四盟，曰汗阿林盟、曰齐齐尔里克盟、曰喀鲁伦巴尔和屯盟，及札克必拉色钦毕都哩雅诺尔盟。

3. 都会

a. 库伦　位土谢图汗部，地势冲要，人烟稠密，可三万许，活佛居焉，其宫殿壮丽，夏季膜拜者，不绝于道。

b. 买卖城　即恰克图，属土谢图汗部，位中俄交界处，百货云集，茶为大宗，人口三千，南距库伦八百里。

c. 乌里雅苏台　在三音诺颜西北境，土地肥沃，人民繁庶，为边防要塞。

d. 科布多　在科布多部，其地气候温暖，水草丰茂，且交通便利，为蒙疆之要道。

4. 人种　外蒙之人种，大别言之，有喀尔喀、乌梁海、唐古特三种。

a. 喀尔喀　身倭体健，肤黄赤，鼻低面平，大半为元裔。

b. 乌梁海　容貌颇似土耳其人。

c. 唐古特　身肥肩阔，肤淡黑，面长鼻高，盖自西藏迁此者也。

5. 政体　外蒙之政体，在昔以神权治理，奉喇嘛而汗王辅之，至近日国民党起，组织国民政府，尽夺活佛汗王之权，而为赤俄之傀儡。国民政府之下，分设内务、陆军、财政、司法、外交五部，组成国务院；领以国务总理，五部各有总长一，主事员一，秘书一，书记员三人至五人，且聘俄顾问一员，而握有重权焉。至军事方面，有蒙古全军参谋部掌之，设元帅一，参谋长一，其下附设内防处、外防处，然皆有赤俄之顾问。

6. 宗教　外蒙古昔无宗教，自明初喇嘛教传入，渐得蒙人之信仰，奉行维谨，不敢稍违，于是渐掌政权。清时创掣签之法，颁金奔巴瓶，以定喇嘛之承继，今则外蒙国民政府，力倡教育，破除迷信，对于活佛之信仰，已不若从前矣。

7. 教育　外蒙以游牧为生，固无所谓教育，举止动作，犹是太古草昧之民，间或有之，则皆以佛教经典为主，对于国家人才之培殖，全不顾及。国民政府成立后因感教育之需要，遂设学校四十七所，学生凡三千二百人，民国十一年因苏俄列宁夫人捐资四十万元，遂创办中学四所，学生二百六十人，又设国民大学一所，学生六十余人。赤俄亦借此积极宣扬"赤化"，故蒙民之亲俄派，固实繁有徒也。

8. 风俗 外蒙之风俗，因专事畜牧，故勇悍耐劳，见异不迁，守常安故，质朴不华，处女蓄辫两条，妇人则否，饮食恶鱼鸟，亦其异点，居无室，以幕为庐，故能迁徙，嫁娶之礼，一如汉人，而丧葬则不然，弃尸于野，任膏兽吻不顾也。俗崇活佛，祈福解祸，风行外蒙，家三男，则一人须为僧。

三、外蒙之经济地理（物产、贸易、交通、邮电、财政）

1. 物产 外蒙人民以游牧为生，故其物产，以六畜为最，稻谷之类，仅足供给，本地蔬菜，则销路颇畅，果类味皆不美，花卉亦少悦目者。而家畜之众，诚可谓乃外蒙富源，畜有骆驼、牛、羊、豕、骡、驴，野兽有虎、豹、熊、鹿、狐狸、狸獾、兔、羚羊、山羊、野骡、野马、獭鼠、栗鼠、鼺鼠，水禽有野鸭、凫、雁、鹅，飞禽有鹰、雕、鹘、鸨、鸦、鹊、鸠、鹌鹑、鹧鸪、画眉、雉雀、沙雉、云雀，鱼族有鲤、鲫、鳅、鳝、画鱼、红鳞鱼及龟、鳖、螺蛤，虫多毒螯，以蝇、蚊、摆翎、臭虫为最，蛇、虬、蜥蜴、蜘蛛、蜂、蝶所在皆有，野蚕尤多。至于矿物，金类有金、银、铜、铁、铅，产于阿尔泰山脉，食盐产于各盐池，其量甚宏。

2. 贸易 外蒙北界俄属西伯利亚，南连汉地，故实处中俄交易之关键，清康熙时曾于库伦，准双方互市，继又以买卖城为市场。外蒙出口，以砖茶为大宗，外蒙金融，计有中国银锭、银元、俄国金洋、银元、日本金票、拓殖俄边银行牲畜票，凡六种，金票势力最微，牲畜票势力最大，纸币凡四种，一元者为猪票，绘猪形，五元者为羊票，十元者为牛票，五十元者为马票，均有其形，市场使用，须换成牲畜票，方可使用。

3. 交通　外蒙之交通，政府曾拟筑张库铁路，因经费无着，遂开辟一汽车道，往来颇称便利，由张抵库，四日可达。又乌得北至库伦设台站，以递送公文，由库至恰，则有长途汽车。

4. 邮电　外蒙之邮电，自中国加入万国邮电后，对于外蒙，亦力加整顿，电报以库伦为中心，南线由乌得与中国电线通，北线于恰克图，与赤俄电线联络，且设长途电话，消息亦颇灵〔设〕捷。

5. 财政　外蒙财政，当未独立之前，极形简单，税收仅牧畜一项，故政费亦赖中央接济。独立以后，财源断绝，且百废具兴，皆赖经济，于是一面逐渐加税，一面向俄借款，十一年冬，竟以外蒙全部矿产抵借俄金卢布一百五十万元，自此之后，外蒙金融始稍有活动现象。现外蒙年入可四百万两，出项则中央政费需一百二十万两，军费一百万两，地方政费一百二十万两，教育经费三十万两，收克〔支〕相抵，尚有二三十万两之盈余。

（四）日俄双管齐下之外蒙

一　俄诺曼诺夫王朝之侵略外蒙

外蒙之与俄交涉，始自有清初叶之《尼布楚条约》，斯约订立于康熙二十八年，准边境往来贸易之自由。未几喀尔喀内附，而中国北境与俄领西伯利亚之交涉益繁，康熙五十一年，俄皇大彼得遣使赍约如北京请改订商约，未允所请。迨雍正五年，俄女皇喀德邻，复遣使申前议，世宗乃遣图理琛与俄使会议于布拉河上，订《恰克图条约》，开恰大〔克〕图为中俄通商市场，贸易遂盛。寻于乾隆二十七年，乃设钦差大臣于库伦，以办理边务，后以小故，封禁商场，乾隆五十七年，又复其初，其后俄遂取得蒙古各地通信权，且设领署于库伦。逮光绪七年，伊犁约成，俄遂得与科布多、乌里雅苏台之通商权，自后俄之经营外蒙，不遗余力。民国初元，乘我内地多故，竟举外蒙为其保护国，民国四年，中俄协约告成，外蒙仍归我国，然种种利益上之比较，则俄得保护国之实利，而我徒握主国之虚名耳。

二　日本对外蒙之野心

东邻日本，虎视鹰瞵，对于地广人稀之外蒙，久欲入我版图，以速圆彼大陆帝国之好梦也。于是派遣浪人、军校，游说外蒙活佛、王公，唆使独立而归日保护，诱以利害，迫以威势，会俄白党谢米诺夫，谋推翻苏俄政府，故愿作傀儡，规取外蒙，为彼复仇之根据地，乃派其部将恩琴，率兵入蒙，勾结蒙匪，有日本军校居中指挥，民国十年二月一日，蒙匪乘防军懈怠，突劫活佛，并陷库伦，不逾二月，而乌里雅苏台、科布多、唐努乌梁海，随以全部失陷，此虽由我政府援救之不力，要亦未始非日本阴谋侵略阶之厉也。

三　赤俄之积极侵略

欧战既作，俄国内讧，苏维埃政府取诺曼诺夫王朝而代之，以扶弱锄强为己任，放弃历来之侵略政策。外蒙既失所依，乃幡然归隶。其后俄白党巴龙恩琴两将①得日人之援助，率其残部攻陷库伦，建立旧式帝国。时远东共和政府，以白党近处肘腋，有关国本，乃由赤塔派遣赤军，长驱入蒙，攻陷库伦，击散白党余孽，

---

① 即上文的恩琴，又称巴龙恩琴，并非两人。——整理者注

于是俄之势力，重复入蒙，根深蒂固，不可轻视矣。而蒙古亦甘于亲俄，谓苏维埃社会主义联邦为蒙古之惟一友邦，所有劳农阶级之利益，国家社会之经济，均与苏俄取同一之步骤，且举列宁、齐吉林两氏为蒙古永远生命之名誉代表，苟信然，则外蒙不啻认其为宗主国矣，噫！可胜叹哉。

（五）外蒙现状（党政、军事、教育、卫生、实业）

1. 党政　蒙古国民党人，既得外蒙全部，乃于库伦组织国民政府，仍戴哲布尊丹巴呼图克图为虚名君主，借以收拾人心耳，政府之下，设内务、陆军、财政、司法、外交五部，组成国务院，有总理领其事，五部各设总长一人，又聘俄顾问一员，事务胥取决于彼，此外特殊机关，尚有四所。

（1）蒙古国民党中央执行委员会　蒙古国民党为外蒙之惟一政党，其所揭之党纲，殆于〔与〕中国国民党之三民主义相同，然其实际，则不啻第三国际之一部分也。该党之组织法，系采委员制度，库伦有中央执行委员会，每年召集全体大会一次，其他各部落、盟、旗、佐领，亦遍设分会。

（2）蒙古革命青年党中央执行委员会　其党纲及组织与国民党同，推〔惟〕年龄则以二十五岁为限，而不能直接干预政治，而受国民党之指挥。

（3）学术馆　该馆直隶于国务院，其职务为搜集各种蒙古之古物，筹设国家图书馆，且编纂各种图书，筹设国家印书馆。

（4）国民合作公司　外蒙政府为谋外蒙经济发展起见，乃创办该公司：资金凡一百万元，设总公司于库伦，而恰克图、科布多、乌里雅苏台等处，亦有分所，其中办事者，皆属国民党与青年党之党员。

外蒙最高主权盖握于三大机关：

（1）国务会议，即国务院，一切对内对外事件，悉由该机关主持之。

（2）临时国会，即立法机关，司理立法事件。

（3）蒙古国民党中央执行委员会，对于国事有指导之权，委员七名，均属重要人物。

外蒙对于民权问题，亦极注重，故于王公札萨克亦有名〔明〕文规定裁制其权限，自后各部落、盟、旗王公，皆仅存虚荣之爵位，与微薄之年俸，而向日之宗教袭封权、优越权、生杀予夺权，均被剥夺无遗，而地方政府之权，遂能自由发展矣，此盖外蒙之惟一好现象也。

2. 军事　外蒙之军事有常备军、武员队、临时军三种：

（1）常备军　为征兵制，凡满十八岁之男子，均须入伍，训练六月后，遣回本旗，作为预备兵士，其在训练时期，对于战斗技术，及政治常识，务求明白。

（2）武员队　为一大规模之军官养成所，名额在千名以上，设于库伦。

（3）临时军　每年夏季，在各旗召集十六岁以上至四十岁之男丁，施以普通军事常识，以备一旦有事，则全国皆兵。

外蒙军政，除陆军部外，尚有蒙古全军参谋部，辖有骑兵〈队〉、炮队、机关枪队、飞机队、汽车队、骆驼队，以骑兵队为主力，常备兵额凡一万六千，预备兵额则有三万五千。

3. 教育　外蒙之教育，以蒙古国民党之宗旨为宗旨，分国内国外两方面：

（1）国内教育　以养成普通常识，及国民资格为标准。

（2）国外教育　派遣留学生，以培植专门人才为目的，计在德者有五十名，在法者二十名，而在俄国留学而受"赤化"熏陶者，则有百余名之多。

4. 卫生 外蒙民族对于公共卫生，及个人卫生，向不讲究，于是疾病流行，死亡相继，实为外蒙民族莫大之危机，外蒙国民政府有见〔鉴〕于此，爰清除街道，提倡宣传，不遗余力，又特设平民卫生处，及宏大之医院，费用虽巨，不惜也。

5. 实业 外蒙以游畜为生，故政府特设大规模之兽医厂，以减少其死亡率，并严禁荒火、扑灭野狼，又对于农业之改进，物产之化验，皆有具体之研究。至于矿产，到处皆是，货弃于地，未免可惜，遂与俄人合办开矿，近已有煤矿四处，铁矿一处，金矿二处，银矿一处，已先后实行开采矣。

（六）结论

咄咄我华，列强侵迫，南辱于英，东窘于日，而横跨欧亚之赤俄，更奋其戾气，喧肆逼人，夺我库页，占我沿海，更渐渐南进窥我外蒙，百年以来，门户洞开，堂奥曝露，佯以扶助弱小民族为名，阴行侵略之实，居心叵测，虽妇人孺子，亦皆知之，嗟乎！页〔贝〕加尔湖两岸，未始非蒙古牧场也，惜以满清吏治之昏庸，遂使数千万里可战可争锦绣河山，断送于俄，然俄得陇望蜀，更谋入据外蒙，噫！外蒙非他土，乃中国本疆之一也，外蒙非他族，乃五族共和之一也，曩昔贝加尔湖流域，犹可以远而弗较，今赤俄入我外蒙，是犹缚人手足，使之勿动也。同胞乎，是可忍，孰不可忍，为今之计，亟宜先于政治、经济、军事上之实力，作一充分之准备，然后举兵北征，与暴俄周旋于国，志肃清奸慝，而固我藩篱也。

本文根据：

1. 《蒙古境》，全一册，中国图书公司出版。

2. 《国防与外交》外蒙问题全章，谢彬著，中华书局出版。

3. 《蒙古问题》，百科小丛书第一百十三种，谢彬著，商务印书馆出版。

《秀州钟》（年刊）

浙江嘉兴基督教秀州中学

1930 年 9 期

（朱宪　整理）

呼伦贝尔边务记要

伯　恒　撰

一　沿革

呼伦贝尔，唐属室韦地，辽属上京路，金属北京路，明季为索伦达湖尔人所居，清初设呼伦贝尔副都统，驻海拉尔，统率蒙古及其他部落。在行政系统上，索伦、巴尔呼、额鲁特五翼，设总管以下各官兵，鄂伦春部落，设托河路协领以下各官兵，都隶属于副都统。副都统以下，设一处二司，由各旗总副管、佐、骁、专官轮班当差。光绪三十三年，黑龙江改建行省，呼伦贝尔副都统以下，另添局、处。三十四年，改呼伦贝尔为呼伦道，设一府三〔二〕厅：一、呼伦直隶厅，即海拉尔；二、胪滨府，即满洲里；三、室韦直隶厅，即吉拉林。宣统末年，库伦独立，呼伦贝尔响应，俄人又从中作伥，一直迁延三四年之久。民国三年六月，更呼伦厅为呼伦县，胪滨府为胪滨县，室韦厅为室韦设治局。民国四年，中、俄、蒙恰克图三方会议，中国政府允许呼伦贝尔自治，乃答应蒙人几个条件：第一，中国政府不许驻军呼伦贝尔；第二，中国政府不许向呼伦贝尔移民。会议后，俄国取得呼伦贝尔营商权。民国九年，徐树铮取消外蒙独立，呼伦贝尔形成"半自治"之状态，现在对内治理蒙人事务者，为蒙旗衙门。蒙旗衙门之蒙古最高官吏，乃副都统，统管六翼，各翼有总管，总管以下，有佐领六十。境内人口，大约有五万人。

二　形势

呼伦贝尔居黑龙江西部，与各方有密切之关系，对于外蒙之关系：第一，因为内兴安岭之横断，使他与黑龙江省隔开，而与外蒙谋成一片；第二，呼伦贝尔多山，当地蒙人，必须至外蒙牧马；第三，呼伦贝尔居民，有三分之二，是哈尔哈民族（即外蒙人）。所以由地理方面观察，是与外蒙有密切之关系。又其与内蒙关系，乃与内蒙为邻，在地理上有唇亡齿寒、辅车相依之形势。又其与日本之关系，日本若经营满蒙与西伯利亚，必须注意此地。至其与中国之关系，则库伦不保后，呼伦贝尔，便成中国北边防备俄国之一个极重要地带。加之西伯利亚大铁路，横贯欧亚，愈使呼伦贝尔成为东亚咽喉，所以呼伦贝尔地方虽小，而形势上，却要控制内外蒙古——东三省及中、日、俄三方势力，均有相当之关系。

三　位置

呼伦贝尔，为黑龙江省之一部，东界大兴安岭之山脉顶，西襟额尔古纳河，与后贝加尔州接壤，北临黑龙江本流，南连索岳尔吉山，西南与外蒙车臣汗部为境，广袤约一万方里。

四　民族

布利亚、鄂洛特、索伦、鄂洛钦、巴尔柯等蒙古族占大部分。

铁路沿线，专为中、俄人居住。土民多数皆由外蒙迁来，业游牧，逐水草而居，生性醇朴，亦有一部分犷悍性成，从事狩猎，视他民族如蛇蝎，甚至有食人肉之索伦、鄂洛钦诸族，各族之人口分配，大概如下：

泰荷利族	三〇〇人
鄂洛钦族	三〇〇人
鄂洛特族	三〇〇人
索伦族	三，〇〇〇人
巴尔柯族	三〇，〇〇〇人
布利亚族	二〇〇人

泰荷利族，专居海拉尔附近至满洲里之铁路沿线，占该处官员之大部分。

五　历史概要

十六世纪前，呼伦贝尔为车臣汗之领土，十七世纪初，俄国曾据其地，同世纪末叶，关于其归属事，中俄间发生纷争，至以干戈相见。一七九八年订立《奈金斯克条约》，规定为中国领土，中国奖励移民其地，设立旗员，颁布自治制，于海拉尔设副都统辖之。一八九六年中俄缔结《中东路条约》，后因俄国势力侵入渐盛，中国于一九〇七年颁布黑龙江省区，简派巡抚，翌年派呼伦贝尔副都统，置道台，改该地为呼伦道，派兵驻海拉尔、满洲里，取消其自治行政权。入民国后，受外蒙独立影响，宣言独立，恢复副都统自治制，俄国暗中援助，中俄间因此发生纠纷。一九一五年《中俄条约》缔结后，俄于该地享有甚大利益。一九一七年俄国革命，中国派兵占领外蒙，并于一九二〇年派兵于呼伦贝尔，再取消其自治制，同年四月收回中东路等利权，名实俱归中国管辖，以迄今日。

六　行政组织

行政组织，依统治方式之变迁而有变动，现在如下：

督办呼伦贝尔善后事宜公署	（在海拉尔）
呼伦县知事	（在海拉尔）
胪滨县知事	（在满洲里）
室韦县知事	（在吉拉林）
舒都县知事	（在免渡河）

督办总揽呼伦贝尔之内政、外交、财政、警察、民事、户口等事务，兼任交涉员，别于海拉尔及满洲里设交涉分署，任对外事务，而从前之呼伦贝尔政厅，则留作专管关于蒙属事务之行政机关云。

七　国防要领

呼伦贝尔原为黑省之一部，不隶于内外蒙者，方一九一二年，曾一度宣告独立。一九一五年恰克图中俄会议时，呼伦亦曾参加，嗣即自动取消独立，要求北京政府准予自治，政府并未加以表示。呼伦贝尔在往清时代，即为王公制度，迨民国成立，虽经蒙民一再运动自治，结果所得，仍不过变相之专制，所有一切大权，依然握于一般王公之手。彼等之政治思想与政治手腕，多与一般民众之利益冲突，而高压手段，又为彼等用以压迫民众唯一之策略。近年世界各民族之政治思想，进步甚速，凡处在各种暴力之下之民族，莫不自谋解放，蒙古民众，外受新时代潮流之激荡，内感旧势力之压迫，遂发生需要自治与实现纯洁之民治两种心理。自

决之最终目的：（一）期望民族永久发展生存；（二）保护土地之
完整；（三）保护主权；（四）保护宗教民族之存在，为一切问题
之基础。蒙民为中华民族之一，有其悠久之历史，自须使其永久
存在，并须使其自动发展土地之存在，及主权为自治之先决问题，
如无土地主权，则民族又焉能有存在之可能？至若宗教为蒙民精
神上之信仰，在上三者外，亦须保护。蒙民素志，并非在建设独
立之国家，顾欲完成真正之自治与民治，亦何能舍此他求，此呼
伦蒙民为环境所驱，不得不急起企图者。此事件之发动，不先不
后，而举动于南北行将统一之际，盖在利用当时之机会也。至举
事之最低目的，在求各方注意蒙民问题，于将来整理内政时，加
以公允之讨论及支配，并可知蒙民之需求自治之精神，无以发现，
将来各方研究蒙古问题，必尤以为蒙民易与，任意措置，对于腐
化之王公制度，必仍保留其存在。以上情形，为蒙古全民之心理，
亦即全民之需要，是故举事未久，蒙民莫不自动争相参加，至于
领导者，则不过因势指导，为全民之前驱，其总数不过八人（领
导者），外有同志百余人，其余群众，则悉属蒙民之求自决者。所
用枪械，则为民众自备［队］，呼伦曾经一度独立，故武器多有取
用，自极便利，外传某某等国接济军械弹药，要皆臆测之谈，须
知事变之际，并未假借外力，其所以如斯者，原因有二：（一）蒙
民在求达到自治，若空拳赤手，无毫末表示，结果当局仍不予以
注意，于万不得已之中，乃取近于示威之举动，意在使当局明悉
蒙民目的，即此初无过奢之望，以故无须假借外力，以增后援。
（二）苏俄疆域虽毗联呼伦，但绝不能因呼伦小小事件，而甘冒不
韪，至酿成世界未来之纠纷。有此两因，故可证明呼伦独立运动，
既未假借外力，亦未尝有外力参加。起事之际，自忖以蒙古之实
力，实不足与东北之势力相抵抗，然为求打通生死关键，乃不复
顾及一切，盖事之成败，原未尝计，成时固可得圆满结果，事败

亦只有流血牺牲，仅抱定"拼命干"三字而已。且当时亦深知东北当局，决不肯因此小故，使引起重大波浪，故蒙民对于此举，自以为更有把握，当时计议，以中东路关系欧亚交通，倘将铁路破坏，交通断绝，不出两周，则俄、法、英、日等国，必出而干涉，彼时当局，迫于外方责难，自无暇以武力解决蒙事，最终惟有允许吾人之要求。迨后果如吾人志愿，当局不欲自起争端，致贻外人口实，乃派代表互相商洽，订定几种办法。其关于自治者：（一）增加蒙民各项预算，使蒙人得经济上之援助，则今后蒙古实业、教育等均得发展；（二）增加保卫团，由五百至一千人。如此，则蒙民所望保护地方之目的已达。关于民治方面，于呼伦贝尔都统署，增设参议厅，由蒙古二十一旗内，各推一人为参议，如此，则蒙人有发言权，对于真正之民治，亦取得相当之地位。

　　总之呼伦贝尔，关系中国边事之问题，吾人更希望注意国防者，妥为筹划及之也。

《军事杂志》（月刊）

南京军事委员会军事杂志社

1930 年 22 期

（朱宪　整理）

唐努乌梁海形势与沿革

屈　燨　撰

中央近有收复外蒙之计画，业经有关系之各部，会商妥善办法，大体就绪。事关边政，未便擅言，然外蒙中为人最不注意，而易于忽略者，即唐努乌梁海一地。该地形势，实属重要，值兹规定收复期中，特志屈燨氏之《自治外蒙古》书中，关于唐努乌梁海者一节，以介绍国人之参考。

唐努乌梁海五旗三佐领地，向隶于乌里雅苏台将军所管辖，据《中俄声明文件》附款第四项，及《中俄蒙协约》第十一条所规定，亦并入外蒙自治区域内，已无挽回之余地，故自《恰克图条约》宣布后，该地之领土权、宗主权，固仍在于中国，我政府理当派员驻守监视，或仍令乌里雅苏台专员兼辖，此条约上之责任，固丝毫无疑义者也。去岁政府，正拟在该处特设专员，令未布行，竟为俄人所阻，且有迫逐华商出境之举，直视我五旗三佐领地，为彼国领土之一部，天下之无理取闹，孰有逾于此者。查俄人载籍中，称乌梁海为沙乌德（Saiate），诚以彼国辖境，亦有该族所居之地，其斤斤借为口实者，因当明末清初之际，该地汗阿尔丹（Altan）及其子劳尚萨亨康泰夏（Lausan Sahin Kanlaischa）两代，曾遣使通好于俄，有互相赠物之事实，俄人以阿尔丹之通使，系属职修朝贡，即为承认俄国主权之证，今其地，既为汗之后裔，故应作俄国领土云云。不知乌梁海之联俄政策，原为牵制准噶尔部计，非有心悦诚服之意，故史载一六三六、三八两年，两次俄使，前赴彼地，其父既拒绝称臣于前，其子复倔强违抗于后，俄使卒以所求无效，怏怏而返，是乌、俄并无主从关系可知。况其地在元时，本有乌梁海一路，自元以来，久役属于蒙古，至康熙五十四年七月，清圣祖始遣公博贝招抚乌梁海，先是五十二年，乌梁海头目和罗尔迈，为清兵所获，圣祖宥而遣之，遂感恩欲内附，已先遣子胡洛虎纳等前来输诚，会博贝兵到，立时归顺，即以博贝，及额鲁特扎萨克多罗郡王车棱旺布，分辖其境，各征其赋，以该族错处唐努山，故世谓之唐努乌梁海，雍正初，准噶尔台吉策妄阿喇布坦，以唐努山阴克木可穆齐克地方，原系伊人之属地，因被丹津喇布坦侵占，仍欲收归己属，清世宗不允，三年四月，遣内阁学士众佛保，及副都统查史，以划分疆界事，往谕策妄阿喇布坦曰：“自红郭垒，至阿尔泰哈道里岭，此千里内，所有巴斯库斯、索罗斯、毕汉哈屯、阿尔古特、阿尔坦脑儿等处，为尔疆界……自哈道里以南，由山岭至额尔齐斯西边，自厄隆古布拉罕、哈布塔克、拜塔克，再抵乌阑乌苏、罗卜脑儿噶斯地方，即系沙迹，应自克野以南，定为我国疆界”云云。旋世宗复虑策妄阿喇布坦有侵扰乌梁海事，四年三月初九日，特令前锋统领定寿，带满洲兵五百名，蒙古兵五百名，贝勒博贝带喀尔喀一千名，前往唐努山前之特斯等处地方驻扎，以资防卫。

翌日，复谕令车棱旺布等颁赍茶、布，往谕德意，兹将谕旨全文录后：

> 昨为乌梁海人等特降谕旨，发兵驻防。朕复详思克木可穆齐克地方之乌梁海人等，俱系车棱旺布、博贝属下，其来归之科罗尔卖等，见交博贝抚绥存恤，居之公所，此等人向在喀尔喀边外树内打牲〈为生〉，〈而〉与准噶尔〈所〉属乌梁海接壤……又与鄂罗斯连界，必当轻徭薄赋，俾伊等生计饶裕，乃

为有益。此等人素无知识，万一策妄阿喇布坦设计哄诱，或兴兵抢掠，虽地属弹丸，人极愚贱，而倘被侵犯，即与蒙古王、贝勒之部落一体，岂可置之不问。观策妄阿喇布坦奏章，其意于乌梁海每饭不忘，将来未必无乘间侵犯之事。今兹夏月，我师见〈在〉特斯等处游牧，朕欲乘此遣大臣一员，携带布帛、茶叶等物，同王车棱旺布、贝勒博贝，或亲至克木可穆齐克地方，或于附近乌梁海之唐努特斯等处，聚集伊等为首之人，分别赏赐，明示朕意，曰皇帝轸念尔等民生，特命前来传旨晓谕，尔乌梁海人，世居树内，以打牲为生，遇力强者即为纳赋，由来旧矣。今尔等纳贡赋于蒙古王、贝勒等，即为朕之属国，所居与鄂罗斯、准噶尔边界甚近，据今差往准噶尔使臣回奏，策妄阿喇布坦云克木可穆齐克地方之乌梁海人等，向俱为伊之属下，甚恨尔等，皇帝恐尔等受伊侵害，故特遣大臣传谕，豫为防备，且施恩赏赐尔等，嗣后远设营哨，尽心防御。策妄阿喇布坦所属之乌梁海与尔等接壤，宜不时探察。再，鄂罗斯亦与尔等甚近，倘伊国人等侵尔边界，造屋种地，立即报知汛地，转报将军，即使策妄阿喇布坦侵害尔等，将军早闻，便可发兵救助，但〔倘〕策妄阿喇布坦多事起仓卒，尔等力不能当，即移带妻孥牲饩，移入内边游牧，若贼兵无多，尔等酌量己力，可以殄灭，即殄灭之，与其略不设备，致策妄阿喇布坦忽来见侵，劫掠牲畜，杀伤人民，何如早备之为善也。皇帝又轸念尔等生计，特令尔主王、贝勒等，减尔贡赋，将所减之数，皇帝动支国帑，赏赉尔主，期于尔等生计有益。尔诚能感戴国恩，恪遵训旨，固守地方，探察详报，朝廷恩赉，自必有加无已等语。车棱旺布、博贝同命往，如此详悉晓谕伊等，再于伊等中拣选老成服众之人，作为首领，令其守望相助，其遇有紧要事务，作何知会传报之处，亦着详细定议，开示伊等，伊等固能深知利害，感佩恩泽，则必输诚效力，从此边围益固。

盖是时，在唐努山阴之乌梁海，虽已归化，而在阿尔泰山之乌梁海，固犹属于准噶尔也。嗣至乾隆十九年，平定准噶尔后，所有准属之乌梁海，亦均辑服，于是编审旗分，设立总管，以别于唐努，故谓之阿尔泰乌梁海。是该地之属于中国，证之历史而可信者也。至该地接近俄境，犬牙相错，所有交界地址，曾经两次勘订。

其一为雍正五年九月初七日《恰克图条约》，由恰克图迤西北至唐努乌梁海所属萨彦岭之沙滨达巴哈止，凡立界牌二十有四，兹录于左：

> 一布尔古特依；二鄂罗海图山；三布列苏图山；四永霍尔山；五黄果尔鄂博；六贡赞山；七胡塔海图山；八库库那鲁楚（即削梁）；九额古德恩昭梁；十切日河；十一莫敦库里（按以下皆唐努乌梁海境）；十二波罗尔河；十三伯果托达巴哈；十四固尔毕岭；十五乌尔依河；十六罕戛河；十七努克图岭；十八额尔吉克塔尔噶克台干；十九托罗斯岭；二十柯纳满达；二十一乌斯河；二十二霍尼音岭；二十三柯木柯木查克博木；二十四沙宾达巴哈即沙毕纳依岭（Shabin Dabang）。

以上界约，在嘉庆二十三年，曾会勘一次，至今有效。

其一为同治八年七月二十八日之《乌里雅苏台界约》。自乌、科交界赛留格穆岭之柏郭苏克坝起，迤〔迤〕东北行，亦至沙滨达巴哈止（按约中载沙滨达巴哈，因雍正年间恰克图订约内，业经建立界牌，此次俄国毋庸再行建立云云），凡立界牌八处，此约亦至今未改。两次界约，足相衔接，而同治八年之约，当时画界大臣荣全所记，殊为详明，兹特节录于后：

> 乌里雅苏台立界大臣〈伊犁将军〉荣全，筹议建立乌属

界牌鄂博，遵照定约，于同治八年四月十一日，在乌克克卡伦会议，各议所属牌博，以便两处分立〔以定两国交界〕。五月初四日，中国科布多立界大臣奎昌，俄国立界大臣巴布阔福、穆鲁木策傅等，公同酌议，往赛留格木地方，为乌、科交接之处，会同建立牌博，以便两处分立。议定后，于五月二十七日，顺赛留格木山岭，同至柏郭苏克坝上适中之地，乌城立第一牌博于北，科城立牌博于南，俄国立鄂博于西。立毕，科城大臣，遂会同俄官巴布阔福，向西南立界，至玛呢图噶图勒干为止（按此即科布多界约也），而乌臣〔城〕大臣，同俄官穆鲁木策傅，向东北立界，至沙滨达巴哈为止。柏郭苏克坝并无树木，亦无大河，地势洼湿，系科属之阿勒坦淖尔，乌梁海东北边末处，即系乌属唐努乌梁海西南边境。由此坝向东北行，约八十里，至塔斯启勒山，于山顶同立第二座牌博。此处并无树木，遍山呢〔泥〕淖，山下有塔斯欺勒小河一道，水向东南流，山东南为中原地，山西北为俄国地。又向东北行约九十里，至珠卢淖尔东南岸约十数里哈尔噶小山上，同立第三座牌博，其东南为中原地，其西北接连珠卢淖尔，为俄国地。又顺珠卢淖尔北岸约二十余里，至唐努山南察布齐雅坝上，同立第四座牌博，山北为中原地，山南接连珠卢淖尔，为俄国地。此两界间横直并无树木、大河，均系泥淖乱石。沿唐努山南向西，过莫多吐河、扎勒都伦河、乌尔吐河、察罕扎克苏吐河，顺哈喇塔苏尔海山至沙克鲁河，转向东北，约二百五十余里，至库色尔坝，系唐努乌梁海西方边界，同立第五座牌博。坝上无树，巨石崴岁，其东为中原地，其西为俄国地。由此向西约九十余里，至唐努鄂拉达巴哈末处，过哈喇河偏西山下楚拉察水流之处，同立第六座鄂博，此地泥淖太大，树木无多，迤东、迤南为中原地，迤北为俄国地。由此向北向东，顺萨彦山，过玛纳胡河、蒙纳克河、浩拉什河，由喀喇淖尔至苏尔大坝，约共一百五十里，同立第七座牌博，此坝并无树木泥淖，其东南为中原地，其西北为俄国地。由此向北向东，约三百六十余里，崇山绵亘，木石丛杂，山脉连贯，直至沙滨达巴哈，堆立第八座牌博，其东南为中原地，其西北为俄国地。以上乌里雅苏台，共立牌博八座，有牌博处，以牌博为界，其不能越往之山岭，即以山岭为界。

是该地之属于中国，证之条约而可信者也。吾国向来国境，其极北之点，在北纬五十三度五分，西经二十度，即唐努乌梁海之萨彦岭，托罗斯达班第十九界牌西北处，萨彦岭不变，即国境亦不变，是该地之属于吾国，证之地舆而可信者也。又自康熙以来，设官分职，统治其地，嘉庆《会典》所载唐努乌梁海，设五旗三佐领，每旗设总管一人，佐领、骁骑校各一人，又三佐领，设佐领骁骑校各三人，皆定边左副将军选拟奏补，所谓五旗者，一唐努旗，二萨拉吉克旗，三托锦旗，四库布苏库诺尔旗，五奇木奇克河旗（见光绪二十八年五月十二日，乌里雅苏台将军连顺、参赞大臣奎焕奏案）。最近宣统二年，英人卡卢泽斯（Douglas comuthers）曾亲往唐努乌梁海，据所著书，载五旗如下：一曰 Toji（当是托锦），据别开穆河上流之地域，南至哈克穆河，西至乌脱河（Vtt，疑即乌吉布河）；二曰 Saljak（当是萨拉吉克），在哈克穆河南，西至伊尔特河；三曰马地 Mardi（未知即库布苏库诺尔旗地否），居别开穆之北支河、乌特河与乌由克河之间；四曰 Oina（当是唐努），居乌鲁开穆河之南北两岸；五曰 Kemchik（当是奇木奇克），占克木奇克河全流域，每旗各戴长官诺颜一人，而诺颜者，统各自所管之部民，对于奇木奇克之总诺颜负税务及他之责任，总诺颜又对于乌里雅苏台将军负责任，该英人曾亲访问诺颜于白毡幕，适诺颜因公赴乌，其代理者，冠中国之冠，衣中国之官服，出而迎接之云云，是该地之属于中国，证之官制而可信者也。

按《圣武记》及李申耆、胡林翼等舆图，均载唐努乌梁海共设四十八佐领，计属于札萨克图汗者五，属于三音诺彦部者十三，属于定边左副将军者二十五，而左副将军所辖各佐领，在德勒格河东岸及库苏古尔泊东北者各二，在别开穆河，入乌鲁克穆河处之南者三，在别开穆河源及克穆池克河之北者各四，跨哈屯河及阿穆哈河者十。近时地图，凡克穆池克北流之水，悉属俄境，十佐领之地，尽为俄人所有。查中俄界约，自沙滨达巴哈迤西，至恰克图一带，雍正五年后，并未另订新约，此十佐领之地，疑即雍正五年订界时所失，缘约中所载由恰克图起，至颁滨达巴哈止，中俄两国商定，凡各山各河，迤北一带入俄版图，而迤南一带，入清版图云云，或即因此划归俄国，亦未可知，惟何时改设五旗三佐领，中国官书，均未之载，尚待详考。

抑有不可解者，前清有禁止汉人前往乌梁海贸易之令，嘉庆二年上谕云："上年商民公峨前往乌梁海地方贸易。西北两路内地民人，与外藩交易，俱系彼处人等前来该将军大臣所辖地方，方准贸易，乌梁海地方，系在卡伦之外，商民等私自前往贸易，俱由该将军大臣等平日不能留心所致，不可不亟为禁止。将此通谕西北两路各城驻扎办事将军、大臣等，嗣后内地商民，各宜留心体察，如有应与外藩贸易物件，俟该处人等到后，再令互相交易，毋得任意越界妄行，永著为令。"九年复奏准，嗣后唐努乌梁海三佐领，乌里雅苏台，北边九台站商民贸易之处，永行禁止，其乌梁海人等，有换取什物者，于进皮张之便，前往乌里雅苏台贸易。似此禁令森严，故内地商民，罕有至其地者。晚之清际，禁网稍疏，然以交通阻塞之故，商人仍复裹足，去者甚属寥寥。唐努之中心，曰克穆必奇尔者，为乌鲁克河、别开穆河汇流处，其地本元代霄州①故治，乌梁海一繁盛区也。俄人由西伯利亚铁道来者，至叶尾赛河口，有轮舶可航，逆流而上，交通号称便利，以故俄人居此者，人数甚夥，或牧或耕，俨如土著，田地房屋，鳞次栉比，商品则有兽毛兽皮谷类马匹脂肪等，经营之者，尤复公司林立，资本额达百万卢布以上。俄人并设领事一人驻焉，夫在我国领土上，彼俄人何能有此种种自由权，而前清治边大吏，如聋聩，如木偶，噤不敢发一言。涓涓不塞浸成江河，而俄人遂得步进步，习为固然，驯至今日，反以我设置官吏为不便，是亦盗憎主人之一例。论者或咎政府于四年六月七日，《恰克图条约》签字公布之际，迭命陈箓为都护使，充驻扎库伦办事大员，陈毅、刘崇惠、张寿增为都护副使，分充乌里雅苏台、科布多、恰克图佐理员，而独于唐努乌梁海地，并未于同时特派专员，亦未声明归乌里雅苏台兼辖，谓系一时疏漏之咎。然条约既明明规定自治外蒙之界域，则唐努乌梁海地，虽未明言其办法，而仍归乌地佐理员兼辖，乃沿历史上之惯例，当然不生问题。即谓今日特别添员，照约亦只须商准外蒙，俄人何得轻加反对。我政府为保全领土及拥护宗主权起见，自应坚定宗旨，一以遵照条约办理为断，万不能以本国之土地无故割让于俄国，又万不能默认俄人之要求，遂尔阁置不办，使唐努乌梁海于无形中为库页岛之续，此则深有望于政府者也。

《蒙藏周报》

南京蒙藏委员会

1930 年 42—46 期

（朱宪　整理）

---

① 应为"益兰州"。——整理者注

蔚然大观之绥远

只盼编遣早日成功，各地土匪早日肃清

作者不详

塞北通讯　绥远为长城以北大漠以南自古名区，蒙古称曰库库河屯，西通新、甘，南接察、热，物产丰富，土地肥沃，邻省出产悉会集于此，遂成黄河上游商务辐辏之地，只因天年荒旱，土匪猖獗，人民遂致流离，陷入苦寒之境，至今元气未复。然形势阔展，天然富区，迥非其他边省所能望其项背，要在人力为之而已。目前急务，第一要肃清土匪，第二要收回外蒙，盖土匪不清，四民不得安业，外蒙不收，利权终属外溢。兹志绥远之富丽与伟大，国人见之，当然罕有。黄河后套，渠道纵横如蜘蛛之网，气候温和，水声溦耳，夏田千里绿如江南，稻香泉冽，鱼美蟹肥。五原、临河，东西相望，狼山抚其背，黄河流其前，此之谓水利区。乌拉特山绵亘数百里，层峦叠嶂，高插霄汉，行云流水，气象千万，天然森林，充乎其间，郁郁菁菁，遥望无边界。在西公旗内，因蒙人迷信太深，从来不伐，如此绝大森林，全由迷信所造成，杨、柳、榆、槐、松、杉之类，漫山遍野，皆千百年前之植物，此之谓森林区。峨峨青山，滚滚黑水，石棉、煤炭蓄精于此。外产水晶与大理石，取泛用宏，惜乎多弃，此之谓矿产区。鄂托克旗，淖池相望，产盐产碱，又白又亮，登高临眺，如到冰洋。炼制得法，销路必畅，惜在边陲，无人顾及。天然物产，现

今形同抛弃。此之谓盐碱区。得其钦河横穿乌兰，地势平坦，塞草绵绵，素以马著，累万成千，体健行速，耐冷耐寒。民习牧畜，代代相传，此之谓牧畜区。绥远有区如此之多，在边省而论，可谓首屈一指。省府李主席（培基）素以开发为旨志，限于经济压迫，计划书空。现张副司令负有西北绝大使命，当不致使此富饶之区，终沦陷于枯寂之乡云。

《塞北通讯社稿》

绥远归化塞北通讯社

1930 年 150 期

（丁冉　整理）

内蒙乌拉特旗调查记

出产诚属富饶，惜乎民智不开

赵增寿　撰

（归化十七日通讯）绥区监放赈款委员赵增寿君，前为调查赈务实况，特赴乌兰察布盟之乌拉特旗，于未行之前，曾进谒李主席（培基），李素关心乌盟物产及民生状况，面委赵君随地切实调查。该君前由乌拉特旗返绥，据调查所得，颇称详尽，并指出改善办法，当局对之，颇为重视。兹将调查情形，分志于后。

一、教育

查该蒙旗向无教育可言，人民皆不语书，民情混〔浑〕朴有余，智识不足，重迷信而轻实利，愚蒙顽梗，鲜通世情。现在当务之急，每苏目至少亦须速设小学校四处以上，庶可风气渐开，则于将来政务上之进行及实业之发展，当不至如前百端阻窒也。

一、土地

查该旗东部乌兰伊勒根〔本〕地方，自磨林河以西，有地二千余顷，虽属旱田，土质膏润，实为佳壤，若尽开辟，加以人工经营，收获之丰，不亚水田。又于海流图河之西岸地名红花塔拉者，有腴田一千五百余顷，较之乌兰伊拉〔勒〕根之地，尤为腴美，现在五原一带农民，对于此项地亩企望丈放者，颇不乏人，倘能设法劝喻该旗早日报放，不但垦种之民裨益甚大，即该旗以荒芜之地一变而为良田千顷，获利之丰，曷可胜言。

一、物产

（甲）苁蓉　查该旗中部在古拉板宝格的地方，及白雁奴鲁并阿巴胡等处，向为出产苁蓉最多区域。前在开放时代，每年产量已在十万斤上下，近年以来，业禁止商民前往掘挖，甘弃于地，迨经详询禁掘原因，仍为不利畜类迷信之说所惑，既甚可惜，尤为可笑。现在治蒙之要策，舍先浚启民智，从根本入手，实难期其发展。

（乙）柴胡　查该旗等部在善旦地方一带所有河沙之地多产柴胡。向年准民开采苁蓉之期，同时亦有采挖柴胡之商，产量虽不及苁蓉之盛，每年亦可收获三万余斤。况在药材之中，柴胡实为要需之品，现经禁采，任其荒废，甚为可惜。

（丙）甘草　查该旗界内在前达孟沟一带之山岭（此次曾寿路经该处），见山坡上下所生甘草，甚为繁茂，迨后沿行五里之遥，汪洋一片，仍多繁植。询之蒙人，此项甘草，并未经人采过，荒弃已非一载等语。此不过仅就路过而言有如许之多，其他大山峻岭量必有此项草苗，惜其向不注意，殊为羡叹不置。

（丁）石棉　查该旗界内，以次经过之巴拉汗山一带，见石棉矿苗甚为畅旺。据蒙人云，该旗西部火山之中出产石棉非只一处，只因向不讲求采矿，而开挖山地又为例禁，不免将宝藏之府，等诸童山濯濯，可惜孰甚。

（戊）煤炭　查该旗界内在笔架山东麓及巴拉沂山山底一带，

均有煤矿，因无人开掘，以致货弃于地。倘得矿学专家，纠合雄厚资本，前往探采产煤之区，当非仅此一二处而已。今后如能次第讲求，尽开宝藏，裨益民生，殊非浅渺。

（己）青盐　查该旗极西之部，在补格害地方，向产盐质，其量甚宏。近年以来，不晓何故，只禁汉民采取，所有蒙人食用之盐，仍在该处自由驼载，汉民虽备采价，亦不可得。此等办法，未免迹近歧视之嫌，用意所在，殊难揣测，惟其他各处尚少盐质。

（庚）牲畜　查该旗近年所产羊只，渐次减少，仅达百万余只，惟骆驼可生殖三四万只，较之其他各蒙旗所产之数多产一倍，牛马二三万匹，但在十余年前产量之多数倍于此。惟详考减少原因，固由亢旱之年，水草缺乏，不能尽量发育，但蒙人牧畜牛羊，全任自然，既不树于五谷，又不讲求牧养方法，故遇旱荒疫死及饿毙者，不可胜数，毫无救术。现在倘能设立大规模之牧场数处，关于饲养、配种、畜病等各种方法学理，加意讲求，并聘畜产专门技师指导一切，将来产量之宏，实非预料可定，此为该旗最当注意之要务也。

（辛）皮毛　查该旗近年出驼、羊毛类至为减少，仅达数十万斤，其牛、羊等皮，尤为无多，虽产狐、狼珍贵之皮，更属稀少。此皆因不知讲求畜产学理，竟有此江河日下之势。兴办牧厂，实为目前最要之图。

总之，该旗所处地带，三公之中，首居富厚之区，只以过重迷信心理，缺乏平民智识，凡事退化，惰于进取。最可异者，其愿抛弃一切丰腴地利，俯拾之劳，亦不肯为，殊出情理之外。优游怠荒，至此为极，深堪浩叹。再该旗现有最大缺点，即短少木材一项，此后能在每年植树节之时，随地广植各种树秧，或特辟林区多处，十载之内，即可成林，不但取用不穷，兼可预防旱涝，有益民生，其利甚溥。果能次第兴办，力改怠弃之习，则将来殷优腴美之中公旗，岂可限量也。

《江苏革命博物馆月刊》
南京江苏革命博物馆
1930 年 1 卷 7 期
（朱宪　整理）

国难中苏尼特右旗一瞥

半　痴　撰

从九一八沈阳事变以来，东北三省相继沦陷于日本军阀暴力之下，同时暴日更怂恿满蒙独立，加紧其建设伪国运动，对于东蒙各旗，益复势迫利诱，极尽其离间煽惑的能事，希冀达到其最终的目的，贯彻其传统的政策。

我政府当局既鉴于日人诡谲的可畏，复明了蒙古政情的不可忽视，虽东蒙各旗一时在日人势力范围以内，不能派员宣抚以示关怀，但是西蒙各旗实有从事相当联络的必要。所以本年三月间有特派北平政委会蒙旗处长袁君赴苏尼特右旗，从事慰问之举。所以首先赴该旗的原因有二：（一）该旗德王系锡盟副盟长，为王公中最青年有为，且拥有相当权威，足以表率一般民众。（二）蒙众信仰最笃之班禅，又驻锡于此。此二人对于我政府向表热忱拥护，不可无以安慰，故赴该旗之行，实在有重要关系和使命。

记者因供差蒙旗处，乃获得随从处长一莅该旗，行前蒙子遗师嘱作日记，志所闻见，借为注意研究蒙古问题的人作些参考资料，但是因为此次赴蒙，仅有十数日最短促的时日，而且塞外长途远征，本来除掉了行路而外，就没有相当的时间可以作游览和调查的工做〔作〕，所以本文所述，也没有什么相当丰富的材料，不过仅就数日以内见闻所及的范围，拉杂写出一些就是了。

平绥道上

我们备妥此次出发应用物品后，于上月某日搭乘平绥路车出发。汽笛一声，车竟载着我们离开繁华灿烂的北平，向西北荒原开驶去了。铁道两旁稀疏的树木，恍惚欢迎过客似的不断的迎车鞠躬，并且飞驰般的掠过，同时漫漫的远山近田和星散凌乱的村落，也随着不断的转动，此刻我的心灵，也惟有随着自然环境去支配了。

"我们北方铁路，只有这条路是没有外债，也不受任何国家的束缚牵制，并且这条路的工程实在伟大……"同行邢君向吾这样说。伏着车窗看迷了的我，被邢君的话声打断了茫无头绪的思潮，收回了向外的视线。啊！真的，我这样毫不注意的回答。但是因为邢君的这句话，便引起了我对于此路工程的注意。

这条路是从重山深谷中通过，地势的凸凹，完全要由人工修平，不能修平的山岭，则又凭人工凿开山洞多处，车由山洞穿过，其中较大的洞车行约需五分钟，方可出洞，所以它的工程是狠〔很〕值得人们赞许的。

但是，谈到此点，追本溯源，又不能不联想到成此伟大建设事业的詹天佑先生了，因此车到青龙桥的时候，对他巍然特立的铜像，不觉悠然神往，同时生出一种不可思议的敬仰心和钦佩心。啊！这也许是他千古不灭的伟大精神换来的一种反映吧！

下午八时许我们的乘车已到了号称塞外重镇的张家口，遂下车寻寓，小住两日后，始又改乘长途汽车由张垣向塞外大漠出发了。

王　府

电驰星飞的走了两天渺无人烟的旷野，才到了右旗王府，于是耳目又为之一新。

该王府是建在土丘环绕地势较洼的一个地址，建筑的宏厂华丽，实不弱于故都所有的旧式王府，门前有东西二辕门，辕门的左、右、前三方面，均有毡制的"蒙古包"十数个，包的上盖均制有各色各样的花纹，远望府内屋宇，瓦砾辉煌，红绿相间，尤于夕阳反照的当儿，更见炊烟缕缕，马声嘶嘶，真令人疑为世外桃园，别有一番风趣。王府的东边有兵营一所，西有学校两处，房屋均不少，遥遥相衬，益壮观瞻。

政治、军事

该旗政治上的组织，和其他盟旗无甚差别，兹不详述。至于军事上旧式的组织：最高的军事长官为兵备扎萨克，由现任扎萨克兼代，其下有兵备协理台吉二人，兵备章京一人，副章京四人，管兵参领四人，由此数种阶级的人们统率士兵。现在的新组织，将全旗军队，共编为四大队，每大队又分二分队，每分队约四十余人，大队设队长一人，分队设分队长二人，分队长下又有班长二人，在四大队上层有总队长一名，担任指挥军事及教练等任务。

教练的时候，因各队驻扎不在同一地点，利用调换的方式，每月相互调防一次，调防至王府所在地的那一队，就受训练。各队如此次第的更番调换，所以防务的分担和训练的机会，都一律平均，无所厚薄。此外还有德王的卫队百余名，专供王府的警卫和随从德王外出时之护卫。至于他们各队所用的枪械，因队而异，例如甲队为三八式枪，乙队即或为套筒枪，各队并不一律。服用的服装除冬季服着笨重的大羊皮袄外，春、夏、秋三季，一如内地官兵一律为军衣军帽，兵士的饷项每人每月为十二元，并不扣除伙食衣服等费。此种待遇较诸内地优厚实多，故遇有战事时，莫不奋勇杀敌，以一当十。

外　交

锡盟各旗关于对外交涉事宜，统由锡盟驻张办事处负责办理。——苏尼特右旗当不例外——该办事处设处长一人，代表二人，此代表由各旗总管轮流充任，每三个月为一调换期。处长、代表下有翻译、书记、录士数名。倘与察省有交涉时，均直接向省府第四科接洽，因为第四科负责办蒙旗事务故也。

生　产

锡盟全地处张家口之北，外蒙之南，全境均黄沙白草，旷野千里，气候干燥，土质硗瘠，种植禾稼势不可能。因此苏尼特右旗的正宗生产就首推牛、马、驼、羊各种牲畜了，不过此外还有几处产盐地带，也可以供给当地人的食用，此种盐的生产，是完全自然的，非人工的。在夏季偶有下雨的时候，晴后经日光一晒，地之表面上即浮出洁白的盐粒，这种产盐的地带，地面上有极密度的许许多多的小突起，据说这就是产盐地的特征。

宗　教

蒙古同胞信仰佛教的专诚，是中外共知的一件事，苏尼特右旗地方，从班禅来此驻锡后，人民的宗教观念愈发浓厚，每日除了做照例应做的工作而外，许多的时间用在礼佛诵经上。

班禅的起居也有确定时间，每日的早晚必由他的徒众四人参杂的吹僧众所用的大铜号和小喇叭，作他起卧的信号，起后必诵经十数分钟，方盥漱用膳。

现在因为时届春令，内蒙各旗往谒班禅者，络绎不绝，大有山阴道上的样子。记者曾有一次往王府前郊闲步，见有新张的帐幕极多，因为好奇心的驱使，就走到帐边和他们帐内人谈话，据说多是热河巴林北——即林东、林西两县地方——的蒙人，专为拜谒班禅而来。不远千里，风尘跋涉，毫不以为苦痛，蒙人对佛教信仰的深可见一般了。

教　育

据说苏尼特右旗向来对于教育不甚注意，但是从德王执政以来，鉴于文化落伍，智识蔽塞，在王府的西隅设中、小学校各一所，现有中学生三十余名，小学有学生五十余名，教员各二名，中学校长由该旗招待处长兼任，两校均为官费，学生并无任何担负。所授课程除蒙文为主要外，并附带满文。

此行感想

以上所述的各方面，实在是挂一漏万，未能详尽，不过因为时间的限制，这也无可如何。

现在要附带着说一说的就是吾个人此行的感想和将来治蒙的意见。感想的一方面就是：（一）蒙地物质、文化非常的落伍；（二）教育状况太不普及；（三）宗教观念过于迷信；（四）阶级制度仍极严格。凡此种种都是蒙古民族保留向来社会制度毫未进步的显著的特征，当此二十世纪人类竞争优胜劣败的时代，我蒙古民族尚如此的保守、迷信、落伍，过那昏昏噩噩的旧式生活，实在危险到万分了。

可是现在一般号称熟习蒙情的诸位先生们，一谈到治蒙的方策，不曰移民实边，就说放荒屯垦。其实这类主张，就有些地方决对不能成功，即或有一部分地点可以勉强施行，但是考查它的结果，也没有什么实际的良好的成绩。即拿锡盟来说：全境几乎都是砂碛之地，据当地人说，漫说是种植禾稼，就是栽一棵小葱，无论任你怎样的培植灌溉，不到十数日的工夫它自然就要由黄而枯。像这样的地带你还能屯垦放荒吗？既不能屯垦放荒，还能谈到移民实边吗？像那些主张只不过唱高调徒惹蒙古人民之反对和仇视而已。

依记者的管见，治蒙的惟一的良好办法，就是：（一）迅速的便利蒙地的交通；（二）彻底的提倡蒙旗的教育；（三）实地的改良蒙地马种，和其他种种建设事业设法次第举行，蒙古地方自能日见进步，蒙古人民自能一律归心，于蒙于国，必同享利益，共臻佳境，亦决不能受日、俄之诱惑，别有所图了。

《蒙旗旬刊》
沈阳东北政务委员会蒙旗处
1930 年 2 卷 3 期
（李红权　整理）

"赤化"的外蒙古共和国之现状

王公达　撰

一　外蒙古问题之人文地理的考察

欲明了近世外蒙古的史实和现代外蒙古的时事，欲明了中俄外交最大悬案之一的蒙古问题，欲明了赤色的苏维埃势力如何在漠北蒙古取得最大的一往无前势如破竹的胜利，第一着的工作，是考察外蒙古的人文地理。今先将认识外蒙古问题上最低限度，关于外蒙古人文地理的智识的纲目，分四端叙述如左。

（一）人种和民族性　地理学家把黄色人种分作二大系别：

A 乌拉尔阿尔泰系　分布在中央亚细亚的鞑靼民族，乌拉山以西，芬兰民族、土耳其民族，东北西比利亚的通古斯民族，和蒙古民族……都是的。这一系又称蒙古利亚种，许多的地理学家拿蒙古人作本系的代表，现在作者也主张蒙古民族实在具有代表乌拉尔阿尔泰系黄人十足的资格。

B 昆仑系　中国本部人、安南人、暹逻、缅甸人是本系的主要分子。

统观世界上的五万万二千万黄人种，主要部分尽住在亚细亚洲——印度及亚刺伯两半岛区域除外。其中昆仑系人约三万万八千万，局促东南部亚细亚。乌拉尔阿尔泰系人约一万万五千万，旷大的东西绵亘的寒冷的北部亚洲，都是他们的家乡。昆仑系的人富才思，性温柔，有独立出色的文明。反之，乌拉尔阿尔泰系的人性强悍，尚武力，乏教育，弱智力。这两大系的民族，远在二千年前，便开始接触，而两系的民族性，在东方民族史上都清清楚楚的呈露出来。就中蒙古民族是最强悍英武的，因为他曾建横跨欧亚人类历史上唯一的大帝国，把中亚的同胞带到中欧去——现在匈牙利的主要民族"马革牙族"——使欧洲白人晓得"黄祸"是最强大可怖的。然而不久就因为缺乏文明，大帝国的命运沦于没落。家乡的蒙古民族，目前还有三百万，内五十万居住于西比利亚的贝加尔湖东岸，一百万居住漠南内蒙古，居住外蒙古的只有一百五十万。南部西比利亚的勃利亚族（Buriats）和北部西比利亚通古斯族（Tungus）都是他们的近系。蒙古大帝国没落后，蒙古民族经过二百年的衰替，和二百年羁縻政策下的酣梦，在近二十年来，才渐渐发生新蒙古的独立运动。

（二）政治地理　在清朝怀柔的政策下，把蒙古分做内外二部，以王公、贝子之荣衔，引其内向。民国建元后，鉴于北边外患日亟，将内蒙改成三特别区域。十七年北伐完成后，复将该三特别区域改成行省，然实际上社会政治，还是三百年来之旧。根据民国九年北京政府公布的《外蒙镇抚使组织条例》，外蒙古的政治区划如次：

A 库伦所属　土谢图汗盟、车臣汗盟。

B 乌里雅苏台所属　三音诺颜汗盟、札萨克图汗盟。

C 科布多所属　杜尔伯特部、札哈泌〔沁〕部、额鲁特部、明阿特部。

D 唐努乌梁海所属　克木齐克部、萨尔及格部、陶稽卓尔部、库布逊卓尔部。

以上当然是取消蒙古第一次的独立后受北京政府的"镇抚"

时代的政治区划。至于现在外蒙古共和国的领域，只有前库伦所属和乌里雅苏台所属二部分是确定的。西方的前科布多所属是否是外蒙古共和国的领土，殊难断定。在前唐努乌梁海属地内，现在另有一个"唐努乌梁海共和国"建于六七年前，同样受莫斯科的扶持和支配的。所以现在的外蒙古共和国，绝不是前此的外蒙古。因为以前所谓外蒙古，现在分成二个以上的独立的，苏维埃式的共和国，不过其中最大的一个共和国，名称是"外蒙古"也，便〈是〉是篇要研究的主要的对象。

外蒙古的政治地势，使得他不容易避免俄国的侵掠。西比利亚铁道和外蒙古国境的最近距离，只有六十英哩；上乌金斯克（Verklme Udinsk）距恰克图，只有一百英哩；上乌金斯克距库伦，只有三百八十英哩，反之，库伦距张家口，则有一千二百英哩之遥，中间还有大戈壁沙漠。所以偏处外蒙北境的首邑库伦，距中国内部非常辽远，中间还有沙漠；而向北只有二百哩便可达西北〔比〕利亚大铁道。贝加尔湖地方东有上乌金斯克，西有伊尔库次克，南有恰克图和买卖城，都是俄人半世纪来未曾忘怀热心经营的地方。在俄人传统的攘夺蒙古的政策及此种特殊的地势关系之下，蒙古现代的动向，不难推知。

（三）社会经济　蒙古人的社会是非常简单的，游牧民占全人口百分之九十以上，其余是少数的僧侣、贵族、商人。社会的主要分子既是游牧民，那么社会经济的主体便是游牧经济。游牧经济时代内的民族，是没有土地所有权的观念的；土地所有权的观念既没有，蒙古大多数的私有财产，只是下记的两种动产：

A 皮革或厚布作的"蒙古苞"，这是蒙古人的幕舍，等如他种民族的房屋。

B 家畜，包括牛、羊、马……群。

因为如此，所以蒙古现在还正在游牧民族的共产时代里。如若受了布尔雪维克的鼓励，建设成一个完美的共产社会，是很可能的事。某布尔雪维克党员说："依一九二〇年的调查，外蒙古的人口共六十五万人；家畜，马百二十万匹；骆驼三十万匹；牛百二十万头；羊及山羊八百万头。平均分配起来，每人约占马二匹，骆驼半匹，牛二头，羊及山羊十三头。"根据蒙古此种简易共产化的可能性，蒙古国民党领袖之一的林第，于一九二四年该党第三次大会中，发表如下之言论：

> 蒙古国民党的最终目的，是实现共产主义。我们要超越个人主义的阶段，从游牧状态直接冲入共产社会里去。因此，我党在蒙古的任务，首先要防止个人资本主义的兴起，不能不常常地与它作战。我党现时经济政策的基础，是要建设国家资本主义……

由此我们可以知道赤色的俄罗斯是根据蒙古特有的社会经济背景，以最便易的策略"赤化"蒙古；在整个苏维埃的东方政策中，得到最大的胜利于蒙古。

（四）宗教教育　满清治理蒙古，完全施行一种愚民政策。除开少数的贵族、僧侣受些微的喇嘛教育及羁縻教育而外，大多数的游牧民是无教育。这是蒙古民族长时酣眠的最大原因，而同时也便是易于盲从，迅速完成"赤化"的重大原因。因为没受过教育，思想单纯，缺乏判断力，外来思想的濡染速度，比任何民族都大。这是苏俄很迅速的养成了蒙古籍青年共产党的原因，也便是蒙古民族遇到新式的、积极的"宣传"后，必然归到苏维埃掌握中的原因。

二　"大蒙古独立国大皇帝"——独立运动第一期

清太宗时，内蒙古即归领有，惟外蒙古和天山南北路尚为准噶尔人所据，屡次侵扰北边。乾隆时，发大军远征，掠取外蒙古全境，西达天山北路之地。清之末季，在蒙势力衰替，于是俄人乘机东犯，次第向外蒙古侵入，贷活佛以巨量资金，以买其欢心，而扶植俄国之势力。

一九一一年，我国武昌革命起，南方各省宣布独立，一时潮流所激，外蒙古的王公、喇嘛也仿效发布独立宣言，不欲受制于事实上以汉族为本位而成立之民国政府下；放逐清廷派遣之库伦办事大臣及以下诸官吏；王公等复推库伦活佛哲布尊丹巴呼图克图为大蒙古独立国大皇帝；设上下两院，行君主立宪政治。次移牒北京政府，北京政府大惊，急劝告其取消，无效。

这次独立运动背后的主动力，当然是俄罗斯帝国。先是民国纪元前一年，俄国和库伦活佛相勾结，向北京政府要求：

A 库伦驻军之撤退；

B 蒙古铁道敷设权。

北京政府未置答复，外蒙古独立的宣言遂以发布。俄国深知中国革命之初，新政府忙于应付内政，无暇顾及外蒙的纠纷，于是按照预定步骤，承认外蒙古的独立，并与外蒙古以财政上的援助。民国元年俄国复派其驻华公使前赴库伦，与各汗王公会商，结果所谓《俄蒙协约》，便成于此。今将《俄蒙协约》大要三点揭示如次：

A 俄国政府为扶持蒙古自治之故，极力援助外蒙古，参与外蒙古财政之整理及常备军之编制等大端。中国人民与军队，不许其入蒙古国境。

B 外蒙古政府允予俄国以商业及其他种种之特权。

C 外蒙古政府如遇与中国或其他各国缔结条约，而与本协约及其附属议定书有违背之意向时，外蒙古政府须事先征得俄国政府之同意。

上列协约订定后，蒙古实际上已无异俄国之保护国。我国政府得知此项协约后，即向莫斯科提出抗议，声称蒙古为中国领土之一部，无与外国缔结条约之权，俄国与外蒙无论缔结何项协定，皆不能承认云云。俄国初以民国初建，内部不安，必无力应付外交，对此抗议置之不理。直至孙宝琦长外交时代始渐见解决之曙光。至是中俄共同发表关于外蒙古问题之宣言，其要点如次：

A 俄国承认中国在外蒙古有宗主权。

B 中国承认外蒙自治权。

C 中国不干涉外蒙之内政，但遴派官员一名及卫队一队常驻库伦等地。

以上宣言对蒙古问题未能根本解决，其细目又须于以后召集之"中俄蒙三国会议"席上详细决核之。俄蒙关系急进不遗余力。一九一四年九月中、俄、蒙代表开会议于恰克图，谈判忽断忽续，至翌年六月《中俄蒙协约》始告成功。俄国实得其益，中国所获者惟宗主权之虚名而已。该条约原文共有条款二十二，今将其主要条项，列记如次：

A 外蒙古承认中国之宗主权。

B 中俄两国共同承认外蒙古为中国领土之一部分并为自治区域。

C 外蒙古自治国无缔结关于政治及土地之国际条约权。

D 中俄两国关于外蒙古自治权及外蒙古工商业等问题，有与外国直接交涉之权利。

E 中国政府有于库伦及其他都市常置代表者之权利；此等代表得于库伦常置二百名之卫兵并于乌里雅苏台、科布多及恰克图〈常置〉各五十名之卫兵。

F 俄国于库伦及其他都市有设置领事之权利。

G 俄国在蒙古依照前此条约规定之免税营业之权利保留之。

H 外蒙古之疆界，由中、俄、蒙代表于二年内会合划定之。

根据上项协约，外蒙古之独立取消，复归为中国之领土，惟获得自治权力之承认，俄国就中独占各种经济上之利益，中国则徒得虚名而已。俄国当时又企图张家口至恰克图间纵断铁道之敷设，及由黑龙江之呼伦贝尔西达科布多之横贯铁道之敷设，后因一九一七年大革命起，遂无结果。

俄国大革命爆发的时候，中华民国政府窥见蒙古之背后势力的帝俄已颠覆，认为是千载一时的机会。于是北京政府任命徐树铮为西北筹边使，率兵至库伦，武力压迫外蒙古取消自治，裁撤旧日之办事大员，由西北筹边使署督办蒙古一切事宜。在徐氏武力统治下的蒙古，独立运动烟消云散，即前此自治权之享有，亦成过眼云烟，直至一九二○年来，外蒙古始终是名符其实的中国领土。

以上是从一九一一年到一九二○年外蒙古独立，活佛称帝，取消独立，仅行自治，以及我国推倒自治，武力固边的一段历史。在这时期里外蒙古民族一方面受独立潮流的激荡，一方面受莫斯科帝俄野心家的煽惑，竖起幼稚的独立运动的旗帜。这可算是外蒙古独立运动的第一期。

三　外蒙古共和国之建立及其共产政策的实施

一九二一年"蒙古人民革命政府"在库伦成立的时候，其政治组织是临时军政府的形式，并无若何共产主义的倾向，而且可以说是竭力仿效西欧的自由和民主政治。直到一九二四年五月，活佛哲布尊丹巴呼图克图逝世以后，新蒙古以为形式上的君主既去，实行纯粹的共和政体的机运已熟，始于是年七月八日——即赤军剿灭齐门诺夫的残部温格尔白卫军的三周年纪念日——外蒙政府和国民党共同宣布自该日始，实行共和政体的宣言。自采用共和政体后，外蒙共和国始脱离民主和自由主义的色彩，而完全进到共产主义苏维埃政治的阶段。兹分述外蒙共和国的起源及其政治组织的概要如次。

第一期外蒙古独立运动瓦解后，徐树铮氏的武力施于蒙古亘三年之久。一九二〇年俄境内赤白军挣扎到最后一步，白军齐门诺夫的部下温格尔率部逃入蒙古，逐中国驻在军队而占领之。当时外蒙左倾的青年不堪温氏的压迫，大多数逃往恰克图北贝加尔湖沿岸一带。赤派抓住这种机会，便一方面于上乌金斯基（贝加尔湖的东岸）和伊尔库次基（贝加尔湖的西岸）分头招待他们，一方面便开始作共产及独立等等的赤色宣传。这些赤倾的外蒙青年们，不久便于苏维埃势力指导之下在上开各地成立"外蒙古国民革命党"——后改称"蒙古国民党"——并于一九二〇年于后贝加耳〔尔〕地方特罗伊高撒夫斯克组织"蒙古人民革命政府"。其重要人员如下，皆国民革命党党员：

总理——恰果鲁·的亚子蒲

内务及司法——迭里克·萨伊罕

陆军总长兼国民革命军总司令——士和·巴图鲁

财政——那梭鲁

一九二一年三月，即库伦占领先五个月时候，蒙古人民革命政府发表宣言，公布下开建国大纲：

一、政府以铲除封建制度为目的，制定新法律励行之；因谋铲除封建制度，全国人民不问阶级的差别，一律有服兵役及服从裁判之义务。

二、制定全国人民各阶级担负均等同一之纳税义务之制度。

三、废除奴隶制度。

四、速开小国民议会；在大国民议会开会以前之期间内，以小国民议会为临时之立法机关。

五、以立宪君主之资格保存活佛，政府立于其下，图民权之扩张。

活佛无"批驳"权；政府与国民议员制度、法律，呈报活佛，以国民之名义宣布；

宣战、媾和及编制预算诸权，皆属之于政府及大小国民议会。

上项宣言即蒙古人民政府之建国大纲，虽该政府为苏俄所卵翼，而大纲略无共产主义色彩。尤可注目者，自由民主主义的意味独厚。由此可见财产共有及宗教否认之共产主义，不合当时外蒙人民心理。

革命政府成立于蒙古境外的第一积极工作，便是宣言讨伐温格尔的白俄，并要求苏俄政府的援助，共同作战。中国驻屯恰克图的残余军队，首被人民革命政府下的蒙古国民革命军所击退，由是与苏俄的赤卫军协同南下，于一九二一年七月六日占领库伦，同月二十日将温格尔捕获。库伦及蒙古主要地域平定后，人民革命政府复请赤卫军暂驻蒙古，帮助蒙古国民革命军共剿白党。等到外蒙古全境告肃清的时候，已经是一九二二年了。

一九二一年九月二十日，即人民革命政府占库伦约两月后，政府制定小国民议会之选举法，同年十月二十七日，小国民议会开幕。所谓"小国民议会"，犹中央执行委员会，对大国民议会而言，大国民议会即全国代表大会。十月二十七日，小国民议会开会，出席议员虽不过二十五人，然在数百年来专制统治下之蒙古历史上看来，则是十分重要的大事。该议会对人民政府之自由民主主义的施政方针与以认可，并废止旧法律，制定新法律。此外，又通过请求苏俄政府调停中蒙关系上发生的问题。

在苏俄政府卵翼下而成立之蒙古人民革命政府，结果其政纲似采用英美之民主主义的立宪政体，这是共产主义的苏维埃政府所最不满足的。因此苏维埃政府于缔结一九二一年十月五日的《俄蒙条约》后，即向蒙古人民政府提出七项要求（此时应注意者，即主持外蒙人民革命政府之国民党，内部分化，其崇奉共产主义的"外蒙青年革命党"，势力渐渐增大），其内容如次：

一、外蒙古之森林、土地、矿产，皆归国营。

二、分配外蒙古之公有土地于贫困的劳动者。

三、外蒙古之天然富源，得变为私有财产。

四、外蒙古之矿产由蒙古劳动者与俄国企业家间共同开发之。

五、外蒙古之金矿，让渡于苏俄工会，由苏俄劳动组合管理之。

六、土地之分配，须按照苏俄之陈例。

七、保留为私有财产之日用品之制造自由；但专利事业及特别权利事业除外。

人民政府如与上列七项以承认，则苏俄政府复允依照下列各款实行援助外蒙古政府：

一、地方行政，依民政的执权者统辖之，废止前此活佛、王公之尊称。

二、负重大责任之人，须由蒙古人中推荐任命，但贵族除外。

三、促成蒙古宪法会议，完成左列任务：

（一）宪法起草。

（二）劳动阶级之利益拥护。

（三）外蒙古苏维埃式之国家之最高执权者之确定。

四、组织正式陆军，派苏俄之代表训练之。

五、协助蒙古政府，阻止反共产党的宣传。

六、苏俄政府特派人员，设立军事委员革命委员会，宣传军事共产主义。

七、保护贫民，不使受贵族之欺诈。

八、官吏依总选举法任命之。

九、苏维埃的政府教育之励行。

十、促蒙古人注意卫生，官设医院免费治疗。

十一、药店及卫生机关，由苏俄政府助成之，为苏俄政府之独占事业。

于上记要求中，苏俄政府已最露骨的表示企图外蒙古共产主义化的欲望。惟欲一举而废喇嘛教，则殊为失算，盖喇嘛教备受蒙古人历史遗传之尊崇，深入人心，苏俄政府欲一举消灭之之事，不但不可能，且恐因此激成反苏维埃之风潮已耳。

上项要求，纯以"赤化"外蒙为目的，外蒙人民政府及外蒙国民党，均不欲承认。乃此时外蒙青年革命党，于外蒙国民党中隐然有大势力，复有苏俄政府及第三国际蒙古支部之阴谋策动于内，赤卫军又大举示威于外，一九二二年一月，蒙古政府遂不得不完全屈服，接受要求。同时外蒙各官署聘请苏俄顾问二名，外蒙古共产主义施政之基，至是开始。

外蒙古施政方针骤然变更，予旧派人物以绝大打击，因而反抗新政府运动，各处蜂起。新政府之扑灭异己，极尽残酷，自一九二二年春至一九二三年秋，外蒙古无日不在绝大恐怖中。新旧两派斗争的结果，胜利卒归于有苏俄为奥援之革命政府，而苏俄在外蒙的势力亦因以扩大。不仅旧派，即新派中稍有反共的倾向者，悉遭杀害。例如前人民革命政府总理巴图，内务总长官本古·图鲁基，司法长官图夫图合，及国民党首创者、蒙古国民军总司令当藏之辈，悉以反革命罪遭枪决。

一九二四年五月，拥有外蒙古君主虚名的活佛哲布尊丹氏逝世，青年革命党操纵下之人民革命政府，乘机将活佛印玺移归政府保存，宣言实行苏维埃式的共和政治，废止王位，这是剿灭温格尔后三周年纪念日即一九二四年七月九日的事情。从此外蒙古共和国进入苏维埃共产政治的第二时期。

一九二四年十一月，外蒙古共和政府召集蒙古大国民议会于库伦。该会第一事即废除"库伦"旧称，改名"乌朗·巴图鲁·浩达"，其意为"赤色武杰之都"；次通过左列之《蒙古劳动国民权宣言》：

一、蒙古为独立国民共和国，主权属于劳动国民，以国民议会及由该议会选出之政府行使之。

二、蒙古共和国当前之国是，为剿灭封建制之残余势力，而于民主制度之上树立新共和政府。

三、据此原则，政府宜依左列之施政方针施行：

1. 土地、森林、水泽及其他之地壤，举皆为劳动国民之共产，以前之私人所有权一律废止。

2. 在一九二一革命以前所缔结之国际条约及借款，一律无效。

3. 外国人在外蒙专横时代借给个人之债务，在国民经济上为不可忍受之负担者，一律无效。

4. 政府采取统一的经济政策，外国贸易皆由国营。

5. 为保护劳动国民权，防止内外反动势力之发生，编制蒙古国民革命军，对于劳动者授以军事教育。

6. 为确保劳动的良心自由，应政教分离，使宗教信仰为国民个人之私务。

7. 政府应将言论机关付于劳动者之手，以确保劳动者表示意思之自由。

8. 政府应供给劳动的〔者〕集会场，以保证劳动者一切集会的自由。

9. 为保证劳动者组合之自由，政府须与以关于组合之物质上及其他的援助。

10. 为增进劳动者之智识，政府须普及劳动民众之免费教育。

11. 政府应不问民族、宗教，及男女之差别，认全国人民之平等权。

12. 旧王公贵族之称号，及其特殊权利一切废除。

13. 鉴于全世界劳动阶级咸趋向于覆灭资本主义，建设社会主义，蒙古共和〈国〉之对外政策，应尊重全世界被压迫民族及劳动阶级革命之利益，以期与彼等之根本目的相合。

在情势上，对于其他资本主义国，虽亦以保持友谊关系为善，但对于侵害蒙古共和国之独立者，须断然抵抗之。

上项宣言，可以说完全是从一九一七年俄国十月革命时列宁的宣言抄袭出来的，足证蒙古共和国此时已决定彻底模仿苏俄的政治。不特此也，大国民议会制定的蒙古共和国宪法，更找不出和苏俄宪法相异的地方。本宪法原文三十五条，举其重要之点如左：

一、大国民议会休会期间，国家之主权，以小国民议会行使之。小国民议会休会期间，以小国民议会干部及政府之国务院行使之。（第四条）

二、国家最高机关，在国际关系上代表国家；处理政治、通商及其他国际条约之缔结，国境之变更、宣战媾和、内外债之募集、对外贸易、国家经济之计划、租借权之让与及取消、军备及军队之指挥、金融及度量之制定、租税及预算之确定、土地利用法之确定等事项。（第五条）

三、共和国宪法之变更，由大国民议会行之。（第六条）

四、大国民议会，由农村、都市人民及军队选举之；议会人数，每年依选举区之人口比例定之。

五、大国民议会之通常会议，由小国民议会召集，一年至少一回；临时大国民议会，由小国民议会或大国民议会议员三分之一以上之要求，或选民三分之一以上之农村之要求召集之。（第九条）

六、小国民议会，监督最高政府机关，实行大国民议会之议决及宪法。（第十二条）

七、小国民议会，由大国民议会选举之（第十条），对大国民议会负责。（第十一条）

八、小国民议会一年须召集二次以上（第十三条），每期选出由五名而成之干部及政府阁员。（第十五条）

九、政府担任一般国务，以内阁议长及副议长，军事及经济会议议长，并内务、外交、陆军、财政、司法、教育、经济各部部长及会计检查院长组织之。

十、凡由自己之劳动而生存十八岁以上之国民全部，及国民革命之兵士皆有选举及被选举权。

十一、商人、以前贵族、喇嘛僧及不从事于劳动者，皆无选举权。（第三十五条）

十二、蒙古共和国之国旗为赤色旗而附以国徽。

基于本宪法之统治组织，一九二四年十二月成立于库伦。当时外蒙古政府之主要人物如次：

人民委员会议长（内阁议长）　泰林多尔基

人民委员会副议长兼商务人民委员（内阁副议长）　阿玛尔

国民革命军司令官　阿里塞尔贾布

同　　　　参谋长　恰谊八鲁桑

军事会议议长　阿奚

内务人民委员　　则则昂杭

文部人民委员　　八次杭

经济会议议长　　阿玛格

此外，司法、财务、外务各人民委员皆由俄人充当之，而上述各蒙古人官员，都是外蒙国民党员，这是不用说的。

上项名单，表面上负政治之责任者，虽是外蒙古人，而任〔在〕其内部操握实权者，多半是俄国人和勃里亚特人。因为这般人都受了苏俄政府的任命，所以他们有很大的权势威力，纵然依宪法规定各重大事务及其方针应由各委员的合议制度才能决定，而事实上一切全照彼等的意思支配。到了后来，外蒙古青年革命党的势力越发增大，简直把外蒙古国民党中的旧王公派和旧喇嘛全驱逐出去了（详见本文第五节）。

现在外蒙古政府的各主要机关，全在俄国人、勃里亚特人和外蒙古青年革命党员占据之下。在外蒙古，苏维埃的势力日进日增，将来外蒙古或者完全卷入苏维埃联邦中而为其一分子，也是意中的事。

外蒙古的赤色政治中还有应注意的一点，即"内防处"。这个机关直隶于最高主权之下，与政府相对立，有绝对独立之特权，不受其他机关任何之干涉，并有宪兵、司法及警察三种的执行权力。尤有甚者，"内防处"往往任意滥用职权，对反革命行为者，不惜与以极惨极怖的虐杀。现在这种机关的实权全在俄国人的手里，一方面不许蒙古人的干与，另一方面依照宣传教育的普及，努力对蒙古人施怀柔政策。苏维埃依赖此种特殊势力，对蒙古可谓恩威并施。莫斯科的对外政策，至此可谓高妙之极。

总之，自一九二四年外蒙古采用共和政体后，外蒙古的政治组织，全然仿效苏俄的政治组织。更有甚者，外蒙古的政治实权，全操于俄国人掌握，事实上外蒙已变为苏俄联邦之一了。可惜我国举国上下，以为外蒙古，犹是二十年前"王公""盟""旗"的外蒙古，这是多么可笑可怜！

四　外蒙古的国际关系

我们一旦拿帝俄对蒙政策和历史来同苏俄对蒙的政策和历史比较一下，我们立刻发见两个相反的时期所生的事情，竟然如出一辙。帝俄促成第一次蒙古帝国的树立，苏俄促成第二次蒙古君主立宪国的创立。民元时有帝俄与外蒙古的《俄蒙协定》，民十又有苏俄与外蒙的《俄蒙条约》，二者性质是完全一样的。事情有更奇的，民四（一九一五）六月有《中蒙俄恰克图协定》，取消蒙古的独立，恢复中国的宗主权；而民十三又有《中俄解决悬案大纲协定》，加拉罕居然签定"苏俄承认外蒙古为中国领土之一部分"的矛盾的条款。《恰克图协定》后，帝俄获得实益，和《悬案大纲协定》后的苏俄的策略完全一样。一九一五年六月后，外蒙古的国际地位算是不发生问题了；然而一九二四年五月三十一日以后，直至今日外蒙的国际地位尚难确定。可见苏俄不问名义，专求实际的野心，比帝俄还进一步。统观两个阶段的历史，我们发见帝俄与苏俄的对蒙，不但政策是传统的，而且态度、手段无一而非相同。这种历史的事实，反苏联的人们说："赤色的苏维埃比白色的沙皇大帝的帝国主义更厉害一点，政略是传统的仍继续，同是帝国主义。"偏袒苏联的人们说："帝俄所意想的是世界帝国——至少是把蒙古席卷在内的大帝国——所以要并存蒙古；苏俄所意想的是世界联邦，所以要积极的把外蒙古共和国置于同〔汛〕高加索共和国、土尔康尼共和国，同等同样的地位。"关于外蒙古的国际关系，共有上列两种矛盾的说法，哪种说法是对的，读者自己裁判去吧！

一九二一年以后的外蒙古，是莫斯科野心家的产物，所以要讲外蒙古的国际关系，必须先从苏蒙关系上说起。一九二一年外蒙古革命主力军的外蒙国民党，原是俄国共产党提携哺育长成的，国民党的发源地，是外蒙古境外比邻的"勃利亚特蒙古共和国"，前面已经讲过了。该政党的党纲、党义，都是从俄国共产党的党纲、党义一气抄录而成的。该党的主张，最好引该党领袖之一的林第的话作参考。他说："蒙古国民党的最终目〈的〉，是实现共产主义。"新蒙古驻莫斯科大使段宗又对人说："蒙古国民党是个急进民主主义的党，又是国权主义者，总之，以谋全体国民的福利为第一着。"前者证明了理论方面外蒙国民党虽是共产主义者，而事实方面，还是注意到目前的"国权"和"民主"两点。以上两种说法代表了外蒙古国民党左右两翼的理想，右翼当时在党内握有很大势力的。一九二一年十一月五日〈在〉莫斯科签订的《俄蒙修好条约》，蒙古方面是［成］由其国民党主持。

外蒙古青年革命党是外蒙古国民党中最激烈最左倾的青年，本被认作同俄国完全站在一个立场上的。其先因为怕蒙古大多数人民的反对，它不敢揭出真面目。后来在一九二二年七月十七日该党在库伦开第一次大会席上，揭出该党从来的假面目，发出声明云："外蒙古青年革命党不是共产党。但此后我们必需要和始终革命的青年组织，世界革命的统一机关，莫斯科的第三国际互相提携共同一致动作的。"于是把第三国际外蒙古支部的事实，暗暗表露出来；然而还是怕惹起蒙古民众的反感，不敢把奉仰共产主义的事实表白出来。其实当时从莫斯科观察，它已经成为第三国际蒙古的支部了，一九二一年末，苏俄对外蒙要求七款、提议十一款的承认，是外蒙古青年革命党仗驻扎外蒙赤卫军的武力，捣乱国民党的内部，把持着外蒙古大部政权的时候，一手造成的。

一九二一年外蒙宣布独立后，外蒙古共和国立刻得到苏俄政府的承认，外蒙派遣段宗为驻俄大使。同年十一月五日即由段宗与苏俄全权多和夫斯基在莫斯科签定《俄蒙通好条约》十三款，全文如次：

前俄罗斯帝政府与前蒙古自治政府间所缔结之一切旧条约，皆由前者对于后者以侵略政策强制而成，今两国感情既变，入于新政治状态，此等旧条约皆失其效力。兹由蒙古人民政府及苏维埃联邦政府，以两国民间自由的共同繁荣为目的，特任命全权，开始交涉，缔结协约如左：

第一条　苏维埃联邦政府，承认蒙古人民政府为蒙古唯一的合法政府。

第二条　蒙古人民政府承认苏维埃联合（Federal）政府为俄罗斯唯一的合法政府。

第三条　两缔约国负有左列之义务：

（一）两缔约国不论何方之领土内，不许有以"反抗他方或颠覆其政府为目的之团体及个人"之存在；同时不许"以与他方战争为目的之军队"在彼此境内动员或募集义勇兵。

（二）不许直接输入武器或允许他国从其领土内通过输入武器于"与缔约国直接或间接为战斗行为之团体"。

第四条　苏维埃政府派遣全权代表驻蒙古首府，派遣领事驻科布多、乌里雅苏台、阿鲁顿普鲁伊克（即恰克图）及其他之都市。

第五条　蒙古人民政府派选全权代表驻苏俄政府之首都，派遣领事于苏俄政府协定之俄境各地方。

第六条　俄蒙间之国境，由两国政府间特派之委员会划定之。

第七条　彼此缔约国国民，居留于缔约国他方之领土内，享有最惠国国民权利与义务。

第八条　彼此缔约国之司法权，无论关于民事或刑事，在其领土内，适用于缔约国他一方之国民；但基于文明及人道之原则，两国皆不得适用肉刑。两国在执行刑法上之审判及判决，若对于第三国与以特典时，此特典亦宜自动的适用于缔约国他一方之国民。

第九条　由两缔约国之他一方输入或输出之贸易品，宜纳法定之关税；但此等关税律〔率〕，不得超过"其他最惠国之民所交纳之税率"。

第十条　苏俄政府……对于前俄国在蒙古境内所设的电信局及电信装置，无偿的让与蒙古人民政府。

第十一条　为增进两国之文化及经济的关系计，俄蒙间邮政、电信之交换，及两国间电信问题之解决，皆为重要。两国对于本问题宜另订协定。

第十二条　蒙古人民政府，对于在蒙古境内，有土地及建筑物之俄国人民，宜与以适用于最惠国国民同样之土地所有权及租借权；但俄国人民对此宜负担交纳法定租税及租借费之义务。

第十三条　本条约以俄文及蒙古文作成二份，从签字之日起发生效力。

西历一九二一年十一月五日

蒙古独立国十一年十月六日

在莫斯科签字

俄国全权　多和夫斯基

　　　　　额兹

蒙古全权　段宗

　　　　　士和巴图鲁

　　　　　泽勒土鲁梯

额鲁迭汪席勒丁吐鲁梯

俄蒙间上项协定之消息达于我国北京政府后，北京政府极为不满，以致自一九二〇年开始谈判中之中俄新约因蒙古问题久悬不决，经历许多困难折冲之后，仅将两国已经一致的几条意见定为约章加以签字，这便是一九二四年五月三十一日的《中俄解决悬案大纲协定》和《中东路暂行管理协定》。在《大纲协定》〈中〉有两款关于中俄间蒙古的事情，矛盾奇特到不可思议。其中第五款全文如次：

> 苏俄政府，承认外蒙古完全为中国领土之一部分，并尊重对于该领土中国之主权。苏俄政府驻在外蒙之军队，该依本协定第二条所定"关于撤兵期限及彼此边界安宁办法会议"商定时，即由外蒙全部撤退。

第二款便是规定在最短期间召集一个解决详细节目的中俄会议，可是这个会议至今还未召集，而中俄悬案，愈累愈多。我们拿——"承认蒙古人民政府为蒙古唯一合法政府"和——"承认外蒙古完全为中国领土之一部分，并尊重对于该地中国之主权"这两款来比观，它们是如何的表现绝大的矛盾，苏俄政府既已督促、援助，造成蒙古的独立，并且承认其独立；为什么又有"完全为中国领土""尊重中国主权"的条款的签订呢？既然承认其"完全为"中国之领土，而另一方面，一九二一年十一月五日《俄蒙协约》第一款偏偏仍旧继续有效，借口《大纲协定》第二款所规定的中俄会议未开，驻外蒙古的赤卫军至今尚未撤退，苏俄外交家手腕的模棱巧妙，真是达于极点了。苏俄外交不但承继帝俄外交的策略与手段，并且比帝俄外交家还要来得圆滑；我们拿一九一五年六月《中俄蒙恰克图条约》来同一九二四年五月三十一日《中俄大纲协定》来比较，我们发现一九一五帝俄外交家虽然是以"弃名取实"为世界所惊叹，然而究竟还多少顾到些名义，如仅仅承认中国之"宗主权"和一口咬定"外蒙自治"的主张，这哪里能赶苏俄外交家干干脆脆声明"完全为"中国领土和"尊重""中国主权"来得响亮痛快呢！这弃名取实的手段，苏俄外交家运用的更加巧妙了，苏俄把所谓"名义"完全弃去，绝对的从实际方面着手，一方面向"正名"的黄炎苗裔大唱"完全"……"尊重"……一方面向蒙古的青年革命党笑着说："'缮成华俄两种文字'的一张破纸，和实际原来没多大关系啊！"至此我们不能不敬佩斯拉夫民族的魄力。

外蒙古共和国的国际地位，现在正在极暧昧的状态。一个"国家"所需要的原素是：一、土地，二、人民，三、主权，此外，还有一件最重要的是国际的承认（Recognition）。没得到承认的国家，便不是国际群中之一分子（a member in the family of nations），如此便是不能和他国论什么"平等""主权"……依照国际公法办理交涉。我们考察外蒙古情形是怎样呢？他自一九一一年的第一次独立起，中经一九二一年的建立共和直至现在，承认她独立的，先有帝俄，后有苏俄，换句话说，和外蒙古发生外交关系互派使节的只有此一国；其他各国，大都还没注意到蒙古问题，有的也认蒙古为"世界之秘密国"无建立外交关系的必要，有的还认蒙古"完全为"中国领土之一部分。所以虽然外蒙古有很完备的宪法三十五条，有很完密的政治组织，"主权寄托于全国国民"，然而究竟在法律的立场讲起来，蒙古还不算一个独立的"国家"。这是对于"正名"的中华外交家的绝好机会，我们正可利用这名正言顺的形势，据理和斯拉夫的外交全权把蒙古问题弄个一清二白，不使常在灰色的环境中，坐使苏俄暗中鲸吞，等到苏俄的势力成熟了再想"言顺"就晚了。作者此刻寄语注目中俄悬案的同胞们，和负责办理解决中俄悬案的中国全权代表一行及外交当局，希望对上写现在的机会，万分的注意。

再从事实方面的观测，作者要十分肯定的说：苏俄在外蒙古的势力远远高出于日本在满洲的势力；因为日本在满洲不过有几条铁路，不过几家公司的经济侵略，而苏俄在外蒙古有完全支配青年革命党行动的能力，各级政府都有苏俄顾问官，军队是苏俄人担任教练，第一外国语是俄文及其联带的宣传教育，行政机关的财政、外交、司法又在俄国人的掌握中，"内防处"更全是俄国人的势力，俄国对外蒙的经济侵略，比较其政治、教育、军事、司法的侵略来，倒是比较和缓了。苏俄在外蒙的势力既是这样的根深蒂固，所以丢开法律，专从事实方面上说：外蒙不是一个独立共和国，不是"中国领土之一部分"，不是苏俄的保护国，直是苏维埃联邦一部分的领土。名义上虽然还没达到这个程度，而事实上各国的蒙古研究家们无一〈不〉异口同声的说："外蒙已经走上苏维埃联邦的道上了。"

关于苏俄对蒙古经济的侵入，苏俄把帝俄对蒙古享有的债权放弃，并且把帝俄在蒙古建设的电信装置无条件的赠与蒙古人民政府，换得了下列三种经济的利益：

（一）俄国帮助外蒙人民政府整理财政，建设货币制度——（原来外蒙前此尽是物物交易的状态）——一切国营产业，全仿照俄国的模式；某一时期的外蒙财政人民委员，是以俄人充任。总之外蒙的财政，完全在俄国人督理操持之下。

（二）人民政府建立之初，由青年革命党鼓动着承认苏俄政府的七项要求中，内有两项大堪注意：

a. 蒙古矿产物由蒙古劳动者与俄国企业家共同开发之。（第四项要求）

b. 蒙古的金矿，让渡于苏俄工会，由苏俄劳动组合管理之。（第五项要求）

——外蒙的矿产原是蕴藏极富，皆未开发，于此被外蒙青年革命党拱手奉献苏俄之手。

（三）交通权的获得：——

a．苏俄在蒙享有内河航行权。

b．苏俄在蒙享有航空独占权。

c．苏俄在蒙有一定铁道敷设权。关于苏俄在蒙的铁道的敷设权，传说纷纭，真像外间不得而知。其中关系重大的有下面两种：

1．《俄敷七线敷设密约》，所谓七线如左：

甲．上乌丁斯克、赤塔间；

乙．库伦、乌里雅苏台间；

丙．乌里雅苏台、伊比斯克间；

丁．乌里雅苏台、科布多间；

戊．科布多、塞米巴拉丁斯克间；

己．科布多、乌鲁木齐间；

庚．乌鲁木齐、乌鲁尔（土耳其斯坦）间。

2．《俄蒙三线布设密约》，三线如左：

甲．大乌里雅、买卖城间；

乙．赤塔、库伦、张家口间；

丙．阿丁斯克、米奴省斯斯克、乌里雅苏台间。

——三线布设说中之赤塔、库伦线详细条款相传如左记：

A．苏俄政府代外蒙古开拓外蒙古之交通，先开设赤塔、库伦间铁道。

B．赤塔、库伦间铁道，为一营业的公司，其修建费四分之一由外蒙古政府担任，其余四分之三由苏俄政府投资，不得用他国之资本。

C．铁道技师，须由俄国人中聘任，其管理权属于俄国政府。

D．筑路工人用蒙古人，但关于雇用及其他一切事务，外蒙政府不得干涉。

E. 铁过〔道〕沿线，两侧百俄里以内，俄国人得自由购买土地、家屋。

F. 铁道沿线百俄里以内，俄国人得自由采伐森林、矿产。

G. 铁道沿线之电报、电话、邮政机关由俄国设置。

H. 铁道建设后之线路保护事务，由苏俄政府任之。

I. 铁道建设后之铁道职员，由苏俄政府任用。

J. 铁道收入之货币，以苏俄政府发行之国币充之。

K. 铁道开通后五十年以内，得由外蒙古政府收回。

L. 外蒙古五十年后不能收回时，九十九年后由苏俄政府无条件交还外蒙政府。

——苏俄政府依照其借助资本主义国家的外债政策，把大量的资本从白色美英资本主义国借贷了来向蒙古一带举行"再投资"（Reinvestment），中亚蒙边各地的铁道建筑事业早已开始，上述的传言，要逐渐证明其为事实了。

谈到中国本部和外蒙古的关系，则完全在一种不通问闻，不通消息，不互明了的状态之下。不久之前国民政府交通部欲在蒙藏办理邮电政务，因不知各该地域情形，饬令新疆、甘肃地方邮区就近调查，该邮区上交部的呈文如后：

查外蒙各埠，由库伦至恰克图九百二十华里，计九站。由库伦至乌里雅苏台三十二站，乌里雅苏台至科布多十四站，科布多至承化寺夏季六站，冬季绕行骆驼路二十五站，乘马则仅十二站，库伦至张家口三十三站，该承化寺系归新疆邮区管辖与外蒙之科布多毗连，民九以前，两处往来无阻，民九以后，外蒙将我国驻扎外蒙古各地之参赞、〈护〉卫等，实行驱逐，各处交通当即断绝。现承、科边界早已封锁，彼此均设卡兵，不相往来。查库伦为外蒙活佛驻地，民九以后，为俄白党所占。旋苏俄侵入，悉改旧章，将活佛取消，下令剪发，兴教育，设学校、电报、邮政人员及所有报政人员，均擢用少年，而实权则操诸苏俄人之手。苏联于库伦设总领事，驻军千余名。卡克图、乌里雅苏台、科布多等处，则分设领事，并驻有少数卫队。我国商民之在外蒙古贸易者，除货物纳税外，商号执事每人每年纳税洋百二十元，伙友每人减半，其余苛刻虐待，不胜枚举。至邮、电两项，外蒙之库伦、卡克图、乌里雅苏台、科布多、乌兰古木等处，均已设有邮、电各局，闻每件挂号信收费现洋五角；其寄往新疆者，均托由华商带往古城；寄往内地者，经卡克图、乌金斯克、西比利亚铁路转递。其与新疆政府亦早已断绝交通。似此情形，欲于外蒙古地方开办邮局，事实上殊难办到也。

读过上记一段呈文之后，登时使我们感觉到汉人对外蒙古是这样的隔阂，虽是邮、电交通界人物就近调查的结果，还是这般的一知半解，遑论所谓"内地"同胞了。

国民政府定都南京以后，对外蒙事稍加注意，有"蒙藏委员会"的设置。最近关于中蒙的一件大事，便是将在南京召集"蒙古会议"。蒙古会议是根据第三届中央执行委员会的议决，一九二九年（十八年）由蒙藏委员指导之下，成立"蒙藏会议筹备会"，蒙古人格桑泽仁、罗桑贤赞均参加。蒙古会议原定同年十一月开会，嗣以筹备不及，改为一九三〇年（十九年）二月，现又改期，蒙藏委员会前向蒙藏发出通令，据该通令，蒙藏会议的任务是：

　　报告蒙藏实地情况，讨论关于推行训政及蒙藏地方之一切兴革事宜。

关于蒙藏会议代表名额及产生标准，该通令说：

　　迭经本会会同内政部开会讨论，精密审查，结果决定蒙古代表以盟部为标准；每一盟共出官民代表十人，其不属于盟之各特别旗，则以旗为标准；每旗共出官民代表二人，统计全蒙代表一百九十二人，业经呈奉国务会议议决照准在案。

统观全体，蒙藏会议筹备会对于蒙古情形——西藏更不用说——明了到什么程度，很是问题。因为国内举国人士，无论政府或民众，对外蒙事情，都是因道远莫明真象。蒙古会议的任务，第一是报告蒙古真象，则蒙古真象尚未明了可知，至于以前所召集的蒙古会议究竟能成功到什么程度，更成问题了。外蒙现在完全在赤色所扶育的二大政党把持操治之下，外蒙国民党中前虽偶有"亲华派"，然而势力渺小，久已不见踪影。赤色政党下的外蒙民众对于徐树铮的印象是怎样？他们对今日的中国国民党和国民政府推测是怎样？他们能够容易的听从中国国民政府的号召调遣吗？蒙藏会议的精神，是扶助蒙藏民族自决自治，不使徒受赤色宣传教育的渲染，此次蒙古会议的成败不足计，我们要努力使此次蒙古会议的精神胜利，欲使这种理想达到目的，研究外蒙古，明了外蒙古的现在情况和最近的趋向，是国人今日最急要之图。

五　外蒙古两大政党势力之消长与现时之政情

外蒙古有两个政党，一个名"外蒙古国民党"，另一个名"外蒙古青年革命党"。

外蒙古国民党的组织，是发端于一九二〇年温格尔侵入外蒙古的时候，前已略言。当时温格尔驱逐外蒙古人，于是蒙人中属于左派，号称"新人"的，一齐逃往俄领地贝加尔湖一带作亡命客。苏俄政府为将来伸长势力之故，特招是等亡命客会集于微尔复勒、金斯克及伊尔库次克等处，与以最优渥之款待，使俄籍之蒙古人与勃利亚特人，以同种同志之资格，加入彼等之伙群，同年末拥巴图为首领，徐徐准备蒙古革命运动之进行，从彼等之手蒙古国民革命党之组织乃得完成，后改名蒙古国民党。一九二一年得赤军的武力援助，协同侵入外蒙古，驱逐温格尔，所谓一九二一年七月外蒙古"第二次革命"，其中坚便是此蒙古国民党。人民革命政府成立后，巴图总理下的内阁，就掌握了蒙古的政权。

前已略述，国民党虽是受了共产主义的苏俄援助才能成立，才能在库伦建立政府，然而像前记该党的外蒙古建国纲领，并不奉行共产主义，目的反在民主立宪制度的确立。一九二一年七月人民政府成立后，活佛哲布尊丹依然安居王位，国民党之政策避急进、依渐进的政策于是判明，这又是和莫斯科的理想相背驰的一点。加以自从库伦占领后，入党的大多数是贵族及资产阶级，所以国民党的政策日渐右倾。此等加入国民党贵族、喇嘛及资产阶级出身者，以阶级的关系，多富有政治才干，因此自革命政府成立以后，各要职都被他们占据，其实力逐渐增大，大有凌驾平民阶级出身者的形势。哈鲁哈王即则则杭一跃而为国民党领袖及革命政府大臣，此外政府首领如哲林多尔、当萨藏、巴图等皆属于喇嘛或贵族。就此点观之，外蒙国民党和人民革命政府的右倾化，正是必然的结果。

国民党获得政权后竟而右倾，是最为苏俄政府所不快意的，苏俄政府因此操纵了外蒙国民党的失意分子（主要的是下级官吏及游牧平民出身的党员）和革命政府成立后从莫斯科留学归来的学生，于革命政府成立后一个月，即一九二一年八月，在库伦成立新的"蒙古革命青年同盟"。此同盟成立时的参加者，仅二三十名，标榜反对国民党的民主主义，坚持激急的共产主义。

同盟初成立的时候，表面上作国民党内一个机关，好像十足忠实的国民党员，与国民党及国民政府以积极的援助，宣言愿以剿灭温格尔残党及勾结温格尔的蒙古王、高级喇嘛僧为任务。从宣言上观察，本同盟确系国民党内的一个机关，并且是十足忠实的国民党员，但觉事实上却全然不对。以后一切的反国民党运动，及在外蒙古遵照苏俄政府意见实行赤色政治的，全是这青年同盟的力量。

前记一九二一年十月五日，紧接着《蒙俄条约》的缔结，苏俄政府对外蒙古政府的"赤化"要求七款，国民党领袖团中间，决意断然拒绝，以后终于不得已承认的，也是因青年同盟假驻蒙赤卫军的援助大肆威吓的原故。自一九二一年秋至一九二三年，二年的恐怖时代，多数外蒙高级贵族、喇嘛被判反革命罪而遭戮杀的，也是同盟假赤卫军的威力一手创成的。巴图、邦次克多尔基多夫多呼、当藏等各有力国民党老领袖，于反革命的罪名下悉遭枪决的，也是基于青年同盟的策动。而此等历史陈迹的里面，常常有苏俄政府的主动，也是不可否认的事实。这些以"赤化"为目的之青年同盟的激烈行动，不时惹起国民党干部的痛心。一九二二年冬十二月之小议会开会时，国民党干部将青年同盟附〔付〕查问，不听则以武力解散威吓。对此，青年同盟以国民党前约实行废止王公、喇嘛特权事，毫无诚意，乃实行扩大宣传以反抗之，相持不两下时，忽来苏俄官宪干涉，胜利竟归青年同盟之手，此后青年同盟与外蒙国民党干部完全站在反对的立场上。更因国民党内王公、喇嘛的虐杀、致〔驱〕逐、除名等之结果，民主主义派势力减退，另一方面青年同盟势力增大，同时外蒙国民党亦逐渐发生左倾的倾向。

一九二二年一月，青年同盟党员（同时也是国民党党员）不过三百名的少数，一九二四年约四千人，一九二五年增至八千名，反之，国民党内旧王公、喇嘛逐次减少其数，相传现在已绝迹于党内。

一九二二年七月十七日，外蒙古革命青年同盟开第一回大会于库伦，决议下记之纲领：

　　本同盟之目的是将蒙古国民从外国资本主义压迫之下救出

来，确保外蒙古独立，然后，于国内求劳动民众真正的自由经济及文化生活的向上，足以确立政治制度。

这是和苏维埃世界革命的策略起共鸣的。更于大会中，把青年同盟的从来假面目脱开，表明了和第三国际的关系，声明："蒙古青年革命同盟非共产党，今后我同盟和始终革命青年的世界的统一机关，第三国际提携行动。"暗默间表明为第三国际外蒙古支部事。同时仍否认其为共产主义者，这是由于唯恐惹起蒙古人的反感。事实上，莫斯科第三国际已经发表其为蒙古支部，所以他们是共产党事，不言自明。关于和外蒙国民党的关系，该大会说：革命青年同盟是多数勤劳民众的机关。和外蒙古国民党组织上的关系和政治上的关系，宣言完全分离，组织"外蒙古青年革命党"。党员党籍上，尝有和我国分共前共产党员兼国民党员的跨党分子相似的情形，青年革命党员同时又是外蒙古国民党员，所以青年革命党势力澎涨必然的结果，逐次使外蒙古国民党脱离民主主义的倾向，带共产主义的色彩。我们于此对劳农俄国对未开化的民族渐进的共产化手段，不得不惊叹其尽巧妙之极致。

这时候，外蒙古国民党内的旧王公、贵族、喇嘛逐次淘汰，巴图被枪决后，平民出身并曾任第一任驻俄蒙古大使的巴段宗氏继其后，为国民党首领。后此约二年至一九二四年五月，国王活佛死的时候，国民党领袖和青年党之间又生纠葛，国民党一派以为活佛不过单单宗教上的君主，所以主张依从来的惯例基于西藏达赖喇嘛的指示，决定后继者，暗中拒绝苏维埃式共产政体的采行，继续君主立宪政体；对此青年〈党〉以为外蒙古独立国若取新国王于教会首长，则通行于西藏之英帝国主义的奸策，将被诱入蒙古，因此主张断然不能与国民党同情，两者又在互抗争不相下的形式中。这一件论争的胜利，又归到有苏俄政府为后援的青年党手里，巴段宗下野，有青年党为后援的亲俄派阿玛尔继为国民党党魁，最后，如上述，于同年七月实行采用苏维埃式的共产政体。

自共和政体采用直至一九二八年中国南京建都四年间，外蒙古国民党依然保持外蒙政府与党的地位，惜其政策全被青年党所支配，而青年革命党的里面又有苏联政府、第三国际暗中播弄，外蒙古于是直进于逐次"赤化"之途。在这个期间，第一则林多尔基死后，阿玛尔继之上台，阿玛尔后，中央执行委员长丹巴多尔基继之。

一九二八年中国北伐完成的时候，对于借苏联势力横暴无所不知〔至〕的青年革命党，外蒙古国民党内的右倾派早抱绝大反□至此得着了一大冲动。此之一派对丹巴多尔基西〔要〕求采取排俄亲中政策。这个要求，于青年党以外的人士间，得着了相当的赞同。因为青年党对大部分的蒙古民众亘七年之久的专制，其结果苏维埃式的共产政治在蒙古民众渐渐发生倦恶之感。

丹巴多尔基，不仅是外蒙古所谓"新人"之一，他还是第一期俄国留学生，更是从来亲俄派的头目，虽然如此，饱尝苏俄政府对蒙古的横暴后，内心大抱反感，所以对右倾派的亲中要求与以容认。昨年七月派人秘密赴南京，对南京国民政府，于自蒙古驱逐俄人势力的条件下，请求财政及兵力上的援助。此行动忽被青年党侦知，一时大惊，咸攻击丹巴多尔基的背信行为，同时企图剥夺其国民党党魁及国民小议会会长等要职。然丹巴多尔基不顾青年党之反对，预备将于同年八月开会于库伦之国民大议会席上，力说外蒙古共和政府与中华民国间应建立亲善关系的必要，提出缔结新条约之议案。对之青年革命党一派表示绝对反对之意，故意妨扰大会召集，两派论争继续四个月之久，十一月倾大会才开幕于库伦，丹巴多尔基于是重振其决心，断然提出对中华民国亲善的议案。

此议案以过半数在该大议会中过〔通〕过。其所持理由据传系外蒙古共和国是不包含于苏维埃联联〔邦〕内的一个独立国，因此和经济上有重要关系的中华民国建立亲善关系当没有任何妨碍，对此苏联政府亦不致有什么干涉的理由云云。观此足以证明本议案的考虑，大部分还是怕苏联的干涉，可见当时苏联对蒙压迫之甚，更可证明外蒙一般民众对苏联反感之深。

因本议会中青年革命党失败，他们最后便在库伦赤卫军的援助之下，断行苦迭达。青年革命党首领伊端斯纶〔伦〕便于议会席上指骂丹巴多尔基为南京政府走狗。依苏联武力解散大议会，丹巴多尔基至是不得不辞去国民小议会长职务，同时弃国民党党魁职，拥护丹氏之国民党党员，依青年革命党意，尽撤职，继此握国民小议会之实权者，是青年革命党首领干顿及伊端斯伦，都是第一期的俄国留学生。依最近的蒙古通信，外蒙古政府机关都有俄籍顾问四名至八名不等，现政府重要人员如次：

人民委员长（内阁总理）——泰林特尔吉，蒙人中杰出的英才，略通汉文。

副委员长——埠格尔曾，留俄学生。

外交首席——格力尔拖布，俄籍人，初次到蒙。

外交次席——达娃。

内务首席——梯米总尔格爱尔格建，一忠厚的蒙人。

陆军首席——哈藤巴特尔王麻索布新，亲俄派大首领。

财政首席——雅尔顿格里尔，青年革命党健将。财部内有赤俄顾问四名。

财政次席——巴特儿达桑，俄人。

教育首席——脱根丝，勃里亚特人。

司法次席——公博专脱马甲夫，勃里亚特人，日本留学生，通中、俄、日语言，亲日派。

中央军事委员长兼参谋长——桑威布尔桑，俄国军事学校毕业生。参谋部内有赤俄军事顾问八名。

参谋次长——俄人，名称未详。

内防处长——那音他部。内防处内有赤俄顾问六名。

小国民议会会长——申色特尔，俄留学生，亲俄派。

大国民议会会长——阿玛尔。

国民党部部长——亚明唐登，通中、日、俄、英诸语言。外交捷才，亲日派。

中央购买组合部长——南摩沙立。

驻俄使官——斑著他部。

总之，尝为外蒙古一九二一年第三次革命的殊勋者外蒙古国民党，依青年党势力的增大逐渐衰落，组党之初民主的君主立宪政体的理想，终不能变为事实，现在仍旧拥有外蒙古政府党的虚名，实际上政务全在青年党把持之中，不远之将来，或者要沦到消灭的命运了罢。苏俄政府先使外蒙国民党掌握政权，次于党内扶植并潜入共产主义的细胞组成革命青年同盟，依逐次之增殖而形外蒙革命青年党的团体，用跨党的手段使国民党终致失势，不知不觉间把整个的外蒙包含到共产主义苏维埃势力之下。此种政略，不得不令人可畏。一九二七年以前的中国国民党，正是享着当时外蒙国民党同一的命运，因为苏俄对蒙对华的方略，当时完全是双管齐下的。现在的蒙古正完全在苏维埃赤色势力操持之下，背后有莫斯科，暗地里有莫斯科的驻蒙顾问，表面上是以革命青年党相号召，外蒙民众受着层层束缚以及苏维埃宣传教育的反感，革命的感情，笼着漠北大地，一九二九年八月的大国民议会对华亲善的议决案，完全向我们证实了上开情形了。这是我们一个绝大的鼓励。我们应当怎样从专制暴力的赤色机括下把蒙古民族救出，恢复他们光荣的自由，和自由自决的向上呢？不知关心外蒙事情，和从事蒙藏政务的朋友们，读此文后也有相当的警悟、认识、决心，与着手进行的策略否。

一九三〇年二月二十二日，东京

《时事月报》

南京时事月报社

1930 年 2 卷 4、5 期

（朱宪　整理）

郭尔罗斯前旗调查记

鄂奇光　译

　　疆界　本旗疆界，系由原旗划分而定，南北相距四百余里，东西三百里。东抵松花江，南接吉林柳边，西至达尔罕王旗，北与扎赉特、镇国公等旗毗连，东北界郭尔罗斯后旗、扎赉特等旗，西南界达旗、吉省，西北界扎萨克图旗。除出放长春、农安、德惠、长岭、乾安等五县外，所遗者，只南自长春、农安界起，沿松花江岸，北至大赉二百四十里，东自松花江南岸起，西至长岭县界二百四十里。近年在此地界内西北角，西自长岭县东北起，沿开通、安广、大赉等县，东至察干诺尔，长一百五十里，南北宽一百二十里，划为乾安县。本旗境内，并无要隘名山，惟有小土丘、沙坨极多。

　　山川　本旗因无大山，故无山脉之长短。惟东面有松花江，即吉林乌林大江，自南面流入，而东北方经扶余县城北，三岔河与江省嫩江汇合，东向哈尔滨北方流去。其河流若干里，则无详细之调查。

　　土地　本旗地方，无山泽原湿〔隰〕，均系平旷之地。土色红紫，有沙有碱。水味涩苦而咸，间有甜者。地土肥美，可耕者均已出放，约有熟田十万余晌，所遗沙石碱滩，仍事牧畜，此外并无荒地。

　　物产　本旗五谷暨常食各种菜蔬，均可种植。药材、森林、骆驼，均无。畜产有马、牛、羊。旷野无鹿，只有黄羊、狼、狐、兔等兽，惟不多睹。旗民向有春秋打猎狐、兔者。各种矿产，向来未有。皮毛等项，有按时交易者，亦有自用者，均无档可稽。

天时　本旗地点接近北疆，以故四时气候，较内地稍寒。入秋则草木皆黄，且多风尘，春天尤大，秋天亦有冰雹，雨寻常按时而降，若遇天变，则难测料。

人民　本旗人民，均系蒙族，内分台吉、壮丁、陵户、庄头、散丁、奴丁等差。各有家族，姓氏区别，户口计二千七百四十户。风俗习惯，均沿习上世所传，多以游牧为风。近年以来，则学农为业者，实繁有徒。宗教则崇信黄教。人民多尚忠实，而恶浮华。

古迹　本旗境内，无古庙名寺，暨特别碑坊城镇。惟本旗建设，曾奉前清谕旨之庙，计共六座，曰乌勒木吉特古斯、巴雅斯固朗阿木古朗图庙、布呼博勒格图庙、阿贵依和乌勒吉图庙、盖哈木希克图温都苏拉克齐庙、布音尼纳木古鲁克齐庙、额尔德木乌勒吉图庙，各庙均有达喇嘛，德木哥班第，暨自愿出家之喇嘛。又本旗北界有达呼城，土城迹一座，长宽各二里许，有四门遗迹，究系何代何国所建筑，暨原来名称，均不得详，无可考查。城南有四十家子村，蒙古都钦格尔爱拉者，东方为翁格勒，西方为阿拉。盖北方为绥城，南方有小土城迹一座，长宽只半里许，名称毫无传闻，今欲考究，实属困难。

教育　本旗设立初等小学校一处，教以蒙汉文字，兼受〔授〕汉语，至经费一节，尚未预算。

政治　本旗政治，归亲王齐默特色木丕勒，协理台吉业喜扎拉僧丹巴，管旗章京赛济雅图，梅楞章京福珠里丹比敖齐尔，书记梅楞章京布呼达穆尔、呼都哩仲、额旺钦、楚克苏隆等轮班值日，秉承扎萨克，办旗内讼诉，暨一切行政事宜，并无特组机关分办情事。此外又有扎兰章京八员、佐领二十四员、领催二十四名，暨小领催、十家长等名目，管理出兵、长短差徭，暨地方一切事宜。又有族长十二名，分居四区，内有哈木吉拉嘎、章京、博硕呼等职，管理本籍台吉、人民及奴丁，余与参佐公事相同。此八扎兰四区，所有台吉、披甲奴丁等，均有当兵义务。所余老幼人民，均在家各自谋生，间有从事务农者。又六大寺所属壮丁，关于地方权利，与台吉人民同等享受。除当保卫团外，余均供差庙宇。

民生　本旗台吉人民生计，向以牧放为业。惟近年以来，草地出放，旗境日蹙，加以连年匪患，饥馑荐臻，牲畜损失殆尽。现人民已大多数改务农业，间亦有游牧者，较从前颇有进步之势。

实业　本旗除农产外，并无森林、工业、毛革、水利、矿产等项。

财政　本旗收入租赋核实开支，已有不敷之虑〔虞〕。

交通　本旗除出放各地外，并无铁路、航路，惟附近各县城，均设有电线通达各方。

《蒙旗旬刊》

沈阳东北政务委员会蒙旗处

1930 年 2 卷 5 期

（朱宪　整理）

哲盟博王旗之调查记

鄂奇光　译

一、疆界

西界宾图王旗，东界达尔罕王旗，计宽一百八十里。北界达尔罕王旗、格尔莽哈营子，南界法库门边墙，计长二百四十里。地方要塞，吉尔嘎朗图塔拉则建有扎萨克公署。名山北界则有朝霍尔山，南界则有巴音卓隆、莫盖卓隆等山。大河则有辽河，流经境内约一百六七十里。

二、山河

本旗巴音卓隆、莫盖卓隆等山脉极远，遥与法库县一带之山脉相连，朝霍尔山生于潮海之中，山脉与诸水相通。辽河由达尔罕王旗经过下流，而注于营口河，自古迄今，并无他名。

三、地土

本旗山泽甚少，土色紫黑，向有白砂，地质硗磷，飞砂极多。水味清淡，下湿之地不多，碱地亦有。敝旗除招垦归康平、辽源等县外，计所遗沙地六成、河漕一成、村庄台基一成。其余近一二年来，因地硗碛，垦务废弛，迄无清丈确数。按牛犋，以五千估计，约一百五十万亩，无大段荒地，村庄亦零星。

四、物产

本旗谷产则有高粱、豆子、谷子、麦子、荞麦、玉秫。菜蔬则有白菜、蔓菁、蒜、葱、芹菜、韭菜。药材无。树木除村庄而外，并无森林。畜类自游牧变为垦地后，现仅有少数马、驼、牛、羊。野兽，因无山林匿避之所，故著名之黄羊、野鹿均付厥〔阙〕如，虽有狐、狼踪迹，迄无猎获者。皮张、渔、矿各业均无，仅春秋两季涉猎雉、兔而已。

五、天气

春暖在摄氏寒暑表零以上八度，夏热在零以上二十七度，秋温在零以上九度，冬寒在零下七十八度〔十七八度〕。

六、人民

本旗人民均系蒙族，内分台吉、壮丁、陵户、庄头、散丁、〔奴〕家奴等项，共计六千二百七十二户，人口四万三千七百五十一。性情耿直，多信佛教，习俗务农。

七、古迹

无。

八、教育

原有小学，近已停办，刻正筹备成立，惟经费以及学生数目等尚未规定。

九、政治

本旗系哲盟科尔沁左翼后旗，扎萨克一员，署印协理台吉一员，姓包，名根丕勒，帮办旗务；协理台吉二员，一姓包，名额尔德尼巴拉，一姓包，名巴雅尔嘎拉；带兵协理一员，姓包，名额尔德尼毕里克；管旗章京二员，一姓徐，名乌能吉尔嘎拉，一姓王，名德楞额；梅令章京二员，一姓金，名扎拉芬，一姓白，名朝哈。所有旗中行政事宜，在法令未公布以前，斟酌地方习惯。现今新法，切实进行，并无优劣之可言。

十、民生

本旗民生，已由游牧生活，进步农业矣，其他各业，尚无改进。

十一、实业

本旗出产仅有五谷，并无森林、工业、皮张，间有，亦不多，民户有自用者，亦有出售者。水利、山矿，以及开发事业，均付阙如。

十二、财政

旗租收入，由省财政厅拨付四成，惟清丈尚未终了，综核实数，颇属困难。除王府、旗署、司员公差薪水、警学各款，以及修理寺宇所需各费，尚属入不敷出，实无盈余。

十三、交通

本旗西界，有山通路支线通过，东南界有南满路稍为经过，东界有四洮路通过，东北界郑白铁路通过。航路则有辽河。无邮电、台站。

《蒙旗旬刊》
沈阳东北政务委员会蒙旗处
1930 年 2 卷 6 期
（朱宪　整理）

图什业图旗之调查记

鄂奇光　译

计开：

一、旗界

东界那克台山扎萨克图旗，南界排音察干莽哈与达尔罕旗接壤，西界塔拉布拉克与达旗交界，北界博霍吉尔与东乌珠穆沁旗毗连。相距里数，敝旗尚未测量，不敢妄报，亦无要塞。

二、山川

本旗大山有蒙黑、依克霍比、额勒吉格图、阿吉尔嘎、穆拉兑巴音和硕、额色尔、古悦绥汗察干、朝克图、逊博尔、依玛噶图等山十二座。毫赖河，发源于西扎鲁特旗铁里汗山后，经敝旗中段至黑玛图名地汇入而止。昆都楞河，发源于达旗昆都楞山之前，至本旗土里业莫多，与毫赖河汇合。敖朗扣河，发源于本旗依克霍比山西南，至扎萨克图旗与灰拉尔河汇合。敝旗有名无名之山极多，山脉丛错，无法测其长短，故未敢含糊具报。

三、土地

查本旗土色黑紫，间有红、白、黄等五色，地质肥沃，硗瘠不等。水味有咸、淡两种。至山泽、下湿、沙砾之地，计全境约占三分之二。前清光绪三十二年，本旗出荒一万二千九百六十三方子，成立突泉、瞻榆两县。本旗设有征收地局，计每年征租之熟田，有五万八千二百四十六晌四亩五分。至旗壮、台吉人等之自种及荒地未垦者，向未详查，亦无案可稽。

四、物产

查本旗台、壮人民，均种五谷，堪足自用，从未有出售得价者。药材出产不多，因蒙人不识，亦未有采取者。木类有枫树、榆树、橡树、柳树。亦产麻及木耳。惟纵横零乱，多不成材，蒙人取之作为燃料。畜类马、牛、羊、驼均有，蒙人依为生业，类目本可查报，但值此春初瘦毙，在所不免，且被匪劫掠，日有所闻，无法查报。近以放荒招户，旗境日蹙，野兽因亦减少。渔业虽有其名，实等于无耳。皮张蒙人自用，亦有出售者。并无各项矿产。

五、气候

本旗四时气候暨风雨情状，与奉省无异。

六、户口

本旗人民，均系黄种。蒙人内分台吉、壮丁两族，户数七千二百一十户，台吉、壮丁，共四万三千八百八十名，妇孺共四万一千二百五十口。旗俗照旧。

七、古迹

无。

八、教育

本旗设有高等小学一处，教员四名，每年各需费三百元，学生六十名，所定经费，每年各二百元。初等小学十五处，每校教员二名，每员每年各需费一百五十元。学生三十名，每名学杂各费，每年每名生一百元。前项学费，由旗公款开支，不敷之数，由各生分担。

九、政治

主持行政者，有扎萨克和硕图什业图亲王、业喜海顺亲王衔、多罗郡王多特格伊、协理台吉根丕勒扎木苏那逊、鄂齐尔散吉米都布、管旗章京那木凯宁宝，以上六员均包姓。梅令章京福勒库，吴姓，富宁阿，富姓，印务笔帖式、梅令章京葛崩额，耿姓，德木哩勒，张姓，印务扎兰章京珠龙阿，张姓，塔其贤，白姓，书记官贡纳春，包姓。以上各员，所掌职务，专办旗务，一切政务，事无巨细，均无积压。

十、民生

　　本旗蒙众，向沿旧俗，以牧放牲畜为业，近学农桑，勤勉从事。

十一、实业

　　查本旗工业、水利，均付阙如。其他各业，尚未能发展。

十二、财政

　　本旗收入甚微，地租及税赋、亩捐等项，每年不过仅进现大洋一万五千元之谱，惟所入之款，将足开支，并无盈余，且有不足之虑〔虞〕。

十三、交通

　　本旗电报、铁路、航路均无，仅有原设之博罗额尔黑、诺木齐哈思两台站而已。博罗额尔黑台站系本旗之台站，诺木齐哈思台站则为前、后郭尔罗斯两旗之台站，向敝旗借地所设者，两台站相距百里。

《蒙旗旬刊》

沈阳东北政务委员会蒙旗处

1930 年 2 卷 7 期

（朱宪　整理）

呼伦贝尔小志

邢事国　撰

呼伦贝尔副都统衙门之建筑，纯系奋〔旧〕式，有东西两辕门，红漆旗杆二，遥遥相对，大门两侧，书满洲字，意义不知何指。守门蒙古卫兵一名，服灰布军装，戴老羊皮军帽，其所负之枪械，为连珠式，气概俨然类燕赵建〔健〕儿。再进为第三门，署内办公诸室在焉，门上题有"安西保障"一额，字迹颇苍劲，但未题款，故不悉为何人手笔。

呼伦贝尔当宣统三年，与外蒙同时独立，至民国八年，始归政中央，作为特别行政区域，实施县制，然与热河、察哈尔、绥远等各特别区域有异，不置都统，仅设道尹，使监视现存之蒙古政厅，兼与之为折冲机关。兹将呼伦贝尔政厅之官制、各旗之行政区分及种族等，汇列如下：

呼伦贝尔政厅：

左厅长　成德，内务、财政、治安、警察、税务；

右厅长　巴戛巴迪，军事、司法、诠叙、巡防队、裁判所、监狱；

副都统　贵福；

参议处，由各旗举派参议，监都一切行政；

印务处长，齐布森额，庶务。

各旗行政区分：

一、鄂鲁特，一总管，二旗；

二、索伦右翼，⎫东西两总管，八旗，

三、索伦左翼，⎭达呼里旗在内；

四、旧巴尔虎，一总管，四旗；

五、新巴尔虎右旗，⎫二总管，八旗；

六、新巴尔虎左旗，⎭

七、布里雅特，一总管，二旗；

八、鄂伦特，一协领。

以上七总管、一协领、二十四旗，全人口约四万。

人种区别：

一、达呼尔族；

二、索伦族；

三、新巴尔虎族；

四、陈巴尔虎族；

五、额鲁特族；

六、鄂伦春族；

七、布里雅特族。

黑龙江省治下之行政区分：

一、海拉尔，即呼伦县治；

二、满洲里，即胪膑县治；

三、奇乾县；

四、吉拉林，即室韦县治。

面积：

呼伦贝尔全竟〔境〕，东西计八百里，南北一千四百里。

总面积：

九千七十六方里。

文化：

副都统署公文，均以满文为标准，教育亦以汉、蒙、满文字并重。满文之通用于今世者，仅呼伦贝尔及新疆之伊犁云。

气候：

气候凛冽，然较库伦稍逊。冬季气温，恒在华氏寒暑表零度下四十度左右，间有降至五十度，则劲风刺骨，重裘无温，人畜均须止其工作。即中东铁路之火车，亦均被阻一时。夏季则较凉爽，惟一日数变。早晚微凉，而午夜复寒，仍稍带沙漠气候也。

居住：

呼伦贝尔全境，除居住于县市者外，仍多以幕为庐，盖以其居住无定，易于迁移，俗所谓蒙古包是也。其建设法，平地画圈，围约四丈，立柱于周，凡十数根，而钳木纵横架于柱间，使相衔接，以代墙垣，上覆以毡，束之以绳，户皆向南，幕顶有烟筒，开闭以钩，可以排泄幕内浊气之用。

建筑：

蒙古建筑工程，除喇嘛庙之外，可谓无工程，其地有寿宁寺，俗称甘珠庙，位于海拉尔西南二百余里，内驻喇嘛甚夥。每逢旧历八月一日至十五日之间，市集繁盛，各省至此交易，远至京、沪等处，亦均荟止，商业之盛，于此可知。

风俗：

一、服制　是地之制服，与内地略同，窄袖长褂，布带束腰，系以烟袋、燧石等。富者绢帛，贫者棉布。冬则棉衣、皮裘，夏则宽衣大袖，帽平扁，鞋则用汉地所制。其贵者花翎顶戴，发辫下垂，仆仆往来，恬不为怪，前清仪制，不图尚存留于此。

二、婚礼　无论男女，自幼即已定婚，至十五六岁时，未成婚者绝少，故多蹈早婚之弊。向例，女子比男子长二三岁或四五岁不等。其聘礼以马、牛、羊若干为文定。至合卺之日，由新郎家派人迎接新妇，即乘马绕幕驰聘〔骋〕三匝，始引导至新郎家，会亲赠物，入见翁姑，出堂，一同礼拜、祈祷。礼成，然后设筵款客。其离婚、纳妾等，则以两造之意旨为准，设有争执不下，始由官方断定。

三、葬礼 稍有财产者，多用火葬。尸体洗净后，请喇嘛诵经，举火焚之，拾其遗骸，纳诸喇嘛庙及灵塔中，以收存之。尚有弃葬一种，即暴尸于野，或置诸深山空谷中，任野兽啄食之。过三日无兽来食时，即请喇嘛诵经，以舍罪过，此为喇嘛教一种葬礼也。

四、娱乐 角力，多于祭典、竖立界牌之日。为行乐之娱。角力者，各衣皮套、穿长靴，负力而斗，以推倒地上为胜算。胜者邀奖，竞马，亦于祭典日或狩猎时行之，先验马之休〔体〕力及其性质，以善走精良、超群强悍者为上选；或于群马中交换而乘骑之，以一其劳力而调其速率。竞赛时，各乘走马，以娴骑术者控策而驰，每程约三十里，先至者得上赏，故其小儿六七岁，即能牧马于场地，至十岁，即能乘无鞍之马而驰于漠地，亦遗传性及习惯使然也。

《蒙旗旬刊》
沈阳东北政务委员会蒙旗处
1930 年 2 卷 7 期
（李红权　整理）

昭乌达盟敖汉东旗调查记

鄂奇光　译

计开：

一、疆界

东界奈曼旗，西界翁牛特旗，南界卓索图盟土默特喀喇沁旗，北界东翁牛特旗。境内无要隘、名山、大河，只有老哈河，南距王府三里许。

二、山川

旗内老哈河，发源于喀喇沁旗毛金坝，东经本旗至东翁牛特旗，与锡拉木伦河汇合，又有古拉板图拉嘎名地之图拉河，发源于本旗朝克巴达尔呼葛根依扎古尔山，东经额斯黑路至奈曼旗，而入达尔罕诺尔池。此外虽有小泉，暨由池水涌出之小河支流，均注入老哈河，而无山脉。

三、地质

境内稍有小土山，暨平山高地。老哈河南北，土色黄黑质美，垦地极多，间有碱地，北境、东境多属沙石隰泽之地。前清嘉庆年间，业经招民，悉数放出，致今牧场毫无。

四、物产

有谷、小麦、荞麦、稷、高粱等杂粮，暨各种蔬菜。药材只有甘草。略有野树，并无大森林。畜类有驼、马、牛、羊、山羊。野兽有黄羊、狼、狐等类，无鹿。本旗西界多伦和屯南山上有采金山穴旧迹。间产皮毛，并无其他有利物产。

五、气候

天气不一，入春后，尘大、风大、雪大，入夏始有热风落雨，届时播种，秋后收粮，冬季微雪。

六、人民

本旗蒙、汉、回杂处，各仍旧习。共二百八十五户，两千一百五十五口。

七、古迹

本旗无他项古迹，只有额古里德乌尔图图庙、阿锡干庙、化古邵庙、呼尔黑林庙、敖鲁依庙、达玛伦庙、周尹庙、锡拉怀庙、齐老图庙、图拉嘎尹乌鲁解立德勒格勒古鲁克齐庙、依普齐普陶托嘎木吉图庙等，共庙十三座。又布库尔、苏克哈拉都呼等地，间有商市。

八、教育

旗内向无学校，只有私设小学，教授汉蒙文字。

九、政治

本旗设有扎萨克亲王一员，名塔嘉尔林沁旺宝，博尔济格特姓氏；协理台吉三员，现理事者只一员，名克什克巴图；备补协理二等台吉一员，名阿拉玛斯巴扎尔；拟正协理四等台吉一员，名额敦克什克；拟陪协理四等台吉一员，名朝克德勒格尔；管旗章京一员，名巴宁阿；额外管旗章京一员，名布狄扎布；梅楞章京二员，一名啦希栋鲁普，一名平阿，均照定章，共理旗政。

十、民生

旗民人众，以牧耕为业，并无进步。

十一、实业

本旗境内，由建平县出放图拉嘎荒地三千七百八十余顷，其余山地沙石，暨民众占有些须偏地，多以务农为业。野树亦有。兼产皮毛。旗之南界，有金厂沟、梁元沙子、江牙子沟、徐家北沟、黄花沟等处，均系挖金之旧矿，此外并无发展事项。

十二、财政

本旗财政，并无预决算暨盈亏等情事。

十三、交通

本旗建平县，有电报一处，又有旧日台站，由喜峰口东来之红虎图台，本旗往奈曼旗之卧雅拉嘎图台大道，由赤峰东通至开鲁、通辽。此外并无铁路、航路。

《蒙旗旬刊》

沈阳东北政务委员会蒙旗处

1930 年 2 卷 8 期

（朱宪　整理）

昭盟巴林右旗之调查记

鄂奇光　译

计开：

一、疆界

东界林东、巴林左旗，南界锡拉木伦河与翁牛特旗接壤，西界林西县克什克腾旗，北界兴安山与乌珠穆沁旗毗连，西自林西东界察汗木伦和叶尔莫多，东至东巴林，西界老道板，约宽百里，北至林西汉民地界之乌尼耶台、哈齐克哈达，南至锡拉木伦河霍尔嘎呼敖包，约长百五十里。地方并无要隘暨名山大河。

二、山川

无巨川山脉。惟哈拉达苏台河，由西界流入，与察汗木伦河汇合，出旗之北方霍尔哈古拉台河，归并东行，与锡拉木伦河汇合，而向阿鲁科尔沁旗南方流去，自古迄今，名称并未变更。

三、土质

境内有石土小山，土质多黄。黑水，味清甜。自热河至林西、林东，荒地几万顷，业已出放，所遗之地，虽云半数，非山即沙，蒙民于此从事耕牧。

四、物产

谷蔬则产小米、炒米、荞麦、白菜等类。药则有甘草、大黄，惟产不多。畜类有驼、马、牛、羊、山羊、驴、犬、豕。野兽间有鹿、狼。皮产不多，亦无矿山、渔业。

五、气候

天气寒凉，春间风大雨少，夏则多旱，秋后风霜早降，田灾极多，冬则严寒。

六、户口

台吉人民，共计四千六百余户，男女老幼，约两万零六百余口，因无可耕之好地，专赖逐水草牧牲畜为实业，外来侨居者，不在此数。习俗多驯良。

七、古迹庙宇

本旗计有大小庙宇十三座，并有前清车臣德格都公主，乌勒木济克木吉耶图公主陵碑两座旧迹。此外并无古时战场旧迹暨大街市，惟林西县街，稍有商号。

八、教育

本旗自设小学校数处，教以蒙汉文字。

九、政治

本旗自来承袭爵职，现在扎萨克和硕亲王扎嘎尔，博尔济格特姓氏，公衔协理台吉业喜诺尔布，公衔协理台吉都楞吉尔嘎拉，协理台吉图布丹色楞，管旗章京精齐贤，梅楞章京布呼陶克托虎，梅楞章京色普兴额，以上七员，遵照向章，共理旗政，而目下行政，亦有失中之处。

十、民生

蒙民以耕牧为业，并无进步。

十一、实业

本旗因田地不良，除牧畜而外，并无他项实业，无森林、大河，开发遑云论及。

十二、财政

本旗财政异常拮据，虽收少数地租，不敷办公，遂酌放民款，聊资接济。

十三、交通

本旗并无交通之铁路、航路、邮传、电报、驿站等项，只有喜峰口所属传递公文之锡拉木伦、嘎奇克旧站两处，将来之建设若何，则难逆料。

《蒙旗旬刊》

沈阳东北政务委员会蒙旗处

1930 年 2 卷 9 期

（朱宪　整理）

东翁牛特旗之调查记

鄂奇光　译

一　疆界

西北界克什克腾旗，与本旗之红郭尔敖包、齐老哈达特和哈达等处毗连，西南界翁牛特旗，与阿加温都尔花布木巴图等处接壤，北界自库格勒格东，沿锡拉木伦河，与巴林王旗毗连，东北以花托斯、古拉奔达布呼尔、牙郎扣等处，迤北与阿鲁科尔沁旗交界，正南以吉拉板花格勒、哈达敖不楞、察汗陶亥、海留图，沿老哈河，与奈曼、敖汉交界，海留图以东，与开鲁县交界。东西长，计宽百里，东界计宽十余里，中间长短不同，无要隘关口。王府则在旗境适中朝克温都尔山坡之阳，府前有乌纳格台山，东南有阿拉嘎山，东北有布栋山，正北有巴彦汗山，正东有哈拉精山。

二　山川

境内无名山，暨山脉之长短。西面灯楼盒子地方，有沁都布河，流入布洛呼达街，经王府南，东向哈达图庙前，而汇入于锡拉木伦河，自古迄今，并无名胜之地。

三　地质

　　无高山、深泽暨平原，因地多沙石，故土色红白而无好水，碱地亦无。王府迤西之地，于清乾隆年间，招民开垦。旗境东方，沿老哈、锡拉木伦河两岸，尚有草地，为数无多。近年来，遵民国制，亦已悉数报垦。旗众蒙民，概往邻近巴林、阿鲁科尔沁等旗租地，耕种麦、黍，设法生活。

四　物产

　　谷类有麦、黍，无药材、森林。户家多饲马、驼、牛、羊、山羊、驴以为业者。野兽无。居民以马、牛、驼、羊等皮，为过冬之用。并无他项矿产。

五　气候

　　本旗地方多沙，故风尘极大，霜雪亦早，且多冰雹，若遇变天，则更异矣。

六　人民

　　蒙、回杂处，计蒙古台吉、人民约七百户，男女五千七百余口，蒙民则以牧畜为生。

七　古迹

本旗有早年建立之万宗寺、崇教寺、静安寺、慈惠寺、极乐寺，暨沙锦图庙、玛宁庙、莲花图庙、堪布庙、哈达图庙、索博尔汗庙、拉新庙，共计庙宇十三〔二〕座。王府西南二十里，有博洛呼达街市，此外并无战场旧迹。

八　教育

本旗扎萨克公署，设有小学一处，教以蒙、汉文字，经费则由旗众公摊。

九　政治

本旗设有扎萨克多罗达尔罕岱青郡王一员，协理台吉二员，一名苏崇阿，一名乌尔图木楞；管旗章京一员，名萨普济特多尔济；梅楞章京二员，一名凌额，一名德胜额。以上六员，共理旗务。

十　民生

因旗境狭隘，且无好地，蒙众均在沙荒牧畜为生，并无进步。

十一　实业

旗境可耕之地，业于前清招民出放，设有三十二排四圈为记，其余草场，亦先后由垦务局出放。蒙众多在沙荒从事农业，略为生存，一遇天旱，则无收成。无森林、工业。产皮无多，蒙人自用，间有转售汉商者。无巨川、深池，故无水产。亦无金银等矿。境内多沙，野兽全无。

十二　财政

境内好地，均被汉民占有。旗署收租，纵有少数，悉为办公之用。

十三　交通

境内无铁路，亦无可筑之路。因无河川，故无航路。惟博洛呼达街有电线，可通巴林旗、林西县。西界有沁都布台站，东界有奈曼旗库克齐和勒台站。

《蒙旗旬刊》

沈阳东北政务委员会蒙旗处

1930 年 2 卷 10 期

（朱宪　整理）

西翁牛特调查记

鄂奇光　译

计开：

一　疆界

本旗王府，在锡拉嘎阿北花郭邵地方，距赤峰县署西百二十里，东界东敖汉旗，与吉嘎克庙敖包、吉林莫多等处毗连，计二百五十里，西界围场县乌赉苏台沟口，计一百二十余里，南界喀喇沁旗毕齐克图达巴，计百十余里，北界东翁牛〈特〉旗博尔和尹河北山顶，以河流为界，计二百余里。著名之山，赤峰县，则有元宝山，产炭。大河，以赤峰县街迤北流入之河为最。

二　山川

境内有锡拉嘎尹河，发源于西北方赛罕达巴名山之谷，支流为锡博格河、英衮河、博尔扣河，均发源于该山之脉，山沟极多，约四五十里之长。近年以来，迭遇涝灾，平地被石沙积压，暨河岸良田冲毁者极多。此项河水，由赤峰县西北方流入，与他小支流汇合而成河，东经张家坝而入于老哈河。

三　地质

旗境土质黑黄，质松水甜，沙砾极多，无下湿、碱地。旗地早经招放，并无荒地。至垦熟之田若干，因未清丈，难于估计。

四　物产

本旗无宽大牧场，仅有牛、马，而绵羊、山羊极缺。谷类则产小米、高粱、豆子、黍米、荞麦。菜蔬则产韭菜、葱、蒜、蔓菁、白菜。药材只有甘草。无森林暨他项野兽，仅有狼、狐，亦不多睹。无渔业。皮张则有牛、羊等皮。矿产有炭矿三处，均由官方派员收税。

五　气候

春间风尘极大，冰雹每年不断。本年春起至五月底止，迄未落雨。四时气候不均，天灾极重。

六　人民

旗境蒙汉杂处，相安已久。户口约计七八百，男女三千余名。习俗尚谦顺而鄙傲慢。

七　古迹

本旗扎萨克王祖上旧府东南索伯尔嘎尹郭勒地方，有旧陵墓一处，自古迄今，按时祭奠。又英衮郭勒河之库克格尔地方，先王班第于清康熙年间，自京聘请和硕图布心克奇扬圭第八公主到旗，逝世后，即于所在王府，作为陵墓，迄今尚有旧迹。浩沁霍洛干地方，原有旗庙一座，名曰呼达拉巴雅斯古朗，在赤峰县西一百五十里。英衮郭勒河乌兰苏木地方，有布音温都拉克齐庙一座，在赤峰县西北一百四十里。齐特古冷地方，有沙金德特古齐庙一座，在赤峰县西北七十里。格根伊札古尔地方，有呼达拉德勒格尔古鲁克齐庙一座，在赤峰县东二十五里。建昌营北，有乌勒济德勒格尔古鲁克齐庙一座，在赤峰县东七十里。伯尔和尹郭勒河德勒苏木地方，有特古斯巴雅斯古朗庙一座，在赤峰县东北一百二十里。道拉苏木村，有乌勒济阿木古朗图庙一座，在赤峰县东北一百二十里。巴隆公霍洛干，有广福寺一座，在赤峰县西一百三十里。以上各寺，均立有石碑记文，系蒙、藏、汉三体合璧。境内无城镇名地，除赤峰县街外，别无重镇，亦无古时战场。

八　教育

无。

九　政治

原定翁牛特扎萨克多罗都楞和硕郡王右翼一旗，计佐领二十，扎兰章京四员，苏木章京二十员，骁骑校二十员。民国成立后，本旗扎萨克郡王，晋封亲王爵，即和硕亲王色旺扎布，又头等台吉二品顶戴加军功四级，赏戴花翎包和依，候补协理台吉丰升额，管旗章京爱隆阿，右翼梅楞章京舒栋额，左翼梅楞章京锡拉布，印务梅楞舒清河，印务扎兰包书绅等，共理旗政。

十　民生

旗境除汉民占有外，蒙民仅在所遗边隅之地，分种务农，以为生业。

十一　实业

蒙民除少数以农为业者外，并无森林、水利，暨各项出产工业。皮毛除赤峰县街汉民交易外，蒙民则无其人。

十二　财政

本旗收入，计有赤峰县街税捐项下，分劈三成，又旗盐食捐，每年分劈七百二十元。炭矿三处，由赤峰县东西元宝山煤矿股份，年劈三百元，东元宝山数小股份，年劈二百六十元，又赤峰县西南柳条子沟地方，有小矿数处，年劈四十元，计旗每年政费、军马、口粮、旗员津贴等项，综核入不敷出，以致阖旗蒙众，生活维艰。

十三　交通

铁路、航路均无，惟邮政、电报，由围场县可通赤峰，暨五丹城。台站本旗设有锡拉嘎、额车阿、美尧索等三站。

《蒙旗旬刊》

沈阳东北政务委员会蒙旗处

1930 年 2 卷 12 期

（朱宪　整理）

内蒙古之概况及将来之开发

——普通生活、风俗习惯、宗教制度、教育状况

何　微　撰

　　大可有为的内蒙，有丰富的物产，有强悍的民族，竟成世界之落伍者，似乎是不可捉摸的。其实蒙古生活的简单，沉醉在喇嘛教中，他们视世界潮流为无关紧要的，不想改革，不图进步，他们一切落伍的原因，显然是他们恶劣生活及迷信太深的结果。所以我们改革蒙古，不能不从他们的缺点上去改革，也就是先要改革他们生活的环境。改革他们生活的环境，必须对于他们的普通状况，先讨论一下。现在把蒙古普通的状况，略述几件，或者是有点帮助的吧。

甲　普通生活

　　（1）衣食住行　蒙古为游牧民族，没有组织的能力，衣食住行，都是很简单而没有统系的。冬天时候，普通人民多反穿羔皮褂，帽、袜之类，也都是皮的。一到夏天，他们多着加大长衫，或系着很长的围裙，挂着荷包等等。女子更是宽袖长裙，不用说，行动当然是很困难的。王公和喇嘛们，都喜欢穿着红、黄色的衣

服，也是他们信教的表征。他们的饮食，也是很简单的，往往吃不十分熟的烤肉，用舌头舔食器，就算洗了食器，衣襟擦嘴，也就算了。到宴会的时期，也不过是他们平常所爱吃的兽类、乳类、面、酒、油等，他们不喜欢食鱼鲜的，这可说是游牧民族的特征。他们住所，除王公和喇嘛外，大概是一种很简单的陋室，或住在游牧随地可用之"蒙古包"，简直是太古的风味。交通十分的梗塞，往往是一片沙漠，几群牲畜，大风起时，行旅常为沙石所伤，或为虎、狼所阻的。

（2）打猎牧畜　蒙古是强悍的民族，勇猛的男儿，常常独行到山里去打猎，有时三五个人骑着大马，背着枪药，带了猎犬，到深山丛林中，寻找野兽，有可以作饭吃的，有可作医药的，皮革也可以御寒。打猎是他们尚武的精神，也是他们寻食的方法。牧畜是他们的生活料，也是他们的财产，牧畜越多，是越较得富足的。他们牧畜的方法，是逐水草而居的，等到丰美的快尽的时候，就迁到别的草地去了。他们养着如狼的狗，以保护牲畜。

（3）生计交易　蒙古土地很大，人民很少，衣食仅图温饱，别无奢望，生计没有困难的。多数都依靠打猎、牧畜而生。现在边城一带的地方，渐渐开垦，高粱和豆子产量，不亚于东省，多由铁路输入内地，有的运到日本及西伯利亚，可以说是内蒙的一大富源，所以他们生计并不困难的。蒙民的交易，简直是太古了，是物物交易的时代，有的拿砖茶作标准，有的拿皮革来计算，许多人民不知道什么叫做货币，常与内地接触的人民，知道货币的用处，时常保存起来，而不以货币作交易之用，所以他们的商业，是可想而知的。

乙　风俗习惯

（1）祭祀礼仪　蒙民视佛为无上的，对于祭祀也十分重视，男女老幼没有不拜佛的，一举一动，都是常求佛的帮助。对于天空灿烂的星星，也是拿迷信眼光去崇拜，所以到了一定时期，有祭星的事。祭坟墓的事情，在蒙古不过少数人民有之，且间有少数是弃尸于野的。还有所谓祭鄂博，是更有趣的。所谓鄂博者，就地方分界处之石耳，到了一定时期，也是大祭而特祭的。至于他们日常所行的礼仪，与清制相同的大概都是很无用的。送礼品，有所谓递哈达者，即以绢布为之，亲友互相送赠。逢有客来，必敬以鼻烟，或由妇人装烟，以表敬意。对于问安礼节，有以手点额的，或打签的。

（2）嫁娶丧葬　蒙民之嫁娶及丧葬，都是很有趣的。男的总是早婚，往往很小的岁数娶了大的媳妇。定婚的手续，由女的亲属先往访男家，男的亲属也必定往访女家。聘礼多以生〔牲〕畜为本。娶的时候，一切礼节唯喇嘛之马首是瞻。至于他们的丧葬礼节，是十分简单的，没有一切的设备，然而也是要喇嘛诵经的。葬的方法可分天葬、土葬、火葬。妇女病死者，及痨病死者，都在身上涂以黄油，缠以白布，投火中焚之。天葬是最残忍而莫明其妙的，就是把死尸载上车，或背在牲畜上，使之疾驰，尸坠在什么地方，就算葬在什么地方。土葬惟受汉人同化的有之。

（3）宴会娱乐　他们宴会是有一定的时期，他们没有什么叫作饭馆、酒楼，所以王公就宴于公所，人民也就在自己家中举行。他们会宴的食品，也不过是他们普通所食的，没有〈所〉谓山珍海味。宴会的次数，是难说定的。宴会时期，大抵在年节必大会飨宾客。在边城北带地方，亦有"会年茶"之名词，五月五日、七月十三日（即祭鄂博日）、八月十五日前后，常有宴会，平年每月约二三次，贫者一二次。他们的日常娱乐，有赛马、角力、舞蹈、乐器及棋术等。他们棋的种类甚多，乐器有单捶、大鼓、胡弓、月琴之类。到庙会时期，在喇嘛庙附近，就可以说是临时娱乐场了。至于如内地之戏院及书馆之类，则未有之。

《蒙旗旬刊》

沈阳东北政务委员会蒙旗处

1930 年 2 卷 16、17 期

（朱宪　整理）

奈曼旗调查记

鄂奇光　译

计开：

一、疆界

东界科尔沁、库伦、喀拉喀等三旗，南界西土默特、南敖汉两旗、东敖汉一旗，北界东翁牛特、东西扎鲁特、阿鲁科尔沁等四旗。东西九十里，南北四百里。地方无关口要隘暨名山大河。

二、山川

本旗境内，虽有小山，并无大山暨山脉。北界则有老哈河发源于喀喇沁，东经该旗，与辽河汇合。旗中有奈理特河，发源于南敖汉旗，东流而注于辽河，自古迄今，名称未变。

三、地质

本旗沿老哈、奈理特两河岸一带之地，土色黑，质良水甜。近年来由热河省垦务东局出放殆尽，因地则不一，价目未定。统计由旗或人民出放之熟荒，共有四千余顷，现所遗者，只沙地七成，岗地二成，碱地一成，牧夺已无。岗地因多风沙，隔年耕种，致顷亩无法估计。而境内亦无山泽、原湿〔隰〕。

四、物产

则有高粱、谷子、豆子、糜子、荞麦、白菜等类。药材有甘草、麻黄，惟产不多。畜类有马、牛、羊、鸡、犬、豕。野兽，间有狼、黄羊、狐。产皮毛，无各种矿产暨渔业。

五、气候

春风多雨少。夏则常旱，风尘无止时。秋多霜雹。冬则严寒。

六、人民

台吉蒙民共计四千八百余户，大小男女共两万五千余口。养畜为业者少半数，务农为生者大半数。至汉民暨外旗移居者，不在此数。现蒙汉杂居，旧习全改，业与汉民习俗同化矣。

七、古迹

本旗计有大小庙宇二十四座，奉有前清敕封，立有匾额者计七座。境内无城镇暨古战迹。现旗中向商图名地①，绥东县有迁来消息，刻正修街，建筑县署。

---

① 原文如此。——整理者注

八、教育

本旗因财政拮据，致未能兴办学校。旗民有私塾数处，教以蒙汉文字。

九、政治

本旗向例有扎萨克和硕亲王一员，出缺尚未承袭。现代理扎萨克，系辅国公特古斯阿拉坦胡雅克。协理台吉塔理扎布出缺，代理协理台吉，一名图特赖那木吉勒，一名种萧那木吉勒，管旗章京赛沙春。梅楞章京两员，一名钟萧，一名双福。以上数员共理旗务，目下行政方面，亦有失中之处。

十、民生

务农者居大半数，养畜者居少半数。近年以来，蒙民对于农业，似较进步。

十一、实业

本旗除务农而外，别无他项实业。且无森林、大河暨各矿产，遑言发展。

十二、财政

本旗财政极艰，旗中收入，虽有地租名目，实则无济于事。只得向蒙民酌予摊派，聊资接济。现则国家一切差徭暨地方公款，旗中旧规，统由蒙民担负，不可谓之不重，历年因是穷乏者，实繁有徒。

十三、交通

本旗无铁路、航路、电报，惟有喜峰口所管之库克齐和勒台站一处，该台所用驿夫，均系本旗之人。

《蒙旗旬刊》

沈阳东北政务委员会蒙旗处

1930 年 2 卷 18 期

（朱宪　整理）

杜尔伯特旗调查记

鄂奇光　译

计开：

一、疆界

查敝旗南北二百里，东西亦二百里，计境内放垦之地，已成立安达、林甸、泰康等三县。敝旗地方偏僻，距省稍远。无著名之山，仅西界有嫩江，距扎萨克府三十里。

二、山川

本旗境内无山。其由西界通过之嫩江，则发源于兴安岭昂格伦博罗克，南流，经敝旗之西界，与松花、牡丹两江汇合，向东南而流。

三、地土

查本旗无山有泽，土色均系黑紫，并无其他颜色，盾〔质〕薄水甜，沙、碱、下湿极多。虽有碱池，出产无多。除三县占有之地而外，所遗本旗生计熟田，计有十万晌，其沙碛碱滩，不堪耕种之荒地，约有二十余万晌。

四、物产

查敝旗五谷、菜蔬均备，药材则有防风、黄芩、甘草，惟产不多，并无森林。畜类有马、牛、羊、猪。野兽仅有狐、狼。皮张以牛、羊为主，渔业大为减色。

五、天气

查春秋风大，冬极寒，夏极热，暴雨、冰雹极多，余无他异。

六、人民

本旗户口，共两千五百余户，计台吉、男女人民计共两万，旧习虽未全改，间亦有尚时髦者。

七、古迹

本旗原定设有庙宇九处，至城镇古时战场，均付厥〔阙〕如。

八、教育

本旗有公立蒙汉初级小学校一处，江省有杜尔伯特、扎赉特、郭尔罗斯、依克明安四旗，公立之师范学〈校〉一处。

九、政治

本旗扎萨克贝勒一员，博尔济格特姓氏，名色时多尔济；帮办盟务贝子一员，博尔济格特姓氏，名乌尔图那苏图；辅国公协理一员，博尔济格特姓氏，名那逊额尔和图；辅国公协理一员，博尔济格特姓氏，名叶喜扎木苏；管旗章京一员，穆克特古特姓氏，名依希嘉木索；梅伦章京二员，博尔济格特姓氏，达朗泰、清达尔济；文牍梅伦一员，穆克特古特姓氏，名普尔布；文牍梅伦一员，乌梁海姓氏，名布音德克吉勒呼。

十、生计

查本旗人民生计，一仍其旧，多事垦牧。

十一、实业

务农养畜。产小米、高粱、荞麦。无森林。皮毛除自用外，余均外销。水利虽有，得失无定。并无各项矿产，只有自用砖窑一处。旗境狭窄，渔业毫无。

十二、财政

本旗并无税收，仅有地租一项，惟以尚未垦熟，民户多为隐匿，现下所入之款，不敷开支，设法弥补，无余无欠。

十三、交通

本旗自西北向东南通过者，有中东路，附路设有电线，距扎萨克府二百里。台站缺如，虽欲将来成立，苦无的款。如嫩江水大，尚可通船，水小则否，此外并无航路。

《蒙旗旬刊》

沈阳东北政务委员会蒙旗处

1930 年 2 卷 19 期

（朱宪　整理）

外蒙古之民族与人口状态

澄 川 撰

蒙古的人口，说者不一。如果按照外人的计算，将内外蒙及西蒙，如宁夏、新疆，与夫青海等处，全体合计，其大〔人〕数当在数百万。据一八四二年俄人约亚金夫所出版的《统计上之中华帝国》所载，则蒙古的人口，计有三百万。其后四十年，又有俄人蒲尔塞里斯基谓，蒙古人口约三四百万。其在一九一○年，英国《政治年鉴》所载，在蒙古人口，约由二百万至六百万，此为包括内外蒙、青、新各处而言。除此以外，如专就内外蒙而言，则说者亦不一。如洛克奚尔（Rockhill）氏的统计，蒙古人口，计一，八○○，○○○人。维廉（William）氏的统计，计为一，○○○，○○○人。我国对于蒙古人口的推测，当庚子（光绪二十六年）乱后，因为赔款关系，曾公布全国的面积及人口，是时蒙古人口，统计为二，五八○，○○○人。然在光绪三十四年以后，因为预备立宪之故，所公布的人口统计，对于蒙古人口，却仅有一，八○○，○○○人了。又据俄国探险家科基莱夫（Koncheleff）的调查，内蒙古人口，约一百万，但有人以为此数过大，以之减至六十万，且谓若以所有游牧民族，尽行并入计算，则内外蒙的人口，约为二百万。

且除此以外，又如专就外蒙言的，若王金黻的《中国分省地志》，及刘虎如的《外蒙古一瞥》等，皆谓外蒙人口，有一，八〇〇，〇〇〇人。

由上三者观察，可见蒙古的人口，在推算上，所统计者之确实性，实使人无法借以臆断。

自蒙古人于一九一二年，对于中国独立以后，及一九一八年，自治蒙古，由俄人指挥之下所有的第一次国势调查，在外蒙人口上，对于上述的诸统计，实相差悬远。如谓外蒙人口有一，八〇〇，〇〇〇人者，即合全外蒙人口计，亦只有其三分之一。如专就蒙人计，则不过约四分之一。盖是年外蒙人口，计如次表：

1. 车臣汗部	一〇一，七九二人
2. 土谢图汗部	一〇〇，二二四人
3. 三音诺颜汗部	一三三，八六〇人
4. 扎萨克图汗部	七〇，二四一人
5. 四汗部教务院所领（注一）	七〇，三八七人
四汗部合计	四七六，五〇四人
6. 沿库苏古尔地方之活佛领土（注二）	一六，〇〇〇人
7. 科布多	五〇，〇〇〇人
合　计	五四二，五〇四人
8. 中国人	一〇〇，〇〇〇人
9. 俄人	五，〇〇〇人
全体总计	六四七，五〇四人

（注一）四汗部教务院，即蒙人通俗所呼之沙毗衙门。盖蒙古四汗部，系政治上封建领地，此则专只是宗教上领地，系沿蒙古喇嘛而来。现在此种领地权利，已日式微矣。

（注二）活佛领土，亦系沿喇嘛教务而来。不过此种土地，自活佛于一九二四年五月二十日死去以后，已由外蒙国民党中执委会议决归公。

按外蒙古的土地面积，计有一百二十五万方俄里（俄里合华里一里半又四），约为华里二百万方里。而外蒙人口，则只有五十四万二千余人。合以中、俄人，亦不过六十四万七千余人，真可谓之无人的旷原。其密度如果只按着蒙人言，则一平方俄里，仅有〇·四四人。若按照外蒙全人口言，亦不过〇·五二人。此种密度，持以与欧美各国比较，其稀薄尤显然，如次表：

外蒙	〇·五二人
俄国（全国）	九·五〇人
欧俄	三一·〇〇人
美国	一二·〇〇人
德国	一二八·〇〇人
英国	一五八·〇〇人
比国	二七六·〇〇人

在吾国本部之人口密度，如四川密度，每方哩早已有达一千余人的。以及现在之江、浙等省，人口之增加甚速，密度亦渐达一千余人。除此以外，其余如直、鲁、豫、皖、赣等省，无不达数百人。若持以与外蒙人口之密度比较，亦过乎外蒙者远矣。

外蒙古的人口，自是年调查以后，其后各年，关于外人方面，亦时有调查。又在俄人方面，及外蒙政府方面，究有调查与否，因未见确实记载，固无从详细知道。至于根据外人的调查，则可如次表：

一九一八年（据上数）	六四七，五〇四人
一九二二年	六五〇，〇〇〇人
一九二六年	七五〇，〇〇〇人
一九二九年	八一〇，〇〇〇人

其中由一九一八年至一九二二年之数年间，人口增加者甚少，不过数千人。而自一九二二年至一九二六年之数年间，便增加十万。又自一九二六年至一九二九年之数年间，亦增加六万。在一

九二二年以后突增的原因，据外人所记，谓系由于内蒙人口迁入外蒙者突然加多之故云。

在蒙古的人口，究竟增加与否，始终是一个大问题。盖蒙古人口，如果按照历史上观察，似乎比现在还要多得多。如果不比现在多得多，则在元朝盛时，领土统治之大，民族散布之广，较之现在，的确又大不相同。并且自欧人东侵以后，一般弱小民族，差不多均是一天少似一天的。按照这种原因，故有多数人，皆谓蒙古人，实在是天天减退。如英国旅行家特勒加慈尔塔斯氏，在《不明的蒙古》书中，便大谈其蒙古人口的衰退。又亚伯包罗邦氏，亦谓："蒙古人，诚如人人所说的，实在是衰颓了。如罕达亲王旗，以前原有一万帐幕的巨旗，而在现在，却只剩着五千人了，这便是一个实例。"至于衰颓的原因，据一般人所说，大致不外下列三种：

A. 按照中亚地质及气候的变化，系由好而愈变愈坏。其结果土地愈干燥，盐分愈浓厚，牧场愈减少，于是蒙人生活困难而人口减少。

B. 受资本国家的榨取，盖蒙人居于中亚延至中国之内外蒙一带。其南其北，皆有强盛而善于榨取的国家，以逼蒙人于其间，于是蒙人人口衰退。

C. 男子百分之四十八，皆守着独身主义。因而在经济上及政治上，又或在人口上，皆直接间接，使人口受着深重的影响。

但在另一方面，亦有谓蒙古人口，并没有十分衰退的，其理由亦有三点如下：

A. 由历史上观察，元朝统治土地虽大，然人口并不见得十分多。如巴图在窝瓦河畔立帐垂治时，其最盛时代，才有军队六十万人。并且即此六十万军队中，由蒙人出身当兵的，为数甚少。其中由他族臣民及基督教徒出身在巴图汗下面当兵的，却占了四十五万。由此观察，是历史上的蒙古人口，并不一定是很多。

B. 中亚一带，土地变坏，虽系事实，然并不见得不能养活蒙古人口。如外蒙土地面积达二百万华里，却只有四五十万人。其足以养活蒙人而有余裕者，固不问可知。

C. 且在古时候的人口，无论在什么地方，是均没有现在这样的繁盛或稠密的。如十四、十五世纪的法国，人口有一千五百万，便是一个很大的国家。英国在十四世纪，住民尚不过二百五十万人。在现在欧俄地方，如由黑海至芬兰湾的广大地域，目下人口虽有数千万，然在蒙人侵入及统治俄国时，至多不能过四百万。十二、十三世纪的巴黎，只有二十四万人。十四世纪之末，伦敦住民，仅有三万五千。柏林人口，则不过四五千。由此等等观察，可见蒙人人口，在古代是不会很多的。

以上三点，对于否认蒙人人口衰退之说，固有坚强的力量。不过按照蒙人人口的事实，穷根究底说起来，在蒙人的人口，虽不十分衰退，然亦并不见得有什么显著的增加。如现代英、德、法、日诸国人口的现象，即由上述自一九一八年外蒙第一次国势调查，以迄一九二九年的人口统计观察，便可以见到的。至于蒙人人口不能有显著增加之原因，计有下列诸点：

A. 蒙人散布太广，与异民族接触太多。在蒙人的本身，并无深厚凝固的文化，以涵养本民族的增长，因而同化于人的，便非常之多。

B. 卫生不进步，死亡率很高。在此一点，虽没有蒙人出生、死亡的统计，以资佐证，然从蒙人之生活观察，是可以见到的。

C. 受宗教的影响，其理由已见前述。

D. 蒙人在经济历程上，尚系牧畜生活者多，故须有广大的土地，亦不能如农业生活或工商生活能容众多之人口。

现在蒙古民族，在地理上之散布，其在欧洲者，如大俄属之鞑靻自治共和国（Tartar A. S. S. R.）、卡尔马克自治州（Kalmuk A. Pro，)、巴什吉尔自治共和国（Bashkir A. S. S. R.）等，其在亚洲者，除中国之内外蒙一带外，在中亚则有乌兹伯格（Uzbeg）、土克曼（Turkoman）、达特结克（Tadjik，此国前系自治共和国，至去年始改为联盟共和国）等三联盟共和国。在西伯利亚的，则有布里雅特蒙古自治共和国（Buriat A. S. S. R.）等。盖蒙古民族，自经过元朝以后，其散布非常之广，与异民族之混化，亦非常之复杂。因而种族的风习相违，派别甚多，举其大致言之，约可分为如下之四大支：

A. 漠南内蒙古人，与中国人同化的最多，现在比较从前还要密切。因为内蒙古，如热、察、绥三省，与中国本部最近，不能以前清的蒙汉隔离政策，不能同化，或因着清室的所谓"保护牧畜政策"，汉人完全不能至内蒙耕田。所以蒙人便变化其生活习惯，老老实实蒙汉合为一家。

B. 漠北外蒙古，所谓喀尔喀四部，因为隔了一个漠南内蒙古，距离中国本部，比较内蒙古远得多。于是遂以清室的蒙汉隔离政策，及所谓"保护牧畜政策"（此处可参考谢彬《蒙古问题》），蒙汉两族，隔离甚远，不过喀尔喀四部，却是外蒙古的最大主人。

C. 漠西厄鲁特蒙古，这一支的散布，便较上面的两支，复杂得多了。有在欧俄治下的卡尔马克、巴什吉尔、鞑靻等等，也有在亚俄治下的阿依拉德（Oirat，中国古名卫拉特）、布里雅特等等。更有在中国新疆、青海一带的，系以和硕特（Khoshoit）及土尔扈特（Turgot）为主，其中之关系及变化甚多。

D. 青海蒙古，以和硕特为主，计有二十一旗。除此以外，其在青海的，如喀尔喀、绰罗斯、辉特等部及附牧喇嘛旗、附牧察罕诺们等，虽然皆有，然皆不及和硕特之多。

由上所述，可知外蒙的蒙族，以喀尔喀部为主。据一九一八年外蒙的第一次国势调查，外蒙的蒙族，喀尔喀人第一，杜尔伯特人第二。自喀尔喀人及杜尔伯特人而下，便是扎哈沁人、额鲁特人等。如次述：

A. 喀尔喀人　系外蒙的主人，住居于车臣、土谢图、三音诺颜、扎萨克图四汗部，及库苏古尔湖一带地方。他们的起源传说，已经显然与他们的历史违背。据谓："其初有二汗相斗，一汗不胜，全族被屠，仅剩一女，与野牛合，终乃生子，渐次繁殖，遂成他们。"这是暗示着是一种游牧民族。又有传说，谓："有古一人，系喇嘛僧，取土一撮，唾而抛之，遂生汉人。复次捋草，唾而再掷，乃生俄人。终取四石，唾而弃之，遂生蒙人，分四汗部。"不过按照他们的历史说来，十一、十二世纪，成吉斯汗的兴起，是始于斡难河（Onon，即今鄂嫩河），斡难河的南方，便是克鲁伦河（Kelulen R.）、古克伦河，古曰胪朐河，与斡难河，同为黑龙江的上源。现在则克鲁伦河，居于车臣汗部的中央。现在的西库伦及额尔德招尼庙附近，便是元代的和林，为世界有名的大都会，其地正在现今土谢图汗部的境内。可见他们，住在原来的老家，是非常的久远。其西方及南部，如扎萨克图及内蒙，还是他们一步一步，渐次扩充的。不过他们的特性，却渗〔掺〕了外来的成分不少。据一九一八年的调查，他们计有四十九万二千人。

B. 杜尔伯特人　杜尔伯特人，占外蒙住民的第二位，为数计三万九千人（不过在科布多一带，还有没有调查的）。他们住居于乌布萨湖及特斯河下流、唐努鄂拉山脉间，直抵科布多河左岸游牧。他们在外蒙，比较的系新住民，因为他们原是漠西厄鲁特蒙古。至十六世纪，由绰罗斯分歧而出。最初时，他们是在额尔齐斯河的上流阿尔泰地方游牧，其后由十七世纪至十八世纪，投于满清，受其保护，始渐渐移徙，与喀尔喀人相争，抢着喀尔喀人的土地居住。乾隆三十年（一七六五）清室在科布多设立特别统治机关，管理他们（即科布多参赞大臣）。他们与喀尔喀人，在容貌、语言、衣服、性质等等上，颇不相同，较之喀尔喀人，尤为活泼。在职业上，除牧畜外，还有多数从事农业的人。

C. 额鲁特人　居于科布多附近，人数约三千。

D. 扎哈沁人　他们游牧于阿尔泰的倾斜面，约四千五百人，原系额鲁特各部族所生的混血儿，故他们有时亦自称额鲁特。其为人较额鲁特人尤不洁净，且性尤狡狯。

E. 明阿特人　由额鲁特人的住地稍北，在科布多河及喀喇乌苏湖沿岸，张天幕以游牧的，便是明阿特人。在明阿特人，以原住于特斯河的上流，及乾隆二十年（一七五五），锡尔德王谋叛以后，他们因属于锡尔德王之故，清室便将他们移到这里，组织一旗。现在他们人数，只约有二千。

F. 和阗人　这一种人，不大与外蒙原来的住民相近，属基攸尔克鞑靼人种。据民族学家的考察，谓此种人原住于准噶尔（准部居新疆）之西，与布哈尔国，当有相当的关系。其后至一七七〇年顷，始移住于外蒙的奇尔吉慈诺尔湖的附近。其实他们究竟是怎样来的，现在已不可详知，并且他们以前系信回教，现在则已被蒙人所化，而倾向于佛教。又职业以农为主，因为他们住地的西、北，皆与杜尔伯特相邻，而杜尔伯特人，则较他们多得多。以是他们对于杜尔伯特的酋长，要进麦粉，当作贡租。不过他们的人口，自迁来以后，尚有增加，现在约千五百人。

G. 乌梁海人　乌梁海人，系芬人种，近于土耳其族。不过在语言习惯上，乌梁海人，又与蒙古人相类，所以又有人把他们认为蒙古人。现在他们还住于古代的原地，不过阿尔泰淖尔的一部，已经由俄统治，故现在只有两部（按古昔分为三部）。其一系阿尔泰乌梁海，游牧于科布多河上流及布尔根河的上流。又其一系唐努乌梁海，游牧于唐努鄂拉山及萨彦山脉之间。他们与杜尔伯特人，常以干戈相见，其人数不明。

以上是外蒙各部族的关系及其大小，就中除乌梁海人外，其余数目如左表：

喀尔喀人	四九二，〇〇〇人
杜尔伯特人	三九，〇〇〇人
扎哈沁人	四，五〇〇人
额鲁特人	三，〇〇〇人
明阿特人	二，〇〇〇人
和阗人	一，五〇〇人
共　计	五四二，〇〇〇人

故外蒙全域的部族，在人口上，可以说得是喀尔喀人，要占十分之九。因而外蒙的政治大权，皆握于喀尔喀人手中。在外蒙之国民政府中，原欲以旗为单位，进行自治及选举制度，不过并不见得有什么成绩。

外蒙的土地与人口，在行政上，可以根据清室对于外蒙政治编制的三类，即旗、部及喇嘛领三种，而下观察，如次述：

（A）旗　外蒙的住民，以各地方的关系，疏密不同，又加以政治上、宗教上的关系，其疏密更有异。旗是外蒙的行政单位，故观察外蒙旗中的人口，便可以见到政治范围。按照一九一八年的调查，喀尔喀部族各旗中，人数最多的，如达赖绰颜古尔王旗（三音诸〔诺〕颜汗部），人口二万四千二百一十九人。人类〔数〕最少的，如浩济多王旗（车臣汗部），全部人口，仅仅百四十九人。其相差的数且〔目〕竟有如是之大。兹以喀尔喀部族各旗别为"小"（二千人以下）、"中"（二千人至六千人）、"大"（六千人上至万人）及"特大"（一万二千人以上）四类。列表如次：

旗的人口	车臣汗部		土谢图汗部		三音诺颜汗部		扎萨图汗部		四汗部合计	
	旗数	人口数	旗数	人口数	旗数	人口数	旗数	人口数	旗数	人口数
三，〇〇〇人以下	一二	一〇，八三二	九	六，五三四	八	一〇，三二一	九	六，八二二	三八	三四，五〇九
三，〇〇〇人以上六，〇〇〇人以下	九	三六，〇三二	八	三三，五〇五	一一	三六，二一六	八	三〇，三三二	三六	一三六，〇八五
六，〇〇〇人以上一二，〇〇〇人以下	三	二三，五六五	二	二三，二七七	三	二七，二一一	三	二八，八三六	一一	一〇二，八八九
一二，〇〇〇人以上	二	三七，九八三	二	三六，八八六	二	三七，三六四	——	——	六	一一二，二三三
合　计	二六	一〇八，四一二	二一	一〇〇，二〇二	二四	一一一，一一二	二〇	六五，九九〇	九一	三八五，七一六

由上表观察，"中"旗与"小"旗，占最多数（旗数百分之八一），而人口则很少，不过十七万余人（人口数百分之四五）。"大"旗及"特大"旗，仅占旗之总数百分之一九，而人口则有二十万五千，占人口数百分之五五。

又各部中各旗的人口，平均之有如次表：

车臣汗部	三，七八九人
土谢图汗部	四，七二六人
三音诺颜汗部	四，六二五人
扎萨克图汗部	三，三〇〇人
四汗部平均	四，一二八人

（B）喇嘛领人口　喇嘛领地或人口，系喇嘛握着政教实权的另一种政治单位。此种喇嘛，全蒙数达十三，其称号则呼图克图或格根（活佛），而所行者，乃如世俗中的王侯，领有人民。十三喇嘛侯中，只有四侯有领地，其他九侯，则无领地，只有人民散居于各旗中。又库伦活佛，即独立时当皇帝的，他的政治势力特别大，计有（一）库苏古尔湖地方，有领地约三万五千方俄里，人口一万六千。（二）在四汗部中的特别政治单位，设有教务院，其所管理的人民，数达七万。

据一九一八年的调查，全蒙十三喇嘛侯，除库伦活佛外，在人口上，皆不甚多。在实际上，总数人口，不过三万零〔零〕七十一人。各呼图克图平均，系二千三百零八人。呼图克图中最大的，及人口最多的，如扎颜呼图克图，有人口八千四百八十六人。额尔德尼呼图克图，有人口八千七百二十二人。

（C）各部人口的密度　各部中的人口，甚不一致。最大密度，一平方俄里二·八五人，如阿海贝勒旗（三音诺颜汗部）。最小密度，一平方俄里〇·〇二人，如弼什呼勒图扎萨克旗（扎萨克图汗部）。又如库伦活佛，在各汗部中特设的教务院，所属七万零三百八十七人，乃散之全喀尔喀者，使合四汗部全面积计算，则一平方俄里，得〇·〇七人。兹录喀尔喀四部每平方俄里的平均人口密度如左表：

车臣汗部	〇·三九人
土谢图汗部	〇·三四人
三音诺颜汗部	〇·五〇人
扎萨克图汗部	〇·三六人
四汗如平均	〇·四〇人

人口最稠密的，系三音诺颜部，最稀薄的，系土谢图部。不过此种计算，尚未将库伦活佛的人民计算在内。如果计算在内，则平均数，有〇·四七人。兹再录全蒙各部的人口及土地比较如左表：

行政单位名	领土（平方俄里）	人　口	每方俄里人口
车臣汗部	二六五，〇〇〇	一〇一，七九二	〇·三九
土谢图汗部	二九六，〇〇〇	一〇〇，二二四	〇·三四
三音诺颜汗部	二六七，〇〇〇	一三三，八六〇	〇·五〇
扎萨克图汗部	一九六，〇〇〇	七〇，二四一	〇·三六
科布多管区	一七〇，〇〇〇	五〇，〇〇〇	〇·二九
库伦活佛所领库苏古尔湖地方	三五，〇〇〇	一六，〇〇〇	〇·四五
四汗部内喇嘛领	——	七〇，三八七	——
合　计	一，二二九，〇〇〇	五四二，五〇四	〇·四四

人民的散布多寡极不平均，大概气候温和，土地肥沃的，则人口多。故外蒙人烟最稠密处每方俄里内平均有二·八五人，而最僻野处，则每方俄里只有〇·〇二人。

除上述以外，关于外蒙人口上，其须顾及者，尚有四项如次：

（A）人口的性别　喀尔喀民族各旗人民的性别，在九十一旗中，只有巴尔图王旗（土谢图部）的一部，男女各四百零五人，数目相等，其余各旗，则或男多女少，或女多男少，均不一致。例如弼什呼勒图扎萨克旗（扎萨克图部），百人住民中，男子占七三，女子只有二七。又依多厄木基多贝子旗（三音诺颜部）住民百人中，男子占八三，女子只有一七人。其与上述现象相反的，如额系图公旗（土谢图汗部），住民百人中，女子占六八人，男子只有三二人。在全喀尔喀，约九十一旗中，有五十九旗男多而女少，三十一旗男少而女多。又同样的十三喇嘛侯领中，有八领男子多，五领女子多。兹列全喀尔喀各部中每百人住民男女的多少如左：

车臣汗部	％四七男子	％五三女子
土谢图汗部	％四九男	％五一女
三音诺颜汗部	％五四	％四六
扎萨克图汗部	％五三	％四七
喇嘛侯领	％四三	％五七
全喀尔喀平均	％五〇	％五〇

上表全喀尔喀男女性别，似乎平均，但犹有差数。盖百人中，男子计五〇·一人，女子计四九·九人。女颇少而男颇多，其现象正酷似俄国。

（B）人口的年龄别　外蒙人口的年龄别，虽甚紧要，不过一九一八年的调查，甚不完全。女子及喇嘛等皆不能在年龄上分类，所可分类的，只有奴隶及平民两项。此两项人数，计十万余人，约当四汗部领内男子总数的五分二——即百分的四二，列表如左：

汗　部	奴隶与平民			
	十八岁以下	十八岁至五十岁	五十岁以上	计
车臣汗部	六，三三七	八，六四五	五，二一三	二〇，二三五
土谢图汗部	八，六八三	九，九五五	三，七六五	二二，四〇三

汗　部	奴隶与平民			
	十八岁以下	十八岁至五十岁	五十岁以上	计
三音诺颜汗部	一三，五八三	一二，八二二	六，七二二	三三，〇八三
扎萨克图汗部	六，〇八九	六，二一五	四，七四五	一七，〇四九
喇嘛侯领	二，六三二	三，二二三	二，八一二	八，六六七
合　计	三七，三一九 三六・六%	四〇，八六一 四〇・一%	二三，二五七 二三・三%	一〇一，四三七 一〇〇%

由上表观察，小儿及少年，即十八岁未满的，系男子总数三分之一稍稍强。中年的，即十八岁以上至五十岁的，计五分之二。老年〈即〉在五十岁以上的，计五分之一稍稍强。

（C）蒙人是小家族呢抑大家族呢　外蒙古人，在组织上，族长制度的习惯，仍旧存在。惟其下的家族，则甚疏松，全系各个主义，与欧美的家庭，颇相仿佛。婚姻制度，由喇嘛教的教义言，原系禁一夫多妻的，不过在事实上，各王公中，三妻四妾的，实所在而有。其能严格实行喇嘛教义的，只是不贵不富的平民。依蒙人普通习惯，男女结婚后，便须自其父家分离，另营居幕。蒙古人家族的员数究竟是多呢，还是少呢，按照一九一八年统计，殊不一致。家族最大的，如基耶汗慈依呼图克图喇嘛侯领（扎萨克图汗部），每家族平均得八・一人，最小的如沃依金公旗（扎萨克图部），每家族平均，仅一・六人。除此最大及最小数以外，其他各旗的家族，皆上下于此两数之间，如左表：

汗　部	户　数	人　口	每户平均人数
车臣汗部	二五，五五二	一〇一，七九二	四・〇
土谢图汗部	二〇，八五八	一〇〇，二二四	四・八
三音诺颜汗部	三〇，六五一	一三三，八六〇	四・四
扎萨克图汗部	一六，四〇七	七〇，二四一	四・三
合　计	九三，四六八	四〇六，一一七	四・三

据上表观察，家族最大的，系三音诺颜部，最小的系车臣汗部。然其差数，并没有好大，四部合计平均得四·三人。人口总数，四十万六千余，已占全蒙人口百分之七五。故由此观察蒙人家族，当无大误。使以蒙古家族平均数，进而与世界各国比较，则有如左列：

法国	三·六人	比国	四·三人
瑞典	三·七人	丹麦	四·四人
挪威	四·四人	德国	四·六人
意国	四·六人	匈国	四·七人
英国	四·七人	美国	四·七人
日本	五·四人	外蒙	四·三人

（D）人口上的阶级关系　　外蒙民族，在政治、宗教、社会上的阶级关系，计有下述的五种：

（1）　王公　外蒙的王公，系外蒙的最高支配者阶级，他们多是"旗"的酋长，即扎萨克。他们的地位，是世袭的，父终子及，世次相传，没有什么很大的变动。不过科布多管区的四旗，却与外蒙喀尔喀四部不同。旗中的扎萨克，系由选举，故王公等位，便不能与喀尔喀一样。王公尊位的维持，其最大要素，固然是自有其宗教、政治等原因，但在社会心理中，他们也均有一种表示王公不得不贵族，或"命当贵族"的传说。喀尔喀四部中的王公，大概皆夸张他们是成吉斯汗大远征家的后裔。然其中尤以土谢图汗的所传为最古，故他的家族，也因之而愈尊。

在独立蒙古中，王公总数计达一百十五。在王公中，又按着官职的大小，而有等级，即（一）亲王，（二）王，（三）贝勒，（四）贝子，（五）多塞公，（六）公的六等。不过他们现在，已经由着满清的衰灭，自立的影响，及世界的大势等，不得不日趋式微了。

（2）　贵族　贵族的一个阶级，在外蒙中，是王公以下的阶级，但是他们也是外蒙的支配者。如台吉等类，便是他们充当的。他们亦系王公的家族，不过在继承法上，他们不能继承王公之位，所以便有了这一个阶级。故贵族与王族，系同一血统，并且贵族的地位，亦如王公的世袭，代代相续。在他们血族结婚，虽然禁止，但是他们也必得与贵族或王公的血统相等，然后结婚。但是他们在同阶级的，也不大愿意，盖恐阶级相同，便有妨种族云。

贵族的阶级，在普通旗下的高级官吏，以及各汗部下的勤务人员，又各地方及中央行政官长等，皆是他们的，所以他们能自形成为一特权阶级。有其贡租上及诉讼上等的特权。例如贵族讯问之际，不得拷问。关于贵族的判决，须得最高长官的裁可等便是。

（3）　平民　以理论言之，平民一阶级，应当占人民的大部分。不过外蒙的平民，在数字上，则比较的少（见后表）。但是他们在产业的原动力上，及纳税上，也是外蒙的中坚。他们是租税收入者，同时也是义务负担者（如军务、邮政等），因为在他们之上的，既有王公及贵族，而在他们之下的，又还有奴隶，所以他们是一个中间阶级。

（4）　奴隶　奴隶蒙语曰"哈木基尔加"，系王公及贵族下的家仆及扈从。他们有轮流在主人帐幕中当值，及为主人清还债务的义务。据一般传说，在外蒙在古代的奴隶，其处境较现在尤为惨酷。是时王公视奴隶为牛马，举凡殴打、宰杀、买卖、赠与、赌注等等，无所不可。不过在有清末年，他们的地位，虽较平民低，但犹不能差得很多，尤其是在外蒙二次独立之后，奴制完全破坏。

（5）　僧族　外蒙的僧侣，是很多很多的。盖蒙人中，如有两个儿子，必有一个去当喇嘛，以求媚于佛，因而其数目甚大。喇嘛系隐遁不事事者，以致外蒙的产业或富力，受着喇嘛的影响不小。然亦可分为二种，其一常住庙宇，戒行精进的喇嘛，不过约三分之一；其二普通喇嘛，不住庙宇结婚事产的，却要占到约三分之二。普通喇嘛与俗人没有多大差异。不过剃头、穿红黄法衣、参与举行大佛典而已。

以上五种，是外蒙的主要阶级（除此以外，还有一个阶级，即系无亲故的人，私生子即属此级）。再由此以观察外蒙人口上的阶级关系，区分（一）贵族（台吉等），（二）平民（蒙语曰索木，被征兵者），（三）奴隶，（四）僧侣（喇嘛及坊士）的四等。如左表：

汗部	贵　族	平　民	奴　隶	僧　侣	阶级外的人	合　计
车臣汗部	二，五〇五	一，二六六	七，九六九	二一，九〇八	二，六五二	四七，三〇〇
土谢图汗部	二，五一六	一一，三八八	二，〇一五	二一，三九四	三，〇八八	四九，四〇〇
三音诺颜汗部	四，一七四	二〇，七三六	一二，三四七	二八，六七二	七，四四九	七三，三七八
扎萨克图汗部	四，〇七九	八，九九一	八，〇五八	一二，二九四	三，七二六	三七，一四八
四汗部中的喇嘛侯领	——	八，六六七	——	二一，三〇九	——	二九，九七六
合　计	一三，二七四	六二，〇四八	三九，三八九	一〇五，五七七	一六，九一五	二三七，二〇三
比较百分数	五·六%	二六·二%	一六·六%	四四·六%	七·〇%	一〇〇·〇%

由上表观察，贵族男子，占喀尔喀全男子总数百分之六弱。平民中的男子，百分之二六稍强，惟有僧侣及奴隶，则极有兴味，即僧侣最多。

喀尔喀部的喇嘛，占到全男子总数百分的四四·六，即约占男子总数的一半。此种数目，不能［不］说是不大，在各部下的九十一旗中，有二十八旗，喇嘛之数，等于男子总数之一半以上。如苏勒克图贝子（车臣汗部）喇嘛占全男子总数百分之七一。在喇嘛侯领中，喇嘛之数，占全男子总数百分之七十。使合上库苏古尔湖地方及科布多区内的库伦活佛所领计算，全蒙喇嘛数，大约为十一万五千人（库苏古尔湖地方三千，科布多区内八千）。即占男子总数百分的四二·四，全人口总数百分的二一·二。

奴隶数目亦多。在上表四汗部领内，计三九，三八九人，即男子数的百分之一六·六。如以此数，按之四汗部人口的比较，有如左列：

汗部名	奴隶数	对全男子数的百分比
车臣汗部	七，九六九	一六·八%
土谢图汗部	一一，〇一五	二二·三
三音诺颜汗部	一二，三四七	一六·八
扎萨克图汗部	八，〇五八	二一·六

奴隶最多的，首推土谢图汗部，其次则扎萨克图，其余两部，尚系比较的少数。

奴隶以旗别观察，少者如下列三旗：

旗　名	男子奴隶的百分比
斯米耶公	四%
苏勒克图贝子	五%
额索图贝子	五%

奴隶以旗别观察，多者如下列各旗：

旗　　名	男子奴隶的百分比
土谢图公（三音诺颜）	五三%
土谢图汗（土谢图）	五一%
依里金公（同　前）	五〇%
车臣王（扎萨克图）	四三%
阿吉图公（三音诺颜）	四三%

男子奴隶的百分比，占百分之二五的，约有二十旗以上。

四汗部领土内的男子阶级别加算教务院领民，则如左表：

阶　级	人　数	百分比
侯　族	二〇五	〇·一%
贵　族	一三，二七四	五·六%
平　民	六二，〇四八	二六·二%
奴　隶	三九，三八九	一六·六%
喇嘛僧	一〇五，五七七	四四·六%
阶级以外的人	一六，九一五	七·〇%
合　计	三三七，四〇八	一〇〇·〇%

（注）喀尔喀侯家，有四百八十人的家族的，计有九十一家。

　　上述外蒙人口上各种现象，如疏密状况、男女老弱状况、阶级的关系等，在当时固未必一定详确，毫无遗误。又由一九一八年，迄于今日，已历至十二年之久，为状当有若干的变更。不过由另一方面言，对于蒙古人口各种现象，至少当亦可以见到若干真实的状况。以吾国现在对于蒙事智识缺乏之时，得此似未尝不足稍以自饱，所以将这篇文字，不嫌其似为明日黄花，公布出来。

《中东经济月刊》

哈尔滨中东经济月刊编辑部

1930 年 6 卷 8、9 期

（朱宪　整理）

内蒙准旗民生概况

一切文化尚待随时改良力图策进

作者不详

（生活）　境内蒙汉杂居，汉蒙民众，为三与一之比，生活已较固定，盖已渐由游牧而耕稼，且有房屋，行多以马代步，食则每喝砖茶二顿，饱食炒米，和以牛奶油（俗名苏油）及熟羊肉等，至晚方食粥一次，富者食面，如筱〔莜〕面、白面不等，牛羊肉、糜谷米（即小米）乃其大宗食品。衣服夏用棉布，富者多用茧绸，冬则均衣羊皮衣，足着羊皮靴，男女相同，近年来一切生活习惯，与汉民同化者甚多，语言则率能通晓汉语。

（交通）　准旗阻于山川，交通不便，无邮电，借萨、托二县之邮电，转达消息，境内道路，坎坷不平，有自陕至包之大道，横贯其间，行人车马，皆可通行。

（政治）　准旗政治，在那森达赉时代，始终毫无法规，一切均任王公之意，人民负担，汉民特重，以王公或设〔役〕吏之好恶，作摊派之标准，据该旗旗务公署云，有汉民二十余万，蒙民十余万，然实际汉蒙不过十余万人。

（军事）　准旗有骑兵二千人，强悍善骑，勇于剿匪，军队均系抽征蒙民壮丁，概不给饷，年用给养，均由旗内居民负担，枪械则联珠步枪居多，有自来得手枪数十枝，迫击炮、机关枪十余尊，军队编制，悉如陆军，惟数量较少，每连只三四十人不等，平时分驻于旗内各险要口界，土匪不易侵入，境内安逸异常。

（教育）　准旗教育幼稚，然比较言之，已不可多得，旗内仅有同仁小学校一处，系那森达赖次子奇子俊向公务人员捐募经费，开始创设，校内学生八十名，女生二名，均系蒙古儿童，待遇全为官费，每生月给三元五角，学生年龄，以在十八岁与十岁之间，全校共编四级，皆为复式，其科目除加授英语及藏文外，悉与普通小学同，教材采用商务印书馆之新时代课本，校内设立主任一人，教员四人。此外有私塾十余处，内中蒙古儿童绝少，教师率为失业之商人。

（垦务）　准旗南界，与陕西毗连，自长城以北四十里移民地，迄未报垦，但人民私相售授，耕种已数百年。接此北行约数十里，名黑界地，业已报垦。此外未报垦而已种熟者，占全旗十分之六七。

（宗教）　准旗信佛教，有二三子者，必令一人出家为僧。旗内有准噶尔西召，颇大，有喇嘛五百余名，召内并驻骑兵百余名，军官亦系该召之喇嘛。

（商业）　准旗既无城市，亦无村落，商业仅在纳林及那公二旗，旗内各有居民百数十户，小商店十余家，此外有定期集会场，每年废历七月初间，在西召跳鬼念经，亦即禳灾祈福之举，晋北、陕北、包头等处商人，咸集此交易，即大开日中之市，极为繁盛，会上商品，以砖茶、布、烟、糖、皮毛、盐、碱为大宗，会期约为一周，过期犹有商贾负贩，不时盘旋于境内。

（出产）　准旗大宗出产，有牛羊、皮毛、糜谷、及煨炭等类，多就他〔地〕消费，皮毛则运往包头及山、陕等省，煨炭产量极丰，质料最佳，惜仅以土法开采，只能供本旗及山、陕边境人民之燃用耳。

《大国师章嘉呼图克图驻京办事处月刊》

南京大国师章嘉呼图克图驻京办事处

1931 年 4 期

（李红菊　整理）

察省社会现状写真

作者不详

察省原属蒙人之根据地，近来移民日多，农业亦较发达。该省昔为特别区域，暨革命告成，遂改行省。辖县有平绥路北九县，继将河北省十县划入，现共十六〔九〕县，面积之大，地域之广，可想而知。至农民生活，仍如十九世纪。兹将察省社会之情形，特录于后。

（一）交通　张北为察省交通最便利之区域，地当平绥路之中枢，通外蒙之要道，西连绥远，东达北平，而北于〔与〕外蒙库伦遥遥相对，为口外三大镇之一，商业亦因之发达。有汽车路二，一达多伦，一通库伦。本省除康保、宝昌、多伦、张北各县交通较便利外，其他各处均因山脉阻隔，交通不甚发达，文化亦遂低落，故建设交通，实为开发西北、注重边疆之要图也。

（二）商业和出产　张北有塞北商业第一重镇之称。先是留有外国商人约一千三百余名，内地茶、丝、布、棉、烟草、铜、瓷及稻米等，向由此输入，而蒙地所产牛、羊、皮毛、驼绒、金珠、宝石等，亦由此输出内地。惟自外蒙独立后，商业乃日见消沉，现在该地仅存小资本钱行六七家，并有几处经营皮毛者商店较为活动外，经营其他商业者实寥寥无几。贩运皮毛之外国人，只有三十余人。而上堡西之西沙河岸有第二监狱，犯人二百余名，分制毛毯、炊臼、缝纫数组，所制驼绒之桌椅、床地各种呢毯，物美价廉，销售本地者颇多。总言该省最著之出产，厥为牛、羊、皮毛、驼绒、麻菇、狗皮等，谷类为小麦、小米、黄豆、玉蜀黍、高粱、莜麦等。

（三）食粮与生活 人民食粮以小麦为大宗，占百分之九十五，食玉蜀黍与小米者，占百分之四，食大米、面粉者占百分之一二。故人民生活程度最低，以小麦、小药豆、胡麻油为终身之食物。小麦性凉，滑肠胃，少养分，惟本地人食之，颇觉适宜。马铃薯〔薯〕含淀粉极多，各处尽有，半充菜蔬，半作食粮，为该地唯一出产。胡麻油气味刺鼻，内地人不但不能食，稍一沾鼻即便呕吐。近年亢旱，农产品收获极歉，人民困苦情况，日趋紧张。现贫人为人作工而无顾主，并有预先言明每日食两顿饭，工资与饭费可相抵，如食三顿饭，工人得倒给顾主铜元五枚，谋生之难，可见一班〔斑〕。

（四）人民知识与习俗 察省因交通不便，故文化非常落伍，人民知识更属固〔锢〕蔽。近因平绥路告成，张垣一带，尚较开化，学校亦日渐增加。惟北部一带，仍复如故，毫无开化可言。今举例言之。该省以前各县虽设有乡、村、镇等自治公所，息讼会等自治机关，但人民知识太低，畏惧官府。今年各县办理自治，调查户口，以备统计，而人民极力拒绝，恐贻害将来。次经双方解释，始能进行，但仍不肯实述，人口数与经济状况，实在数目，也不过十分之三四。问之，则曰怕拉夫派捐耳。思想幼稚如此，所谓民权自治尚谈不到。因其知识固〔锢〕蔽，而风俗习惯多有古风。张北各僻县，风俗较厚，全境丧礼特重，一家有死人，凡亲戚、朋友、街邻，均穿孝服二三日，以示哀悼，此颇异于内地各省。惜数年来旱潦为灾，农产歉收，匪祸炽盛，民生极苦，鬻妻卖子，相习成风，当局亦如何设法挽救也。

《蒙藏旬刊》

中央宣传委员会蒙藏旬刊社

1931 年 7、8 期

（丁冉 整理）

内蒙一瞥

胡振铎　撰

　　这篇通讯是胡同志接到我们寄去的本刊后写来的，在沙漠与水草间，在工作与跋涉中，胡同志未曾间断过一期的通讯，而这次又掌着信笺在火烧的沙漠之炎里，寄来这样有系统的宝贵的材料，除了我们对胡同志的感激，我们更替读者道谢。

　　胡同志在报告实际情况之外，他还深刻的视察到内蒙的和外蒙的危机。宗教是民族的鸦片，逸惰是亡国之母，更何况一决难收的赤水之浸漫。胡同志这样悲痛的喊道："蒙古民族将要被淘汰了！"对要人老爷老总……们失望了的读者您的感想是什么呢？

编者

　　阴山之北，杭爱山与肯特山之南，有一浩浩荡荡一望无涯之青草高原，此一带虽属沙碛之地，河流绝无仅有，务农似不适宜，但青草极称茂盛，蒙人称为草滩，地理家所谓之蒙古草原带，即内蒙古高原是也。古为蒙古人跳梁之区，今则已属于察、绥二省。但因交通不便，其地的一切情况，我国在朝的大人先生、委员、部长们鲜有知者，即在野之小小百姓们恐怕也不晓得（日本人顶清楚，瑞典人也极清楚，他们有详细的蒙古地图，他们有私行考查的团体）。中国人不知中国的地理（知道的也有，不知道的也有，举一个例子：曾经有一位大学毕业生，而当高中校长的先生，他对学生谈："宁夏在甘肃之西，新疆之东。"大学毕业生尚切如此，认不得自己姓名的老百姓更不必说，可想而知了），真应愧杀！没有学识的我，竟然想不到的跑到此地来了。我是中国人，应知中国地理人情。自家知道了，尤应使大家知道。这是我应尽的责任。兹将我所见到的，列述于后。

一 地理

内蒙高原，位于北伟〔纬〕四十二度；南有阴山山脉，东西横亘；延〔沿〕山峰更有我先民之伟大工程万里长城。五里一台，十里一墩，观此工程，不禁令人对先民向往而起敬，更不禁令人对先民羞愧而汗颜！沿长城之都市，有包头、归绥、丰镇、大同、张家口、张北、独石，自古为险要之地，中原与塞外之门户，今更为北方重镇。高原之北有肯特山与杭爱山脉，其山峰即为内外蒙古之分水岭，亦即内外蒙古之分界山也。由察哈尔之北部向西直上，愈行愈高，但非高山，而为渐上之斜坂。水则除有人处有井而外，河流只有绥远境内离东公府百余里之八音哥里河，与特剌不之人哥河。并且水不甚大，而矿质、盐质极多。人可免强食之，骆驼、羊、牛、马等饮之，则"得其所哉"，"得其所哉"，尽美又尽善矣。蒙古的牛羊肉香，也怕有盐质的水的好处。交通方面，亦有一张库汽车道，往年交通尚便，今则外蒙为"赤俄"所把持，用封锁政策，断绝交通。内货不得出，外货不得入，做蒙古生意的惟一大商埠张家口，现在商人很多的关门大吉，凋零不堪了。现在只有新创的一条东西的大路，就是由绥远往新疆，可沿内蒙与外蒙交界之间，平安而通行。骆驼队可行，汽车更可行（瑞典人的汽车由新疆已经来往二次了）。因为居民极少，所以没有土匪光临。因为只有沙石，没有洋元，所以军阀们都不来问津。行旅除感觉寂寞，与有的几处水少而外，其他倒安适。所以甘州、肃州、凉州、宁夏，及各处之骆驼商，均取道于此。鸦片烟，一文钱的税也不上，很安然无恙的几十、几百骆驼的驮运于绥远，而入于北平、山西了！很平安的一队〔条〕运毒物大道！这真是有毒物的人的好运道，这真是中国民族的大危机！

二　民族

在此一个高原上所居的人民，大半是蒙古民族。阴山北麓一带，地土较肥沃之处，有几家被军阀敲了骨头、刮了脊髓的饿得七死八活的内地老百姓，正在那里开垦。居民极为稀少，我实在没有法子知道确数，只能谈走上几十里有一二家蒙古包，不谈人口的数量，说包的数量，平均大约在一百方里内有两个包。

蒙古民族为最强悍的民族，元朝的大帝国多吗〔么〕雄勇，人人都知道蒙古人胡服骑射，但是现在不然了。现在的蒙古人均习于游惰，什么也不干！从亚当与夏姓造成他们之后，他们就过的游牧生活，一直到现在，还过的是游牧生活。拿元朝历史与现在的实际情况比较一下，我看来还退化了。蒙古民族要被陶〔淘〕汰了！蒙古民族为什么要被陶〔淘〕而灭亡呢？以我的视〔观〕察，其最大原因：

（A）中了佛教的毒　蒙古人笃信佛教，有兄弟三人，定然有两个喇嘛。不讨老婆，不参欢喜禅，三个人，两个不养小孩子，日复一日，年复一年，蒙古人便越减少了。但是实际上喇嘛并不会念经，甚至于还莫明其妙，也可以说莫明其庙！喇嘛一样的性欲冲动，喇嘛与《火烧红莲寺》上的和尚一样的骚淫，见了女子，非参欢喜禅不可。况且蒙古的女子与上海的舞女一样，又明的不穿裤子，加之蒙古女子放羊牧马，在野地里喇嘛才可以横行无忌。性交的混乱，也是生育减少、人口减少的一个原因吧？

（B）惯于游惰　蒙古人好饮酒，这也是气候寒冷的关系。不说骑射，连骆驼、羊、牛都是女子放牧。一切的生活，大半靠女子维持。失了原有的民族精神，也是人口减少的一个原因，其他文明落后等等更不必说了。

三　蒙古人生活一般

以我的视察，蒙古人现在仍然完全过的游牧生活。以他们的衣食住行、风俗人情种种证明，似无不合之处。

衣　他们所穿的衣服，十件有九件是皮子。天晴毛在里，下雨下雪毛翻外（毛向外水不入），而且均系长的。袖子过于膝盖，袖口为马蹄样，这也可以说是气候寒冷的关系。这地方确实气候太坏了，即就是现在，有的时候非穿皮衣不可。奇寒盛暑，热时热极，但与内地及南方之热不同。江南之热为蒸于笼，塞北之热如火烧。气候之干燥，可想而知。原因是沙碛收热易，放热亦不难，寒暑的变化因而急。蒙人喜穿靴子，这也是地理环境的关系，因浅口鞋沙石易入也。蒙古人衣服多为红色，红人红衣，脸上也是油，衣服也是油，他们倒处之泰然。你若是怕他身上有油，他还多多的抹些在衣服上，这是我亲眼看见的。

食　他们的食物极简单，米、面、肉、乳、茶。黄米炒熟，一把炒米，一口茶，这是早晚的食物；午时则食面。造的极不清洁，像我这些苦力都看不惯，若是大米、细面吃大的，或者是爱食中西大菜的先生们见了，定作三日呕。肉不论坏不可食，臭不可当，他们依然食之。他们能把牛、羊肚子不洗而煮食之。

住　住也简单，无房舍，无墙垣，均为包。包以木作架，形似鱼，外以毡包之，称为蒙古包。一包之内，造饭睡觉，男子、女子、阿公、阿媳，都可同包而睡。即客来，也可同包而睡。汉人只要懂蒙古话，亦无往而不利。蒙古人不住房子的原因：

（1）沙石不能建筑，且数千里之内，不见一树，木材极缺乏，造房屋极属不易。

（2）蒙人逐水草而居，水多草茂处，即是蒙人家。我们初到此地，三里之外有蒙古包在，不过二月，他们已学孟母而迁其居了。岂不屑与我为邻乎？实因此地之草被我们的六十余条骆驼食完了，彼之牛、羊、马、驼，岂能饿肚子而居留于此乎？因为逐水草而居，不时迁徙，房屋则不易搬运，包则只用一驼可载之去也。

现在的内蒙古极为安静，堪称为一片干净土，但是也危险极了。"赤俄"的赤水，已漂浸了外蒙，倘不是肯特山与杭爱山，恐赤水早已漫及内蒙了。内蒙的人非常恐惧，但恐惧只是恐惧，无法可以提防。堂堂的政府诸公，又不问不闻，不加注意，现在已有不少的地方被蚕食了！恐再不注意，彼则得寸进尺，内蒙之被蚕吞将不远矣。同胞乎！岂不肯想一挽救之法乎？岂直望视内蒙沦没乎？吾辈青年，团结！振起精神！开发西北！

　　　　　　　　　　　　　二○，七，一四，于内蒙之北边

《陇钟》（月刊）

南京陇钟社

1931 年 8 期

（李红权整理）

满洲里沿边近况

成逸风　稿

赵石萍君来函

成君逸风，名长奎，为东北军界宿将，历任连、营、团长、参谋、副官、科长、处长等职，每次军兴，无不躬与其役，廿载从军，身历百数十战，其经验、学识，诚有加人一等者。民十七四月，彰德之役，因身先士卒，冲入敌围，致为流弹所中，穿胸越背，伤肺折骨，幸天留彼躯，为他日报国，得早占勿药。张总司令念其劳苦功高，乃调归边署服务，然以此中俄战役未获率兵保国御敌，每引以为憾。本年二月，成君因公赴满洲里一带，因便详细考查沿边情形，并追求曩日失败经过，释要载笔，归以示余。成君，真有心人也。成君笔记，概从军事着眼，虽其兴趣不若普通游记之浓厚，然其有关于国防军事者，实有相当卓见之处，为便于国人了解东北沿边实况，因索其原稿，为披诸报端，谅贵报当不能以珠玉而见遗。为此，检同原记全份，函请查收刊登，见覆为荷。再，该记经分致平、津、沪、沈各报，均请由　月　日刊登，相应并请查照。此致

军事月刊社

顺颂撰安

　　　　　　　　　　　　赵石萍谨启　月　日

通信处　沈阳大北关八王寺西胡同五九号

满洲里十八年战后经俄人建筑国门，可称谓国耻门。

成逸风摄，二十年二月中旬

满洲里十八年中俄战后所残存之防御阵地之□堡，有×为成逸风。

成逸风摄，二十年二月中旬

中俄之战虽息，而樽俎尚未折冲，蒿目时艰，隐忧曷极。予于本年二月中旬，因事北上，目睹沿边一带战后荒凉景象，遂意所及，泚笔记之，以志此行。

一　博克图情状

博克图，地当中东铁路冲要，西距内兴安岭十五里，山脉横亘南北，形势险要，沿线构筑防御阵地，最为适宜，惟附近无河流，无村落。食料以本地所产之马铃薯、大麦为大宗，每年约出马铃薯二十万斤，白菜十六万斤。房屋与人民之比较，房屋一百七十余座，中外人口约二千七百余口，足敷住用。饮用水甚佳，井数二十七眼。气候，春、夏、秋暖适宜，入冬异常严寒，且多烈风，寒度四十八，暑度二十四。交通、电信、电话、邮政，均甚便利。年可出运五万四千余吨之木料，并输出五千万斤之劈柴。惟所产大麦五百石，不足食用，年须输入包米一千石，面粉一万五千袋。居民分汉、满、蒙、日、韩等族。蒙人以狩猎为生，汉、满人民多业商农，入籍俄人多在铁路谋生。日人四名，经营扎免公司。俄人八百二十名，多充铁路公司员役。韩人十九名，多营医院及娼业。查兴安岭山脉，形势险要，平时可作天堑，战时可固防御，以重兵位置于前，以主力控制于后，敌情如何变化，皆可应付，龙沙以西，呼伦以东，洵为军事上着眼点。

二　满洲里情状

满洲里地势较高，丘岭甚多；东南部既高且阔，有六零六高地之称；西北部距街约一启罗米达，即为俄土，以山为界，山脉绵延，密如网布，其脉皆来自外兴安岭，群山拱立，山巅多为俄有，致俄人有高屋建瓴、瞰制我方形势；东南部约二十六里，有大赉湖，幅员约七十公里，宽约二十公里，水深在二米以上，流速一米达，中、俄、蒙人多在捕鱼。县治胪宾，幅员辽阔，四野荒凉，人烟稀少，仅有少数蒙古包散布各地而已。生活多恃游牧，居处恒用毳幕，随时逐水草而迁移，间有构成之土房，然设备亦甚谫陋。燃料以牛粪为主，草木次之。饮料取于自然池沼，异常困难，大有碍于卫生。气候因地质多沙，温凉每失调解，春秋两季，冷时居多，虽盛夏之际，入夜亦凉，大有内地初秋之概。冬季酷寒，气候恒在摄氏表零度以下，甚有达于零下四十七八度者，致使人不能出户，火车因之停驶，关于军事行动，深受影响。交通借东铁之便，邮电尚称便利，惟沿边各卡伦之交通，尚无充分设备，如由满站赴室韦、奇乾等县，多用大板马车及蒙古牛车，对于军事输送，困难异常。物产因气候、土质关系，耕种艰难，居民多恃游牧，年产秧草约十万布特（每布特合三十斤），而马料（豆饼、高粮〔粱〕等）则由内地输入，年约二千布特。附近札兰诺尔产煤颇丰，惟因战事损失，致行停办。近有石油矿发见，正拟开采。此外如胪宾石之矿产，不一而足。其他输出物品，以牛、马、木材、兽骨、羊肠、牛乳等为大宗，而输入品以棉花、茶叶、面粉、瓷器为大宗。居民汉、满、蒙三族，生活各异，汉人经商，蒙民游牧。侨民以俄人居多，亦以营商为业，间有日人及鲜人，皆以小本商业为生。

三　附俄军驻军调查

苏俄在远东沿边驻有国防军约有五师之众，第三、六两师驻赤塔一带，第二师驻伯力一带，第一师驻海参崴一带，第三十五师驻伊里古斯一带。每一国防步兵师，系由步兵三团、骑兵一中队、轻炮一团、通信、工兵各一连组织而成。其教育以布尔札维克主义为中心，一切教育计画，由人民军事委员会统裁，受特别党部之监督。十八年与我作战，以步五团、六十团为最悍。

四　赤塔俄人工业之调查

赤塔有制造农具工厂一，其制造量每日可造来机十三架。伯力有兵工厂一，制造量每日可造步枪一百四十枝、机枪两挺。又有造舰厂一，每日造舰量约百吨。

五　边境赤俄情形

边境俄民，多源出贵胄，现多受"共产党制度之压迫"，对于政府时有反对舆论及抵抗之暴动，惟对外侵略，则协衷共济，不遗余力。

赤俄东部交通，以西伯力亚为干线，以乌苏里铁路为支线，极为便利。其经济状况，举凡一切商业，均归国家经营，故经济颇呈不稳状态，其他外〈人〉经营我国状况，满站有日侨三百余人，多业商，俄人九千余名，赤、白党混淆，良莠不干〔齐〕，赤色主义之秘密宣传，颇呈积极，恐有暴动情事，此执政诸公当加以注意者也。

六　室韦县情状

室韦县之山脉，起于内兴安岭，绵亘室韦全境，峰峦起伏，其标高约在一百五十米达。山多桦树，居民多采于燃料之用。山之状态，对于军事攻防，均无障碍。境内阿尔公河、根河、小河子，横贯全境，发源于俄境，水之最深度约百米达，最宽者约五十米达，流速每秒钟约一米达。冻结时期约在十一月初旬，结〔解〕冰时期约在三四月之交。各河渡口仅有最小船只，并无桥梁，当结冰与解冻，或夏日河水暴泼〔发〕之时，交通往往为之断绝，对于军事恒多阻碍。境内村庄寥落，多沿根河而居，各村距离约在四五十里。每村居民约二十户、五十户不等，其民多系俄侨白党。每村间有华人数名，亦系娶俄女为妻者。食料多以自种小麦磨成之黑色面粉为大宗，所产仅供当地居民之用。饮料取用河水，虽无井泉，然不虞缺乏。温度夏正午约在华氏表七五度，冬日最寒，恒在冰点下。交通不便，凡电信、电话，均未添设，邮局信件用车传送，呼、室两县之间，每三日往返一次，然以阴雨阻碍，或盗贼潜伏，恒至数日不通音息。查室韦至海拉尔三百余里，先时每六十里尚有商民开设之客店，近因中俄战役，商民他去，沿途之店被蒙民焚毁，嗣后往来行路之人，均系露宿，甚感困难。近有国人在头站、阁治斯、水泉子等处，修筑客店三处，不日即可告竣，来日行旅，可稍便利。惟沿途河口尚无桥梁，每逢夏日河水暴发之时，仍多困难。欲求交通便利，必须筹款按站设店，并建筑桥梁，方能冬夏无阻，车辆始可通行，居民或可增多，而后边防得以垦殖，地方可告静肃。

县内人民除种小麦及砍伐桦木以供需求外，并畜乳牛，取乳制黄油，出量多运销哈埠、津、沪等地。此外五金等矿亦甚多，惜未开采，货弃于地，殊可惜也。该县出产，称为呼伦贝尔区内之冠。全县居民约六千七百余名，华人约占全数十分之一，半多经商。室韦沿边内外，山脉较多，交通不便。对岸俄境，村落颇多。而卡伦之设备，尤为完整，一旦有事，俄人即不调动大兵，而彼卡员之威逼，亦难与为敌。

七　奇乾县之情况

奇乾县之山脉，尽属兴安岭之支，山岭起伏，鲜有平原，仅沿

〈河〉一带间有平地。河流有额尔古诺河，发源于大赍湖，流入黑龙江，位于县境北，与俄国天然为界。又有贝尔次珠尔干河流贯中间，其河幅约宽三十米达，水深约四米达，其流速在两米达以上。河底系沙砾，每至十月间，即行封冻，至次年四月间，始行解冻。其间尚有河流数道，河幅不等，约在十米达左右，流速均为湍急。无桥梁、渡口，徒涉、行军、运输，均感阻碍。古纳河、奇乾河两岸，仅有居民数十户，其房舍均于十八年被俄人烧毁，现在居民仅有三两户，殊感房少人多之患。食料以面粉为大宗，燃料为木材，食料虽若不足，燃料则足敷用。全境无井，用水均取自河，水质尚佳。气候寒约四十五度，热约二十度，四季平均寒多暑少。交通除奇乾河一处有电信外，其余均付缺如。该处距县约五百余里，现时尚不能通信。至于邮政，每日往返一次。水行则无舟楫，且激湍勇流；陆行则山道崎岖，森林丛密，行人之路，尽属羊肠，并无通车大道，运输极难。仅由乌奇罗夫至牙克石有草道一条，稍事修理，可通汽车，将来开通，非仅利于行于〔人〕，亦为军事运输之要路。全境出产以麦苓、大麦为大宗，但不敷人民食用。马料亦甚缺乏。惟金矿甚多，惜未尽行开采。全境居民以汉人为多，约有一千七八百口，均以经商、务农为业，惟携家者少，间有眷属，亦系俄妇。此外尚有大库力族，皆以狩猎、游牧为生。外侨均属白俄，计有七十余户，约二百余人，皆以务农、狩猎为生。

奇乾县境山多林密，道路崎岖，关于军事上一切行动，均感不便。如欲巩固国防，必须先修道路，便利交通，移民实边，方可收效。

苏俄在奇乾县对岸，共设九卡，每卡骑兵三四十名不等，训练精良，并有机关枪、迫击炮等利器。其居民皆有枪械，如遇战事，均可作战。其通信设备，亦甚完善，惟对岸尚无制造工厂。俄境沿边道路整齐，交通便利，以故汽车到处通行，毫无滞碍，电信、电话均甚完备。额尔古纳河有汽船三艘，上下通行，惟无渔船，经济亦困难。

八　呼伦县情状

呼伦县地势较洼，四周丘陵起伏，山脉纵横，颇合防御形势。河流最大者为海拉尔河、伊敏河、浑河，而临海拉尔街之伊敏河最宽处，约半华里，深约三四尺，水流甚缓，不堪行船，仅有少数木筏顺流而行，沿海拉尔车站北流，发源于大兴安岭。

境内四周有蒙古包数十处，土房数十间，设备不完善。饮水多于自然池沼，汲取殊形困难。食料以麦类、牛羊肉为大宗，燃料以木炭、石煤为大宗。气候冷热迟，每至六七月间，薰风宜人，以后即入秋天景象，冬日极寒，恒降大雪，寒在华氏表零点以下二三十度。关于军事行动，颇多窒碍，甚至火车不能通行。

交通由省城至海拉尔，借东铁之输送，甚为便利。有线、无线电信，均已先后装设，对于消息之传递，尚称灵便。但由海至室韦、奇乾等地，若值夏季阴雨之时，则道路泥泞，不堪行走，仅可乘用本地马车、牛车，每日行程，不过数十里而已。迨至结冰时期，汽车可通至吉拉林等处。境内物产，以牛、马、羊、白蘑为大宗，产量颇多，输出亦巨。居民汉人占十分之四，蒙民占十分之三，俄民占十分之二，日侨及鲜人约约〔占〕十分之一。

该县不临国界，与国外攸关事项亦少，兹不赘述。

阿尔山温泉四周，均系高山峻岭，古木参天。距泉北四十里许，有哈拉哈河渡口在焉。该河发源于兴安岭，西行入大小河子，系外蒙赴海拉尔必由之路。该处有木桥一座，平时水深约在七八尺许，每遇山水暴发之时，深不测底，湍流甚急，经冬不冻，一旦边防有警，亦可扼守，诚为天然之屏障。该处附近为山林，并无村落，即偶有三二蒙民，亦属游牧生活，朝东暮西，行踪无定。

气候夏日干燥，暑热在华氏表三四十度，冬日酷寒约在零下二十度。

交通不便，邮电机关均未设备。但温泉南有路二，一向东南，通五叉沟索伦一带，西南通告门庆迄西二十里外蒙管界哈拉哈地方，居民多属蒙民，汉人甚鲜。

物质产木甚夥，并有秧草、蘑菇等类。

温泉西南七十里，即外蒙辖境之海金山，驻有外蒙军队约三四十名。

关于满洲里一带形势，即〔既〕如上述，而对于交通之便利，军事之整理，政治之兴革，国防之筹备，要塞之建筑，"赤化"之严防，在在均关重要。现在国交未复，隐患方殷，尤为不容稍缓之图。兹先述中俄战后经过情形。

九　十八年中俄满洲里战斗经过

十八年十一月十七日早六句半钟时，有赤俄军战斗飞机二十四架继续于空际翱翔，约半钟许，遽然竟向十五旅司令部院内抛掷炸弹，第一枚落该院西大门里，将第二座大楼西北角炸陷，伤三十八团第七连士兵四名；第二枚落于该院东南角大楼东头南窗外，其全楼上下两层均陷落，伤护兵及唐军需长并上士等十一名，幸不致命；第三枚落是楼迤南，炸毁木栅栏两三丈，该团少校团附黄旭盈头及手、腿各部因均受微伤；第四枚落司令部大楼迤东之汽车房，炸坏军用汽车两辆，梁司令忠甲适在院内，故右腿微受损伤；司令部东大营院内，是时亦落有炸弹二十余枚，炸坏楼房五座，伤官佐、士兵四十余名。同时无线电台院内，落炸弹三枚，炸死宪兵三名，伤二名，防医院院长李鸿久因事去电台，亦被炸身亡。该飞机等因多飞向三十八团阵地抛掷炸弹多枚后，即向札兰诺尔之煤窑飞去，尚余数架，仍于车站、街市上方，往来飞翔，时并掷弹示威，至七时方止。该日午后，赤俄军即用猛烈炮火射击我军三十八团之炮兵阵地，及东北山九十连阵地，事后调查伤亡官兵二十余名。而当日于八里木地方，赤军炮火最极激烈。八里木距满站街约八里许，并有赤军之步兵两三连，及机关枪两梃，攻夺我八里木小站约达三小时之久，由三十八团团长王尔瞻冒弹指挥，致未为所据，死排长两员，连附一员，士兵三十余名。至晚九时，赤军炮火始行稍息，不料南山一带枪声又行爆举，经三四小时，始行停止。

十八日早七时，华、赤两军，即开始互用炮火射击，惟赤军炮多，火力一面集中于八里木小站，故将该站房间一律击毁，更分击东北山三十八团九十连阵地。当日九连官长、士兵伤亡三十余名，其他连亦伤亡官兵二十余名，通宵达旦，枪声不绝。

十九日早二时，梁司令命该部孙副官长、上尉参谋王理寰，协同三十八团冀团附，率兵二百名，机关枪二梃、迫击炮二门，并四十三团营长一员带队二百名，五十一团营长一员率兵二百名，计官兵六百余人，由满站沿循铁路向东出击，迂回赤军后方，拟包围敌军。直至四句钟时，与赤军遭遇，开始战斗。华军义不顾身，所向披靡，竟占领赤军阵地，且夺下山头。孙副官长以敌人溃退，机不可失，仍督军进击，复行攻下敌人山头七处，获赤军机关枪两梃。时兵力已疲，加以东方已明，正拟分配步兵，拒〔据〕阵扼守，不料赤俄援军骤至，炮火威逼，我军力难支持，得而复失，并伤亡官兵三十余名。然赤军是役伤亡官兵，据俄报所载，亦达百名左右。是日早八时，骑兵连长田春荣，于先一日，弃却三十里民店我军之阵地，退守东南角极高山阵地，正可利用地势，抗拒俄兵前进。不意该连长漫山退回，致赤军跟踪追击，见我前方失利，不顾大局，竟率兵乘势突入我军之阵地。团长王尔瞻因令第五十一〈团〉及武术队等增加跑马场战沟内防堵，当有少将旅附魏长林、上尉参谋王理寰等督战，始将敌军敌住，未获长驱直进。双方因于山之南北阴阳坡，彼此抗拒，炮火激烈，两不相让。正值此东南山情况紧急之际，而赤军竟由后方，抽调步兵三百余名，轻机关枪四五架，乘势由毛子坟隙地突破阵地，直扑司令部，进距满街南门止约里许，幸经王团长尔瞻亲率士卒包围，全数殄灭，获机关枪、小枪若干。是役营长李振华右臂受伤，连长李少权右臂及头部受伤，并伤亡官兵五十余名，因得夺还原阵地。王团长复率队出击，迂回敌军右翼，痛击一夜，至二十日早三时，奉到梁司令退却命令，始退出阵地。

二十日早二时，司令梁忠甲奉万督办电示，扎兰诺尔及煤窑等处，已经失守，后方援队，恐于最短时间，碍难赴援，令绕道大来湖，自行相机处理。梁司令遵即于三时，集合军队退却，令五十一团为前卫，由少将旅附魏长林率骑兵连为尖兵，以四十三团为本队，卅八团为后卫，循铁道，经八里木，向东转，绕东南山口，奔大来湖方向行进。奈煤窑早为赤军所占据，于各山巅陈兵布阵以待，迨魏旅附率骑兵出东山口，转绕至南山口时，时已七时左右，赤军即行以机枪炮火猛力攻击，并兼空际有飞机投掷炸弹，同时东山、南山及八里木南山俄军，均以机关枪向我方扫射。我方以军力不敌，且闾〔间〕杂有避难商民多在内，情难置诸不顾，乃分兵扼北山、西山、满街内壕等处。无如旭日早行东升，赤军炮火射施，更较准确，加以空际飞机威迫，炸弹频掷，我军实难抗拒，致行溃散，幸王团长尔瞻，率兵百余，誓死拒守东山阵地，抗拒敌军，我始退街内固守。是时梁司令以悍敌在前，弹药余存无几，而后方又无援助，知大势亦〔已〕去，虽勉强行街市战，不惜为国殒身，然亦徒苦商民，饱受涂炭，万不得已，始准日领要求退入日领事署，听候该领事出为缓冲。当时随司令入日署，有处长刘慕飞、参谋长李乐三、徐军械官、孙副官长、五十一团高团长，嗣后有四十三团长王永盛等，上级众官佐协议，为保全全市商民生命、财产起见，许日领要求，准于缴械，当以赤军进街后，不准抢掠财货与伤害商民，及俘虏官佐、士兵等生命为主要条件。约逾一小时后，由日领亲赴西十八里小站赤军司令部议妥。该日午后三句钟时，十五旅残余官佐、士兵，均集于该街东花园海关门前等处，梁司令含泪告以不得不缴械原因，听者都为泪下。赤军五点钟时进街，收纳各种器械，及一切军用物品，并拘禁被俘之官佐、士兵于东大营院内，及地包监狱等处，梁司令及随员等亦均被分别监视。当五时前，士兵有知将确被缴械，为免被虏计者，因潜逃街市，抢掠便衣、靴、鞋等物，市面一部为之混乱，而四道街路北之市房，及剧场共计房屋三四十间，竟于彼时焚毁，究系溃兵故意纵火，或为敌人乘机逞祸，实无从查考。总计此次战争，我方官佐、士兵于阵地伤亡者，早达五六百名，事后因伤继死者，亦不下百余名，而二十日早因退却遇敌，伤亡官兵又有千余名之众，先后伤亡官兵计共二千余人，终以敌众我寡，兵乏增援，而缴械投诚，遗国家千古之羞，实堪令人叹惜不止者也。查二十日退却之官佐、士兵，其间乘隙图逃者，事后据大来湖猎鱼者，来街声称，有三十八团赵营长、司令部祁副官，及各团下级官十数员，相继东去，后又有骑、步兵两三次经过该处约百余名，不审系十五旅部属，抑或系煤窑十七旅之部属，因渔人不识队号，无从断定。当十七日满洲里方面，与俄人战斗之时，扎兰诺尔煤窑之驻军十七旅，亦于该日早同时与敌开火，激战一昼夜之久，迨至十八日十时，因援军无望，众寡不敌，更兼六团团长何全退走，致将该处失守，伤亡官兵约千五六百名之多。旅长韩光第竟于此役殒躯报国。团长张季英，因士兵伤亡过多，又悉旅长阵亡，知大势已去，乃自戕身死。其十四团团长，亦未几遭险阵亡。其余团附、副官、连排长相继阵亡者，复达二百余名之多。

十　赤军占领满站之情况

（一）赤旗高揭

赤军甫入市街，所有俄国侨民，均一律悬挂早经制就之红旗，表示欢迎，赤军见有红旗招展者，则极力保护，其无旗之房屋，均被占据。查此项红旗，为数颇多，当非一时所能赶制者，而我国警察事前竟毫无查觉，其关心地方行政之情形，举此可以例其他也。

（二）领署托生

当赤军未入街时，当地各界首领及自尊为重要人物，均行先后入日本领事署，乞为保护生命者，大有人在。其保护费用，权诸托庇者之身份大小轻重而定，每日每小时有百元、十元、五十元不等。堪痛恨者，该各要人于二十日遁入日署求生，本意不啻身入桃源，孰知于翌日午后五钟时，即全体被驱逐而出，不止仍然无依，而宦囊所积，反均索扣告罄。呜呼！负国民先知先觉之责者，其行为竟如此，求国不亡，尚可得耶！设处检查：赤军进街后，即于车站，设立检查处，搜捕军警，检查行人，任意逮捕国人，除明悉俄情，向俄军司令部交涉，有少数得被释放者外，余均押诸监狱，苟遇虐待，且多被络续送往俄国，其或因苛待戕生者，当不乏人，唯以俄军关防严秘，无由详细调查。

（三）解送俘虏

于二十七日晚，俄军将所有俘虏我国商民，及官兵自梁司令以下约四千余名，一并解赴大乌里、伯力及海参崴等处。

（四）恢复交通

赤军于十一月二十日进占后，即修补铁轨，于廿一日即行通车。且将满站停留客货车辆分次运往俄国，达五百余辆。并恢复下煤窑及海拉尔等处之交通，凡我国官民有事乘车者，须于胪滨县署请得遄返通行证后，方准通行。

（五）华人流离失散之惨状

官军退却时，我国商民，多随大兵行走，以期逃生，中途被炮火惊散死亡者不计；迨赤军入街后，妄被搜捕入狱，或解送俄国者，又不在少数，故于十一月廿日起至十二月初五日止，其间子寻父、妻询夫、弟访兄者，无处无之，其一种酸苦、哀痛无告之惨状，实不啻国破家亡也。

（六）赤军莅街后市面之萧条

满站自赤俄占据后，米面、柴煤以及诸凡日用物品，价值均较前昂贵，不啻十倍。且以时局无定，与内地交通尚未恢复，物无来源，贫者无法为生，而富者亦有有钱无处购买物之叹，加以赤军强迫使用赤俄纸币，商民损失更巨，困苦万状，实笔难罄述。

（七）掩埋阵亡尸骸

卍字会本属慈善团体，以救急济危为目的，不料当地汪、万两队长，均系贪生畏死、沽名求利之辈，因赤军战胜，伊等均杜门埋头，忘其素志。后经赤军迫令该会掩埋阵亡之华兵，因以始得略知四围山之上下，均系十七、十八、十九三日夜激战阵亡者之尸骸，约二百五十余名，其东南山口里外死亡者三百余名，第二日复在向大来湖道检得二百余名，计经卍字会敷衍检出掩埋者，共五百余名，内有司令部少将旅附魏长林、吴参谋、三十八团中校团附徐肇麟，及其他下级尉官三十余名，均经埋于周围阵地掩蔽部内。此为卍字会沽名之成绩。最可恨者，彼等竟将阵亡官长记章全行扯下，以作该会之成绩展览品用，致日后尸亲，前往认领，不得辨识。当地商会因恨该会畏难忘义，有负商民平日乐输之深情，及有违该会总会慈悲教济之本意，遂字之曰万恶会。不料于卍字会掩埋尸骸后第七日，复经赤军于坑洼、陡崖及道路、沟壕等处检埋我方阵亡士兵尸体二百余具。呜呼！谁无父母，而竟遭此涂〔荼〕毒。

（八）赤俄阅兵

赤俄于十二月二十七日，于满站街举行战胜纪念，行阅兵典礼，因始得悉此次战争，俄方参加之军队，计赤唐克车四十辆，装甲车两列，飞行机三十架，野重炮及山炮共计四百五十余门，轻重机关枪计共一千一百十二架，外附特种兵四团，骑、步兵约三三编制，计共五师，除军长一员、师长五员外，加特兵种若干，约官佐、士兵计共五万余人。

（九）迁移各机关物品

赤军进街后，不分昼夜，即将各机关一切公私应用物品，尽行运载去俄。揆诸当日情形，赤军确无久踞满街之意，迨后海拉尔方面我军不战自退，赤军始无去志。

（十）赤军种族杂乱

此次参加战事之赤军士卒之中，人种甚杂，除俄人外，为之执役者有日本人、朝鲜人、布来特人，而我国人民，其籍隶蒙古、山东、福建、广东、广西者，竟达全数十分之一，言之深令人惊奇称怪不止。而俄人妇女亦多充步兵、警察者，彼则可叹，而此则可羡也。赤俄驻海拉尔之赤军，于十八年十二月二十五日，向后方撤退，于满洲里集合，于十九年一月二日夜，因中俄交涉协定，始行全部退归俄境。

十一 梁司令回国

十九年一月三日，梁司令率各随员，乘俄人特备之专车，回归满洲里，即于七日下令收容未曾被掠之官佐、士兵，力加整理，重行编制，而严肃军纪，保安地面，嗣此先后分别由大乌里车站送回下级官佐、士兵八百余名，及由五站送回官佐、士兵二千余名，而三十八、四十三两团团长于是月十六日归国。

十二 我军失败之原因

一、查我国对于边防，向无准备，仅有少数军队，散驻于沿线各地，地阔兵单，守不胜守，战衅一开，增援无队，适当其冲者之困难，不问可知。其后十七旅前进，奉军增援军队虽众，奈各自为战，指挥不能统一，而全线又均系侧面配备，不敢远离铁道，按时论势，亦有未当。加以将无决心，互相观望，战略先已失败，何待兵戎相见也。况中国军队之性质，胜不相让，败不相救，仍蹈甲午中日战役之覆辙，可胜浩叹。其后十七旅失败，十五旅被困，弹尽援绝，结果被虏。此千站以下各处军队，一闻飞机来袭，则四散逃避，而为将者又为保全实力计，不战而退，以致人民走死逃亡，损失颇巨，虽至今日，遗恨犹存也。

二、十七旅于扎兰诺尔驻守月余，前后仅支持一昼一夜，第二日早十时，即完全失败，主因何团长于作战时擅自抛弃阵地，沿秃尾巴山，向海拉尔撤退，致韩旅长阵亡于喇嘛台，张团长自戕于阵地，一着棋错，遗憾千秋。

三、十五旅在扎、满两处，支持四阅月，于满地抗敌亘四日三夜之久，敌围四面，弹尽援绝，结果全旅被掳。

四、查此次战争，我方军队，虽东北联合出征，惜战端开始之时，大军都远屯后方，西方战场身当其冲者，止十五、十七两旅，总计官兵止两万有奇，而赤俄军队除特种兵外，骑、步兵即共五师，兵额有五万余众，众寡不敌，情势悬殊。而以兵器论，我方十五、十七两旅之枪枝种类不一，而各旅只有炮十余门，机关枪二十余架，较诸俄人之有野重、山炮四百余门、机关枪一千余架，复有唐克车四十辆、装甲车两列、飞机二十余架者，几不成比例。无论战策，先有失着之处，即以兵力、兵器相较，其胜负，识者都能为之预料。器未利而欲善其事者，岂可得乎。

十三　现在边防之情形

一　中俄战后一般概况

1. 自中俄战后，苏联人民，以战胜国自居，遇事凌辱华人，杀伤华侨，并添派华籍红军，潜入各地军队，煽惑起事，利用金钱诱使暴动，洮南、博克图之驻军，去冬经变动一次，此后深为可虑。查苏联军队，中俄战后，彼〔中〕仅撤退至国境，反增加军器，极力图逞，华人越界者，遇则予以格杀。观其行动，恐醞酿第二次世界大战，换言之，即帝国主义与共产主义之冲突，其导火线恐在中东铁路，其战场亦恐在北满一带，此后国防实不容轻视者。

2. 由昂昂溪、扎蓝〔兰〕诺尔至满洲里之各站驻军，其官兵团结之精神，据调查所得，尚为较佳。

3. 政府对于中俄战役伤亡官兵，似宜赶即给恤，以示筹功，而资观感，否则，不止亡者九泉难以瞑目，而伤者亦无以聊生，客途无归有赤化之可虞，而前人撒土，迷后人眼目，恐再有事端，官兵亦难为用也。

4. 各站相距甚远，并无兵站之设立，平时对于给养之补充，亦有困难横生之感，一旦有事，苦于事先无相当预备，临时危险，实不知伊于胡底，故为保卫社稷，增力国防，至少须于海拉尔、满洲里及博克图分设兵站。

5. 燃料困难，一、因车价昂贵，二、因煤矿停办，致多仰给俄人。

十四　政治方面

一、呼伦贝尔区域，华人稀少，市面萧条，商业不振，急宜缩减税率，力行提倡，否则恐为俄人所掌握，来日即行恢复，亦恐有难为力之虞。

二、蒙人青年，多因"赤化"影响，心怀亲俄，倘再不施以相当政策，示以提醒，恐将倒戈相向矣。

三、沿线各站均属特区范围，满洲里、胪宾、呼伦等县政府，实际上除间理一二讼案，及征收捐税外，几无所事，其所管辖之土地，概属蒙荒，居民无享有所有权者，而警、学各政，亦鲜有成绩之可言。

四、各处财政艰难，征收不易，此金融宜筹画流通者也。

五、学校无多，语言、文字、习惯，多受俄化，此教育宜振兴者也。

六、当地无一银行，致各处汇兑，困难万端，应酌设官银分号，以舒民困，而免圜法奇紧，致工商各业，都苦无法振兴。

七、蒙人以开避〔辟〕荒地，致碍游牧，因生反对，似宜仿照内蒙各旗丈放荒地办法予以厚利，俾得移民，以资发展地面。

十五　交通方面

一、中东路权实际均操诸俄人掌握，一旦有事，军队运输，困难实多，加以赤党组织完密，消息灵通，我方举动，易为觉察，深堪忧虑。

二、边卡地阔兵单，每卡不过十人，相距八十、六十或百里不等，而官兵半皆腐化，借事生端，每为民患，俄、蒙人均见恶，实违边防置卡之本意。

三、边卡及沿边各县，缺乏电话、电报及无线电台之设备，致消息隔绝，一无联络。

四、各县交通，大半梗塞，于结冰及解冻时期，往往断绝，各处急宜通沟，俾联成一气，否则困难丛生，于军事期间，更有不堪设想者。

十六　各地驻军情形

一、官兵多务形势，实无团结精神，缺乏训练，以之卫国保民则不足，而耗财害民则有余，故宜力加整顿，以副养兵之本意。

二、官长奢侈太甚，薪俸实不足以养廉，故宜设法制限，减却酬酢。

三、军队内幕，黑暗层层，如空额扣饷等弊，较为更甚，长官应严查禁止。

四、官长应有责任心。待遇士兵失于过苛，时有逃拐抢掠情事。

五、兵骄将悍，自命不凡，专务虚荣，不求实际，力宜改革。

六、对于商民，时有欺诈行为，尤宜严禁，以固民心。

十七　整顿边防意见

一、增加劲旅　查沿边防线，横亘千余里，岭西仅驻军两旅，对于防务，殊感单弱，应增加劲旅，分地坐镇，以寒敌心，并宜招募蒙民，编练耐寒军队，则蒙兵以桑梓攸关，了解地方情形，既可免兵主仇视恶习，而亦较内地士兵易于为用，并应置设国防专员，以资统制边防所有驻军，免得遇事，驻军各自为命，致误机要。

二、联络蒙旗　查呼伦贝尔蒙旗，约分新旧两派，新派即郭道甫等，旧派即现副都统、各总管握有实权者也。其心理以特区自视，故行政一切权限，绝不愿我政府过问。民俗蛮塞，专事游牧，伊仍有古代之遗风。前年海、满放弃时，据闻彼等联络苏俄，私买军火，勾通外蒙，曾有活动野心，只以我军前进迅速，未假彼以余裕时间，致行中止。此种民族若不坚其内附之心，深堪忧虑，故极宜一面移民实边，使彼通化，一面加以恩宠，采用怀柔政策，联络各蒙旗，时晓谕以唇亡齿寒关系，而免为敌利用，遇军掣肘。

三、添派密探　查边卡及蒙旗各地，距街窎远，一切声息，实欠灵通，且以蒙旗言语不谙，尤多隔阂，应添派不畏艰难及精通俄、蒙文言之密探，分赴各处，秘查情况，须遂时呈报，以资应付而免疏虞。

四、移民实边　查边地辽阔，居民寥寥，对于政务，实难起色，应按照兴安屯垦办法，将关内灾民、编余士兵，设法运送边地，使获生计，发展地方。

五、寓兵于农　如实行移民实边政策后，再施行寓兵于农办法，所有边民应随时抽调教练，均养成士兵知识，平时联村自卫，遇事则群起御侮。是此办法，非第胡匪敛迹，即敌方亦可寒心，且主力军队，不致分心，可专事御外工作。

六、修整道路　查沿边各处，道路多未修整，交通极称不便，对于军事行动，实感困难，应责成地方官，分县速修，以利交通，并应添筑由索伦至海拉尔之路，哲〔借〕以控制〔制〕东铁，并资发展地面。

七、筹设电信　查岭西一带，至为辽阔，若交通梗塞，对于军事、行政上，诸多滞碍。

八、筹办积谷　查岭西各地，向不产谷，且距内地又远，一旦有事，交通折断，军民食用即感困难，应筹设义仓积谷办法，以备不虞，而安人心。

九、开采矿务　查奇乾、室韦县境之兴安岭山中，发现金、银、煤矿，前经商民举办，嗣以经费困难，遂即废置，殊为可惜。应由官家投资开采，庶边民得业日多，国家亦可增进利源，且可免除边地失业游民"赤化"之可虞。

十、添设兵站　驻军最多之地，其附近车站，应设兵站处，免一旦有事，军需困难万状。

十一、增筑兵营　现时边卡员司，皆以蒙古包为居屋，实属有失国体，应行改建房屋。而各驻军要地，尤应多筑营房，以备增兵之用。在扎兰诺尔北十余里喇嘛街图赤有重兵，我军急宜择险要处，建筑炮垒，设兵扼守。

十二、整顿军警　现行警政，弊端丛生，而驻军风纪，亦嫌有未妥善之地，应力行整顿，严加训练。

十三、流通金融　沿边一带，金融奇紧，而又多半汇兑不通，商民无转圜余地，应于沿线各站，分设官银分号。

十四、振兴教育　边地国人教育，不堪言状，故有俄化之趋势，急宜广设学校，以开民智。

十五、纪念国耻　应以每年十一月二十日为防俄国耻纪念日，沿边各地，尤宜于努力宣传战败经过，俾人民得时时念及大敌当前，而师卧薪尝胆之意。

十六、巡游边境　应使东北各将领，轮流到满洲里一带，考查战迹，借以实行查阅沿边各情形，以启发其爱国之念。

十七、改设井泉　沿边各地，用水多取诸河流池沼，困难繁多，应改设井泉，而满洲里全市，止有井一眼，平时虽可供给军民饮料，无虞缺乏，然设一旦有事，为敌占据或破坏，则实危急，故应多添凿水井，以备不虞。

十八、严防"赤化"　沿边各地，赤俄主义宣传，不遗余地，而中东路又不啻"赤化"大本营，应极力设法，以资抵抗。

十九、慎重外交　边地交涉人员，时感人材缺乏，有辱国体而误机要，所有外交人选，应须采用具备外交学识、通能俄语并明白中俄情形者充用。

《军事月刊》

沈阳东北边防军司令长官公署

1931 年 28、29 期

（李红权　整理）

呼伦贝尔民族之调查

作者不详

呼伦贝尔民族可分为三种，第一土著民族，第二游牧民族，第三狩猎民族，兹按其种类，就官公机关之统计，列表如下：

土著民族	
汉人	17，777
俄人	22，658
其他	269
共计	40，104
游牧民族	
蒙古	27，662
布莱雅及通古斯	3，110
共计	30，772
狩猎民族	
鄂伦春	895
雅库特	250
共计	1，145
民族总数	72，021

以上各民族，其地域之分布，由西南草原地，直至山林地带，全为蒙古游牧民族之区域。兴安岭之广密森林区域，多为鄂伦春人、雅库特人之狩猎地点，土著民族多在铁路沿线及额尔古纳河、海拉〈尔〉河等流域，铁路沿线一带多俄人，海拉尔流域一带多

汉人。

在游牧民族和在狩猎民族中，未开化和半开化之民族较多，种族名称亦各异，如索伦族、鄂伦春族、达虎穴族、布莱雅族、额鲁特族、新旧巴尔呼族。

土著民族，多寄居在铁路沿线额尔古纳河、海拉尔河、墨根河一带，在铁路沿线区域内，人口总数约共四万，俄人占百分之五十四，汉人占百分之四十五，其他民族仅占百分之一。兹再就铁路沿线主要各站人数、种别，列表如下：

	满洲里	扎伦诺尔	海拉尔	雅克什	免渡河	兴安	总计
俄人	8，997	2，317	4，218	610	483	267	16，902
汉人	2，939	1，321	9，826	70	180	138	14，186
其他	日人41	日人28	蒙古209				269
共计	11，977	3，666	14，244	681	663	414	31，357

（此外尚有几小站未列入，故人数只有三万余）

《军事杂志》（月刊）

南京军事委员会军事杂志社

1931 年 34 期

（孟昕宇　整理）

外蒙现势之调查

作者不详

一、政体　外蒙于民国九年叛离中国而独立，受第三国际之煽惑，成立所谓蒙古共和民主国。其政治上之组织，以每年一次、约在秋季八月间举行之人民代表大会为最高机关。该会每年改选常务委员一次，人数约在二十一人以上，由二十余常务员中，再互选常川办公委员五人至七人，由常川办公委员中，再推委员长一人，统理蒙古共和政府之一切事宜。其下有国务总理一人，为执行办公委员长，为颁布之一切命令者。其下共设内政、外交、财政、交通、军事、司法、农、商、教育等九部，各部设部长一人，由人民代表大会所选出之常务委员分任之，政府之下，有部落政府，部落政府之下，则为旗政府，其组织均与蒙古共和国政府相类。

二、军制　新军队之编制，较前为进步。一切军队，完全采征兵制，凡至当兵年龄，除残废外，无可或免。彼规定人民应服兵役之期限为二年，满期退伍后，犹须每年应所在之旗政府之招集，练习半月，其曾任部长或其他要职者，如不在职而遇征兵时，亦须应征，否则即不为政府所容。故外蒙自实行征兵以来，现已全境皆兵。

三、教育　外蒙现除在各部落、各旗均普设学校外，并实行强迫教育，凡男女儿童至六岁时，均须入学读书，否则即罚其父母。遇贫寒无力者，政府亦设有相当补救办法。平素内蒙以"欧苦里"（蠢牛意）耻笑外蒙者，今反以之耻笑内蒙矣。

四、宗教　外蒙被俄侵略，王公制度早经取消，全境庙宇悉被捣毁，间有存者，多改建公民娱乐场所。自王公制度改革后，一般贵族大感困难，封号既罢，财产又封，耕地牧畜，各有限制，一仿我国古法，一夫授田百亩之制，余归公产，真有王孙泣路隅之概。现在喇嘛生活之苦，有甚于王公者，庙多被毁，存身无处，经卷全失，钟磬寂然，求为庶民而不可得，悉被赤俄驱逐修路。现干路有三：一、库乌路；二、库恰路；三、库科路，在铁路未筑之先，以汽车路代之，刻正兴工，因作苦工者甚少，逼令喇嘛全体加入筑路，以致依佛穿衣吃饭之黄教徒，顿失其优尚生活，运石掘土，徭役不时，因是而死而逃者，不知凡几。其未死逃者，日在暴风烈日之下，过其劳动生活。前者章嘉活佛南下时，竟有多教〔数〕喇嘛逃自外蒙，泣求相随，有如清帝出宫，太监环跪涕泣之概，亦大可哀已。

五、监察　蒙古共和政府之外，复设一内防处，为我国现政府之监察院、总机关□□□大，其职务专为接受人民对某官吏之提出弹劾事宜，内防处接受弹劾某官吏之请求后，并不通知，亦不问虚实，即先将此被告发之官员，实行逮捕，然后判明是否犯罪，如确系犯罪，则自当加以严厉之处分，否则仍令回本职，政府当代为声明被诬，于名誉上仍可不受损失也。

六、派系　外蒙内部，自三年前起，则已分为左右两派，然斗争尚不十分剧烈，最近左派颇占势力。

七、关税　外蒙捐税太重，每羊一头，年纳税五元。如内蒙羊于无意中过界，除没收外，须纳税五元。凡在边界牧畜之内蒙牲畜，常被外蒙抢去，并将人掳去，以为按数罚款之地位。前有旗下一人，携带点心一盒，因一时迷路过界，被卡兵扣留，除将点心强食外，以点心为奢侈品，罚洋五十元，拘留十日。税捐名称太多，如人口税、旅行税、产业税、簿记税、薪俸捐等等，总之无一不税，无税不重。又俄蒙边境，设有海关，内蒙及吉、黑、热等边界，均有关卡，所携入境之货物，均须补税。内蒙人之欲入境者，亦须经以上各种手续。

八、币制　外蒙最近亦有新币流通，对内则以银为本位，对外如征收关税等，以金为本位，为现下我国内地之办法。其新币之流通市面者，铜币为"蒙哥"，等于内地之铜元一分，角为"阿拉巴蒙哥"，即十分之意。银币名"特哥立"，等于内地之银币一元。铜币有一分、二分、十分三种，银币仅一元者一种。纸币有一元、二元、三元、五元、十元、百元、五十元及万元等数种。华币亦可通用，在阿拉特（原名库伦）、伍德不伦（原名恰克图）、阿毛伦巴特（原名〈买〉卖城）及其他重要城镇均有银行。

九、风俗　内外蒙古风俗均相同。服装仍尚满洲式之长袍马褂，宽而且大，喜长袖，然现已有多数人衣西服革履矣。食则多以牛羊肉、茶、炒米面等为主。虽现已有食米者，然为数甚少。库伦之生活程度，较内地生活程度高者尤高，但一至乡间，则生活程度又极低。住则除城镇多北方房屋及木制房屋外，乡间仍以毡制之棚帐为最普通，因彼等游牧，可于四季随时迁移。

十、国防　乌盟北界外蒙之墨尔根王旗之旧王府，计有蒙兵三百人，均有枪，训练极好。乌盟边界，不时有外蒙军队到达与内蒙交界之处，设有无数关卡，每相距约十数里即有一卡，每卡有兵十余名，有枪五六枝，盘查颇严。军队极为整齐，训练亦好，宣传力甚大，宣传品亦多，但诋黄教者居多数，宣传书籍，月必数起，劝内蒙改良一切，对于喇嘛教束缚颇严。闻西苏尼旗及四子王旗之北界，蒙民有被宣传而投外蒙者颇多。库伦最近驻有兵约四千名，军械整齐，其司令为俄人。

十一、部落　（一）各札萨克旗下之治安，极为安谧，大有道不拾遗之风，毫无土匪之可言。而各蒙〔盟〕各旗，防匪之力亦甚厚。据调查乌盟公署有游击队约千名，枪千余枝，均为连珠，迫击炮十余门，四子部落有枪八百余枝，游击队兵士约千名，均粗具训练，颇足自卫。（二）各旗仍袭用翎顶制度，拜跪礼节，各札萨克对于蒙民有处死刑之权力。其处死刑之方法，一用牛皮包，一用竹笼，此种刑具，极为简单，其他刑具较轻者，一经施用，受之者非半年不克复元，或终身为残废者亦有之。（三）王公待遇蒙民，为完全惟我独尊之阶级制度，蒙民之担负极重。即就四子王旗而论，计札萨克之下，有协理台吉、管旗章京，梅伦、甲喇佐领及护军校等，下之方为蒙民。该旗共分二十佐，每年三百六十天，每佐领在王府应差十八日，此十八日中，王府之诸种制度，无论大小巨细，均由应差佐下之蒙民担负，或数千元或数百元不等。至于台吉、章京、梅伦、甲喇佐领各官之支应，较王府多，而应差尤繁，蒙民之担负亦愈重。（四）凡在工府值班员役，仍行朝贺礼，且拜跪迎送，举凡五十年以前旧制，至今仍未解除，其黑暗之程度，确有不可思议之处。（五）旗下无学校，亦无私塾，不但汉字不识，即识蒙文者，亦不可多得。（六）乌盟各旗，对于烟禁极为严厉。（七）蒙民均有辫子，对于卫生一道，殊不重视。（八）知识略好之蒙民，仅知成吉思汗而已，至于顺适需要之一切宣传，不但目未见，耳亦未闻也。因各王公均实行其民可使由之不可使知之之愚民政策，奴隶其人民，盖防患之方法，而又无所不用其极。（九）闻该旗有庚子赔款地亩三千顷，其实有六千顷之多，目下是否应行收回，殊为问题。闻是项赔款地，察哈尔右翼各旗颇多。（十）内地之宣传品，蒙民极不易见面，王公检查尤严。

《军事杂志》（月刊）

南京军事委员会军事杂志社

1931 年 40 期

（丁冉　整理）

蒙古现状之概观

刘文博　撰

一　绪言

　　我国位于亚洲东南部，疆域广大，跨热、温、寒三带，面积都凡四，二七八，三五二英方哩！惟自清廷末叶以后，君臣昏庸，不明世界大势，以致帝国主义者，先后乘机侵入，边疆形势，尤为危急：日、俄迫我东北，英、法侵我西南，蚕食鲸吞，已不知失去我多少大好山河！幸至国民革命，势力达至北方，统一中国后，似亦渐次注意及边陲地方。但其注意目标，却大部分又为东北问题，康藏问题次之，至于蒙古、新疆，则少有人谈及，此不能不谓之为畸形的发展。东北与康藏，固属重要，但蒙古与新疆，亦同样的有其重要性——而尤其是蒙古！盖中国全面积为四，二七八，三五二英方哩，而蒙古则占一，三六七，九五三英方哩（内外蒙古合计），所以蒙古问题，也就是中国三分一之事。同时蒙古的宝藏，亦不亚于其他边陲地方，只是不曾开发罢了。就以现有的产物而言，如中国自国民所消费和输出外国的牛羊肉并羊毛、骆毛及食盐等，都占很重要的地位。以货币计之，据一九二五年的统计，凡二千三百八十六万六千零五十元，可见蒙古问题实不容吾人轻视。现在蒙古的形势，更是日急一日，赤俄自在东北之经营，因有日本与之对抗，已转其魔掌至国人少有注意的蒙古方面了。吾人若不早日谋诸解决，则赤俄之蚕食，将得寸进尺，而终至不可收拾。至于解决之法，虽有万端，而研究边境状况与经济情形，实属首要之途。盖国人素不明了蒙古情形，今要解决蒙古问题，自必先使国人对蒙古先有一个轮廓的认识，以为解决之张本；其次人类的活动，殆以经济为背景，要不明了蒙古的经济情形，更无从解决蒙古问题。所以本文的叙述，专重此二方面。

二　沿革

蒙古的沿革，据今日有记载可考者，在夏、商、周三代时，为猃狁、獯鬻、山戎等所据。至秦汉时为匈奴，累寇中原，始皇筑长城以御之。后魏时为柔然，势力已远不及匈奴时之雄大；唐时为突厥，声势亦较大于柔然；及至宋末，酋长成吉思汗崛起漠北，雄才大略，造成地跨欧亚二大洲空前的大帝国，及忽必烈出，又亡宋而入中原，是为蒙古族的极盛时代。但不久又见逐于明太祖，退蒙古而为喀尔喀诸部。明亡，满人入主中原，先征蒙东，后平漠北，蒙古遂复为中国之一部。惟初尚属安静，殆至道光以后，用人失宜，蒙情日涣；复受俄人的怂恿，当辛亥革命军起，外蒙哲布尊丹巴，遂于十月十日向库伦大臣山多声称为保护宗教、土地计，应即刻宣言独立！于是延至十月十九日，遂正式离中国而独立，哲布尊丹巴自为蒙古独立国大皇帝！并于民国元年，与俄订立许多条约，开矿、借款、练兵、装电线……忙的不亦乐乎。中国乃与俄国往复谈判，至民国二年十一月五日，始订成失败的折衷协定：蒙古宗主权在我，我则承认蒙人自治。事实上中国只挂名的宗主权，而蒙、俄关系，则非常亲热，藕断丝连者，凡六年之久。至欧战发生后，俄国内讧，于是"活佛"大感不安，乃又顺风转舵，于民国八年十一月间，呈请北京政府，要求取消自治，归政中央。但为时不久，蒙古又宣布独立了。考其原因，蒙古之原归政中央，并非出自诚心，不过势迫之耳。加以野心不死的俄国，四面包围活佛，谢米诺夫（属白党），即恿怂活佛独立的第一人，欲利用活佛的独立，不受中国政府的直接干涉，得以蒙古为根据地图谋活动：这样活佛既感到中国政府的压迫，又迷于俄人的甜言蜜语，于是于民国十年三月二十一日，又宣布独立了。计取消自治、服从中央，至此二次独立，为期仅一年又二个月零四天！独立后，即着手组织共和政府，并筹备召集国会，凡三年之久，于民国十三年十一月，会议才开成。宪法中有二大端颇堪注意：一是确立蒙古为完全独立的民主共和国，国家主权属于劳动之人民；二是根本铲除封建时代的神权制度，建立新蒙古共和国。这二种规定，可算是打破数千年来的历史纪录，为亘古未有之大变化，其意义已远非哲氏民国元年称皇帝的第一次独立可比。最初，是蒙古国民党执政，以国民党丹巴土尔基为领袖，还颇受蒙人之爱戴，其主张为反俄亲华，这当然为赤俄之所不喜，于是俄乃密助青年革命党夺取政权。这青年革命党本来就是共产团体，今既得赤俄之见命并援助，遂大施活动，勾结蒙军俄人顾问及军官，鼓动军队叛变，结果终使丹氏去职，由青年党领袖坚顿执政权，五百七十余万方里的外蒙，于此又投入苏俄的怀抱！迨中俄协定成，俄兵始退出库伦。兹以北京政府之昏庸，对蒙古迄未加以整顿，国民政府亦因忙于消灭叛逆军阀，连年南征北讨，未暇顾及。所谓协定，亦复等于零，蒙政仍在青年党的靠山苏俄把持中。至中东事件发生，赤俄对蒙古遂更进一步封锁蒙境通内地之交通，更换俄人执政，驱逐华商，操纵金融……蒙境中的一切一切，几全在赤俄的魔掌支配之下，而不复为我所有了。

三　疆域及区划

蒙古位于中国极北部，北邻为俄属西伯利亚，与后贝加尔、伊尔库次克、叶尼塞斯克，及多木斯克等州为界，界长凡四千四百余里；东与黑龙江毗连；西与新疆接壤；南则接甘肃、宁夏、绥远、察哈尔、热河等五省。东西最广处，为三千八百七十里，南北最长处，为二千三百六十里，面积为五百七十一万方里，疆域之广大，几等于甘、陕、晋、冀、宁、绥、热、察八省面积之总合，约占中国全面积三千四百九十六万六千四百五十八方里的六分之一，为中国五大边疆中最大的一个区域！

蒙古的区划，在从前共分为六部：东部为车臣汗部；土谢图汗部与三音诺颜部东西对立，居蒙古的中央，首府库伦即在土谢图汗部的境内；扎萨克图汗部位于西南；科布多居蒙古之极西部；唐努乌梁海则在蒙古之北部。六部中以科布多面积为最小。现在，极东部的车臣汗，已改称享耳鸠阿马克；库伦所在地的土谢图汗，亦改称布克多汗阿马克；三音诺颜部及扎萨克图汗部，则合并称为汗台谢耳阿马克：以上四部——即三阿马克，即今日苏俄魔掌中蒙古国民政府所直辖的区域。极西部的科布多，在先本是不受蒙古国民政府的统治的，曾一度归新疆政府管辖，但不久仍脱离新疆，听命于青年党人的指挥，为蒙古国民政府领土的一部了。唐努乌梁海则始终未加入蒙古国民政府，惟独处蒙北，不能直接听命于我中央，于是亦自建国民政府于克奈斯拉，改称曰唐努温都斯基。

总之，蒙古的区划，我们是不易划分得清楚的：第一，蒙古地域辽阔，人烟稀少，既不易于划分，同时亦实无划分之必要；第二，蒙古的地名，自赤俄势力侵入，足资吾人引以区划蒙古的地名，殆全部由蒙古国民政府承赤俄之命改变了。因有了上列二项原因，所以蒙古的区划，是十分之困难，上述的区划，亦不过是区划之大略而已。今日的蒙古区划，是否如吾上文所列，多是不敢保证其为确正的。

四　地理与气候

蒙古的地理，由大体上言之，为一大平原。山脉绵亘于西北部。其发源为新疆之阿尔泰山，东行入科布多，称赛流格木岭。此岭又分二支：北行者曰萨扬岭，为中、俄国境之分界；东行者曰唐努鄂拉岭，为唐努乌梁海与科布多之分界。由唐努鄂拉岭再东南走，横贯扎萨克图及三音诺颜二部，称曰抗〔杭〕爱山；东北走，越土谢图及车臣汗二部，称曰肯特山。境内河流，最大者为色楞格河，次为乌鲁克木河，皆北流入俄境，为叶尼塞河的二大上源；次为克鲁伦河，东北流为中俄天然分界黑龙江。此外河流，类皆无一出口，大抵注于湖泊。其大者，有科布多河、帖斯河、纳林素水河、匜盆河、坤桂河、推河、塔楚河、翁金河、奎屯河及拜达里克河等。以故湖泊亦甚多，最大者有库苏古泊，其次为乌布沙泊、哈拉泊、都尔夏泊、奇尔吉兹泊及乌流泊等。又因蒙境内河流，率皆由南而东北、而西北流之故，湖泊亦大部在东北及西北一带。至于南部，则为横亘数千里、浩渺无垠、水草绝无之戈壁大沙漠；所谓大平原云者，系指辽阔的中部蒙古而言。

蒙古气候，纯为大陆气候。就雨量说，非常稀少，全蒙一年平均雨量，均在五百公厘——即二十吋以下。盖兴安岭峙于蒙古之东，阴山障于蒙古之南，当夏季大陆风自东南海〈面〉向大陆〔面〕吹来，因兴安岭与阴山之阻，致使夹带雨分之海洋风不能吹入蒙古，而有缺雨之患；就温度说，寒暑亦迥异，以华氏表而言，冬季常降至零下二十九度；反之，夏季则常升至百十三度；寒暑之差，达百四十二度！考其致此之故，亦不外蒙古地理环境使然。第一，夏季炎热之原因有二，一是不能接受海洋风的吹入，因海洋风颇能调和温度，地面如何受热，一经降雨，即可减退，蒙古既无海洋风之吹入——意即是说不降雨，温度自然较高；二是沙漠的影响，盖蒙古地方，夏季昼长夜短，沙漠地受热时间既久，而排热又较海洋为难，即地上原有之水分，亦尽被蒸发腾空而去，有受热之几多来路，而无排热之几许去路：自不能怪温度要达华氏表的百十三度了！第二，冬季严寒之原因，较夏季炎热为简单，即蒙古冬季夜长昼短，受热不久，温度即行降低，再加以由北冰洋经西伯利亚向东南吹来之大陆寒风，当然亦勿怪温度要降至华氏表的零下二十九度了！

最后我们再对蒙古的土壤加以研究。蒙古虽位于中国之北方，但世界驰名的所谓"中国北方的黄土带"，却并不曾括入蒙古。地质学家谓蒙古为老年地形，其土壤的成分，大体上是以混合土壤为主。析言之，即西部蒙古（科布多一带）为灰色森林土壤（grey forest soils）与褐色土壤（chestnut brown soils）混合而成。东部蒙古（车臣汗部）除灰色土壤（Podol）外，大部分系由灰色森林土壤、灰色土壤及黑色土壤（chernozew soils）混合而成。中部沙漠一带，土壤的成分，更为复杂：土之最上层，属于炭酸质；土色由灰色渐变为淡褐色；此外并有黄色或红色的沙砾，参杂其中。至于北蒙，除库伦以北，色楞格河流域为灰色森林土壤外，其他干旱之区，率多为褐色土壤。适于农业的冲积层地带则甚少，故蒙古牧畜业为最发达，林业次之，农业则不足言。

五　民族、宗教及言语文字

蒙古的民族，在第二节蒙古的沿革中已略道及，由来远自三代，历代均为中原之患；虽曾几度经汉人征服，但仍复屡思叛变，未被汉族所化，而为其独立之一个民族。至成吉思汗时造成跨有欧亚二洲之大帝国，至忽必烈时且曾入主中原，开中国数千年历史的新纪元。但为时不数十年便崩溃了：考其原因，要不过蒙古民族性有以使之然。盖蒙人穷守漠北，日与畜类为伍，逐水草而居，都养成一种果毅尚武的精神，好大习〔喜〕功的心境，故经雄才大略的成吉思汗振臂一呼，即能纵横天下，而有独霸二大洲的武功；其所以崩溃之速者，亦即因蒙古民族仅有勇猛尚武的精神，而无抚制人心及坚定国基的文化，盖武力仅可致一时的势盛，要持续此繁荣，则非有足制人心的文化不可，所谓马上得天下，不能马上治之也。可是蒙古人的生活，都逐水草而居，以牧畜为生，生活是极不安定的，当然无高尚文化之产生。所以纵使他曾入主过中原，席卷过欧亚，结果还要退回蒙古去，继续游牧生活，中原还是中原，欧亚还是欧亚！但蒙人虽未吞并他民族，而其他民族亦不曾化蒙人于乌有，此亦因蒙古民族有独特的生活与宗教之故，不然区区百八十万的蒙人，自不难为人同化、为人灭绝！

现在蒙古民族之人口究达如何数目，很难考定，旧称为百八十万。新的统计，作者尚未见到。至于蒙古族的内容，细分之可得四种：数目最多的，要算是喀尔喀人，住车臣汗、土谢图汗、三音诺颜及扎萨克图汗等四盟中，所谓蒙古族，即是指喀尔喀人而言；其次为额鲁特人，亦曰喀尔满克人，住蒙古极西部的科布多盟中；布里雅人住蒙古的极北部沿西伯利亚的一带地方；最后即乌梁海人，与土耳其人相类似，住蒙古西北部的唐努乌梁海盟中。

除上述四大派的蒙古族外，各城市中尚有汉人及俄人，西部又有少数之土耳其人。蒙古族中四派人数的分配，吾人亦苦无统计，不过大体上说来，喀尔喀人要占百分之七十九；额鲁特人占百分之八；布里雅人占百分之七；乌梁海人为百分之六。这个比较自不敢认为正确，但大体上总不至大错！

研究蒙古，蒙古的宗教是很大的一个问题！蒙古人与宗教，可以说已结成不可分离的密切关系。数千年来蒙古族之所以未被他民族所灭绝，又所以不能建一久远的独立的民族国家，更不能独树一帜的文化，殆皆因宗教的关系！盖蒙古族为整个的宗教民族，崇拜喇嘛教。此教由西藏传至蒙古，为黄教的第三支派。蒙古人对之，崇信极深，百八十万的蒙人，几全部信奉之。以喇嘛活佛为人类的救星，为人类的神明，崇之拜之，维恭维敬。若身为喇嘛，不但自身荣而且贵，并祖宗亦受无限的光耀，故蒙民皆愿屏弃一切，而为喇嘛。例如家有男丁三人，必有一人或二人剃度为喇嘛，日夜诵经念佛。至于寻常人民，身虽非喇嘛，而亦迷信喇嘛，以得一瞻活佛之颜为终身莫大之荣幸！我们试看活佛每到一地，必有无量数的紫袍、黄马褂的蒙民，不远千里而来进谒，能得活佛一抚其顶，简直比连升三级，尤为荣耀。若更能得活佛一敝屣，或一残饼之赐，那更使他忘了一切，顶之于顶，而又惟恐不敬。蒙民中若谁得有活佛之赐物，则数百里中的蒙民，除对受赐者抱绝大的敬佩外，必扶老携幼，合第前来拜瞻活佛之所赐物，以进谒活佛之大礼谒拜之。其不能为喇嘛并不能来谒活佛者，都引为终身之憾事。蒙民的"怀中佛"，即此等抱憾事之蒙民，由喇嘛处讨来，纳之怀中，遇事即对佛祈祷求援。此外蒙人有疾，亦从不肯吃药，概请喇嘛诵经！蒙古民族之未沦于灭亡，就是因为全蒙古人都信奉一个喇嘛教，并且信之极深，蒙民间既信奉共同的宗教，所以相互间便发生了团结，纵使其他民族形式上征服了蒙古，但他的民族，却依然是整个的民族，不曾为外来之政治力所支配，而分化了民族团结，使之沦亡。但惟其如此，所以蒙古族也不能建一久远的独立的民族国家，因为蒙人既多为迷信或身为喇嘛者，民族之人口不能增加，自不待言，而在为喇嘛者，每日间都在诵经念佛，不从事生产；在为寻常人民者，举事都祈祷于佛，听命于佛，总使不克生存，亦不知以自力去改善：这样宗教支配了一切，人民都不向前谋生，政治都谈不到——亦即等于没有政治，在科学昌明的今日，独立的民族国家的建立，当然更是无从说起，所以元朝的昙花一现，又马上崩溃了。至于文化，生活的流动与地广人稀等，固为文化不发达之大原因，但受神权的宗教的缚束，则实为总因。我们知道，文化是人类争生存中经验的结晶，但蒙古人因信奉喇嘛教，受"神权"的思想的缚束，已毫无争生存的活动，一切的一切，都听命于佛，所谓进取，蒙人皆以之为无益之徒劳：这样委身于神的怀抱中，当然要无文化之可言了。

蒙古民族，因为是宗教势力下的民族，所以蒙民中的阶级，也分得非常之森严。概括言之，约分为四层阶级：最上层是台吉，其次是喇嘛，第三是黔首，最下层的是奴隶。兹分述于下：

第一层，为台吉。即今日蒙古的王公。"台吉"二字，是"太子"二字的转音，凡蒙古原有的王公的子弟，都称曰台吉，后改为爵号。嫡系长子袭之，其他则为"塔布囊"，与台吉同为王公贵族。

第二层，为喇嘛。喇嘛中又分五个阶级：第一是活佛，为该教教主；第二是扎萨克喇嘛，多数是贵族出身，非常有势，统管土地及人民，处理教内一切事务，总揽政、教二大权。第三是大喇嘛，为一喇嘛寺之主，多为王公们的子弟，权势次于扎萨克喇嘛；第四是庙喇嘛，为供扎萨克及大喇嘛的驱使，及至民间念经祈祷者；第五是黑喇嘛，不穿法衣，不修经文，为最低级之喇嘛。

第三层，为黔首。凡满、汉的土著者，过去王公奴隶的子孙及蒙人之非喇嘛者，皆为黔首，颇受王公们之暴待。

第四层，为奴隶。为王公们在民间挑选青年的男女，供王公们使用，不准婚姻，他们的悲惨生活，直远不及牛马，生死一任王公所命。

与民族、宗教等有连带关系的，就是语言和文字。

先就语言说。关于蒙古的语言，是很少有人作深切的研究。因之，除蒙籍人外，汉人少有知其详细。以著者所知，蒙古境内言语，亦颇不一致，其分划大体上依人种之不同（蒙古民族分四派），故言语亦各有各自之言语。但今日吾人所称之蒙语，殆指喀尔喀语而言，因喀尔喀人，为蒙古族的中心，所占区域与人口，都非其他三派所可比，以故喀尔喀语，在蒙古遂成为普通话，而吾人亦复承认喀尔喀语即蒙古语。其他三派，除少与外人往来者外，殆亦操喀尔喀语。考喀尔喀语，系乌拉阿尔泰语系，其内客〔容〕亦颇复杂，计有母音七个，子音十七个，二重音五个，至于喉音及有气音则甚多，非特别熟习蒙语并有深刻研究者，殆皆不能列举。

次就文字说。蒙古文字，亦与语言同，吾人研究之材料，蒙文虽时常见之，而能明白者则甚寥寥。考蒙古文字在元朝以前，几无文字之可言；迨入主中原后，有见汉文之发达，乃始有制定蒙文之议；蒙文正式之制定，时在元之末世。蒙文规定不久，元朝便被明所灭了，以故蒙文颇不发达。蒙文与汉文相较，相同者为皆自上而下，不相同者，为汉文系自右而左，蒙文则恰反，系自左而右。今日蒙人识蒙文者甚少，汉人识蒙文者尤少，其他如留学内地之蒙古青年，直不习蒙文而学汉文。据此以观，蒙文恐将浸渐被弃而归于无用。

六　农业与林业

　　蒙古有世界牧场之称，至于农业，则颇不适宜。盖农耕之条件，于地势的高低，土壤的优劣，雨量的多寡，及气候的寒暖，均有关系。如此等条件不适合，则无论如何，农业终少有发达之望。蒙古之地形与土壤，及雨量与温度，均详于"地理与气候"一节中。土多沙砾，寒暑悬殊，雨量不满二十吋，地面高出海面千五百公尺，一望无际，真所谓平沙千里，实无多少可耕之地。计全国可耕之地，凡百十万方哩——即四十六万万亩。蒙古虽占全国总面积六分之一，但可耕地则仅库伦一隅、色楞格河流域及中部蒙古三音语〔诺〕韵〔颜〕等地，总面积不满二万六千方哩，即约一万万余亩，仅占全国可耕地面积四十六分之一而已。以故研究蒙古者，对于农业，多略而不述。本文的要旨在对蒙古的一切一切，作一概括的报告，使国人对蒙古有一整个的认识，所以不问其在比较上的地位重要与否，亦均与以讨论。考蒙古的农业之发生，迄今不过百余年间，耕地与农民，均微乎其微。就所垦地面积言，据民国十八年的调查，仅三十余万亩而已，约占可耕地总面积的三百分之一；就耕种人数言，尚无最近的统计，但依民国十三年的报告，为二千八百余人，故今日估计为三千三百人，当无大错。农业之不发达，可以概见。考其致此之原因，除气候与土壤外，一是蒙古的民族性，因宗教的信仰，为喇嘛者，不事生产，已如上述，其余民众，本性既属惰懒，而因地理上关系，又皆以牧畜为生，农耕之道，则很少有人注意；一是蒙古地处漠北，交通不便，而气候并言语、风俗等，均与汉人迥异，汉人亦多不愿远至漠北，于百般不便中，从事耕种。所以今日蒙古的农耕者，百余年间，仅有三千三百人；而此三千三百人中，又百分之九十皆为汉人，蒙民仅三百余人而已。至于耕种状况，当清室中叶，汉民在蒙古耕种，概可免税，以故每年的汉农之来蒙者，均有小数目的增加；至清末朝政日非，遂规定在蒙的汉农，皆须纳税，于是汉农几皆裹足不前。三四十年来，汉农之去蒙者，至多不过六百人而已。彼现在三千三百人的汉农，当有五分之四，系免税前移来蒙古。至蒙古独立，此纳税制犹存。税率之决定，以耕地的优劣为标准，分上、中、下三等税则：上等地每亩抽现洋四角三分，中等地抽现洋三角六分，下等地抽现洋二角九分。但蒙古乃宗教势力下的蒙古，本无政治之可言，所以税金亦时高时低，上述税率，不过是就大体上言之罢了。其耕种方法，以犁锄为惟一农具。播种在春季二三月，收获在九十月之间。自播种后以至收获时，凡七阅月间，一概任其自然，方法之简陋可见。以故耕地的生产力，五六年间即减一等，如今日上、中、下三等地各一亩，五六年后，其上等者即变为中等，中等者退为下等，下等者则即无人耕种，亦不堪耕种矣。几十年来，蒙古耕地面积之不增加，即系每年所增加的部分，均偿每年减退的部分之故，所以蒙古农业的前途，欲期其发达，固应由内地迁移大批农民去蒙古从事农耕；同时又非对耕种方法加以改良，土质加以营养，以保持或增加生产力不可。不然，则每年所增加者，必为每年所减少者之偿补，结果如不增加等。进言之，即云其增加的面积能偿所减少的面积而有剩余，而此剩余部分的价值，亦必不及所减少的部分的价值之为大，此为发达蒙古农业的首要问题。如此问题不作适当的解决，蒙古农业无发达之望，自不待言，即一万万亩的可耕之地，亦必依此生产力的递减，尽变为不可耕之地矣！现在蒙古耕地的生产力——亦即收获量，以所播种的种子为比例，上等者约十四至十五倍，中等者约十至十一倍，至于下等，则均在六七倍以下；一人二马，可播二千四百斤种子，故上等地每年可收获三万三千六百斤（十四倍计），中等地可收获二万四千斤（十倍计），下等地则收获一万四千四百斤（六倍计）。更依上述蒙古现有三千三百人的农民，今以之平均分为耕种上、中、下三等——即一千一百人耕上等地，一千一百人耕中等地，一千一百人耕下等地以计算之，则每年所播下的种子，上、中、下三等均同样的为二百六十四万斤，合为七百九十二万斤；收获量上等地为三六，九六〇，〇〇〇斤，中等地为二六，四〇〇，〇〇〇斤，下等为一五，八四〇，〇〇〇斤，合为七九，二〇〇，〇〇〇斤；除保留为来年的种子（亦即提偿本年所播的种子），每等二百六十四万斤——合为七百九十二万斤外，耕上等地者，合得三四，三二〇，〇〇〇斤，耕中等地者，合得二三，七六〇，〇〇〇斤，耕下等地者，合得一三，二〇〇，〇〇〇斤，合剩七千一百二十八万斤：这就是蒙古现在农业每年的总收获量！至于农产物的种类，亦受气候与土性的限制，蒙古此七千一百二十八万斤的农产物，其间以麦类——即大麦、小麦、燕麦等，占绝对的最大多数，豌豆及番薯占极小部分，他如豆、谷及黍等，简直是等于没有。

　　蒙古的森林，就大体上观之，实远不及牧畜；但较之农业，却强得许多了。其故亦不外地理的环境关系。盖举凡适于牧畜的地带，几乎无不有广大的森林，此世界所有牧场，都可以之证明我们这个推论的实在性。因为适于牧畜之地带，必为刍草丰茂之处，该处既适于草之繁植〔殖〕，森林与草类同一属性，亦必有可观的森林。就以中国除蒙古外其他各地农民饲养牲畜的小牧场而言，于刍草之外，亦必有茂郁的树木杂诸其间。以此而言，蒙古为世界的牧畜，即云其亦如我们的小牧场那样，有星殊的树木杂出其间，而括全面积五百七十一万方里的蒙古——世界牧场的蒙古合而计之，亦已是很伟大的森林了。但世人对此，则殊多误会！即中国人本有喜用"显微镜"看事体的恶根性，尤其是对于一般事务的"缺点"，常作去"事实"不知几千万里的"扩大宣传"！蒙古不幸，即被这般恶根性的人所"扩大"。析言之，即蒙古的地理，固不及本部及东三省为肥美，但亦的确不如一般人所说一文钱不值的那么坏法，同时更有他们所认为坏的好处。人们都以为蒙古地方，是沙漠荒野、硗瘠不毛之区；实则既不如他们所说之甚，同时彼所谓荒凉不毛之地，只限于极南部戈壁一带，他处并不如此。不然，"不毛之地"，必无"草"之可言；无"草"可言，即"畜"其何以"牧"，那还会被称为"牧场"，更会被称为"世界牧场"吗？此种观念，吾人应根本打破，应实事求是的研究并论述一切。计蒙古今日的森林，实在有诸多地带，而其最有吾人详述之价值者，亦有三处：一是黑龙江上游的克鲁伦河畔，二是东蒙境边的内兴安岭一带，三是西北山地如唐努乌梁海盟与科布多等地。其在克鲁伦河畔者，林木极为葱茂，高六七丈之白杨，所在皆是，计长凡三百廿余里，沿河绵亘，居民呼之曰"森林城"，其密度可知。至今约有千三百年之历史，两岸居民的燃料，殆尽取诸斯林，将来能以雄厚的资本，利用天然的黑龙江的水运，必获厚利，为蒙古大富源之一。此种水运的便利，实为其他二处所不可得的优点。所以此森林虽为三者中最小的一处，而就交通不便的现在言之，其价值实有过之而无不及。其在内兴安岭者，林木之茂，与在克鲁伦河畔者等，木多松柏，高十余丈，当有数千年的历史！面积如何，今尚无确切勘查，大体言之，几有二倍于克鲁伦河者。因在克鲁伦者为平原地，而在内兴安岭者则为山地，以平地面积言，在内兴安岭者已较在克鲁伦河畔者大三分之一，若以平原与山地的地面面积为 3∶5 之比推计，自不难在二倍以上。所不及克鲁伦河畔者，惟交通上颇为不便，如能开运河或置轻便铁路通黑龙江，则其利之厚，便要在克鲁伦河畔者之上。其在西北山地者，为三处森林中最大的森林，举凡唐努乌梁海及科布多二盟境内的山地，几无处不是林木，茂郁尤较前述二处而上之！考其致此之故，不外该地已入西伯利亚森林带的区内，受西伯利亚适宜于森林的气候之影响，以故萨扬山的林木，尤较他处为优好。有松柏，有白杨，又有桦桧……参杂丛生，与森林带中者无异。只是交通十分不便，遂使此大好的森林，不能"物尽其用"，殊为可惜耳。

七　牧畜业

牧畜为蒙古人惟一的生计，全蒙民的百分之九九，皆以牧畜为生，为世界第一个牧畜民族；以牲畜为惟一的财产，故问其贫富，辄以牲畜头对：牧畜业与蒙民的关系之密切，可见一般。诚以五百七十一万方里的蒙古全境，除南部的戈壁沙漠区及西北山地外，皆是一望无际的广漠草地，为天造地设的大好牧畜场；同时蒙区既不适于农耕，而蒙民又不能不有以谋生之道，以故牧畜业便应环境的要求，形成为蒙民惟一的生存资源了。衣其皮，食其肉，饮其乳，以解决衣、食二大问题；更以所余之皮、肉及乳输出，以货币建筑房屋道路，换取日常用品，于是住、行二大问题及其他生存小问题，亦可解决。故自著者有生以来，只听到所谓"肥美"的中国本部闹饥馑，而从未听到所谓"不毛"的蒙古有过难民，可见蒙民受天惠之厚。惟其受如此天惠，故又养成蒙民的懒根性，纯赖天然之利，而不改进牧畜方法，以致不能充分发展牧畜事业，至为可惜！

蒙古牧畜事业，可分总额、种类、分配、增加率、皮毛、畜乳及骨粉等七项。

（一）总额

蒙古畜类的总额，向无一确凿的统计，言人各殊，并恒相去至十倍以上；不但不能使我们相信，并要使吾人奇怪！且调查者大部为日、俄人，亦有"扩大宣传"，或"故意抹杀"之嫌；其次为蒙古政府，比较上似较日、俄调查者为确实而可信，但以赤俄为后台老板青年党执政的政府，亦颇令吾人怀疑，不过除上三者统计外，又实无其他统计，吾人只有将所有（非绝对的）的统计，合计而平均之，以求比较确实的折衷数目，以为蒙古牧畜的总额。

调查者／畜类	牛	羊	马	骆驼	共计
外蒙政府	一〇，六〇〇，〇〇〇	一，五〇〇，〇〇〇	一，三四〇，〇〇〇	二七〇，〇〇〇	一三，七一〇，〇〇〇
农工公报	四〇，〇〇〇，〇〇〇	二〇，〇〇〇，〇〇〇	一八，〇〇〇，〇〇〇	一，〇〇〇，〇〇〇	七九，〇〇〇，〇〇〇
经济讨论处	一一，五〇〇，八〇八	一，七二五，四五一	一，八四〇，八一七	二五六，八二四	一五，三三二，九〇〇
他部洛西阿夫	一一，五〇〇，〇〇〇	一〇，五四〇，〇〇〇	二，二五〇，〇〇〇	二七〇，〇〇〇	二四，八一〇，〇〇〇
吉田	二二，〇〇〇，〇〇〇	二〇〇，〇〇〇	二，二〇〇，〇〇〇	一五，〇〇〇，〇〇〇	三九，四〇〇，〇〇〇
克拉米西夫	一一，五〇〇，〇〇〇	一，七二五，〇〇〇	一，八五〇，〇〇〇	三七〇，〇〇〇	一五，四四五，〇〇〇
总计	一〇七，一〇〇，八〇八	三五，六九〇，四五一	二七，七三〇，八一七	一七，一七五，八二四	一八七，六九七，九〇〇
折衷平均数	一七，八五〇，一三五	五，九四八，四〇八	四，六二一，八〇二	二，八二六，六三七	三一，二八二，九八三

上列六种统计，皆为一九二〇年以后的统计。数目最大的是

《农工公报》（日本调查），合牛、羊、马、骆驼四种畜类的总额，为七千九百万头；反之，数目最小的是蒙古政府，为一千三百七十一万头；其他二千万三千万不等。我们既无法辨其真伪，更无法承认任何一调查，所以把此等统计合而算之，得到上列三千一百二十八万二千九百八十三头的折衷数目，以之为蒙古畜类的总额，大体上当无过多过少之差。

（二）种类

蒙古牧畜的种类，据上表以观，就可以知道是以羊、牛、马及骆驼四种为大宗。现在即就这四种牲畜的价值与地位，分别述之。

（甲）羊 羊在蒙古四大主要畜类中，据上列总额表之所示，凡一千七百八十五万余头，占总额的百分之五七·〇六；多于牛三倍，马四倍，骆驼六倍。种类有山羊及绵羊二种，肉均可食，惟毛泽山羊略逊于绵羊。绵羊的毛，非常丰泽，或黑或白，颜色均一致，甚为美观；至于山羊，毛粗如鬃，毛色亦多黑白驳杂，不但不美观，同时又不如绵羊毛之耐寒，以故吾人所衣之羊裘，多为绵羊皮，而少为山羊皮。至于羊乳，则山羊与绵羊，似无何差别，其质皆均不及牛乳为优。

（乙）牛 牛在蒙古，居四大主要畜类中的第二位，其头数达五百九十四万八千余头以上，次于羊，占总额的百分之一九·〇一；但亦较马多一百三十万头，有骆驼的二倍以上。考蒙古的牛类亦分二种：一为役牛，用以运货或耕地；一为食牛，即寝其皮，食其肉，并饮其乳者。二者对于人类生活，均有极大价值。牛性本极驯良，所以饲养的方法，亦并不如马之为难。昼间驱食牛至草地，任其自由觅食，驱役牛则供使用；及至夜间，便将二种牛均驱回住所，收容于不易遁去的栅栏之间。至于游牧之民，则牛均随人逐水草而转移，夜间或系于树下，或与人同处于"蒙古包"

内，其形如家族焉。

（丙）马　　马在蒙古，居四大主要畜类中的第三位，为数四百六十二万余头，占总额的百分之一四·七七。蒙古所产之马，体格虽不高大，而筋肉却极为强壮，全世界已公认蒙古为产名马之区，与阿拉伯并称。蒙马最宜于战争，能发生很大的力量，使战争有意外的开展，而尤其在敌人败退的时候，骑兵的威力尤大！蒙人能打破中国历史空前的纪录，横扫欧亚二大洲，使敌人无可逃奔，卒为蒙人所征服，即多赖蒙马奔驰之力！同时，蒙马的皮毛与肉，亦为蒙地出产大宗之一，经济上的价值，亦颇伟大，决非能驰骋之外，即无他用。但饲养方法，则较其他三者为难，率合数家之马，合驱至一谷中，四周绕以高大木栅，各户于各自所有的马之股上，印以各自不同的火印，以资识别，任其在谷中奔驰。蒙马之雄壮，由此饲养的方法上，即可见其一般。

（丁）骆驼　　骆驼在蒙古，居四大主要畜类中的末位，凡二百八十六万余头，占总额的百分之九·一五，意即是说，十头畜类中，尚不能平均有一匹骆驼。然而它亦与马一样，仅是就头数说不及羊与牛之为多，若就其独有的价值言之，并不如头数上所表示者成正比例；在交通不便的今日的蒙古，骆驼的价值，又似较头数为多至数倍的羊及牛，有过之而无不及！因为骆驼之为物，是有许多特点，而在今日，其特点尤能发生很大的价值：第一，骆驼体格强大，负重达五百斤至七百斤，绝非其他畜类所可匹敌。普通的一匹骆驼，就可敌一牛一马的小车，并车不能通行之处，骆驼则可任行无阻，于普通运输上，其价值实高牛马而上之。第二，蒙古南境，有东西横贯的戈壁大沙漠，为蒙古与内地交通上的绝大阻隔，既不能通汽车，又不能筑铁路，蒙汉间的交通，似永远无法可想；可是骆驼，蹄大而软，耐劳善行，食青草、树叶，即可活，隔日不食不饮，亦可不饿不渴，颇适于往来沙漠，所以于此种特殊运输上，骆驼的价值，又似在汽车铁路之上！总上二种运输上的使命以言，骆驼对于蒙民的供献之伟大，即可想见，而况寿可百岁，役可七十年呢？

（三）分配

蒙古既有上述如许的牧畜，究竟作如何比例的分配——即当地消耗若干，更输出若干呢？此亦研究蒙古牧畜业所应加以探讨的问题。可是关于这方面的统计更付阙如，甚至不如总额的统计，尚有多种，可以求一个比较确凿的折衷数字来，现在我们据仅有的克拉米西夫氏的调查，加以说明（参看下表）。

摘要类别	每年产额	本地消费额		总输出额	
羊皮	三，二〇〇，〇〇〇张	二，〇〇〇，〇〇〇张	六二·五%	一，二〇〇，〇〇〇张	三七·五%
牛皮	四五五，〇〇〇张	二二七，五〇〇张	五〇%	二二七，五〇〇张	五〇%
马皮	四二〇，〇〇〇张	二〇二，二二二张	四八·一五%	二一七，七七八张	五一·八五%
牛羊肉	八八〇，〇〇〇担	二八〇，〇〇〇担	三一·八二%	六〇〇，〇〇〇担	六八·一八%
羊毛	一八〇，〇〇〇担	六〇，〇〇〇担	三三·三三%	一二〇，〇〇〇担	六六·六七%
驼毛	一六，五〇〇担	三，〇〇〇担	一八·一八%	一三，五〇〇担	八一·八二%
马鬃	一四，三〇〇担	三，〇〇〇担	二一·四二%	一一，三〇〇担	七八·五八%
总计	四，〇七五，〇〇〇张	二，四二九，七二二张	五三·五五%	一，六四五，二七八张	四六·四五%
	一，〇九〇，八〇〇担	三四六，〇〇〇担	二六·一九%	七四四，八〇〇担	七三·八一%

据该氏之调查，计凡七种生产品中，仅羊皮一项，本地的消费额，超过输出额而已；牛皮二方面相等；其余马皮、牛羊肉、

羊毛、驼毛及马鬃等五项，输出额均超过本地消费额，牛羊肉及羊毛为二倍，马鬃为三倍，最多的是驼毛，输出额为百分之八一·八二，大于消费额的四倍半有奇！其所以致此之故，诚以蒙地严寒，羊皮大部为蒙民御寒之惟一工具，以故少有输出；其他各种皮毛，则均为富有工业上的价值之物，蒙区僻塞，民智幼稚，不能自己生产制造品，以故多数输出境外，以换取货币，而置备其他生活的必需品。

（四）增加率

蒙古牧畜的增加率，因有适宜的地理环境之故，亦颇迅速，远非他处的增加率可比。兹录马斯基（Maieky）氏的统计于左：

畜类	生产率	死亡率	增加率
羊	四二·八六%	二九·六七%	一三·一九%
牛	三二·九九%	二一·五%	一一·六四%
马	二九·二四%	二〇·二五%	八·九九%
骆驼	一五·一五%	一二·二六%	二·八九%

上列马氏的统计表，似属较为可靠的统计。因四者间增加率的比例，与总额中四者的相差，大致吻合，即足证明其有相当的可靠。总合四者一年度的增加率为百分之三六·七一。现在蒙古全羊、牛、马及骆驼四者的总数为三千一百二十八万二千九百八十三头，若就马氏的增加率计之，则蒙古此四种牲畜每年的总增加，当为一千一百四十八万三千九百八十三头。蒙古牧畜业前途的伟大，岂可限量。若更能根据生物学的分析，改良饲养方法，使之适合于生物繁殖的要求，则蒙古的牧畜业，必为中国惟一的大财源，是不待言的。

（五）皮毛

蒙古的皮毛共分为二种：一曰粗毛皮，一曰细毛皮。兹分别述之于下。

先就粗毛皮说。蒙古皮毛之粗者，均曰粗毛皮，绵羊、山羊及狗皮等，均为粗毛皮。惟绵羊、山羊皮又分达皮及屠皮二种，羊为蒙古人宰者，其皮曰达皮；反之，凡汉人所宰之羊之皮，则均为屠皮。二种皮毛的质料，达皮光泽细长，实较形如秋草的屠皮为优美，以同面积的二种皮毛的价值相较，约等于五与二之比。输出期亦略不同，屠皮早在秋冬，而达皮则晚至冬末春初。全蒙区中，就绵羊皮质言，以产于库伦西部者为最优，产量约合总计的百分之二〇；产于库伦东部者次之，约合百分之二五；产于鄂尔多斯区中之山羊皮又次之，约合百分之三〇；产于喇嘛庙附近之山羊皮质为最劣，约合总产量的百分之二〇。

次就细毛皮说。蒙古皮毛之细者，均曰细毛皮。此与粗毛皮不同，除羔羊为家畜外，其他如狐、豹、狼、兔、貂及松鼠等，均属野兽，既不如家畜的羊、牛之易于获得，同时又不可以人力使之繁殖，以故蒙古的细毛皮，远不及粗毛皮之为多。但就皮毛之价值言，细毛皮则远在粗毛皮之上。蒙人年以骆驼负载此等细毛皮去北平贸易。产区在西北一带的山地，森林中亦间或有之，惟为数甚少。

（六）乳类

蒙古乳类，在先本无可谈之价值，除蒙民自己消费外，殆不输至外地。自民八年以后，乳类似稍有出口，乳业似稍振作；及至民十二年后，生产与输出额骤形增加，蒙境内有许多乳厂之设立，乳业之发达，大有日进千里之势，为蒙古新兴事业中最大的一种事业！兹录克拉米西夫氏一九二九年的统计于左（千吨单位）。

	生产额	消费额	输出额	输出百分比
牝马乳	九，一八〇，〇〇〇	四，五六二，〇〇〇	四，六一八，〇〇〇	五〇·三〇%
绵羊乳	五，一三〇，〇〇〇	二，一九〇，〇〇〇	二，九四〇，〇〇〇	五七·三一%
犁(牦)牛乳	四，八六〇，〇〇〇	二，五一〇，〇〇〇	二，三五〇，〇〇〇	四八·三五%
牛乳	三，五一〇，〇〇〇	一，六八〇，〇〇〇	一，八三〇，〇〇〇	二五·一三%
骆驼乳	一，六二〇，〇〇〇	九三〇，〇〇〇	六九〇，〇〇〇	四二·五〇%
山羊乳	八一〇，〇〇〇	四〇〇，〇〇〇	四一〇，〇〇〇	五一·二五%
总计	二五，一一〇，〇〇〇	一二，三七二，〇〇〇	一二，七三八，〇〇〇	五〇·三〇%

据上表以观，可知蒙古的乳类，消费与输出几乎相等。以之于皮、毛、肉等的输出相较，除羊皮、牛皮外，似皆远不及之，但此并不足证明乳业的落后。诚以乳业的发生，至今不过十余年；而牛羊肉及毛类等，数十年前即有输出。若使乳业在数十年前已发生，则吾可断言，必远在牛羊肉及毛业等之上！以现状推之，乳业实为最有发达希望的一种产业。

（七）骨粉

蒙古为世界牧场，蒙人以牧畜为惟一生活资料，因之蒙古的动物之骨，亦特别丰富。世人用以为肥料之一的骨粉，即由兽骨而制成。蒙古骨粉年产额约五十万担，要因（一）制法不良；（二）无多耕地容纳；（三）交通不便，不易输至内地，以故坐使有价值的诸多兽骨，均抛诸山野而不用，诚属可惜！蒙古今日的制粉方法，用机器者，绝无仅有。多用掘土为坑，以六：六：一之比的草木灰、兽骨及石炭，自下而上，依次填诸坑中，每层如是；最后每日灌之以充分水量；三月后，取出曝干而磨碎，即为骨粉。

总上七项以观，蒙古牧畜业的概况，与牧畜业在蒙古的地位及与蒙民生活的关系，可以有一轮廓的认识，诚不如盲人之想象一文钱不值也。

八 矿产

蒙古矿产，就今日被吾人发现者，地面上有盐及碱；而地下者则达十六种之多，中尤以金矿为最，银矿居第二位，其他如煤、铁、铅矿亦复不少。兹分别略述于下。

地面矿产，以盐之产量为最富，分石盐、池盐及白盐三种。池盐产量为最多，白盐次之，最少的是石盐。石盐的产区，在蒙古的极西北部，以唐努山一带为中心。四周居民，除经营细毛皮业外，多半经营盐业；地接俄境，所以每年的产盐，多输至俄境销售。内地所见的蒙古盐，多半是白盐或池盐。池盐的产区，几乎遍于蒙古全境，六大汗部中，无不产池盐者，地积最小的科布多一区，即有三十基罗米突面积的盐湖，他处更〈不〉待言了。池盐的采取，如吾人凿冰相似，即蒙区湖沼中，均结有二尺上下深的盐层，日日为常，取之不尽。白盐产区，为蒙古最洼地带，系雨水冲刷其他地面而积的池沼，经日光曝晒之后，即有半固体之盐块，浮于水面，所以白盐的采取，不如池盐及石盐的采取为便利，必要在炎热的六七月间。

地面矿产之一的碱，产量远不及盐。蒙古东部碱地面积为最大，但产力却甚小，每年产额虽无统计可考，但至多不能占盐产额的百分之八以上。

地下矿产，以金矿为最多。矿区最大者，一在库伦之北，恰克图之南，东西跨土谢图汗及车臣汗二盟之间，面积约二十五万方英哩，诚为世界稀有的大金矿区；一为蒙古极西部的阿尔泰山，产量又似在库伦附近矿区之上！当清季李鸿章当国时，曾令其秘书（？）福温等从事开采，可是因采掘方法幼稚，产量甚微，不久即停办了，此为蒙古地下矿产第一次正式的采掘。及后便与俄人订立合同，组织中俄合办的"蒙古土车二盟金矿公司"，官督商办，于光绪二十九年（一九〇三年）正式开掘，中国政府每年抽百分之一五为租金，以二十五年为期；至宣统二年，产额曾达六万两，埋藏之富，可以想见。可是自民国元年以来，蒙古时弄独立，营业因之不振。民国十年，转归北京蒙古金矿公司，但产额仍甚有限，二十年间，仅至十万两而已。至于阿尔泰金矿，则从未作正式开采，要亦因边疆多事、交通阻隔之故。

除金矿外，即以银矿为最多，就以我们现在所发现者而言，蒙古东部车臣汗盟中，有银矿一区，分布的面积，约达十万方英哩，占蒙古银矿区的第一位；在土谢图汗盟中，有银矿二区，分布面积，尚无统计，惟二区合而计之，必较在车臣汗盟者为大。以上三区银矿，至今尚未开掘。

蒙古煤矿，埋藏甚富，分布之区亦甚广。今日所发现者，仅极北部的唐努乌梁海无之，其他最少者，如三音诺颜及科布多二盟，亦均有一区；扎萨克图汗盟有二区；至于土谢图汗及车臣汗二盟，则均有二区。煤质极佳，而煤层距地面亦不甚深。据地质学家的推测，蒙古煤层最深处，约三五〇尺，全蒙区煤的埋藏量，约四千八百万吨以上，地位之重要可知！惜乎时至今日，蒙境中的煤矿，尚无一处开采，坐使偌大的财源，久埋于地下！

蒙古铁矿，就矿区数目说，似较银矿区为多；但就产量说，则略逊于银矿。今日所发现者，土谢图汗盟境内有二处，科布多、三音诺颜及车臣汗三盟，均有一处。就中以在土谢图汗盟中的一处，埋藏量为最丰富，约在一千万吨以上；至于土谢图汗中的另一处，及三音诺颜的矿量，则为较少；车臣汗盟内的矿量，至今尚无确实调查，但产量不能在一千万吨，则是可断言的。此五处铁矿，与煤矿一样，至今尚未开采。

蒙古的铅矿，亦称富有，惟终不及金、银、煤、铁等矿产量为多。就今日调查所得，车臣［中］汗中有一处，埋藏量极丰，约在五百万吨左右；此外土谢图汗盟中亦有二处，惟矿量均不及在车臣汗盟者，合二处的矿量，亦当不过五百万吨以上。三处铅矿，亦均未经开采。

以上为蒙古主要的矿产。除此数种外，尚有铜矿、锌矿、石墨、硫磺、水银、碧玉、赭石、锑及柘榴石等，散在蒙古各盟中，尚无详尽的调查。产量亦复不一，多为中国的特产。蒙古矿产产量之富，与种类之多，就以今日所发现者，亦可见其一般，已与一般人的想象，大不相同；而况蒙区边境，多未经专门学家详细调查，以致无人知之的宝藏，更不知有多少了。

九　都市及交通

所谓蒙古都市，并非蒙古全境所有的全部都市，本文所谓之都市，系指为蒙境中有价值的都市——换言之，即或为政治中心，或为军事重地，或为通商要埠，或为交通孔道，或为边境重镇……等城市而言。兹列举于次。

1. **库伦**　今改称曰乌兰塔尔，在蒙古的偏东北部，为蒙古国民政府所在地，系一独立区域。其为蒙古的政治中心，自不待言；同时又有军事、商业并交通上的重大价值，为蒙古全境中第一大都市。

2. **赛尔乌苏**　在蒙古中部的土谢图汗境中，为蒙古南部惟一的大都市。蒙古对内地的往来，不问其去张北或归化，均须由此经过，握军台及台站二大道的中心，商业繁盛，行家等均有分庄设于此，在交通和商业上，都占极要的地位。

3. 乌里鸦〔雅〕苏台　在蒙古的偏西南部，为三首〔音〕诺颜盟中第一大都市，握军台大道的中心，凡去蒙古西部并西北部，此处为必经之路，商业亦颇繁盛，似在赛尔乌苏以上。

4. 科布多　在蒙古的极西部，为科布多盟的首府，握蒙古、新疆交通上的咽喉；并唐努乌梁海与其他外盟交通，亦均须绕科布多，以故科布多在西蒙的地位，亦犹赛尔乌苏之在南蒙的地位之重要。

5. 恰克图（即买卖城）　在蒙古正北部，为中俄国境上第一要地，距库伦仅五百里，蒙、俄交通，此为必经之处；蒙、俄间的贸易，亦以此为中心。此次中东事件发生之后，赤俄即曾驻军于此，进窥库伦，人谓恰克图为蒙古的门户，即可见其在国防上地位之重大了。

6. 东库伦及西库伦　前者在库伦之东，车臣汗境内，后者在库伦之西，土谢图汗部境内，为库伦的左右二翼。东库伦握库伦至俄境赤塔的中心，为二地往来的孔道；西库伦握库伦至乌里雅苏台的要冲，凡库伦与西南部蒙古的往来，均须经过此地。二者在政治上和交通上的地位之重要，依此可知。

7. 克鲁伦　在蒙古东部车臣汗境内克鲁伦河的南岸，为东蒙古第一重镇。就交通上说，陆路方面，为四通八达的中枢，由库伦至哈尔滨，并由多伦至俄国的赤塔，均须经过此地，此地为二条构〔沟〕通南北东西大道的交合点；水路方面，有克鲁伦河，足供运输之用，为其他各都市不能比拟的优点。就商业上说，差不多车臣汗全盟中，都来此地构〔沟〕通有无，四周并无一大都市与之竞争，以故商业颇为繁盛。就军事上说，东蒙的精华，俱集中于此地，克鲁伦地方的得失，亦即东蒙全部的得失，为兵家必争之地，当过去东北军入库伦时，即先取克鲁伦为根据地，再复西进，而直捣库伦！

8. **别落插尔克** 又改称曰刻耐斯拉，在蒙古西北部唐努乌梁海境内，为唐努乌梁海国民政府所在地。以与蒙境中其他都市相较，似皆远不及之；但在唐努乌梁海境中，则为惟一无二的都市。今者唐努乌梁海亦建独立国，因之国都所在的别落插尔克，其地位似又较前为重要了。

此外，比较重要的都市，更有乌得、叨林（以上在车臣汗盟中）、索果克、杭达盖图、萨木克拉、金吉里克（以上在科布多）、乌素呼图、加达库伦及哈特呼尔（以上在唐努乌梁海北境中）等，亦皆蒙古重要城市。

蒙古的交通，最为不便，五百七十一万方里的蒙古全境，直无一尺长的铁路，可怜与可耻已达极点！今日所谓交通，除骆驼及牛、马车外，便是路权操诸外人之手的汽车路及吾们人人皆有的腿！这种毫无交通事业可言的蒙古交通，细细分析起来，就陆路方面说，有旧阿尔泰军台大道、台站大道、商道、汽车道并电线等。现在混合述之于下。

军台大道，自新疆的丞化寺东行，经科布多、乌里雅苏台及赛尔乌苏至张家口，凡八十余站，为蒙古最长的陆路。台站大道以库伦为中心，东经克鲁伦以至黑龙江的呼伦，计三十余站；西经乌里雅苏台合军台大道至科布多，库、乌间一段凡三十一站，更自科布多至乌素城，计约三十余站；南经赛尔乌苏，合军台大道东南行，一至张北，一至归化，全长六十余站；北经恰克图直达俄境，库、恰间一段计十一站。此外更有自库伦经车臣汗盟至张北（与汽车路平行）之商道；自库伦经东库伦至俄境赤塔的大道；及以克鲁伦为中心，北至赤塔，南至多伦，自乌里雅苏台起，西北经金吉克里入乌梁海等道路。汽车道以库伦为中心，东南经车臣汗的叨林、乌得至张北（与库、张间商道平行）；北至恰克图（与库、恰间台站大道平行）。电线亦以库伦为中心，南与库张汽车道平行，通中国内地；东达克鲁伦；北经恰克图至俄，与俄线相接。至于水运，乌鲁克木河、克鲁伦河、色楞格河及苏库尔泊等，均可通相当吨数的汽船。

十　贸易

蒙古贸易的概况，可分对汉贸易、对俄贸易及输出输入三方面而言之。

甲、对汉贸易

蒙民受天赐之厚，依纯天然的牧畜业以为生活，一切一切，均甚简单；更因笃信宗教与交通不便的束缚，人民对于经济生活，亦不甚讲究——所以只得温饱外，便无其他余事。贸易本为充裕人类经济生活的经济行为，蒙人既有如上所述地理上并思想上的限制与洗礼，对于贸易，当然不愿作亦不肖作。所以蒙古的贸易权，在先均在汉人之手。析言之，即蒙人日用的必需品，如布匹与器具，均由汉人输至蒙古；反之，蒙人的生产品，如皮毛类、肉类等，亦均由汉人输至内地。蒙人只是坐在"包"里，受输入超过输出的大损失，而获目前生活稍充裕的小代价。蒙、汉贸易，时至今日，尚分东路、南东路及南西路三方面，现在分别叙述于下。

A. 东路　所谓东路云者，即东蒙古、哈尔滨间贸易。蒙古东区车臣汗盟的对外贸易，即以哈尔滨为中心，中间经过海拉尔。计由蒙区输出至哈尔滨的货物，大部为工业原料品，如绒毛、皮货及生牛羊肉等；反之，其由哈输入蒙古者，则大部为工业的制造品，如香烟、肥皂及丝巾等。在最初是出超入，系因蒙古的民族性，尚不惯享受物质文明（当然是比较的），而东三省人则可受容蒙古的物品，迨后蒙民风气渐开，已出入相等，到现在已是入超出了。兹录 1927 年的贸易表于下，以见一般。

种类	输出	种类	输入	入超出百分比
绒毛	二，二四九，六〇〇	烟草	二，九九一，〇〇〇	结算：
皮货	一，五九四，三〇〇	玩具	七八六，〇〇〇	总输出 7，605，900 元
生肉类	一，三八六，六〇〇	布类	五九三，〇〇〇	总输入 9，260，000 元
生畜类	一，二九一，九〇〇	日用品	二，九一六，〇〇〇	合 10.50%
其他	一，〇八三，五〇〇	其他	一，九七四，〇〇〇	
总计	七，六〇五，九〇〇	总计	九，二六〇，〇〇〇	

　　据上表以观，可知一九二七年的入超出，达百六十万九千一百元，对总输出入额千六百九十一万九百元，约合百分一〇·五的入超出：这不能不说是蒙古产业——尤其是工业不发达的损失。

　　B. 南东路　所谓南东路云者，即蒙古、张北间贸易，因张北之西有归化城与蒙通贸易，故此曰南东路。蒙汉此路发生贸易，远在清廷康熙时代，已经有小规模的贸易，及至中蒙条约成立，汉商乃得深入蒙境。贸易情形，与蒙、哈间贸易略同。多设本庄于内地，另设分庄于蒙古的库伦、塞〔赛〕尔乌苏等大邑。本庄担任对蒙批发货物，并推销由蒙运来之物品；分庄任推销由本庄输来的物品，并对本庄批发蒙古产物。本庄多设于平、津及山西大同等地。输出入货物的种类，亦如蒙、哈略同，都为本境的特产物，如由蒙古输入内地者，以蒙境产量最丰的皮毛、麝香为多；反之，由内地输入蒙古者，以蒙境中绝无的茶、布及磁器等为大宗。析言之，即由内地经张北运入蒙古者，有红黄缎布、红茶、绿茶、白糖、冰糖、纸烟、水烟、水果、干果、洋腊〔蜡〕、洋灯、磁器、布匹及煤油、火柴、帽子、铜器等；其由蒙古经张北输至内地者，则有骆驼毛、骆驼绒、老羊皮、小羊皮、绵羊皮、羊羔皮、大狐皮、小猪皮、狼皮、马皮、貂皮及鹿尾、鹿茸、麝香、蘑菇、松子等，输入者几全为消耗品，输出者殆全为皮革了。

惜乎此路尚无以货币为标准的输出入表，不能知其贸易状况。

C. 南西路 所谓南西路云者，为库伦与归化城间贸易，系用以与南东路相区别而名。与南东路，为蒙古与内地交通上的二大要衢。凡陕西、山西、甘肃等省与蒙古往来，皆须经此路，以故贸易颇发达；惟终因无铁路与海口，相形之下，远不及库、哈及库、张间的贸易之为繁盛。在此路贸易者，有行家、行商及通事行三种。行家系作大规模的经营，有本庄设于内地，分庄设于蒙古，连络经营；行商则无本庄、分庄之设，为一种小商人；通事商即系蒙人的买办，居中抽取佣金。由内地输入蒙古的物品，亦如哈、张相同；由蒙古输出者，则以生〔牲〕畜为最多。输入蒙古的金额，现尚无统计；至由蒙输出者，以有统计可考的一九二五年度：羊最多，达一五〇，九二三头；马次之，为一一，〇六一匹；骆驼为二，七三七只；牛为二五五尾——合计十六万四千九百八十五头。

乙、对俄贸易

蒙俄贸易，本早始于咸丰年间，但皆属局部的，亦无专营买卖的商人，以故该时的往还，多为构〔沟〕通有无，并无纯贸易的性质。蒙俄间正式贸易的发生，则在光绪七年《中俄改定条约》成立以后。该条约中与俄人对蒙通商以最大的权利，蒙古贸易权，几全部转让于俄人手中。民国以来，蒙古又时闹独立，俄人便更乘机与蒙政府订诸多片面利益的通商条约；且也，赤俄既得对蒙通商大权以后，又复利用外蒙政府，压迫华商，征收杂税，禁止现金出口，强制行使俄钞，禁止蒙人对华人履行债务……不一而足，于是久操诸吾汉人之手的对蒙贸易权，便被赤俄的魔手所夺去了。

丙、输出及输入

蒙古贸易的输出入，很不易有一个正确的统计，各家的调查，都有很大的出入；而且调查统计的标准，亦颇不一致。本文为求得一个比较可靠的数字计，特广罗各家各种标准的统计，亦如前文关于牲畜总数的方法，求一折衷的平均数；并在可能的范围内，努力将统计的标准，化为一致，使读者可以易于明了。兹特依货品与货币二种标准，由二方面来探讨之：

A. 输出入货品表

种类	输入品额	种类	输出品额
面粉	六一二，四二〇，〇〇〇磅	牛及马	二〇〇，〇〇〇头
米类	五四七，六三〇，〇〇〇磅	羊	一，〇〇〇，〇〇〇只
砖茶	二二，三二〇，〇〇〇斤	骆驼	三，〇〇〇只
布匹	三九，八七六，〇〇〇尺	羊驼毛	六，六五〇吨
黄烟	三，五三六，〇〇〇磅	牛马皮	一五四，〇〇〇张
水烟	二，五九二，〇〇〇磅	羊皮	一，二〇〇，〇〇〇张
酒类	二，一七七，〇〇〇磅	毛皮	五〇〇，〇〇〇张
糖类	四六〇，〇〇〇磅	乳类	一，三二三，〇〇〇，〇〇〇罐

B. 输出入货币表

年代	输入额	输出额	入超出对总额百分比
一九二三年	一八，〇九三，七七〇元	一六，五三三，七四三元	四·五六%
一九二四年	二一，九四六，一六一元	二〇，三二〇，八七二元	三·八六%
一九二五年	二五，七一七，三二〇元	二三，八六六，〇五〇元	三·七三%
总计	六七，七五七，二五一元	六〇，七二〇，六六三元	四·〇五%

蒙古的贸易概况，由上列二表可知。A表所示，为使国人知道对蒙古的输入品，与蒙古对外的输出品，都是些什么物品，更以

何者为最多？很可借以明白的认识了蒙古的产业与蒙民的生活的概况；并可以根据这个认识，制出整理并开拓蒙古的途径。B 表所示，是表明蒙古对外贸易的现状，站在蒙古的立场上，推断它是居有益的地位，还是居损失的地位。入超已达贸易总额的百分之四·〇五了，那末如何始克除去此项损失呢？都很可以促起关心蒙古的国人，进一步来研究蒙古问题！

十一　结论

总括以上关于蒙古各方面的叙述，归纳起来，我们可以得到如下的二个结论。

第一，即蒙古的一切一切，并不如吾人所想象者那样毫无价值的可言。以内地与蒙古相较，蒙古不过是一块"处女地"，以现实的对于人类生存的供献，不及内地而已；至于在政治上的地位与经济上的价值，是并不在其他地带以下的。如蒙古民族的宗教信仰，固足使其民族日见衰弱，但蒙民的团结精神，亦即因信宗教而如此。如土质并气候的不适于农业，但此一方面可用方法改变土性，造林调济气候，另方面惟其土质与气候为如此，蒙古才配为世界牧场，牧畜事业才为中国任何地带所不及。又如矿产，其埋藏量极丰富，与其他地带相较，亦并不能断言它要落后：括此种种方面以言蒙古，可以说蒙古是很有希望的一块地方，我们要使此有大希望的处女地的蒙古，能尽量发挥其所有的能力，其将来对于人类的供献，我们敢断言是决不在其他地带以下的。

第二，欲使蒙古能尽量发挥其所有的能力，根据以上所述，归纳起来，约有数点。

（一）破除迷信。换言之，即是宗教的革新。蒙古人口的不增加，文化的不发达，人民阶级的对立，一般体性的懒惰及缺乏争生存的精神等，究其所以养成的原因，半为蒙古的宗教。本来，佛教亦有其合理的真理在，但不是如蒙古今日的喇嘛教那样，大施欺骗法术，蛊惑愚夫愚妇，致使蒙古的民族，浸渐衰落。宗教是可以支配人类的心灵的，所以我们革新蒙古的第一步，必要应用科学去破除这种迷信，先把蒙古民族心灵上的缚束解放，然后才能有效的发展。至于解除这种缚束的方法，不待言，最根本的是在教育的普及了。

（二）政治的建设。考现实的蒙古，殆无政治的可言，一切的一切，完全在宗教喇嘛的手中，受喇嘛的支配，活佛就是蒙古民族的最高首领。蒙古的喇嘛教，我们已经说过，是第一个缚束蒙古民族发展的枷锁，所以现在我们要出脱蒙古民族，使之有争生存的能力与机会，除去打破喇嘛教在蒙民思想上的缚束之外，更须使全蒙古民族脱离喇嘛教在蒙民行动上的缚束，换言之，即须建立民主的政治，使蒙民的行动不受宗教势力的缚束与支配。有了真正的民主政治之后，蒙民才能依争生存的规律，顺利的走向光明之路。

（三）交通的开发。我们知道，交通的便利与否，与一个民族的发展是有很密接的关系的。我们看世界所有的地带，交通上比较便利的，该地的民族文化与产业等，必要高于交通上不甚便利的地带的民族文化与产业，这在过去人文地理上，已显明的告给我们。所以蒙古民族文化及产业等的落后，固在宗教缚束了蒙民的思想与行动有以使之然，但交通不便，使为喇嘛者能久远的支配蒙民，为平民者无机会接受外来的思想与文化，以脱离宗教势力的压迫与支配，使有望的各种产业，永远不能发达，亦为大原因之一。所以为使"开发蒙古"的计划与工作有效的进行，早日于成功，又必须开发蒙古的交通。

（四）改良气候与土壤。考蒙古的落后，多是受地理的影响，如雨量稀少，寒暑迥异及土质薄瘠等，诸般产业都受其缚束；故欲使蒙古产业发达，气候与土质，必须加以改良。至于改良的方法，第一就是造林。盖蒙古冬季严寒多风，夏季炎热少雨，若能广造森林，地面必少受热力，既不能太热，又可保持地面水分；同时森林又可御风，不受水旱之灾。至于土壤，有森林亦可改良之，如树叶、枯枝等落于地上，久必腐烂，即可使土壤中的物质化为肥料；又森林中必多动物，此等动物的排泄及其尸体、皮毛等，日久之后，亦可变为肥料：如此则蒙古的一切产业，便可脱去自然的支配，而进入发展之途。

（五）改良牧畜。牧畜业为蒙古最大的产业，前途希望无穷，但蒙民从不知改良牧畜之法，一任自然，此于蒙古的牧畜业前途很有关系。蒙古以世界牧场称，但蒙古的牲畜，却不曾占世界的第一位（第一位为亚尔然丁），要皆因方法不知改良之故。所以改良饲养管理的方法，研究如何选种、如何繁殖等，俱为今日蒙古产业上惟一急务！

（六）采掘矿物。按蒙古矿产甚富，为蒙古的一大富源，而以金矿为最多，值此金贵银贱之时，实有积极采掘之必要；且开发蒙古，必须大资本，以一贫如洗的中国，必难办到，但我们要采掘蒙古金矿，则即可以一举二得，以所采之金，用以开发蒙古，所以采掘矿物，实为开发蒙古的惟一捷径。

以上为著者研究蒙古的结论，深恐不能使读者满意，但在无统计可言的中国，也是没法子的一会〔回〕事。

二〇，三，二五，北平

《新北方》（月刊）

天津新北方月刊社

1931 年 1 卷 4 期

（朱宪　整理）

河套的社会现状

恺　悌　撰

"河套"这个名词，内地人差不多都已经听得很熟，她之所以出名，就是地方好，土质肥沃，出产丰富，谚云"黄河千里，只富一套"，其肥腴可知。但土地虽肥，而一般人视之为塞外边地，绝不注意其开发，加以国内连年战事，外蒙古、新疆、西藏等处，尚不加注意，况此区区之河套。现在全国统一，举国上下，均注意开发边疆，知非如此，不足以容纳失业人口，编剩〔制〕军队，及消灭内争，绥远当亦应在开发之列，因不揣浅陋，将情形较为熟悉之河套利源与一般情形，略述如下，借以唤起热心者之注意。

一　地势

河套地位，介于包、宁之间，南临黄河，北倚大青山，乌拉山屏障其东北，渡黄河达陕西，穿大青山通外蒙古，东抵绥、包，西临宁夏，四通八达，境内一坦平原，八大干渠及杨家河、黄桃拉亥河横贯其中，土质肥沃，水草丰富，耕种、牧畜适宜。水利则有黄河，灌溉极便，矿产则有大青、乌拉两山，取之不竭，用之不尽，诚天然肥美生产区域也。

二　交通

自修成包宁汽车路以来，交通逐渐便利，后以管办之人，任其为水冲刷，遂致现在凸凹不平，汽车行驶不便，去年汽车管理局稍事修理，将各渠桥修搭一新，汽车行驶便利多矣。现在交通全恃此路，水运则由黄河，若将包宁铁路修成，与平绥、陇海联成一气，则河套日趋发达，五原、临河必成繁盛重要之区，可断言也。

三　耕种

河套已报垦之地，不及全套面积三分之一，肥沃未垦之地，在在皆是，而耕种之利，竟较内地多一倍以上，且手续简单，除播种、收获外，仅放水、锄草而已。但因方法过于简陋，故收粮不若内地之多，每亩种麦子仅〈收〉五六斗至八九斗，种麦子好地收七八斗至一石二斗。因不须大项资本，内地移垦人民有六百元之财力，即可种好地一顷，若拥有资财者，则可扩充规模，种数十顷以至百顷，则获利更多，致富亦速矣。

四　畜牧

河套水草丰富，牧畜适宜，蒙古人民大多数业此为生，汉人凡稍有资财者，除耕种外，亦皆兼营牧畜，更有专业此为生者，其利益可想而知。羊分绵羊、山羊二种，绵羊生殖较繁，且易于看管，故人多牧之，其价值，大者每头五元，小者三元，其皮可供穿着，系此地良好御寒之物。羊皮分老羊皮、羔子皮二种，老羊皮系大羊之皮，此地大多数农人皆着此，羔子皮系初生二三月之小羊，杀之而取其皮，稍具资财者，则服之，但羔羊皮反不若老羊皮之能御寒。羊皮除本地人穿着外，多数系运赴包头等处，羊毛亦然，每至春秋二季，皮毛商人纷纷至乡间收买羊皮毛，五原、临河、陕坝、蛮会等处，皆设有皮毛庄，收买各种皮毛，每年运赴平、津一带为数不少。若能于五、临各处设立工厂，收买各种皮毛，制成毛毯、口袋等，推销各处，获利当更丰矣。此地牧羊，纯系沿用旧法，时有疾病死亡之患，以后亟须改良，采用新法，庶不至江河日下。有资本千元，即可牧羊一群，翌年即增加一倍，但资本愈多，则获利亦愈大且速。

五　商业

田地之开辟〔辟〕，专赖农工，地方之繁荣，商力居多。河套之经商利益，倍于内地，未放垦时，经商者皆系以收皮毛为主要，散居各乡村，自放垦以来，人口逐渐增多，日常消耗各物，亦随之而增，商人来者日众，提〔摆〕集于各县治、市镇，主要品为粮食、皮毛、烟酒、布匹、木料等，其余日常用品，亦极获利。主要品中以粮食生意为最佳，业此种买卖者，每于七、八、九等月，麦子、菀豆等作物初下场时，即纷纷携带巨款，相率而来此购买，雇船运赴包头、宁夏各处，在河套以数元或十数元之代价，一至该处，即可售大洋二三十元，其利之大，洵可惊人。皮毛则系春秋二季，以较低价值于四乡收买，如羊皮、牛皮、骡马皮、狐皮等，羊毛、骆驼毛等，运至五原、临河县城及陕坝等处各皮毛坐庄，加以整理，再运至包头，所得利益不少。烧酒为本地出产，乡村之缸坊开设很多。水烟由兰州运来，旱烟及纸卷烟皆由包头运来，水旱烟农人吸者最多，河套农人，几无一不抽烟喝酒者，故烟、酒销售极速。布匹运自包头，业此之利益，不下烟、酒。木料多由甘肃、宁夏编成木筏，由黄河顺流而下，至临河者，有缠金渠，离县城不过二三里，至五原者，有义和渠，且直贯隆兴长城内，运输更利，每年需要不少。其余油坊、粉坊、碾磨坊，无一不获大利，若更能购用新式机器，推碾米面，则更能多得利益。河套利源实多，可惜未能一一开发。

六　农产

农作物以麦子、菀豆、谷子等为大宗，大豆、草麦、胡麻、玉黍、扁豆、黑豆、高粱、山药旦等为杂粮副品。麦子多选〔运〕出各地，苑〔菀〕豆、黑豆喂牡〔牲〕口及作豆饼，黑豆作豆腐，谷子、高粱制酒，大豆、扁豆以制粉条，胡麻以之榨油，山药旦，农人以之作菜或当饭。各类作物，每亩劣地打粮七八斗，好地一石至二石，亦有打四五石者。播种期，麦子及豆子等为二月中旬至三月初，谷子等为三月底至四月中旬；收获期，麦子为六月底至七月初，谷子为七、八两月，前后百余日即可成熟。

七　水利

河套缺乏树林，木料须自他处运来，政府若能加以提倡督促，三年即可植树。适宜地点，以沿渠两边、汽车路两边、乡村大道及田中不可耕种之地，为最适宜。沿渠提〔堤〕坪植以树木，则可保护渠坪。若能在数年内，将全套凡属不能耕种之地，皆植以树木，使其成林，则十数年之后，必无水患、旱灾之苦。河套有八大干渠，及无数支渠，以之灌施，水利极便。但办理水利者，多本地之无水利知识之地主，多不肯认真办理，且尚有操纵垄断行为，往往只顾灌溉一己之地亩，致受旱受潦，又于各大渠岔口处，设闸添桩，阻水之畅泄，此后办理水利，应注意于此。

八　移民

提到目今河套的移民，真是可怜，除王鸿一前曾迁来几个于河套外，其余地方，可算是绝无仅有了。但是民国十四五年，国民军驻绥时代，五原、临河均设有移民事务所，进行颇为顺利，移来鲁民数千，每人发给荒地一顷，成立移民村，一时大有兴盛之兆，后本地人与移民招结仇恨，土匪蜂起，乘机报复。致鲁省移民，因匪之侵害，纷纷回家，山东移民事业，受一巨创，现在仅少数留此，而山东移民村大呈衰败气象，不复从前之兴盛矣。此外尚有一同时产生之湘民移垦合作社，系少数热心移垦之人创办者，座落在临河二区，购有荒地数十顷，但该社并未移来湘民，全系私人提倡性质，非政府之力也，初亦有蒸蒸日上之概，不幸亦遭匪打击，一切不能进行，来此工作人员，均已回关内，遂陷停顿。

《社会杂志》（月刊）

北平社会杂志社

1931 年 1 卷 5 期

（朱宪　整理）

苏俄势力下之外蒙古[①]

I. I. Serebrennikov 著　　　冯华德 译

蒙古向分为内蒙古及外蒙古两部：内蒙古与中国本部接壤，现改归并为中国省区，故其在政治方面，不能与中国其他省区有别。外蒙古——即本文所指之区域——面积约当美国面积之三分之一，人口将及七十万，多数为半游牧民族，北与苏俄接壤者有千余英里。俄国现在处处有意将外蒙古作为领地，使外蒙古与各国隔离，因此关于蒙古情形之可靠消息，亦难于搜集。

外蒙古因其处于类似中俄间之缓冲国地位，更因其为时代的落伍国家，故久已为中俄两国之角逐场所。蒙古帝国衰亡之后，在十七世纪，受治于中国之满清皇帝。迨至一九一一年满清帝制被推翻，外蒙古亦遂宣告脱离中华民国而独立，此即中俄角逐之象征也。一九一五年中、俄、蒙古三方面协定建设蒙古自治，而中国仍为其主权国；此制不久即废弃，一九二一年外蒙古都会库伦被苏俄军队占领，外蒙古乃又宣告独立。

俄国于一九二四年中俄协定承认中国在外蒙古之宗主权，事实虽如此，外蒙仍维持其独立也。一九二四年外蒙古建设共和政府，其制度完全模仿俄国，观察其政府之组织，即可窥知苏俄与外蒙

---

① 本篇及后文《外蒙古之今日》、《苏俄宰制下的外蒙古》皆译自Foreign Affairs，为方便读者对看，均予收录。——整理者注

之关系。蒙古政府之一切权力，悉操诸国民革命党；不得中央党部之许可，政府无权立法或执行政务；适与共产党在苏俄政治之独裁相映成比。

国民革命党于一九二一年成立，一九二五年末，在全外蒙古已组有一百五十个地方党部，约计党员有四千人，不及全人口之百分之一。其征求党员之条件，亦仿效苏俄成例，党员都从无产阶级及中等阶级中选拔，农民入党手续简捷，贵族与喇嘛之入党较为困难。因此在全体党员之中，农民占百分之八十，贵族占百分之十二，喇嘛占百分之八。

根据一九二四年施行之宪法，外蒙古是一独立的共和国，其最高权力操诸劳动阶级，人民选出代表组织议会，议会选举政府，及任命高级官员。土地、矿产、森林及水产，均为人民公有财产。一九二一年革命以前之外债，都视为系强迫接受的，故宣告无效。宣布政教分离，并颁布"宗教系人民私务"之原则。废止一切爵号、阶级界限以及皇室与贵族之权利。并于相当情形之下，对外贸易渐渐采用国家专利制度。各种地域单位都设立地方政府：其最少者为"阿榜"（Arbon），上为"拜迦"（Baga），再上为"梭蒙"（Somon），再上为"何申"（Hoshun），地方政府之最高区域为"爱马克"（Aimak）。旧有外蒙北境与西伯利亚接壤处之一部，已脱离外蒙而自立为唐努都伐（Tannu-Tuva）共和国。

外蒙古是一个文盲、多病的国家，全人口中只有百分之五能读能写，苏俄曾两次派遣远征队调查蒙古之卫生情形，据其报告，称蒙古人民中得花柳病者极多，生产率较低，儿童死亡率高，痨病蔓延极广，一般人民于基本的卫生常识竟茫无所知。从此等情形论，新政府之设施，实有颇足注意者：内政部设有兽医局、防疫处、微菌学实验室、及兽医学校；军政部设有特别卫生局，内有俄国医士帮同治疗；教育部设有蒙古研究委员会，在库伦设有国家图书馆，藏书颇多；司法部已废弃残酷之刑罚，如饿死、戴木架、鞭笞等，并已起始改良刑法。

其他多种改革之能树立新政府之信用者：数年前一般商务仍墨守直接交易方法，自新政府成立后，财政部设立蒙古国家银行，一九二五年采用一种国家货币制度，蒙币一元值中国大洋九角，约合美金三角六分。他如改良家畜、护理森林、矿产、皮业等计划，皆已次第实行。

蒙古政府有酒类专卖权及类〔多〕种指定原料出口业之专利。政府亦屡试行引诱外国资本家投资开发蒙古矿产，但外人咸鉴于政治情形之不定，多裹足不前。现有几处国营农场，国营工业，——包括库伦之电力厂，纳海来（库伦附近）之煤矿及几家毛织工厂。

几乎所有在蒙古的官署或半官营事业的机关，需要专门人才甚殷。此所以蒙古当局不得不求之于国外——目前完全是从俄国聘来的人才。蒙古中央合作社之经验，即为极好的例子：合作社初创之二年，所有账目，都由蒙古会计及书记用蒙古文字记载，但此种工作多非蒙古人所能胜任，因此不得不任用俄国人。一九二三中，一切会计事务都用俄国专家执司，用俄文记载，三年以后，合作社全体职员七百八十六人，其国籍之分配如下：

俄国	三百六十一人
蒙古	二百五十七人
西比利亚土人	九十五人
其他	七十三人

蒙古人只占全体职员的三分之一，合作社之国外办事处，竟无一蒙人职员。

外蒙古之重要商业中心为库伦、买卖城、乌里雅苏台、科布多及巴拉斯等处。所有政府官署，及许多商务机关，都集中于库伦，居民约计六万人。买卖城为目前最重要之工业区，内有几家工厂。

乌里雅苏台为外蒙中部之重要商业中心。科布多为西部之行政及贸易中心，与新疆及西伯利亚有密切的商务关系。巴拉斯为东部贸易重镇，与满洲及西伯利亚有贸易关系，从其贸易赢余之常常增加，可见此处发展极速。

蒙古游牧民族之主要生计即为饲养家畜，根据官方估计，一九二六年之畜产如下表：

骆驼	四一九，〇〇〇头
马	一，五九一，〇〇〇匹
牛	一，九五七，〇〇〇头
山羊	一二，七二六，〇〇〇头
绵羊	二，五二九，〇〇〇头
总计	一九，二二二，〇〇〇头

一九二四年之调查无家畜之蒙古家庭，约当全蒙游牧家庭数之百分之六；有一百个包特（注）以下家畜之家庭，占百分之八十六·五；从一百个包特至七百个包特之家庭，占百分之七；有七百包特以上家畜之家庭，占百分之〇·五。根据苏俄经济家之估计，一九二六——二七年内，所饲养之家畜值蒙币一六，〇〇〇，〇〇〇元（约计美金五百七十六万元）。饲养方法，殊属幼稚，终年将牲畜放牧于草地，饲以青草，冬日则饲以干草。

（注）包特为地方税则之单位，一包特等于牛一、马一及七只绵羊或十四只山羊；一头骆驼等于二包特，概以包特计算，小牲口除外不计。

国家收入之次要来源即皮货贸易，蒙古野兽极多，如鼹鼠、松鼠、狐、狼、野猫、兔、鼬鼠、熊、豹……等，据统计称每年皮货值蒙币五百四十五万二千元（合美金约一，九六二，七二〇元）。

在游牧生活情形之下，农业发展极缓，已耕地多在色伦格河及鄂尔坤河两流域，此处有小规模的农村，居民多为俄人及中国人。蒙古人的农业区域在西部，主要部分在科布多区域。已经开垦之土地甚少，在一九二八年全国已耕地约计一〇五，〇〇〇亩，与外蒙古全面积比较，每五千亩地，还不能有一亩已耕地。农产量总计约二二，九五〇吨，值蒙币四，八〇〇，〇〇〇元（合美金约计一，七二八，〇〇〇元）。

矿产储量虽富，但矿业仍属幼稚，蒙古矿务局在革命以前已经创设，辖有很多金矿区，一九〇一——一九一九年间，在蒙古所产之金在十吨以上，纳来海之煤矿，于一九二七年约产煤一万吨，其他矿产即为盐与宝石。

蒙古工业只在萌芽时期，有国家资本主义的性质，多赖牧畜出产为原料，现今已有粗糙之毛织工业、肥皂业、食品工业、面坊、发电厂、糖业公司及砖瓦工业等。此等工业之出产总值，不过蒙币三，〇〇〇，〇〇〇元（美金一，〇八〇，〇〇〇）。

蒙古之运输事业，其幼稚程度与其文化的及经济的生活平〔水〕准相当，无铁路货物，悉赖牲畜之背负及牛车、马车等装载，得以运输各处，以往数年内，方有汽车运输，往年一年之中，从张家口至库伦路上，汽车已达二百余辆之多。

外蒙古主要贸易大道如下：

（一）自库伦至买卖城二一〇英里，接连蒙古与西伯利亚，并展长至加太（Kiakhta）及上乌丁斯克（Vukhneudinsk），延长有一六〇英里。

（二）自库伦至张家口六六〇英里，为入中国之要道。

（三）自乌里雅苏台至张家口，一，〇六〇英里。

（四）从科布多至俾斯克（Biisk）五六〇英里。

（五）自科布多至科须阿迦二三〇英里。

（六）自喀梯尔（库苏古尔湖畔）至库尔吐克（拜喀尔湖畔）二四〇英里。

（七）自乌里雅苏台至喀梯尔三四〇英里。

（八）自库伦至乌里雅苏台六六〇英里。

（九）自库伦至巴拉斯四五〇英里。

（十）自巴拉斯至包齐（Borzia）二〇〇英里，为联接西伯利亚铁路之要道。

（十一）自巴拉斯至海拉尔三〇〇英里，为满、蒙通商要道。

（十二）科布多至乌里雅苏台二九〇英里。

外蒙古全地只有一只小火轮，在库苏古尔湖航行，特别研究机关之报告，谓在色伦格河口上行一九英里及鄂尔坤河口上行一九四英里都能行驶小汽船。一九二五年曾一度疏浚此两河；翌年蒙古政府即与苏俄政府订立两河航行条约，及库伦与上乌丁斯克间之航空交通条约，电报事业也次第扩充。

国家每年收入约在蒙币二千五百万元至三千万元，国内贸易之收入，只占全数之极小部分，盖国内贸易之四分之三是在外国人掌握中也。中俄商人居其多数，国外贸易渐渐增加，可于下表窥其一般：

年　次		一九二四	一九二五	一九二六	一九二七
出口值	（单位	一九，三七六	一九，七六五	二四，八三八	二五，二五九
入口值	蒙币千	一八，一九六	一九，六四七	二二，一一五	二四，六〇八
总　数	元）	三七，五七二	三九，四一二	四六，九五三	四九，八六七

外蒙出口货之大宗为皮及农产品，入口货则为普通消费品：粮食、衣料、烟酒、金属器皿等。

外蒙之对外贸易，主要国家是中国及苏俄，其与他国之贸易不甚重要，且多假手中国，近年来外蒙与苏俄之贸易率增加，而其与中国之贸易率日减，由下表明之：

年　次	一九二四	一九二五	一九二六	一九二七
与中国贸易之百分率	八五·七	七八·三	六八·七	六三·六
与苏俄贸易之百分率	一四·二	二一·七	三一·三	三六·四

从经济方面立论，苏俄之希望就是想把外蒙共和国变为苏俄殖民地以取其原料，苏俄对外蒙之出口贸易也许会因为外蒙古工业之落后而受限制，但无论如何，中国占有外蒙进口贸易之四分之三，且在最近之将来，尚无低减此比例之可能，盖因中国货物合于外蒙人民之习尚及需求也，如茶、烟、丝、棉织品、米、铁器、珍珠以及由中国输入之洋货如烹饪器皿、衣服、橡皮货物及电具。

有一部分之国外贸易是由苏俄经济机关及其他外国商号操纵，一九二五年共有三〇一个外国商号——中国商号二八三、英国商号一〇、美国五、德国三——但此等外国商号自后渐减。蒙古国外贸易之最大的承办者即蒙古中央合作社，实即政府专利之工具也。一九二八年此社已握有全国对外贸易之四分之一，苏俄在蒙古经营商业由"司托蒙"（Stormong）操纵。

蒙古中央合作社与蒙古商业银行有极密切之关系，此银行于一九二四年成立，由苏俄及外蒙两政府协办，章程上明文规定此银行之目的系在于巩固两国间的经济关系，发展蒙古之工商业并稳定外蒙古之金融。资本总额共为五十万金卢布，半由外蒙政府担负，半由苏俄政府担负，此银行从事一切国家银行应有之重要职务，并从事于改良币制，有金银准备为发行钞票之保障，一九二八年正月资本额为蒙币一，六五〇，〇〇〇元，活期存款达三，八四七，六二〇元，此皆苏俄及蒙古国营商业机关之存款，私人存款只达三〇〇，〇〇〇元。银行对外信用放款之总数达八，五六一，〇〇〇元，主要借款者为蒙古及苏俄的机关。往年为接济蒙古之牧畜业及农业，放特别债，并且在各处设法引诱蒙古人民储蓄，因此开办了几处分行。

苏俄之活动已使外蒙古之经济的政治的情形起了根本变动，虽然许多内部的改革由俄国一手指挥，但其政治之变动仍极混乱，喇嘛已完全失去他们在政治上的势力，许多年老的有经验的政治家，也脱离政治舞台，起而代之者都为受苏俄共产主义训练过的青年，另一方面，苏俄的援助，使得外蒙古之生产方法得以渐渐发展，农业及商业中也渐采用现代方法，外蒙古是一个有潜势力的国家，其前途似系于苏俄之命运。

（译自一九三一年四月之 Foreign Affairs）

《新北方》（月刊）

天津新北方月刊社

1931 年 1 卷 5、6 期合刊

（朱宪　整理）

蒙古地记

吴向之　撰

序

　　蒙古、西藏之在我国，与诸行省同。清行省治以督抚，而蒙古、西藏，则治以将军、都统，暨参赞、办事诸大臣。一则趋重民治，一则趋重军治，其为疆圻，则一也。诸行省均有通志，卫藏亦有之，而蒙古独阙。有谓道光中大学士赛尚阿公，曾辑有《蒙古通志》，而坊间未之见。寿阳祁氏韶〔韵〕士之《藩〈部〉要略》、平定张氏穆之《蒙古游牧记》，多述清道光以前情状，于今不切。廷燹来〔束〕发受书，喜谈边域，积数十年，枢部档案、阁钞谕折、近人游记报告，及一是公私文字之属，搜录颇多。本欲汇辑蒙古近代方舆事实，成为"蒙古备志"一书，分疆理〔山〕、山川、沿革、国世、道路、屯垦、游牧、封袭、官制、宗教、兵事、民治、财务、商务、物产诸门，备将来政府修通志之助。边域交通，莫重道路。箧中旧存《内蒙东三盟道路报告》，于地方远近夷险，及山脉、河流、风土、物产诸端，尚见详核，不付剞劂，久恐散佚。《平等杂志》同人，谓可先为登列，燹亦不敢自秘，择于交通收〔攸〕关切要者印定，爰名曰《蒙古地记》。他诸门，亦拟赓续登列，翰海郡国，其补《唐志》之遗，上京站赤，庶征《元典》之略，治边琐者，或有取焉。

第一 林西县至西乌〈珠〉穆沁王府

一 里程表

由何处	至何处	里 数
林西	大营	十八
大营	蓝家湾	五
蓝家湾	三沟水	八
三沟水	二里铺	十
二里铺	边疆〔墙〕沟门	十
边疆〔墙〕沟门	河泊	二十一
河泊	下河泊	八
下河泊	四家铺	十
四家铺	梅利坑	二十
梅利坑	什〔十〕巴尔台	二十二
什〔十〕巴尔台	哈达火烧	二十
哈达火烧	布鲁敦口	四十五
布鲁敦口	福〔蝠〕它庙	二十五
福〔蝠〕它庙	哈八气	二十
哈八气	察罕他布嘉	三十
察罕他布嘉	西乌〈珠〉穆沁王府	二十

二 道路

林西县至西乌〈珠〉穆沁王府

（一）自林西至大营十八里。平地大道，系黄土质地，两旁山冈相距三千米，家屋甚少，东西山麓仅有三数家，大营约有二十余家，有天主教堂在焉。

（二）自大营至边墙沟门二十三里，系山麓大道，离大营五里，为蓝家湾。有东行山路，通至五十家子，又八里过三沟水，十里过二埔地村①，前多硗确路线，与乌里雅苏台沟平行。复西北进十里，为边墙沟门，盖家又北行二里，至韩家，由此而入沟门之峠道。

（三）自边墙沟门至河泊二十一里。登边墙岭，离韩家五里，有凹道隘路约千米，深一米，宽一米六十生的。凹道有石路约三百米，颇崎岖，炮车通过甚难。出凹道口有一降坂，自西北通至木头舍，本道蜿蜒，而北行八里抵山麓，东侧谷顶有土屋四间。又四里，抵河泊之南新造村，又二里渡河泊，泊宽百二十米，泊北有家屋三家。

（四）自河泊至乌榆树十四里。出河泊王家向北行，八里过下湖〔河〕泊。王家稍向东北行三里，过甲察，北行三里抵乌榆树。路在盘谷中央，平坦宽阔，两旁山冈相距约千三百米，至乌榆树北端，洞然开展。盘谷之东有路，东北行通草地。

（五）自乌榆树至十八尔台六十里。约西行四里过四家棚〔铺〕，六里过比鲁台沟门，十四里抵梅利坑，四里过黄土梁，十八里，到十八尔台。别旦山下李家平地大道，家屋点点，散在两旁。北侧山急峻，南侧山略平缓，南北两山脉相距八千米。过黄土梁后益宽大，成一盘谷，比鲁台沟由西向东蜿蜒而流，沟深一米，宽五六米不等，水深十余生的，路线四渡沟而过。十八尔台之西、南、北三方，高山崇岭，积雪尤厚。其西南山脉稍平，另有路向南行过岭，通至刘家营。

（六）自十八尔台至哈达火烧二十里。出十八尔台，东北行三

---

① 表中为二里铺。——整理者注

里，登石门子大坝之山峡落峡谷，复登岭北行五里，乃降平缓之斜坡。十二里而过哈达火烧，是为林西县与西乌珠穆沁之地界。路在平地，中央坦途大道，植物土质，惟石子之山峡，约长四里左右，颇蜿蜓。在峡谷处有砾硗确，亦不甚阻碍行进，炮车可通。两旁小峰不甚崇竣〔峻〕，山脉从东方层叠而来。过门子后，地势平坦开展，两旁山岗相距约千五百米，形状如垒。

（七）自哈达火烧至蝠它庙七十里。过哈达火烧，入布鲁敦泊之盘谷。北行四十里，过布鲁敦泊子，又五里出布鲁敦盘谷口，又二十五里而抵蝠它庙。道路平坦宽大，地势平坦，两旁山冈低矮，相距万米。在泊子东方，山脉中断，成一大缺口，谷内积水，即由东向泄去布鲁敦口，山冈略突起，瞰视蝠它庙，无物遮蔽。蝠它庙亦一大盘谷之平地，四围山冈平缓，如圆垒，地势平垣〔坦〕宽大，约万二三千米，植物土质地。

（八）自蝠它庙至乌珠穆沁王府七十里。出蝠它庙，北行二十里出盘谷哈八气，复北行十里登高。平原起伏如棱背，高原长十里，东西冈阜绵长数十里，曰察罕他布嘉，渡三棱线而望见王府。北行三十里，乃抵霞喇沁（常谭作乌喇青）衙门。衙门在王府北三里路，平直宽大，系平阳大道。王府地亦系一大盘谷，四围山冈甚低矮，高不过三米，谷底纵横二万米，地势平坦。察罕他布嘉以南，系植物土质，以北系黄土质。

三　地形

林西至河泊

（一）离林西之北二十六里，蓝家湾之前，西侧山脉有一棱背，向东伸出，长约三百米，可为掩护阵地。东侧山岗略平缓，西侧山岗多巉岩，东西相距三千米。

（二）边墙岭高五十米左右，上下皆缓倾斜，山峰崇峻，道路蜿蜒，出入甚费力。先出者利前方，有泊甚碍运动，惟山岗复迭，易于遮蔽，一复杂之所也。

河泊至十八尔台

（一）自乌榆树南至河泊十四里，至十八尔台七十里。东至河泊大坝，约二十里，系一长形盘谷。山岭高崇，在乌榆树北端，有山背向东伸出，形如曲尺，高约四十米。东、北两方面瞭望，无地物遮蔽，有扫射之利，可为后卫、前卫阵地。正面前之山，高崇巉岩，不易攀登，无受瞰视之害。

由十八尔台至乌珠穆沁王府

（一）石间子大坝南，离十八尔台八里，北离哈达火烧十二里。山陵高度，由山麓平地起，约六十米左右，山脉由东向西，与十八尔台之山脉相接。道路之东，有小支脉，与十八尔台之山脉向北平行，坝之南有狭谷，向东南行，谷之北缘，两山崇起，夹道如门。十八尔台北行之门户，过山峡，则倾斜渐平缓，地势开展，绵亘五十余里。过布鲁敦泊子，至布鲁敦口，两旁山脉一收，东布楚敦谷内，地面平坦开阔，四周山冈围绕，山高仅三四十米，倾斜平缓。北侧有沼泊，幅员不大，地系植物土质，荒草畅茂。

（二）蝠它庙之盘谷，谷底［底］平坦，地宽纵横约万二千米，四周山陵平缓，高三四十米，荒草满地，瞭望无所遮蔽。仅西北侧蝠它庙一座，僧舍约二百间而受布鲁敦口棱背之瞰视。

（三）察罕他布嘉高原，在哈八气与王府之中央，高起三四十米，倾斜平缓。北离王府三十里，南离哈八气二十里，离蝠它庙四十里，南北两方面均能扫射，握王府之门户，亦王府之屏藩。山脉东西向，绕北而行，绵亘五十里左右，地势三起伏，左右开敞，荒草甚茂，黄土质地。道路由石门子，由南北直贯中央而过，一坚固之地也。

（四）自石门子至乌珠穆沁王府，一百六十里，一大坝、三盘谷、一高原地，中央夹一长谷，在察罕他布嘉高原之南，与蝠它庙之盘谷相接，四周形势如环珠，方位在东蒙古之中心。

四 河川

林西至河泊

（一）乌里苏雅沟在边墙沟门之南，直向南流。沟宽约七八米，水深十余生的，与路线平行，无碍交通，在沟门梁附近，干涸无水。

（二）河泊宽百二十米，长四百余米，水深十生的，环山围绕，崇山峻岭，雨水归积。降大雨时，水可涨至一米，水向西泄去。

河泊至十八尔台

（一）比鲁台沟由石门子向东而流，河线蜿蜒。十八〈尔〉台至黄土梁附近，曲折如电光形。比鲁台沟门以东略平缓，而接近北山麓，河宽自四米至六米，水深十余生的，流速甚缓，河底沙砾质，两岸黑土地，随处可以徒涉，无碍交通。

十八尔台至乌珠穆沁王府

布鲁敦泊子，在十八尔台北六十里，蝠它庙南四十里，涎地不大，因地面积雪，界线难于识别，然低陷之状，宛然可见。布鲁盘谷北侧之东方，山脉中断，泊子之积水，由此泄去。

五 地物

林西县号〔至〕河泊

（一）家屋之构造材料极简单，仅用土木与细树条。

（二）经过天主堂大堂、盖村、边墙沟、河泊各村。

（三）天主堂大堂子约百余家，老盖姓一家，边墙沟五家，河北十余家。

（四）特种家屋，无。

（五）树林，无（据土人云，河泊之东北相隔百余里，白塔子附近有老树林，周围数十里）。

（六）城寨，无。各处墙壁多系土筑。

（七）在冰雪期中，不见耕植物。

（八）自生物不见，惟有荒草而已。

（九）各种之人为的物件甚少，并极粗陋。

（十）关系军用之意见，道旁地，宜多种树木。

河泊至十八尔台

（一）家屋之构造其材料甚简单，仅用土木及细树枝。

（二）过下河泊，甲察、一棵树、四家棚子、比尔泰门子、二道城子、三道城子、梅利坑、黄土梁子、十八尔台。

（三）下河泊一家，甲察数家，一棵树一家，四道棚子七八家，比尔泰门子一家，二道城子六七家，三道城子五六家，梅利坑二三家，黄土梁子五六家，十八尔台二百余家。

（四）特种家屋，无。

（五）树林，无（惟十八尔台老李屋旁有壮树数十株，其西南有树林百余株）。

（六）城寨无墙壁，多系土筑。

（七）耕植物，无。

（八）自生物，无。

（九）各种之人为的物件甚少。

（十）关系军用之意用〔见〕，十八尔台应设仓库。

十八尔台至乌珠穆沁王府

（一）家屋之构造，以极简单之材料（小树杆、羊毛毡或布）造成蒙古包，即蒙人一班〔般〕之家屋也。惟王府与喇嘛庙之构筑同汉地。

（二）沿途仅见哈〔答〕达火烧一村。

（三）哈达火烧约四五家，蝠它庙与乌珠穆沁王府有蒙古包数十个，庙与屋子数十间。

（四）蝠它庙、乌珠穆沁王府可为行军之目标。

（五）树木沿途，无。

（六）城寨，无（蝠它庙、乌珠穆沁王府多用砖土筑墙壁，并以小树杆编作藩篱）。

（七）耕植物，无（该蒙旗尽属畜牧）。

（八）自生物不见，惟沿途多荒草。

（九）各种之人为的物件甚少。

（十）蝠它庙与乌珠穆沁王府，对于蒙匪均宜驻兵，并于味拖庙需粮食。

六　人口

林西至十八尔台

（一）自林西以北，至比鲁台沟门百二十里，村庄十八处。除大营天主堂之外，皆是一二家自成一村落。人数总计三百人左右，多是新迁来者，壮丁居多，妇女数及三分之一，皆汉人。

（二）十八尔台村落八处，总计约每处家屋七八间不等，合计人数约有二百余人之多，百余年之村落，壮丁、老幼各居半数，妇女略少。

十八尔台至乌珠穆沁王府

（一）布鲁敦口有蒙民三家，每家仅三四人。（二）蝠它庙有喇嘛三百余人。（三）王府差丁、兵役共二百余人。

七　人　文

林西至十八尔台

（一）大营有天主堂，民皆信教。除教会之外，无他教育，能识字者甚少。由天主堂附设学堂，有年长之学生十余人。

（二）性质愚鲁。

（三）家庭习惯与内地之乡间相同。

（四）耐寒菇〔茹〕苦，衣食检〔俭〕朴，无他嗜好，性情好动，仪容雄健。

（五）皆执农业，各有马、牛、羊家畜。

（六）十八尔台有蒙学一所，教育悉照旧法，富家之子弟，亦不过诵读四年，略解数字义而已。

十八尔台至乌珠穆沁王府

（一）蒙古人无正当之教育方法，亦无如何之设施。富家子弟亦不过习识蒙文调音之方法，无课本，无一定之课程。教读之法，由教习代为抄写课本，每日每人给与一篇，令学童习读而已。

（二）人民性质朴野，惟事游牧，饥得食，寒得衣，志愿已足，并无积畜之远虑。

（三）蒙民识字甚少，约三百人内者得人识蒙文。

（四）能通汉语者，在十八尔台与汉人接近，仅大略能言普通之语，但为数不出二人以上。

（五）家庭亦有遵〔尊〕卑，对于王府之人甚恭顺，然出于畏惧者多，非心悦而诚服也。

（六）习惯游牧，好自由，畏拘束，习性浮荡，轻佻好动，喜闻异事，遇事风传甚速，务外而弃正业，懒惰好食，用物务求坚固，垢秽难堪，耐寒耐劳。

（七）嗜食好游，多吃茶水，喜食酸肉，嗜生烟，好古玩，喜红、紫、黄、黑。

（八）性质懒惰浮放，畏事喜异。

（九）仪容英伟，体格雄壮。

（十）蒙民皆以畜牧为生，贫者为人充牧佣。

八　物资

林西县至河泊

（一）各家多豢马、牛、羊、猪等。林西县至河泊一带，约有马百余匹，羊数百头，牛亦百余，猪数十。牛每匹二十余两，羊每头二两余，猪肉每斤一钱余。

（二）该地种麦子、禾子①、谷子不少，三月下种，七月收获，多系二钱余银一斗（每斗二十余斤）。

（三）该地产青菜、白菜、荠菜、萝葖等杂物。

（四）各家多有牛车，其数不详。

（五）布葛之类该地不出。

（六）每年出皮革数百张。

（七）矿产，无。

（八）瓷瓦之类，无（惟林西县府附近有瓦窑二个）。

（九）木器，无。

（十）常用品同口内，惟饮酒较多，通用货币即大小银元。

（十一）出产之大宗，皮货、马、牛、羊，麦子、谷子等。

（十二）饮用水之供给法，井水与乌里雅苏河，冬季少冰。

河泊至十八尔台

（一）沿途各村多畜马、牛、羊、猪等，河泊至十八尔台一

---

① 原文如此。——整理者注

带，约有马千匹，羊数千，牛、猪各百。牛每头约三十两，羊每只约三两，猪肉每斤约一钱二分银。各村有狗数只。

（二）该地一带种麦子、小麦、荞麦、黍子、谷子等，麦每斗价合银二钱余。谷子每斗银三钱余，三月中下种，七月中收获。

（三）该地出白菜、青萝箙、荠菜等。

（四）牛车家家有，其数不详。

（五）布葛之类，无。

（六）牛、马、羊、狗等皮及野兽皮不少。

（七）五金之矿，未见开采。

（八）瓷瓦之类，无。

（九）木器，无。

（十）常用品与口内同，饮食品亦同，惟多饮酒。通用货币，大银元、小银元及铜钱。

（十一）出产大宗，麦子、谷子、羊、牛、马与骆驼皮。

（十二）饮用水之供给法，河水。

十八尔台至乌珠穆沁王府

（一）沿途见羊数千，马数百，骆驼数十。羊每只，约银三两，牛每头约银二十两，马每匹约银二十余两，骆驼每匹约四十两。

（二）哈达火烧以北，即乌珠穆沁界。该旗蒙人多属游牧，不事耕种，所牧系羊、马、牛、骆驼等，每马、牛、骆驼约养四年可用。

（三）该地产盐甚富（即鲜盐泊子，内地名蒙盐），口外与北数省，多数食之。

（四）蒙人每家有牛车数辆。

（五）蒙地不出布葛，蒙民冬、秋、春三季多穿皮衣，夏季穿布衣，皮衣系自产，布服多购自南方。

（六）皮革之类颇多，尤以老羊皮与牛皮为最。

（七）该地矿产尚未调查明晰。

（八）该地不出瓷瓦，蒙人用者亦少。

（九）木器不出，用者亦稀。

（十）该地人之常用品，牛矢、马渤、马鞍具。食品以羊肉为最多，牛肉、小米次之。该地通用货币极少，多以牲畜易物。

（十一）出产之大宗，盐、马（乌珠穆沁马，北人多称良好，购买之，以其牲〔性〕驯良耐寒）、牛、羊及皮革。

（十二）饮用水之供给法，多用井水，水质稍咸。

九　交通

林西至十八尔台

（一）各种交通机关皆无，居民不识字，无邮局通信，如有信件，则托旅客带递。

（二）土民往来皆乘马，运物以车，不见有负戴者。

十八尔台至乌珠穆沁王府

（一）除天然道路之外，并无人工之交通，设备有运物车辆，大半是牛车。

十　人民之生活

林西至河泊

（一）每人每日之佣金，平均计算，冬季约一毛，夏季约三毛。

（二）每人至少每日应用银五分。

（三）人民夏季多耕种而多劳动，冬季无事。

（四）实在人民较口内富。

（五）公共慈善事业，无。

（六）该地物资［半］除供本地之使用外，尚有盈余，但所余不多。

河泊至十八尔台

（一）每人每日平均约得佣金，冬季一毛，夏季三毛。

（二）每人至少每日用钱六十文。

（三）人民夏季及春秋较劳，冬季无事。

（四）人民较口内富。

（五）公共慈善事业，无。

（六）该地物资，每岁除供本地之使用外，均有盈余。

附记　十八尔台系通叙〔乌〕珠穆沁之大路，故与蒙往来贸易，以五谷与蒙人易换牲畜皮张。

十八尔台至乌珠穆沁王府

（一）该旗蒙人，作用工者多属每日供与饮食外，年给与皮夹衣各一套，并有每日供与饮食外，于每月给银一两。

（二）蒙地不用银钱，该旗最贫之蒙人，每日惟食小米二次。

（三）蒙人惰甚，惟夏季稍勤。

（四）该蒙人贫人者为人佣，家惟家无一物，富者豢牲口数千头。

（五）公共慈善事业，无。

（六）该地马、牛、羊等有余，五谷毫无，多牵牲畜驮载皮革、盐等，起汉地易小米、面，以供粮食。

十一　气候

林西至十八尔台

（一）河泊比林西略觉寒冷，比鲁台沟门以西比较的尤寒，常积雪不化。

（二）十月即下大雪，至四月方融。

（三）风力不甚大。

十八尔台至乌珠穆沁王府

（一）最寒之极度，室内沸汤不数〔十〕分钟即冷，二十分钟即结冰。以十二及正月为最寒，过寒期每年占七八个月。大暑时候，均穿夹衣。最寒之日，约华氏零度下三十度。

（二）七月即下雪，以十一二及正月三个月间，雪量最大，平地上常积一尺以上。

（三）四月以后，积雪尽化。

（四）二月至四月为刮风期，风量甚大，行人屡为扑倒，蒙古包往往为风吹去，不知踪迹。

（五）雨单〔量〕以五六月为多。

十二　防寒之法

林西至十八尔台

（一）家内烧土炕，以铁锅盛存性草灰置屋内，以温缓〔暖〕空气，屋外无特别之防寒法。

（二）医院医师皆无。

十八尔台至乌珠穆沁王府

（一）蒙古人皆住蒙古包，以毡为之，中间用小木杆撑持成圆盖，屋内地面垫木板，板上铺毛毡，中间设一铁制火笼，盛牛马粪，燃火取暖。

（二）土人皆衣羊毛皮衣，富家则用布衣、皮毛，中人皮衣，裙衿裥布边，贫人则以羊皮缝裁成衣，不衬布面，惟常经一寒季不更换，衣服表里皆盐酸，素不衣衬衣，亦不盥浴。穿牛皮靴、毡袜，垢秽尤甚，衣履油垢凝积。

（三）出外之皮帽，以帽墙护面，马蹄袖覆手，亦足御寒，且甚便利。

（四）贫家无寝具，着皮衣而睡。

（五）冻伤无医治之法，待天暖自愈，无病院，无药店、医师。

第二　由十八尔台至刘家营子

一　里程表

由何处	至何处	里数
十八尔台	刘家营子	一五三
十八尔台	比鲁台沟	五
比鲁台沟	河南营子	二五
河南营子	营〔曹〕木子沟	一〇
营〔曹〕木子沟	莫字营子	一〇
莫字营子	五间房	一〇
五间房	荒涧河	六
荒涧河	乌岭牙〔鸦〕义〔叉〕	六
乌岭牙〔鸦〕义〔叉〕	木牌头	九
木牌头	后沟门	一〇
后沟门	岭底下	六
岭底下	姚家营〈子〉	五
姚家营	沙窝〔洼〕地	一五
沙窝〔洼〕地	永丰泉	八
永丰泉	伍家营子	六
伍家营子	花火烧	七
花火烧	刘家营〈子〉	一五①

---

① 表中数据如此，与文中所述不相符合。——整理者注

二　道路

十八尔台至刘家营子

（一）自十八尔台至莫字营子五十里。由十八尔台南行十里，过比鲁台沟之上流，登毡铺梁，跨山涉岭，连渡三岭，岭土积雪，凝冰甚厚，路线曲折，蜿蜒起伏。第一岭登坂最急之处，倾度约十五分之一，坂路延长七百米，降坂最急之处，倾度约十分之一，延长约五百米。第二岭登坂最急之处，倾度约二十分之一，降坂最急之处，倾度约十五分之一。第三岭登降坂最急之处，皆在二十分之一以下，惟坂路之路幅不大。第一、二两岭之降坂，宽仅一米四十生的左右，寻常车马虽可通行，亦觉困难。三岭之路线，延长三十余里。第二岭下离十八尔台三十里，为河南营子，有大道向东绕至黄土梁，道路平坦宽大，车马多由此绕行。第三岭有村曰曹木子沟，离河南营子十里，又十里至岭下，有村曰莫字营子，降路直冲而下。

（二）自莫字营子至乌岭鸦叉二十二里。南行十里，过五间房，东南行六里，抵仙台地，又六里而至乌岭鸦叉路线。由莫字营子南端渡荒涧河，循河之左岸而行，平直宽阔，过仙台地后路线延入河床，两渡荒涧河而折向西南，两岸石山甚逼，相距约三百米，崇峦成峡，流水漫延路面。

（三）自乌岭鸦叉至刘家营子七十里。向东南蜿蜒而行，六里过柳条子沟，三里过木〈牌〉头村。又三里过乔家地，七里过后沟门，六里过岭底下，五里过姚家营子。又十五里为沙洼地，八里为永丰泉，六里过伍家营子，七里过花火烧，十里而抵刘家营子。路在长谷底两旁，石山高峻，巉岩，樵牧不能登，两山脉蜿蜒行而南下，相距至三百至四百米，不即不离。谷底沙滩甚多，毗邻成平地，系沙土质。荒涧河左右曲折向东南流，而会于嘎苏台河，故数渡荒涧河至刘家营〔子〕，乃渡嘎苏台河焉。

三　地形

由十八尔〈台〉至刘家营〈子〉

（一）毡铺岭〔梁〕高二百米左右，连接三岭：第一岭倾度登坂十五分之一，长约七百米，降坂倾度十分之一，长约五百米；第二岭倾度十五分之一至二十分之一；第三岭尤急峻，惟路线由山峡通过，倾斜平缓，山岭高崇，峰峦层叠，不能攀登，亦无樵径，两裂甚多，惟越过非难。山脉从西向东而南行，绵亘地面纵横百里，与荒涧山相连接，系高连山，多狭谷。狭谷分三线：一北行，一东行，一南行。东行者，平线略宽大，皆延长三十里左右，一般形势险阻，登越极难，山上交通路，车马可行。

（二）荒涧山分二山脉，向东南石壁巉岩，急峭尤甚，石峰崇起，樵夫亦不能登。石山连峦，绵亘五十里，山陵高度约六七十米，全山皆石质。山背无沙土、荒草，惟有石笋如猬毛。中间一狭谷，水流漫延，交通殊不便，长途徒涉，尤觉困苦。地势掩蔽，道路即在水滩中。谷内有十余小村落，傍路而居，形势闭塞。

四　河川

由十八尔台至刘家营〈子〉

（一）曹子沟出源于毡铺岭〔梁〕，河势蜿蜒，倾上甚急，河幅甚窄，宽二三十米，两岸急竣〔峻〕，如两裂，不过一排山水之溪涧耳，亦不甚阻碍交通。沟底砾石地，水流北下而折向东，水源不大，惟落雨水满溪涧，泻下甚速。

（二）荒涧河由西南来，折西而东南行。河长百里，河宽六七十米，河内沙滩甚多，河底沙砾地，地势平缓，水流漫涎甚宽，流线曲折回环，如电光形，横断路线五十里之内，不下十余次。

两岸与两旁石山相接，山尤峻峭，多成绝壁，故雨水归注不多。虽落雨，亦无涨水过高之虞，两岸余地甚少，修改道路，颇费工程。

五　物资

（一）沿途约有羊、牛、马各数百头，羊每头约三两，牛每头约二十余两，马每匹约二十两。

（二）沿途各地多种小麦、莜麦、荞麦、黍子、谷子等，四月下种，七月终八月初收获。小麦每斗银二钱二分，莜麦每斗亦如之，谷子每斗约银二钱，黍子约一两八钱，荞麦约一两三钱。

（三）杂物甚少。

（四）各村落均有牛车数辆，刘家营子约有三十余辆，每辆载重约四百斤。

（五）沿途未见已辟之矿产。

（六）该地出老羊皮、小羊皮、羔子皮、狐皮、牛皮等，惟不多。

（七）该地不出布葛，多用本地出产之羊皮做被服，夹衣等均购自口内。

（八）瓷瓦之类，无。

（九）木器之类，无。

（十）该地人之常用品与口内北省同。饮食品，小米、面与牛羊肉通用。货币，铜钱、铜元、银角子、大洋宝、银块。

（十一）出产大宗，麦子、谷子、羊、牛、马。

（十二）饮用水之供给法，用井水。掘地四五尺，即有水，水质甚佳。

附记　刘家营子有税局三一，杂货捐二，烟酒捐三，盐捐每年约共收银六七千两。有米铺十余家，专做米麦生意。

六　地物

由十八尔台至刘家营〈子〉

（一）沿途各家屋，多土木简单构成，材料甚少。

（二）沿途有村落十七。

（三）各村落多不过十家，惟刘家营子五十余家。

（四）特种家屋，无。

（五）自新坦地至刘家营子一带，各村落多种树木数十株，无老树，均系壮、稚树。

（六）城寨无，各村落多以土筑围墙及壁。

（七）在冬季不见耕植。

（八）自生物，惟枯草。

（九）各种之人为的物件，无。

（十）刘家营子应设仓库并收买蒙地马匪（东蒙牵牲口赴刘家营子易米、面者不少）。

七　人民之生活

由十八尔台至刘家营〈子〉

（一）每人每日平均，夏天得佣金二钱，冬季约六分。

（二）每人至少每日用银六分，方可度日。

（三）人民夏季较勤，冬季较惰。

（四）人民均不富。

（五）公共慈善事业，无。

（六）该地物资足供本地之需用，并无盈余。

第三 由林西县至经棚

一 里程表

由何处	至何处	里数
林西县	经棚	一一八
林西县	莫力沟门	二五
莫力沟门	新地	二三
新地	烧锅地	五
烧锅地	天和营	五
天和营	八地	一〇
八地	大梁底	一一
大梁底	头地	七
头地	容貌魁	二五
容貌魁	经棚	七

二 道路

林西县至经棚

（一）自林西至刘家营子，计程三十里，道路平坦，通过嘎苏台河数次，隆冬结冰及夏季水涨时，甚为通行之障碍。

（二）自刘家营子三十里至汤山，道路尚属平坦，但路上小石渐多，幸无碍通行。

（三）自汤山径〔经〕头地、三地、五地、八地、十地诸小村落十五里，上坝岭，岭高约二百米突许，上坝路最急之倾斜约六分之一，幸尚短小。下坝路甚平缓，此段道路在狭谷之间，崎岖难行，且时渡山沟小水，冬季结冰，尤难行走。下岭后，约行十五里，经小营至大营子，循哈达山前进二十里，至老爷庙。此段道幅不宽，且多小石。

（四）自老爷庙经毛绒盔新地十五里，至经棚，路平坦，尚觉良好。

三　地形

（一）自林西至刘家营子三十里间，地势开展，嘎苏台河贯流其间，地甚肥沃。

（二）自刘家营子至汤山，渐入山谷，谷宽约五百米，内外眺望不佳。

（三）自汤山二十里，至大坝岭又二十里，至哈达山附近。此段纯是隘路，谷宽不过二三百米突，至狭处，仅宽百米许。哈达山岩石巉峨，甚形纠峭。

（四）出老爷庙后十五里，至经棚，地势比前稍宽觉开展，经棚乃隘路中一开敞地。

四　河川

嘎苏台河既载前报告中。

（一）自林西至经棚，道中有大坝岭，为分水岭。岭东之水沟，流入嘎苏台河。岭以西之水沟，流至经棚，入经棚河。

（二）经棚河由三道水沟会合而成：一是由大坝岭西流之水沟，一是由距经棚西方三十余里东流之水沟，一是自南北流之水沟。经棚河，夏季水仅及胫，冬季则积雪贮水，冰甚宽，宽处约百余米突，向东南流，流至距经河三十里之处，入西拉木伦河。

五　地物

沿途所见村落、屋宇不多，点点散布，俱是土墙草盖，山上绝无树木。土地多既开垦，土质肥腴，每亩田可得小米五六斗（每斗三十勐）。

经棚街市，据前清光绪三十二年之调查，商店五百余户，后因捐务繁重，商务日衰，至今商店仅存百余家，连住户不过三百余户。白岔司原驻经棚南方百余里白岔，道光年间，经棚渐次繁盛，因移驻经棚老爷庙前，衙门为水冲去，暂住客店商家，置有公产住屋一所，因移住焉，即今之司署，并有守备署亦在。经棚每年由商家凑供两署经费数千两，商民恨甚。经棚有老爷庙甚壮丽，乃前清光绪二十八年所建造，费去七万余两。并有喇嘛庙。

六 人文

经棚所属五区，共四十八排半，并无学堂，惟市中由商民出款千两，设立初等小学堂一所，学生二十余人。

经棚商务全是山西、直隶人所经营，而商权握诸山西人之手，由二十四家大商组织，一十二乡绅耆商办，公所设在娘娘庙。经棚汉蒙尚觉相安，性情和平。

七 物资

经棚周围为产粮食之区，小米为最，小麦、莜麦、荞麦、豆类次之。白面每斤铜元三枚即可，贱极。牛、马、羊、狐、狼皮张甚多。经棚有税局、筹款局、牲捐局，每年可得捐款六七万两。另有蒙盐局，每年可得银三四万两，盐捐归张家口商人承办。宣化、多伦一带地面，每年纳盐课十五万五千两。

八 交通

铁路、电线、舟舶均无。有邮政支局。牛车甚多，并有数骡马拖曳之大车。

九　人民之生活

冬衣用老羊皮，每套不过五元。粮食甚贱，有十二枚铜元即可度日。佣钱亦贱，每月除膳食外，普通止得钱两吊（每吊合铜元二十枚）。

十　各地之气候

汤山华氏寒暑表，零下十度，经棚华氏寒暑表，〈零下〉十八度。

十一　防寒之法

土民多穿皮衣，因经棚老羊皮甚贱。

经棚全境户口、牲畜、粮食、车辆、树木价格单

户数：一万二千三百四十五户。

人口：男女共七万三千六百四十五口。

牲畜：（一）牛　约四万三千五百五十条。上等牛每条价银二十五两，中等牛每条价银二十两，下等牛每条价银十二两。（二）马　约五万五千五百六十匹。上等每匹价银四十五两，中等每匹价银二十六两，下等每匹价银十五两。（三）羊　约六万三千七百只。上等每只价银二两，中等每只价银一两五钱，下等每只价银一两。（四）骆驼　经棚街六十余头。上等每头价银四十两，中等每头价银三十两，下等每头价银二十两（四乡喂养骆驼者无有）。全境土地一千八百六十二顷。（五）粮食之种类以小麦为最，莜麦次之，其余豌豆、荞麦、糜黍又次之。全境每岁丰收杂粮，大略不过五六十万石。小麦每石价银三两三钱，莜麦每石价银三两二钱，荞麦每石价银一两七钱，豌豆每石价银三两，白面每百斤价

银一两六钱。（六）车辆　五套大车八十五辆，每辆载重一千八百余斤。双套大车二百七十辆，每辆载重八百余斤。单套牛车五千六百五十辆，每辆载重四百余斤。经棚市内双套辆车〔车辆〕十二辆。以上各车辆均散在各家。

附　由林西至经棚别记

（与前报告间有异同处，故并存之，以备参考）

一　道路

二十五日，由林西出发，约数里许，过嘎苏台河两岸，均系沙土，平垣〔坦〕道路，幅圆宽阔。十五里至一棵树，三十里至刘家营子，全系沙土，平坦道路。沿途地势亦开阔，山陵亦多，沙岭高约百余密达，倾斜甚急。由此至汤山三十里，道路平坦，道旁外耕种地，沿途惟人烟稀少。至八地约七里，道路平坦。至十地约八里，沿途有小泉绕道曲流，目下冻冰，可能通过，若下雨，则行履困难。由十地越数里许，过大坝岭，倾斜约五十度，高约百余密达。由此至大营子十五里，多是山道，幅圆〔员〕尚觉宽阔，倾斜亦不急。由此至哈达山约数里，系沙石平地大道。由此经老爷庙、毛绒盔，至经棚，道路尚佳，惟经棚附近河岸是砂石。

二　河川

由林西出发约数里，过嘎苏台河，河宽约二十余密达，目下冻冰。询据土人云：水深约一密达，往来行人、车马，均徒陟向东南流，加以屈流甚多，行车稍觉困难，由此至经棚河，约百二十里，现因冻冰，河面较宽，深约一密达。

三　地物

由林西至一棵树附近，居民约十余家。三十里至刘家营子，商民约五十余家。至汤山三十里，附近有十数家，并有喇嘛庙一所，房屋系砖造。由此至八地，住户数家，系茅屋。至十地，约八里，住户三四家，系茅屋。大坝岭底，住户约数家。由此至小营子约数里，住户数家，茅屋，有老爷庙一所，系砖造，约数间。至大营子，住户十数家。由此至哈达山约数里，附近零星茅屋数十家。由此至老爷庙，住户十余家，沿途一带，多耕种地。由此至毛绒盔，约数里，住户二十余家，经棚三百多家。

四　交通

由林西至经棚，铁路、电线均无，船舶、驿站亦无，惟刘家营子离林西三十里，有商店代办邮政，经棚亦有邮政支店，系商民代办。

五　各地之气候

由林西至经棚，因刮风，故天气极寒，询之土人，比林西寒，因地势较高也。经过大坝岭，渺渺飞雪，实非下雪，系满山皆雪，风吹之故。

六　防寒之法

土人均穿大羊皮袍、牛皮靴或毡鞋之类。最重者，头与脚，故极贫之民，无论如何，皮帽与棉鞋均设备之。

七　人口

经棚人口　（一）由林西经莫葫芦沟，民户四五，刘家营子五十余家，新堤二三家，天和永五六家，汤山十余家，头地七八十家，大柜上十家，八地五六家，九天四五家，十地二家，大坝梁七八十家，小营子五六家，哈达山三四家，广太和四五家，二柜上七八家，三兴长五家。（二）经棚正户一千五百七十三户，内有经棚街铺商大小三百七十四户，流户一百五十一户。（三）附户一千一百六十六户。（四）男丁一万零〔零〕九十三口。内有经棚街商人二千四百一十二口。（五）女口五千五百一十六口。（六）学童一千五百三十八名。（七）壮丁三千九百二十八名。

以上各数目皆就经棚汉民核计，蒙人不在此内。经棚为多伦属之第八区，是区以经棚为中心点，周围一百里地方，即第八区之域。

八　人文程度

经棚　（一）经棚汉人设有初等小学堂一处，学生三十余人。（二）经棚回人设有初等小学堂一处，学生有三十余名，该处以回人与汉人饮食不同，故学生未混合一处。（三）该处识字者，除山西经商者外，本处居民不尚教育，百分〔人〕中能识字者，不过二三名。（四）该处论〔伦〕理，尚与内地相同。（五）该处附近二三百里之蒙人通汉语者甚多，惟蒙人识汉字者仅占百分之一。

第四　由林西县至小巴林贝勒府

一　里程表

由何处	至何处	里数
林西	小巴林贝勒府	一七三

由何处	至何处	里数
林西	苏布台庙	八
苏布台庙	玻璃沟	一五
玻璃沟	二颗树	三〇
二颗树	巴林王府	四〇
巴林王府	乌衣土	四〇
乌衣土	小巴林贝勒府	四〇

二　道路

　　林西县至小巴林贝勒府　（一）自林西至大巴林王府。出林西街市八里至苏布台庙，是地平道，道路平坦，并无比差。自苏布台庙渐次上倾斜极缓之丘陵，从此道路，或在岭顶，或在山腹，或在谷底，俱极良好。十五里至玻璃沟，由玻璃沟约行三十里，至二颗树，二颗树在察堪木伦河之右岸，此河为巴林、林西县之交界。从林西至此，俱向东行，由此折向东北行四十里至巴林王府，道路俱是砂土质，因往来车马甚稀，并无凹道，山岭甚低，亦无不便通行之急倾斜坡路。（二）自巴林王府至乌衣土。自巴林王府向左旗贝勒府前进，是向东行四十里至乌衣土，此段道路，是砂土质。由巴林王府向东北行十余里间，俱平坦条直。自此渐入山谷，距乌衣土约十里之地，有阿布德冷台岭，高约二三百米突，上斜坡尚觉倾斜平缓，下斜坡甚峻，倾斜约六分之一，并有石道一段长约里许，不便通行，结冰时滑甚，马行甚苦，上下计程五六里。（三）自乌衣土至小巴林（左旗）贝勒府。自乌衣土至巴林贝勒府向东北前进，计程四十里，路线甚直，通过倾斜极缓之高原，亦可谓平坦之道路，地质是砂土，天然道路，并无修饰。往来旅人甚稀，车迹不深。

三　地形

林西县至小巴林贝勒府　（一）林西至大巴林王府。由林西至苏布台庙之东方三里间，地势平坦，有类林西。自此至巴林王府间之地势，则稍狭隘，巴林王府附近则极开展，冈峦围绕，颇具形势，惟土质似不及林西。（二）自巴林王府至乌衣土。自巴林王府向东北行十余里间，地势开展，自此渐入山谷，约行十里，至阿布德冷台岭间，两侧山岭逼近，阿布德冷台岭高峻，甚形险峻；下岭后，地势渐次开展。乌衣土形势开敞，如巴林王府附近。（三）自乌衣土至小巴林贝勒府。出乌衣土村端，即上平缓之高原，成大平台形，两侧俱是广阔之谷，地势宽敞，眺望良好。距贝勒府约五六里之处，即渐近山麓，由此折向西南行，即至贝勒府后，即有高山。其附近地势，南北宽约五里，东西则甚宽阔，似比巴林王府所在地较佳。

四　河川

林西县至小巴林贝勒府　（一）林西至大巴林王府、二颗树之察堪木伦河，自北向南流，发源于乌珠木沁大坝，流至乌丹城北方，合并于西拉木伦河、察堪木伦河，河幅约十余米，水深尺余，现既结冰，两岸平芜，春夏水涨时，亦为旅行之阻碍云。巴林王府前亦有小河，名为沙布台河，自东向西流，汇合察堪木伦河，河幅十余米，水深尺许，两岸平坦，巴林王府即在距河约二百米突之处。（二）自巴林王府至乌衣土。乌衣土有南流之小河，水深数十生的，河幅数米，名为合尔苏台河，流至白云塔拉，合并于白云塔拉河，距乌衣土约五六里，白云塔拉河再汇合于古里古台河。（三）自乌衣土至小巴林贝勒府。贝勒府前有小河宽约五六尺，自东向西流，合并于古里古台河。

五　地物

自林西至大巴林王府。沿途所见，并无树木。二颗树以西，高粱〔粱〕、小米等，都能种植；二颗树以东，为蒙古草地，蒙人以种荞麦，地甚肥沃；现时之草，尚带青色，高约六寸，渐见蒙古包；蒙古包圆形，似哨兵舍，内用竹架，外围毛毡，或用泥墙，以毛毡铺地为坐卧之所，亦有用木床者，中设一烧火处，燃料用牛马粪，烧时有一种臭味，屋顶通一大孔，以备出烟之用，普通可容三四人，高约六七尺，圆之半径约五六尺不等。

六　人口

林西县至小巴林贝勒府　（一）自林西至大巴林王府。苏布台庙户口数十，另有喇嘛百余，玻璃沟三十余户，二颗树数户。有户古商店一家，经理是汉人。自二颗树至八林王府，惟将至八林王府约五里之处，始见数个蒙古包。八林王府内二百余人，内有蒙兵百五十名。巴林王府附近人家甚少，管辖三万余人，喇嘛占六七千。（二）自巴林王府至乌衣土。自巴林王府附近至乌衣土途中，并无人家，惟乌衣土有蒙民十余户，住屋有数户，是汉式土房。（三）自乌衣土至小巴林贝勒府。贝勒属下蒙人千余，贝勒府附近有喇嘛二百余人，居民二三十户，贝勒府内合计人口四十余，有守卫门役，不见兵丁。

七　人文

林西县至小巴林贝勒府　（一）自林西至大巴林王府。蒙人仪容简陋，不通汉语，衣用羊皮，不衬布面，戴皮帽，着布靴，绝无教育，以畜牧为事。巴林王稍通汉语，年未满三十，外朴内明，不可轻视；伊洞悉前清之律蒙政策，与之言及，不胜慨恨；

好田猎，有尚武精神，欲向中央政府请精锐之军械，以练蒙兵。福晋之〔乃〕桂公之女。（二）自巴林王府至乌衣土。乌衣土无能通汉语之蒙人。（三）自乌衣土至小巴林贝勒府。蒙人文化程度概如巴林右旗，贝勒仪容俊秀，崇信佛教，每晨必念经拜佛，脑质简单，忠厚长者也。老福晋在堂，是西翁中〔牛〕特王之妹，福晋是喀喇沁王之妹，曾受文明教育，娴习汉语，仪容端整。左旗蒙官亦甚朴诚，不通汉语。

八　物资

自林西至大巴林王府　粮食向赤峰及围场购买，小贩则向乌丹城购买。牛马羊群渐多，王府养马四百余匹，燃料用树枝。

九　交通

自林西至大巴林王府　只有牛车及驮马而已。

十　人民之生活

自林西至大巴林王府　蒙人多食炒米、荞麦，生活程度极低。牛乳饼、牛乳豆腐等，唯养有牲畜，上等之家始有此物。

十一　防寒之方法

自林西至大巴林王府　蒙古人寝具并无寝台，直接睡在地上，受地气之冷，多患疮疥，在赤峰、乌丹城购买疮疥药，敷上烤火出汗，如是数次即可痊愈云。

第五　由巴林贝勒府至林西县

一　里程

由何处	至何处	里数
巴林贝勒府	林西县	一九六
巴林贝勒府	倒拉阪	四〇
倒拉阪	安门庄	八〔〇〕
安门庄	白乌〔马〕图	一二
白乌〔马〕图	东大阪	三〇
东大阪	西大阪	八
西大阪	德律苏	八
德律苏	五十家子	二二
五十家子	嘎苏台庙	三〇
嘎苏台庙	玻璃沟	一五
玻璃沟	苏布台庙	一五
苏布台庙	林西县	八

二　道路

　　由巴林贝勒府至林西县　（一）自巴林在〔左〕旗贝勒府至倒拉阪。自贝勒至倒拉阪，计程四十里，向西南行，方向大半是西，稍偏向南，纯是天然道路，路平砥，并无坡路，是砂土之地平道。（二）自倒拉阪至西大阪。自倒拉阪渡世里古台河西岸，直向西行八里，至安门庄，道路平坦，自此上极平矮之高地行十二里，至白马图。白马图附近约十余里之道路，比差甚小，颇觉平坦。前行三十里至东大阪，此段道路多在高地，距东大阪街市约五里之处，有降斜阪，约长三百米突，侧斜甚缓，炮队登降并不困难。由东大阪至西大阪，计程八里，道路尚属平坦。自倒拉阪至西大阪计程约六十里，俱均平道，并无凸凹，地质是黄土，坚硬密致，雨后通车不甚困苦，此段道路之方向，是西南向，但偏南不过十五度而已。（三）自西大阪至林西县。由西大阪渡察堪木伦河南岸，即是阿尔克尔沁蒙古村落，自此八里至德律苏，前行二十二里，至五十家子，此段道路，俱在平地，地质黄土。自五十家子三十里至嘎苏台庙十余里之东北，有嘎苏台河，支流数道，河以东二十里之道路，平坦条直，西岸有短小之上行坡路，倾斜甚缓，无碍车行。自嘎苏台庙十五里至玻璃沟，曾逾三个小岭，路幅宽阔，并无急峻之倾斜。自玻璃沟至一小岭三里，即至东布冷。由东布冷循山麓前进，约行三里许，至苏布台庙。由此八里即至林西，道路均佳。自大阪至林西，计程百里，向西北行，几正向西，稍偏向北而已。

三　地形

由巴林贝勒府至林西　　（一）自巴林在〔左〕旗贝勒府至倒拉阪。自贝勒府至倒拉阪间之地势，俱平坦开阔，是一片平地，并不见洼地，惟见两侧高山而已。（二）自倒拉阪至大阪。自倒拉阪至安门庄，地势平坦，古里古台河贯流其间，一片平地，纵横十数里，展望良好。自安门庄至白马图，地势稍高，微有起伏，视界稍隘。白马图是一大盘谷，平坦宽敞，纵横约十余里。出自〔白〕马图后至东大坡〔阪〕其地势与自安门庄至白马图之地势相类。大阪分为东大阪、西大阪，东西宽约二十余里。察堪木伦河自西向东流，分为河南河北，南北宽约八里，地势甚佳。（三）自西大阪至林西县。自大阪至嘎苏台河，一片平地，地势亦觉开展，渡阪〔嘎〕苏台河后，即上倾斜极缓之山岭，此间村落俱依山筑舍。自嘎苏台庙，地势微有起伏，视界稍隘，然此间冈阜，并不高峻。自苏布台庙至林西，则一片平地，比差甚小。

四 河川

自巴林贝勒府至林西县 （一）自巴林在〔左〕旗贝勒府至
倒拉阪。倒拉阪之东侧，有小河名为古里古台河，自东向西流，
河宽十余米突，水深不及一米突，河北为老渡阪，河南是倒拉阪，
流至距倒拉阪十余里，名为格格少冷之处，合并于察堪木伦河。
（二）自倒拉阪至西大阪。古里古台河既详前报，大阪之察堪
〈木〉伦河，宽约二十米突，内外水深至深处不过丈余，浅处则仅
及膝，两岸平芜，冬季结冰，河宽约四十米突，冰上通行无碍。
（三）自西大阪至林西县。察堪木伦河，业载前报告中，嘎苏
台河幅数米突，支流甚多，水量不大。自西向东流至五十家子，汇归
察堪木伦河。

五 地物

自倒拉阪至大阪。 安门庄、白马图、大阪之住屋，汉式土房
不少。大阪分为东大阪、西大阪，是巴林旗前王之住所。前清康
熙之姑及女、乾隆之女俱下嫁巴林王。东大阪有大喇喇〔嘛〕寺，
名为荟福寺，是康熙之女所建，喇喇〔嘛〕七百余名，俱环居寺
侧，极其华丽，为巴林十三庙中最大之庙，本月十九号后堂为祝
融焚去，失去珍玩不少。西大阪亦有西大庙一所，名为荟元寺，
是康熙之姑所造，此寺喇嘛亦有七八百名。大阪河南之蒙古住屋，
俱是蒙古包。山上并无树木，大阪土地，见有割获之植物，闻是
蒙古人所种之荞麦云。蒙古中之汉式土房，是三间式，外围短土
墙，成一院落，黄土筑墙，以石砌基，屋顶用干草。

自西大阪至林西县 （一）嘎苏台庙以东之村落极少，汉式
房屋多是蒙古包，自此以西，则渐多汉式土房。（二）巴林桥建筑

之原因，因康熙之女下嫁巴林王，归宁时，路过西拉木伦河，因造桥以便交通。（三）山岭并无树木，嘎苏台庙以东，多是草地，自此以西，渐见开辟。

六 人口

自巴林贝勒府至林西县 （一）巴林在〔左〕旗贝勒府至倒拉阪。自贝勒府至老渡阪间，并无人家，老渡阪、倒拉阪合计蒙民四十余户，汉人在此货易者，共三十余人。有杂货店五家，一在河北老渡阪，余俱在河南倒拉阪。（二）自倒拉阪至西大阪、安门庄数户，白马图四十余户（蒙古察堪齐住白马图，是巴林旗之总管），大阪百四十余户，都是从康熙公主下嫁、随嫁之人。八旗汉军现被同化，不复辨识是汉满人，惟上等人能通汉语，中等以下，只通数语而已。有扎拉蒙官，专管八旗客民，大阪有协理一名，现时协理之文尚在，因年高封为公太爷。大阪东西两大庙，共有喇嘛千五百人。（三）自西大阪至林西县。德律苏数户，五十家子四五十户，嘎苏台庙附近五十余户，其余村落户口，业载前报告中。

七 物资

蒙人只种黍子、荞麦，不足供本地之用，养牛、羊、马、骆驼。

由林西经两颗树、巴林王府、合尔苏台河、贝勒府、老渡阪、大阪回林西县之别报

一 道路

由林西东行至两颗树，计程六十里，纯系草地，间有山陵，倾斜甚缓，波状起伏，地质沙土，幅员辽阔。自两颗树东北行，至

巴林王府三十里，道路甚佳，离王府二十余里，过阿布德冷台岭，高度约二百多密达，上下约计六里，倾斜甚急，至少四十五度。山岭有石质狭小峪道约里许，炮车通过，最为困难。再行三十里，至合尔苏台河，道路平坦，由此至贝勒府五十里，道路亦佳，间有小岭，倾斜不大，行覆〔程〕尚成〔称〕便利。由贝勒府至老渡阪，地势开展，纯系草地，天然道路，计程五十里，由此至大阪，计程七十里，波状起伏，尚称改善。由西大阪至林西，计程百里，道路尚佳，惟合尔苏台河附近，道路不良，碎砂石质。

二　河川

由林西东行至两颗树，计程六十里。村之西即察堪木伦河，河面宽十余密达，北通乌珠穆沁大坝，南通西拉木伦河，河西归林西属，河东归巴林王管辖。河西草地，间有开垦者，系种麦子与乔〔荞〕麦两种。由此至巴林王府，计程三十里，王府前面，小河一道，曰沙布台河，宽十数密达，通察堪木伦河。由王府至合尔苏台河，计程五十余里，河面不宽，约十密达。由此至贝勒府，计程五十里，前面小河一道，毫无价值。由此至老渡阪，计程五十里，附近有河一道，曰古里古台河，与察堪木伦河会流，两岸附近，居民四十余家。离古里古台河二十余里，有河一道，曰白马图河，向东南流，宽约数密达，深十数生的，通古里古台河，至大阪六十里。又过察堪木伦河，至合尔苏台河六十里，现结冰，河面较宽，河底系砂石，支流贯注，通过稍觉维艰，由此回林西四十里。

三　地物

由林西至两颗树，计六十里，此间特种家屋一所，系蒙人在此做生意者，附近蒙古包十数家。由此至巴林王府三十里，沿途蒙古包甚少。王府汉式，府之东为办公衙门，附近蒙古包及房十数家。由此至合尔苏台河，五十余里，附近居民十数家。由此至贝勒府五十里，此间有喇嘛，附近喇嘛居屋数十家，贝勒府汉式。由此〈至〉老渡阪五十里，附近蒙人四十余家，汉民做生意者三十余人，由此至大阪，计程七十里，离古里古台河二十余里。白马图河两岸，蒙人家屋四十多家，大阪分为东西大阪，相距八里，东大阪、王爷府、公主府、公爷府、东大庙，喇嘛七百名，居民百数家，计千余人，原籍汉军八旗，随康熙公主来此，现因年久同化蒙古，商店一家，系汉人。西大阪，喇嘛〈庙〉一所，房屋数十家，喇嘛约八百名，汉人三十余人，商店四户，附近居民五十余家。由此至林西百里，六十里之处，合尔苏台河附近，蒙人五六十家，并有巴林王府驻兵四十名，苏布台庙离林西八里附近，五六家，均为喇嘛住所。查蒙人习惯，居处无定，今日迁南，明日移北，所有蒙古包及土房，均毫无价值。山脉绵亘，均无树木，间有小树，均赖天生，并无人力，亦无利用之可言。地质尚佳，惜未耕种，全是草地，以养牲畜为生，间有种小米、荞麦之类者，亦赖天生，不知耕种学问，故收获无多，给养不足。

四　人口

巴林王旗蒙人三万余人，贝勒旗一千余人。查王公每年所用款项，均归人民公摊。

附　甘肃边境接阿拉善旗记

由兰州向北，三十里宕渠川，四十里水堡河，五十里山子墩，四十里六墩子，七十里沙河井。东北五十里大拉牌，七十里一条山（有官盐局），九十里长流水，接阿拉善界。

　　由平罗县向北，三十里黄渠桥，六十里石嘴子（至黄河边），九十里河拐子，三十里贝子地。石嘴子过河东为鄂拓克旗。河西阿拉善。贝子地现在河西，属鄂拓克。六十里磴口（阿拉善盐船起运处），由磴口过河向东北，经察罕淖尔，出鄂拓克，至杭锦境（向东至包头约十日程）。磴口河西向北九十里康斯店，七十里三圣宫，为二道河地方，系鄂拉善境，其地经天主教总教堂，开垦成熟多年。四十里大滩，属鄂拓克，黄河分流，中有滩地，甚宽阔，水草肥茂，冬令多牧畜，自此黄河北流渐东向，经后套七八站，由湖湾可抵包头、镇番（东北二百余里有青盐池、白盐池、蓉山百阿拉善界）。山丹北三百余里，有红盐池，阿拉善界。永昌西北暗门二百余里，阿拉善界［陀拉善界］。古浪北、土门子、大靖堡，出暗门，接阿拉善。平番，东北一百余里，松山营，出边墙，接阿拉善。皋兰，北二百余里，红水堡，出边墙百余里，接阿拉善。（未完）①

《平等杂志》（月刊）

北平平等杂志社

1931 年 1 卷 8—12 期

（朱宪　张爱麾　整理）

---

　　①　经核查，此刊现藏只至 1931 年 1 卷 11、12 期合刊。——整理者注

察哈尔蒙族的现状

阙 名

　　察哈尔省，为东北、西北之中心，北控外蒙，南卫冀、晋，而出产如牲畜、皮毛、盐碱、铁产等，极为丰富，是该省在我国国防上、产业上，均占极重要之地位。该省原系内蒙建省，除汉人居住之口北十县，前年划归该省外，其余张北、多伦等六县，原为察哈尔左右翼蒙族之地。其北部五六十万方里，占全省三分之二，以上之地，系锡林郭勒盟十族所在，为蒙民之大本营。省府一时未能加以经营开发，设治建县。兹调查锡盟察部各旗之人口概况、政治组织、教育、出产、风俗民情五项，颇为详明，爰录于后，以供关心蒙事边情者之参考焉。

人口概况

　　（甲）锡盟十旗　一、乌珠穆沁左旗，人数约一万。二、乌珠穆沁右旗，约万二千余。三、浩齐特左旗，约八千余。四、浩齐特，约一万。五、苏民〔尼〕特左旗，约九千余。六、苏尼特右旗，约八千余。七、阿巴噶左旗，约一万。八、阿巴噶右旗，约一万。九、阿〔噶〕巴〈哈〉那尔左旗，约八千余。十、阿巴哈那滨〔尔〕右旗，约八千余。

　　（乙）左翼四旗　一、镶黄旗，千八百余户，九千一百余口，男十分之六（内有喇嘛十之二三），女十分之四。二、正白旗，千五百余户，八千二百余口（百分比同前）。三、厢〔镶〕白旗，九百余户，七千四百余口。四、正蓝旗，一千九百余户，九千一百余口（百分比同前）。

（丙）右翼四旗　一、正黄旗，二千一百余户，九千二百余口（百分比同前），汉蒙杂处，近年迁往乌、锡盟及左四旗者，八百余人。二、正红旗，七百余户，人约一万，男十分之六，内有喇嘛十分之一，女十分之四。汉蒙杂处，近来散住四子王旗及西苏尼特等处者，七百余人。三、厢〔镶〕红旗，六百余户，八千三百余口（百分比同前）。汉蒙杂居，近年蒙民移住乌盟，及东西旗者，六百余人。四、厢〔镶〕蓝旗，八百余户，七千五百余口（百分比同前），汉蒙杂处，蒙民近年来迁往四子王旗寄居者，七百余人。

（丁）四群　一、商都牧群，二千余户，人口一万，男占十分之六（内有喇嘛十之二三），女十之四。近蒙民移在乌盟、锡盟及东四旗者，三千余人。二、明安牧群，三千余户，万九千六余口（百分比同前）。三、左翼牧群，千七百余户，七千七百余口（百分比同前）。四、右翼牧群，五百余户，二千二百余口，男十分之六（内喇嘛十分之一），女十分之四。以上锡盟及十二旗群，共二十万另七百余口。

政治组织

（甲）锡盟十旗及左右翼八旗之行政组织　每旗设总管二十一人，由省府委任，设正副参领各一人，由总管选派，呈省府委任。正副参领之下，设佐领二十名，护军校二十名，骁骑校二十名，由总管选呈省府考验加委。护军、骁骑两校，承总管及正副参领命令，襄助佐领执行职务。佐领及护军、骁骑两校之下，设马甲三十五名、护军三十五名。

（乙）各旗行政组织　一、商都牧群，设总管一名，由省府委任。下分驼群、左翼马群、右翼马群、左翼骡马群、右翼骡马群。群各设翼长一名，每群下设"委翼长"、"护军校"各一二名，其下设牧长二十八名至三十四名，牧附二十四名至三十四名，护军五十五名至五十七名，牧夫百九十二名至〈百〉九十六名。二、明安牧群，设总管一名，由省府委任。下各厢〔镶〕黄牛群、厢〔镶〕黄羊群、正黄牛群、正黄羊群、正白牛群、正白羊群，群各设协领一名。每群下设"委协领"、"护军校"各一二名。其下分设牧长、牧副〔附〕、牧夫（数目同前）。又总管下，设达里岗盖翼长一名，下设"委翼长"一名、"额外翼长"三名。再下设牧长、牧副〔附〕各六名，牧夫三十名。三、左右各翼牧群，设总管一名，由省府委任。其下镶黄、正白、镶白、正蓝各旗、马群，各设协领一名。又下各设"委协领"二名。再下各设牧长、牧副〔附〕各十名，护军四十八名，牧丁五十六名。

上述系旧制，至今沿用未改。各旗以佐领为单位，每旗十三佐、十九佐、二十佐不等。佐分三种：一正佐、佐中，佐主要官员有佐领、骁骑校、护军校各一员，其下有领催、先锋，及护军、马甲等。此外尚有半佐领，其组织与正佐领同，唯所辖人数，只有正佐领之半。如骁骑校、护军校，均为助理佐领执行全佐事务。其施行政令，系由佐领呈报正参领，转呈总管，再由总管转呈省府。其阶级分限极严：由披甲升护军，或领催，或先锋，此为第一阶级；由此再升护军校，或骁骑校，此为第二阶级；由此再升佐领，此为第三阶级；由佐领升护参领，或正参领，则为第四阶级。正副参领，多系佐领兼充，由正参领升总管，此为最高阶级。凡升迁至护军校或骁骑校，以至佐领，若该佐领系公中佐领，尚有再进之望，如该佐领系世袭职，则无论功绩如何昭著，才具如何优良，亦不能僭越。此种世袭之职，封建制度，牢不可破，有如此者。

（丙）锡盟十旗首都〔领〕名种〔称〕如下　一、乌珠穆沁右旗，扎萨克郡王多尔济。二、乌珠穆沁左旗，扎萨克亲王索诺木拉布丹。三、浩齐特左旗，扎萨克郡王松津旺绰克。四、浩齐特右旗，扎萨克郡王桑达克多尔济。五、苏尼特左旗，扎萨克亲王林沁旺都特。六、苏尼特右旗，扎萨克亲王德穆楚克栋鲁普。七、阿巴噶左旗，扎萨克亲王杨桑。八、阿巴噶右旗，扎萨克郡王松诺栋鲁普。九、阿巴哈那尔左旗，扎萨克贝勒阿克栋阿。十、阿巴哈那尔右旗，扎萨克贝勒索特那木诺尔布。

教育设施

（甲）学校设施及其成绩　一、锡盟无学校，只有私塾，学生共计在二百人内，在张垣读书者仅六名。二、十二旗群，各旗群均有初级小学校一处，此外有高级小学两处，一设镶白旗，一设正红旗。各校自民国六七年间成立，至现在止，由初级毕业者共三六九名，由高级毕业者一三七名，巳〔已〕申〔由〕中级学校毕业者三十五名，大学毕业者二名，大学肄业者二名。

（乙）经费来源及其数目　一、锡盟无。二、十二旗群，（1）来源，由省教厅支领及学田供给。（2）数目，由教厅支领者，高小月支八十余元，初小月支五十余元。各校学田有二三十顷者，有五十顷或百顷者，唯多系未垦之地，加以天灾人祸，此项经费，虽有若无。

（丙）教职员、学生　初小校长自兼教员，另有管理员一人。高小校长、教员、助教、管理员各一人。学生定额，初、高级各四十名。

（丁）教育不发达之原因　一、盟旗政治领袖根本不了解教育为何物，且亦不愿人民开化，影响其权位。二、人民游牧，生活无定所，教育不易设施。三、迷信甚深，不愿受教育。

各项出产

蒙古地多沙漠，气候寒冷，不宜耕种，只宜牧畜。近来东西各盟相继开垦，锡盟墨守旧习，尚未垦荒。唯十二旗群则半耕半牧。其出产项目及额数如下。

（甲）牲畜　（一）锡盟每年产骡驼的〔约〕五万只，每只以百元计，值五百万元；产牛约八万头，每头以六十元计，值四百八十万元；产马约十万匹，每匹以五十元计，值五百万元；产羊约百万只，每只以五元计，值五百万元；总计共值千九百八十万元。（二）十二旗群，每年产驼约千只，值十万元；产牛约五千六百头，每头按四十元，值二十二万四千元；产马约二千五百匹，值十二万五千元；产羊约四十万只，值二百万元；总计共值二百四十四万九千元。

（乙）皮毛　锡盟及十二旗〈群〉，平均每年出产羊、牛、马、狐、狼等皮，约值五十六万三千元，驼绒、羊毛，约值六十三万二千元，总计值一千一百九十五万元[①]。皮毛两项均由张家口、热河二处输往外洋，蒙民卖出时，绒毛每斤不过四五角，羊皮每张不过四五元。

（丙）农产品　锡盟完全牧畜，十二旗群之右翼四旗，则已有

---

①　以前两项相加，应为一百一十九万五千元。——整理者注

耕种，唯缺乏经验，以至生产不丰。每年所产小麦、小面、谷、黍、山芋等，约值二十五万元。

（丁）盐　（一）锡盟为著名产大青盐之区域，年产数十万车，每车七百斤，当地收买，每斤约值洋二分。（二）十二旗群，以产盐著名，运销张家口，制成口盐，销北方一带。

（戊）森林矿产　木材甚多，唯未能加以保护。矿产如煤及水晶均夥，未加开采，均属可惜。

风俗民情

（甲）服制　一、旗群服制，大体与内地相同。窄袖长褂，布带束腰，富者绢帛，穷者棉布。冬则棉衣、皮裘，夏则宽衣、大袍。男女衣服、鞋帽，更多与内地相同。其东西群及四群北部妇女，多用金银、珊瑚、手套钏锅〔镯〕，以为美观。二、锡盟之服制，与内地则大异，王公与平民多留有发辫，多半清时衣服，公务人员尚有着蟒袍，带红顶花翎之礼帽，则妇女束发二条，垂于左右，饰以珊瑚、珍珠，耳悬环圈，手套钏镯。若已嫁者，则束辫一条，头带珊瑚、银版，以别于处女。

（乙）婚礼　蒙古女子至十四五岁时，即行定前〔婚〕，其常例男子比女子大二三岁。其聘礼有送马、羊、牛等性〔牲〕畜者，有送金银、财物者，其数项，视贫富而殊。结婚时，由新郎家派人迎接到〔新〕妇，乘马绕幕三匝后，始到新郎家，见翁姑，入内拜灶后，出外一同礼拜祈祷，礼成，然后新郎、新妇家属设宴款客，有继续七八日者。

（丙）葬礼　蒙古葬礼分三种。（一）埋葬，纳尸于棺而葬之，此汉蒙杂处之地方多行之。（二）火葬，将尸体焚化之，搭〔拾〕其骸骨，粉碎制饼，纳于灵龛存之。（三）弃葬，喇嘛诵经后，即暴尸于野，此为蒙古喇嘛教一种葬仪。

（丁）民情 蒙古民众，性质勇毅厚朴，从无弄奸取诈之习，外人每行经蒙地，对蒙民多施嘲笑作弄，然蒙人恒以宾客之礼相待。例如汉人赴蒙古旅行，日行十数里，或数十里，若无旅店，可向任何蒙民言明来历，当即延为上宾，备极款待，一〈任〉宿食。或有不知途径时，可以备马引路，或借与骑乘，或骡，或马，或牛，遂至目的地，并不讨索钱文。此种情形，全蒙皆然。又蒙民彼此间并无争夺盗窃之事，蒙之牧畜并无畜圈，一任牲畜在原野吃草，且不甚看管，夜间仍在草地，并无偷窃驱逐之事。若有失落，四向找寻，必可获得，从无瞒藏之举。男女社交，极称自由，毫无理论上、道德上，片面之限制。生活条件，亦甚简单，无乞丐，倘有贫寒者，众皆救济之，甚或对于昆虫、禽兽，亦不忍侵害。十二旗群，则不免欺骗狡诈，彼此侵劫矣。

《社会杂志》（月刊）

北平社会杂志社

1931 年 2 卷 1、2 期合刊

（朱宪　整理）

外蒙一瞥

马鹤天　撰

外蒙古虽有广大的土地，丰富的物产，然土地则半是沙漠，半为草地，农业未兴，游牧依然。物产则矿产未开，皮毛仅为原料，北部森林，纯任天然。故就财政说，外蒙古绝没有独立的资格，惟因受俄人的鼓动，脱离中国，财政收入，惟恃税捐。于是赋税繁重，受害者全为汉商。因蒙古人不知商工，从前的商工业权，全在汉人手中（惟矿产由俄人开采），独立后，又受俄国思潮、政策的影响，视商人为资产阶级，极力压迫。当鹤天在外蒙各地考察时，许多汉商，向我诉说苦况，和蒙古政府的压迫情形。其言虽不无过当，然大致可知。但外蒙当局，积极整理财政，一方增加收入，一方节省支出，十五年收入不过八百余万元，十六年即增至一千万元，因支出甚少，每年尚有剩余，且关税自主，币制统一，财政基础，日渐稳固，也足令人惊异。兹把他的财政概况，和汉人被压迫情形，略述如下。

一　外蒙古的财政概况

（一）关税　外蒙自脱离中国后，关税自主，凡出入货物，按库伦价值，由税关人员估价，普通货物值百抽六，烟酒加倍。且估价时按国民的需要，分别抵制。如为蒙人需要的物品，估价低，抽税少，如认为消耗奢侈品，便估价极大，尤其对于汉商的货物，任意估计。

（二）财产累进税　外蒙财产，仅有驼、马、牛、羊的畜牧，所谓问其富，数畜以对，所以他的财产税，便是驼、马、牛、羊税。但以牛为标准，马与牛同，每羊七头抵一牛，每一驼抵二牛，其税率如左：

十头以下	无税
十一头至二十头	每年二元
二十一头至三十头	每年十元
三十一头以上	每年二十元
千头以上	每年牛百头

此种财产税，固多为蒙人负担。然汉商在外蒙各地买卖，大半不用金钱，即以货物换驼、马、牛、羊，于是亦负担财产税。因数不符，每受重罚，或发生许多争执。又有兽疫税局，用俄人为医生，据说系预防并医治畜牲的病，每牛生后，必施预防医治一次，纳税十元，此外凡驼、马、牛、羊出口入口经过时，一律纳检查税，骆驼每头二元五角，牛、马各一元五角，羊二角五分，违者重罚。是汉商所有驼、马、牛、羊，连上数次税，且多受重罚。

（三）人口税及职业捐　人口税，是专对外国人征收的，也可说是专对汉人征收的。因在外蒙的外国人，只有俄人和汉人，俄人比汉人，不过百分之一。从前外蒙有中国官吏，汉商极其自由，现在被视为外国人，特别征收重税，以冀汉商日减。其税共分两种：一是领票税，即汉人在外蒙者，须领一证票，每年每人十二元；一是验照税，商界每人每年五元、工界一元、政界二元，因每年每人须纳十数元的人口税，故汉商贫苦者异常困难。又有职业捐，对商工界征收，然实际也可说是专为汉人征收。因外蒙古商工业，除少数俄人外，几全为汉人。其商界税率，又随阶级而不同。掌柜每年每人十二元、坐柜六元、学徒二元，工界每年每人十二元。又挑贩商每年每人亦须纳五元职业捐，如是每年每人需数十元税。又有入境护照及领票验票的手续麻烦，并无照、无票者，一律驱逐，汉人自日日减少。

（四）营业捐及印花税　营业捐共分八等如左：

一　资本四十万元以上者，每年一千五百元；

二　资本二十万元至四十万元者，每年七百元；

三　资本十五万元至二十万元者，每年三百七十五元；

四　资本十万元至十五万元者，每年二百二十元；

五　资本七万元至十万元者，每年一百一十元；

六　资本一万元至七万元者，每年五十五元；

七　资本三千元至一万元者，每年二十五元；

八　资本七百元至三千元者，每年一十元。

印花税关于商工业者，有二种如左：

一　期限账　每千元须贴二元五角；

二　流水账　三元至六十元者六分，六十元以上至百元者十分，百元以上至千元者百分。

外满〔蒙〕营商工业的百分之九十九是汉人，所以这营业捐和印花税，也可说完全对汉人征收，因之营商大受影响。又有一种账簿捐，每千元纳十五元，尤为苛重。

（五）车马捐及房租捐　车马捐分三种如左：

一　马车　每年每辆十元五角；

二　牛车　每年每辆一元二角；

三　自行车　每年每架五元五角。

房租捐，按房的价值多寡抽收，分十二等如左：

一　三百六十元至六百元者，抽百分之〇·二五；

二　六百元以上至一千二百元者，抽百分之〇·七五；

三　一千二百元以上至二千五百元者，抽百分之一·二五；

四　二千五百元以上至四千元者，抽百分之二·二五；

五　四千元以上至六千元者，抽百分之三·五；

六　六千元以上至八千元者，抽百分之五；

七　八千元以上至一万元者，抽百分之六·五；

八　一万元以上至一万二千元者，抽百分之七；

九　一万二千元以上至一万五千元者，抽百分之八；

十　一万五千元以上至二万元者，抽百分之九；

十一　二万元以上至三万元者，抽百分之一〇；

十二　三万元以上者，每年抽四〇〇〇元。

这两种捐，直接、间接，也是汉人负担。因此两种捐，实际限于都市，凡营都市马车等多汉人，瓦房也大半是汉人居住。

（六）银行币制　外蒙从前完全用中国的货币，银币、铜币、纸币均有。纸币是边业银行发行的，库伦有边业银行，独立后，边业银行关闭。然依然用中国的银币、铜币。数年前，即在边业银行故址，成立蒙古银行，发行纸币，分一元、二元、五元、十元、五十元、百元的数种，并与张家口、北平远东银行通汇兑。又自铸银币、铜币，银币分一角、角半、二角、五角、一元的五种，铜币分半分和一分的两种，中国货币，自此渐渐减少。外蒙政府，又用种种方法，抵制中币。自我民国十五年到库伦后，蒙币价值日高，中币日小，最初因蒙币尚少，且同值分量小于中币，故每一元多，始易中币一元，以后渐渐相等，至我十六年离蒙时，蒙币竟高于中币矣。并限制汉商汇款内地，于是中币日日低落，汉商大受影响。

二　汉商口中之汉人被压迫情形

当我初入外蒙境，到拜申图时，即有汉商数人，对我诉说苦状。继到郭尔班赛恒旗、三音诺颜汗部、库伦，以及道中所遇汉商，无不详述被压迫的情形。总括起来，约分以下数种：

（一）赋税繁重　据说，当外蒙未独立时，一切没有税捐，汉商自由来往，自由运货，自由和蒙人交易，获利很大。现在入境有税（每人护照税三元），居留有税（每人每年领票税十二元，验照税五元），职业有捐，营业有捐，账簿有捐，财产有税，且动辄受罚。甚或代蒙人纳税，如驼毛买卖，每百斤纳税九元六角，固应买卖两家，各出一半，但往往同由买者出纳，不用说，买者是汉人。如此政繁赋重，任意压迫，自然获利甚微，甚至亏本。

（二）任意估价　据说，出入口货物，虽规定普通值百抽六，但由税关人员估价，对汉商货品，任意高估，往往高于货价数倍。因之汉商每把货物，弃于税关。又如某商买马鬃毛千斤，每斤价仅三角，上税时每斤非五角不可，该商愤欲自杀。

（三）任意罚款　据说，漏税或数目不符时，对汉商有意冤诬，随便罚款。如某汉商有羊两千只，去税局上税，适其弟收帐得羊五百只，赶回家中，某固不知。税局人员往查，以其数目不符，罚洋十倍，苦辩不听，竟多纳银约一千五百元。又包头大盛德商号，在外蒙有骆驼一百七十头，羊三千头，因漏税已罚九千余元，兽疫税局又要罚一千八百元，合计已过万元，一年所得，不敌一日之失，其人痛哭数日，因以卧病。

（四）任意干涉　据说，从前汉商自由用秤，现在须一一交验，凡秤杆、秤锤、秤钩，均须益用火印。五十斤以下的秤，纳用印费三元，五十斤至百斤的六元。以后如查出高低不合，差一罚百。又从前买驼毛、羊毛时，因毛内有沙土，用十八两一斤的秤，现在须一律用十六两的，汉商吃亏不少。

（五）任意拖延　据说，税局职员，对汉商纳税故意迟延拖累，如无熟人，往往等候数日，甚至驼、马饿死。领路照时，亦许久不发。盖火印时，明明有人，每说无人，令候数时。汉人在蒙人机关服务的，也迎合蒙人的意旨，对汉商侮慢拖延。如有宣化人某，在邮局中任检查汉商信件事，往往搁置苛待。又有某汉人，在某机关任发汉商护照用蜡印事，亦故意迟延骄慢，汉商无不愤恨。

（六）任意虐侮　据说，蒙人现在对汉人，任意虐待、侮辱，如某旗建筑剧场，令各商号每家滩〔摊〕洋十元，所演的戏，却是形容中国从前在蒙官吏陈毅等压制蒙人的情形。并强迫汉商去看，不去的每人罚洋，半路回的也罚。演剧费用，令每家滩〔摊〕砖茶三十块。又外蒙政府派人到各地讲演，劝蒙人自己注意农工，不要再买中国人的衣食用品，排斥汉货，公然到处宣传。

（七）任意驱逐　外蒙二次独立时，汉人被杀被逐，一时回内地者数万人。近年用入境护照、居留证票等方法，排斥限制，无票的〔时〕，任意驱逐，往往在中途冻死、饿死。验票时，又往往在晚上入睡后，无票时，立被驱逐。

三　汉人之今昔与对于三民主义的态度

从前汉人去外蒙经商时，仅有驼马雪沙之苦，却无政治、经济之压迫，且库伦有中国长官，中国军队，一切自由，获利很大，所以去者日多。库伦有东营子，为汉人聚集营商之地，所以原名"买卖城"，因中国军队官吏，均驻扎其地，故又名"东营子"，一名"东库伦"。据说，以前汉商有几千家，约六万余人，自陈毅败走，后被枪弹打死的约两千人，移居到西库伦的（现在外蒙政府各机关所在地），约两三千人，余都回国去了。我游览该地时，看见街道整齐，铺房栉比，并有鲁班庙、关帝庙、吕祖庙、城隍庙等，建筑壮丽，想见当年的繁盛。现在铺房全成废屋，空无人居，据说外蒙政府，不许典卖，也不许拆毁，如有人居住，或代为看管，便须估价纳税，每年按价抽百分之一；若无人居住或代管，便要充公，所以汉商不堪其苦。现在东营子汉商，不过数家，连住居、看房屋不过二百多人。西库伦汉商，亦不过五六百家，统共约一万余人。从前汉人冒风雪、逾荒漠，离井里数千里外，到外蒙经商者，因有特别重利。今税捐繁重，层层剥削，种种限制，自然归者不来，在者思去，人数一落千丈。再以商业情形言，据说，惟北通和号，每年可得利十万元左右，东富有、隆和玉等，每年也可得数万元，余大半仅足维持，获利甚少。从前赫赫有名的大盛魁，因受外蒙政府压迫，业已倒闭，各地欠账有百数十万元，外蒙政府通令不许蒙人偿还，一蹶不复再起，库伦汉商，真不胜今昔之感。库伦如此，各地可知。

　　汉人在外蒙这样痛苦，直接受外蒙的压迫，间接也可说是受俄人的虐待，因外蒙政府，由俄人操纵，其对汉商故意苛待，系采取俄人打倒资本家、消灭商人的主义政策。如是对于反对赤白帝国主义、解除各阶级民众苦痛、救国的三民主义，应该特别欢迎方是。但实际上，因商人毫无知识，又无人为之宣传，不知三民主义为何物，且视国民党如共产党，同样畏惧。在库伦时，某次与某商号学徒《三民主义》一册，请他阅读。不意他的掌柜知道了，竟把某学徒开除。我到商会访主持人员，想说明中国国民党并三民主义和他们的关系，以及与共产党、共产主义的不同，他们听说我是国民党员，不肯并不敢见面，可笑亦殊可怜。在共产主义迷漫的外蒙地方，不特对这些汉人应该特别宣传三民主义，即对于蒙古民众，也应该特别宣传，使蒙古民族，渐渐觉悟，同归于青天白日旗帜之下，不第汉人痛苦得以免除，即蒙人赤色帝国主义的压迫，也可以解脱了。

《新亚细亚》（月刊）

上海新亚细亚月刊社

1931 年 2 卷 1 期

（朱宪 整理）

热河的概况

中央军校第九期入伍生第五连毕长风　撰

热河地处边陲，文化落后，既没有交商口岸，又不是军事、政治的要区；所以有人一提到热河，他们脑子里就涌现出一片少有人烟的，偏僻黑暗的，沙漠地方的一个影子，这固然是他们对于本国的知识太浅薄了；然而也是因为热河的人，对于热河的概况，缺少具体的宣传和介绍的缘故。兹将热河的面积、人口、物产，以及近年的政情，分别说明，以备阅者研究。

（一）人口及面积

热河人口，向未得到详细的调查，故究为多少，谁也不知确数。民国十六年，曾经调查，约在七百余万；但人民知识不开，以为清查户口，就是征兵，都是以多报少。这几年来，热河莫有大的水旱天灾和战事，我们敢信热河人民总在一千万以上，汉人居多，蒙民约有四五十万。

热河面积约为七千万方里。在先划为十五县，县境极大。近来又由北部划出三县，已施行县治，兹将十五县的人口及面积，列表于下：

县 名	面积（方里）	人 口
凌 源	50，120	1，247，000
朝 阳	67，500	910，000
赤 峰	92，400	954，658
阜 新	6，100	426，700
平 泉	67，500	526，480
承 德	96，643	652，952
开 鲁	13，000	420，300
滦 平	52，000	223，000
绥 东	96，000	160，501
围 场	49，409	638，765
林 西	22，470	99，600
经 棚	1，210	184，000
丰 宁	17，000	300，584
隆 化	14，000	310，282
林 东	——	——
天 山	——	——
巴 林	——	——

（二）交 通

热河境内多山，交通不便。加以无特殊出产，几与外界隔绝。近来平热有长途汽车，锦朝支路筑成，交通较前便利多了。

（甲）汽车，由北平到承德，分至各县，都有营业汽车。费用每人每里约大洋三分。惜此项汽车，因费用关系，仅能载行客，不能运货物，将来汽车路如特加修筑和保护，设置路站，或可兼运货物。

（乙）锦朝路起点在辽宁之锦县，终点在热河之朝阳北票，长二百余里。北票距朝阳县城九十里，闻由北票至朝阳已计画兴工。又打算经赤峰、开鲁以通辽宁，按总理的实业计画，由赤峰至葫芦岛修一条干路。赤峰是热河陆地的商埠，葫芦岛是新辟的海港，于热河的工商业和军事以及运输等是很有关系的。

（丙）邮电、邮政，各县有分局，各镇有支局；但没有快邮，仅有挂号邮。电报，各县均有电局，通达全国。由林西至张家口，通北平，另有一条支线。

（三）物产

交通不便，工商业自然不会发达，故制造品很少。主要物产：小米、高粮〔粱〕、各种豆类。此外毡、毯、绒毛、皮革等货物，每年也有大宗出口。特产：有口麻、甘草（日本人在赤峰，组有收买甘草公司，利为外获，良可惜也）。畜类：牛、羊、猪、马最多。围场县有大森林（长三百余里，松木有高至十丈的）。其余最值我们注意，并可供将来发展的，就是各种矿产。兹把各种矿区，分类列下：

（甲）煤矿

朝阳县——北票、岳家沟、兴隆沟，现已开采，煤质颇佳。

建平县——青龙沟、三家子。

赤峰县——东元宝山、西元宝山、柳条子沟、猴头沟。

凌源县——冰沟、波勒寇沟。

隆化县——苔山。

围场县——朝阳滦子、小韦子沟。

阜新县——新丘、马架索、水泉、孙家湾。

承德县——楚洞子、印子峪、火神庙、狮子园西沟。

滦平县——金厂。

平泉县——十大分、五家子、松树台、宽城、缸窑岭。

（乙）金矿

平泉县——老虎沟、十家子。

建平县——碾子山、霍家地。

朝阳县——北票东沟、金厂沟梁。

赤峰县——鸡冠子山、红花沟。

丰宁县——六台岭、东窄岭、西沟。

滦平县——徇头沟、金工沟、八道河子。

永〔承〕德县——碾子沟、骆驼山子、狮子沟。

（丙）银矿

承德县——孤山子。

滦平县——鸡爪滦。

丰宁县——碴沟。

（丁）水晶石矿

巴森〔林〕县。

（戊）翠矿

建平县。

由上表看来，煤矿最多，金矿次之。惜多未开采，弃货于地！且尚有开采权被日本夺去的，如阜新新丘一带煤矿，于民国九年，竟有人卖给日本人，真令人痛心！我热河青年应如何努力！

（四）教育

热河教育，陈腐已极，这虽然是受环境的影响，也是热人自己不求进步，以及教育当局敷衍了事，把教育机关，划归政治舞台，视为升官之阶梯，有人当官，无人做事，所以就不能殷〔够〕进步了。全省共有四个中学，不过二百余人，因为经济拮据，聘请不着好教师，以致腐败不堪言状。且被丘八占了两个，后经学生的奋斗，才把朝阳中学退出，得以开学。男女师范各一，办理较为好些，也是追不上潮流。这样的教育，这样的学校，哪里会造出好的学生来，故到外省投考好的大学，当然必受淘汰。没有办法，就入了饭店式的大学骗了一张文凭，没有基础学识，到了文化先进的各省，必受淘汰，只可回到文化落伍的热河，抱了一个升官发财的主义，即变成社会的害虫。因为教育不良，热河青年就渐渐堕落下去，长此以往，热河教育的前途，太可怜了！兹将热河教育的概况列表于下：

校　别	国民学校	高等小学	中学校	完全师范	总　数
学校数目	863	26	4	1	894
学生数目	20，455	1，324	256	121	22，156
教员薪金	112，593	20，046	14，221	5，232	152，026
学校经费	143，256	77，523	29，250	1，280	262，853

（五）财政

热河人民总负担，的在一千万元（鸦片烟税在外），若能整理得人，铲除中饱，以三等省分，总可维持一切。现在省库收入，约计四百万元，与人民实际负担数目，相差太多，以致省库空，人民穷，官家富，可见热河的黑暗。

热河的总支出，约在六百万元，比之收入之数，相差二分之一。于无可奈何之中，遂想出剜肉补疮的办法，大开烟禁。热河开种鸦片，今已九年，饮耽〔鸩〕止渴，死在目前。全省烟地一万余顷，每亩税洋现洋九元，计此项税款，约在一千万元以上，除了警察、县官、禁烟局各提成外，解到省库，烟款的收入，也不过三四百万元。当局不去整理财政，只知苛捐于民。照我们的经验，知道热河的金蝠〔融〕已临绝境，其影响甚觉可恐。兹将概况略陈于下：

（甲）钞票

热河兴业银行，是官家办的，滥发纸币，在各县设立兴业粮栈、兴业皮庄、兴业烟土庄。不值钱的纸币，收买粮石、皮货、鸦片，转运于外省，换成现洋，以饱私囊，最可怜的是一般无知庶民，他们手中存有几百元钞票，恐怕将来分文不值，只好以五六元掉换现洋一元，以五六百元，买一匹马。至若依靠薪俸的各机关职员，往往所入不足糊口，而各地庶平由惨澹经营得来的积蓄，一转移间无形中损失五六倍。货商在账簿上考察，则称赢利巨万，若以卖出货物之实价估计，则又大亏原本。故热河百业凋零，经济破产。惟狡黠之徒，得以趁机渔利，顷刻而致富，在此紊乱的金融之下，热河的治安实在是危险万分啊！

（乙）鸦片

热河为维持财政计，大开烟禁。且于去年强派各县，执定烟地亩数，苦不够比较，即加多征收，以达到执定亩数之捐税。去年烟地不够比较者，竟有每亩征收大洋十七八元（原每亩九元）。一般无知愚民，没有办法，只好努力多种。膏腴之地，化为烟花罂粟之场，计有一万余顷。农民以耕种的工夫，完全致力于鸦片，竟把粮田任意荒芜。每年减收人民食料，计有八十余万担，影响民生，为害滋大。故连年饥馑交臻，民食咸苦不足。去年七八月间，小米价值，每斗（合四十余斤）现洋七元。饿莩载道，求借无门，老者转乎沟壑，壮者挺而走险。

一般吸食鸦片的顽钝愚氓愈见增加，统计热省烟灯二十余万，即每日之消耗已有二十余万元。许多人弄得家产丧尽，贫无立锥，就变成盗匪的导线。而各机关，把鸦片当做很时髦的应酬品，这种大烟鬼，只有精神计算私人利益，没有给人民办事。于是贪官污吏以及土豪劣绅愈见其增多，人民受苦，不堪言状矣！

（丙）行政的黑暗

热河行政的黑暗，大概讲起来，行政官员，都是买卖式的。一个县征收局长，有用现洋三万余元，买到手里。县长、公安局长，也必须大洋一两万元，才能到手。此项化费，他们有很漂亮的名称，叫做应酬费。大家试想一想！他们的官，是有本钱的，做了一任官，还上本钱，还要赚现洋十几万元。拿一个警察巡官来作比例，每年竟有赚现洋一万余元者。由此可见贪官污吏剥削之一般矣。

（丁）人民的负担

热省亩捐，每年每项现洋二十一元。人民的格外负担（人头税、粮秣税、房税，种种苛捐，不胜枚举），每年每项，要现洋二百余元之多，人民要负担这么多，当然是不少了；若能整理征收法，严惩中饱，那末，不种鸦片烟，尽可以供给全省的支出。

（戊）现洋的出境

七八年间，贪官污吏，所刮取的现洋，在一万万元以上，都运藏在热河境外的库号，或作境外的消路。出境的数量增加，而入境的数量很少，热河又没有造钱的炉厂，市面金融的紧张岂不是自然的现象吗？我们抱着一腔热血，含着两匡〔眶〕眼泪，来给热河民众，呼喊一线生机。

（己）农村经费

热省二十年前的农村经费状况，纯为一自给自足经费社会。省北各县，人烟稀少，荒芜之地，多未开垦，几占全省十分之一。农村之耕作方法，普通多用广耕制，并依轮栽农法，每岁变换其作物。因农民劳动，即可得食。且又生产为供消费，故家给户足，殊鲜冻馁之虞。

近来农村，迭遭浩劫，家产食物，悉被毁于匪，虽有土地亦无法耕种。又不忍坐视田畴荒芜，不得已群趋地痞、土棍、官僚、劣绅所行之高利贷下，以图生存。如借洋一元，一年利息须洋一元，弄得结果，把土地尽被大地主垄断到了。自己不能完全耕种，于是立约租给佃户，供给其食物农具，并定分农产物之方法。地主得十分之六，佃户仅得十分之四。及至农产物收获时，粮价甚为低廉，而地主逼迫佃户，偿还前所借之种种费用。因收获时之谷价，恒较耕种时低廉数倍，故农民终岁辛勤之所得，尽为剥削，年复一年，而农民又不能离地主而生活，社会阶级□然划分。又□历年迭遭水旱之灾，苛捐杂税之征收，军队扰骚，征收浩繁，钞票毛□，金融紧张，鸦片不禁，连年饥馑。人民受此种种压迫，不能安居乐业。社会险象，于□□□。现土匪到处蜂起，"赤匪"潜伏各处，造成空前之匪□。农民被其□残，遂完全破产，富者沦为赤贫，贫者苦更不堪言状。用心热河治安者，不可不加注意，而思有以救之也。

（六）党务

热河人民，不但无党的训练，且无党的认识。在民国十七年，中央曾派沈默等八人，为热省党指委。该委员等，只知在北平徒享安乐之生活，不思回热谋劳苦之工作。动以环境关系，欺骗中央，后经查撤。民国十八年，中央又加派梁中权等五人，在北平组织党部，未及回热，而阎、冯叛逆，北方走入反动局面。而梁中权羡慕反动势利，竟敢勾结反动分子，将热党部之器具，尽断送于伪部之海外总支部。梁某现被中央查党，通缉在案。热省北接外蒙古，现有苏俄之共产党，在热省北部建平、黑水等处，设有秘密机关，大肆活动，广事宣传，煽惑民众，热河民智不开，强悍性成，一旦受其欺骗，起而为乱，其祸当不在南中诸省之下，则对于热省涂炭之七百万民众，应予以救济者，实为目前当务之急也。

（七）军队

热省全境，驻兵四旅二团，兵额不足，总共不过六七千人，分驻各县，粮秣由地方供给，各县设有粮秣局，专司其事，按着种地亩数征收粮秣，每天地（一天十亩）高粮〔粱〕四斗，干草一百五十斤，兵占处费大洋三圆〔元〕，官车费大洋三元，军队收到粮草又卖出，钱入私囊，不够时重向民间征收，一年不知有多少次。其军官十之五六，是高粮〔粱〕地毕业，兵士亦多为无赖流氓，无纪律，无训练，终年不发饷，穷兵没办法，化装为匪，昼伏夜动，攻堡劫寨，杀人放火，奸淫掳掠，无所不为，敲烤〔拷〕

吊烧，惨不忍闻。其最毒者，朝阳县城北张姓，被抢去大洋三千余元，张姓追击，杀贼一名，天明调查，是四十九团兵士，该团反借口抓赌，将张某拘押在县，判了徒刑，即此可见一般。际兹迭遭荒旱之后，频受大军压境之灾，以致商业倒闭，人烟断绝，幕天席地，不蔽风日，十室九空，难免饥殍，今年年景不好，人造凶年，可立而待，哀我孑遗，奄奄待毙，民众敢怒而不敢言，一般智识分子，在民十七年，曾作革命工作，但未成功，同人多被抄家，逮捕拘押，所押之革命党员，到现在还有未放出者，处此青天白日之下，发生人间地狱之事，凡有血性的人，闻之无不痛心落泪。

（八）农业

中国以农立国，几千年来的民生问题，国家的经济建设，差不多完全建筑在农业经济。最近国际资本主义侵入以来，都市的近代化，农品的商业化，日就崩溃破灭的自给自足农村经济，仍不失其主要生产地位。热河地虽不平，而土质肥沃，近河边处，灌溉方便，畜牧、种植无不适宜，故务农者占百分之九五。兹将农业概况，详陈于下：

（甲）农业制度：热河土地，尚有未经垦务局勘放者，一般领有土地之大地主，所有土地至少在一千亩以上，十万亩以下，以地广人稀，生活较易，其中只就容易开垦，而灌溉方便者种植之，实则耕者未必有其田，田地之经营多粗放，只求可以收获，其未垦种者，则不能得些许之利。

（A）地主：地主多有钱有势者，在放垦之时，彼等既有充分之金钱，又有自己之势力及官场交际手腕，故可以多领地土，于勘丈时，自有一切便利。彼等自种者固有之，而多以招佃户种植，及坐待地价高涨而卖之者为多。概言之以自种一二千亩，其余佃种，在地之一部造一院落，邻近农家及佃户，呼之为"公中"（在热河北部见之）。在昔一切事件，不论民事刑事，皆由"公中"解决，故直一政府耳。现在此种恶习，尚可见之。"公中"内设有掌柜的，管理全体事务，工头管理田地及放地事，实则权利有过掌柜的者，一般佃户每多与之纳奉，先生管理记帐书牍事，每当春季，农民之往谒"公中"领地耕种者踵相接，每百亩租金百元，春冬各交一半。

（B）自耕农，有由佃户逐渐发达，生活充裕，购买土地，自己耕种者为多，亦有在未放垦前即自由耕种，后经垦务局放地，无力购置，多数只就力之所及，领原种地数百亩，而经营之，此二种皆各终岁勤劳，人人尽力工作，生活泰然，此等人可为发展中之大有希望者。

（C）佃农：大地主领有之土地，多招佃户种植，未放垦之地，由蒙古各旗招租，名之为永租地，故佃农后来占大多数，其中有固定的，即就某"公中"种植田地若干，互相为倚，结成不可离开之势，有流动的，即今年在此，明年在彼，逐好地耕种，有如逐水草而居之势，若某处于今年夏季伏天，溉有良好田地，明年则移来种植，谓为"跑青牛具"。所种田地面积，至秋季勘丈青苗，有苗而收获者计，无苗及不收获者不计。收成不佳者，次第折扣，冬季清算租金，租金有不以现金为条件者，以当地产物，当租地之代价，平分所产物，各得一半，亦有四〔五〕六分之者，四成归地主，六成归佃户，税务悉由佃户交纳，盖视土地如何为定。兹将调查的农田、园圃的面积，列表如下：

农　田	园　圃	总 计 （亩为单位）
二五，七九二，一三〇	一，一六一，二一〇	二六，九四三，三四〇

土地经营的状态，小农为旱〔最〕多，其次为中农，统计

如下：

十亩未满	十亩以上	三十亩以上	五十亩以上	百亩以上	共　计
一六〇，三〇〇	二〇〇，一九九	一二八，六四六	九九，七二二	一八，二五〇	六一六，九七八

近几年来，十亩至三十亩以下的小农户增加，三十亩至五十亩的中农户数也增加，五十亩至百亩以上的户数，倾向减少，这种大农降为中农，中农降为小农的趋势，也是农村崩溃过程中，应有现象。

自耕农户数	佃农户数	自耕兼佃耕户数	共　计
四十〔一〕七，〇六二	九五，五三五	一〇四，三四〇	六一六，九三七

（乙）农业种类：热省所营农事，可分作物、牧畜、制造三事，大概以作物为正业，牧畜为副业，亦有以牧畜为正业者，至农产制造，则占少数，兹分述之：

（A）作物：小米、高粮〔粱〕为大宗，每亩产量，平均为三斗（每斗五十斤），余为黄豆、黑豆、荞麦、黍、稷、大麦、小麦、胡麻、棉花、芝麻、烟、绿豆、大麻等，列表如下：

作物	小米	高粮〔粱〕	黄豆	黑豆	荞麦	黍、稷	大麦	小麦	胡麻	棉花	芝麻	烟	绿豆	大麻
播种期	三月	三月	三月	三月	六月	五月	清明	清明	四月	谷雨	谷雨	六月	四月	四月
收获量	三斗	三斗半	三斗半	三斗	四斗	四斗	三斗	三斗	二斗	二十五斤	一斗	三百斤	三斗半	百五十斤
收获期	八月初	七月中旬	七月末	七月末	八月初	七月初	五月中旬	五月末	八月初	八月中旬	八月初	八月末	七月末	六月末

（收获期以夏历计）（收获量均以亩为单位）（斗以五十斤计）

热河农业，近几年来，农民完全致力种植鸦片，将农田任意荒芜，自苗初时直至收获，中耕两次，即无其他工作，故作物多与杂草混长，即此于收获结果尚为合算。所用农具，既不轻便，又不耐久，故于时间、人力，皆不经济。

（B）牧畜：大小农家，皆畜牛、羊、马、驴及鸡，羊五十至五百为一群，一人即可牧放，虽冬季亦不在家食喂，只靠野外天然牧场生活，若遇大雪之年，则死者颇多，每只绵羊，每年可产毛两三斤，山羊可产绒一斤，母畜产一子。牛可二十至百余为一群，牡牛尽供使用，牛、羊产乳量甚少，牛可数斤，羊可数两，土人对于所产乳间有饮之者，有时食用，有时任幼畜食用，概无乳业之可言。对于幼畜及母兽不另食细料，故亦不谋乳业之利，近来以羊皮之贵，冬春两季所产之糕〔羔〕，若为牡者，多杀之而售其皮，获利较售大洋〔羊〕为佳，视之殊为合算，但以全盘计之，对于畜牧业，实有大损失。官厅虽明令禁止，多不生效。在北部各地，五谷鲜少，牧草遍野，青苍满目，最适牧业，该地多以牧畜为正业，其视家畜同于资财，亲朋相遇，每先问家畜之安否，然后始谈寒暄。兹将热河所有家畜，大别为五类，数目列下：

马	驴	牛	羊	豚
六一〇，〇七五	三七，四五九	一六一，六一〇	六九四，八五四	四五九，二九八

（C）农业制造，无可述者，惟芝麻油、粉条及烧酒可称。芝麻每斗可榨油千〔十〕余斤，食之其味可口，除供当地所需，余多运往外处。榨油皆沿旧法，分大榨小榨两种，大榨用木梁，颇省人力，产量亦多，日可榨芝麻十斗，小榨颇费人力，法以铁锤锤之，日可榨芝麻五斗，若继以夜工则可倍焉。所余残糟多喂牛。粉条以绿豆制之，通常三人一磨，用豆二斗，日可出粉条二十余斤，分扁条、细条两种。烧酒以高粮〔粱〕及粟为原料，热河全境，总计烧锅二百余处，每年需高粮〔粱〕十余万石，共可出酒五十余万斤，尽供本地销耗，热河民食不足，烧酒亦一大原因也。

（丙）农村：热河在前，本属蒙古，清时放垦，但以前人民，有由内地自来耕种，每年纳些许礼物于王公，故现在落户之汉人，多不过五六世，以山东人为多，近年他处来者亦复不少。在北部地广人稀，既以种田谋生，故皆就个人种植田地处，筑土屋住之，无院落，有一家独居者，有三五家一处者，数十家聚积一处而成村落者颇少。平年人事亦不往来，各不相类，是以无一定之组织。近来分区划村，每县划为四五区不等，每区分二十余村，每村所辖之处有数十里者，亦有相距六七十里地尚为一村，出门多骑马，计长里数亦不准确，一跑即到，所谓跑马里也。有人问自甲处至乙处多远，土人常答，骑马不过七八里，若步走则有三四十里，实则同样途径也。有碾磨者殊少，以磨粉碾米必须至有碾磨处，有专以碾磨供人使用而得利者，人情之薄，无得比之。如用磨粉，每斗粮要纳二斤粉面之磨课。土匪来扰，各自避之，匪中有枪，因畏而逃。即三五一群之捧〔棒〕匪，如来抢甲家，乙、丙家为邻近，亦不相助，故常有抢了一家，再抢一家的事情。

乡间无商店，有卖干饼、大烟、纸烟、水烟等之小买卖。春季多有河南人负担卖药者，冬春季则有顺德之收买羊皮者。家常食物，为黍、稷制成之米，先使发酵有酸而后煮食。每逢节期，则宰猪羊食之，以粉条和肉烙饼为佳餐，不食蔬菜。衣服以河间一带所产之粗布及红洋布为原料，皮衣虽夏季亦用之，秋季演戏敬神，为京调及山西邦子。村人极不讲卫生，夏季蚊蝇之多，几与空气中之原子成水平，故多得肠胃病及疟疾，又无良医，多求之于大仙庙，或就医走江湖之野大夫。在热河南部，农村概况，与内地无异，兹不赘述。

（丁）农产物之消费市场

（A）农作物，以赤峰为中心，运输悉赖大马车、驴骡驮子，运到北票，再由锦朝路运到锦州，分销各埠。秋冬之季，内地粮商，带大宗款项来此，与当地商人及农家接洽购买，收获丰歉，固足以左右粮价，而包商之把持，亦大有力也。农家每以经济困难，在作物未熟之先，为救一时之困穷，即预售粮，而早得代价，此时所得价值，仅及现售二分之一，包商及当地之有钱者，无不利市三倍焉。

（B）皮毛：羊毛经本地商人和沙作就之后，运往锦州，再经洋行运于天津出口。羊皮多为顺德皮贩收买，运至顺德作就，销行各处。牛皮多运至锦州，再转各埠销售。羊毛成色较绥远各地所产为佳，毛细而长，可与西宁毛比伦。

（C）芝麻油，除供本地方用外，外销不多。烧酒除供本地用外，皆销于黄河之南。

（戊）尾语

我国近来衣食原料，自产不足以供自用，尚须赖舶来品，利权外溢，固不待言，且自己竟令荒地自荒，地不能尽其利，殊为危而惜。为今之计，我国农业可分双方进行：内地已种植之地，当用科学方法，新农业智识，如改良种籽、农具等，以求增加产量；一方面移民垦荒，既以调剂人口之平衡，又可以实边，衣食原料，自能增加。甚望中央早日完成平热朝赤各路，以便交通，并望热省当局，对于垦植者，有相当的利益，加以保护，确定村治，使农村不致四散，以期早日开发，甚望国人加以注意焉。

（九）盐业

在建平县北于家湾子，有泡子一个，面积四·五方里，围场县石湖，面积三·四方里，产盐甚富，性质纯洁，名为大青盐，皆为蒙古王公所经营，北部食盐，皆赖于是。南部食盐，运自锦州。在民国十七年，热河各县设有盐务督销局，所有盐都归该局专卖，每五斤售大洋一元，且时常间断，人民缺盐，有钱无处买，甚至十余日，有不食盐者。人民没办法，一般私贩，纷纷赴处〔各〕

王公购盐，昼息夜动，用骆驼运来，夜间偷售，价值便宜一半，故民众争相购买，倘一不慎，被盐局缉私队查着，则倾家败产，贫无立锥，受罚者屈指难计，牢狱大有人满之患。于民国十九年，又改善办法，按人口抽税，每人每年纳盐税大洋六角，盐由商人任意买卖。

（十） 新闻业

热河地处边陲，交通不便，文化落伍，一切事业，俱甚幼稚，对于新闻事业，哪里会谈的到，到现在没有一个报社，外埠各报之驻热记者无一家，仅有《益世报》、《盛京时报》分销处，故热河之一切情形，社会之概况，以及种种消息，皆不易外透，民众所受涂炭，所受压迫，不能宣传于外，有冤无处诉，而一般贪官污吏土豪劣绅，遂肆无忌惮，为所欲为，营私舞弊，尽量剥夺，因无新闻纸批露其真像也。最可痛心者，先总理费四十年之心血，所创之三民主义，民众不知为何物，予共产党一可乘之机，大肆宣传，广为"煽惑"，诬国民党为共产党，不但无党的训练，无党的认识的民众如此，就是智识阶级，亦不明其真像。要知文化的进步，主义的宣传，社会的改善，内政的兴革，皆赖报纸为之宣传，为之介绍，热河青年，想个补救的办法，在北平创了几种刊物，但因经济的困难，不久即停刊矣。

（十一） 民众生活一般

一般人的生活及其背景：热省压迫农民剥削的三大势力，可名之曰三长，即县长、公安局长、巡长，这三大势力，虽然不必整个如此，但有相当的部分。有司法权的县长，就有很大的威力，威力是剥夺的后盾，不然便不能施其技……用客观的态度来说，县长也有不得已的苦衷：上级政府的命令，不得不遵，持刀压颈式的军事征发，不敢违抗，绅士阶级的要求（增加地方税、包揽词讼、武断乡曲），不能不敷衍面子，为饭碗的问题，为本钱的问题，局部人情是作了，大部的怨府，却集中他一个人身上，实际上还得到尽职的褒奖（政），能干的美誉（军），碑、匾、旗、伞的荣典（绅），何乐而不为呢，反则惩撤或撤惩（政），挨打挨骂（军），被告被驱，据此则贪官污吏，并不是一方面所造成，不是乐为，也不是不乐为，总之与智识的深浅没关系，与道德的关系是深极了。公案桌上，摆上〔与〕皮印匣、朱砚、朱笔、铜笔架、吓死人的惊堂木，这是专制时代的威风做派，民国以来改革的没有，不但县长如此，公安局长也如法泡〔炮〕制……问案时，并且加上红布黑飘带的围桌，录供是不可少的，还加上那站堂的、站班的，有时他也要跟着县长学作〔坐〕大堂、坐二堂……小的，老爷，跪下，爬下，给我打，押起来，罚款，罚苦力。在热河不但县长、局长如此，一个肉麻的小巡长大老爷，在乡间占最大的威权，农民在其统治之下，较之县长大老爷尤为可畏，言无不敢听，计无不敢从，决诸东方则东流，决诸西方则西流，要一斤不敢给八两，称谓不符，是为抗命，抗巡长，送县打，锁起来，押起来，混帐东西哼，不如此你哪知大老爷的利害……打官司，巡长曰和则和之，巡长曰罚则罚之，驳则不得再渎，准其上告抗告则赴县，不准则吓死"小的"也不敢，真称得威风凛凛的巡长大老爷……余在乡里当〔尝〕见农民数人，言语隐讳，行动似有所畏缩，颇有言者弃市的神气，余婉询所以，彼等两目张望，低声嗫嚅而告之曰，我们是地亩官司，因为争执不决，为巡长所知，我们想私下了结，巡长要四十元了结费，我们哪里有这些钱，巡长大怒，不准私了，把我们送到县里打官司，花了许多……县长判令回村了结，我们不敢再告，又不敢回村了结……"绅士的豪横"，为政不得罪于巨室，在热省属于造成封建势力中传统绅士之最大威风，绅士阶级之分子，一为文武达官之父兄子弟，一为……者，宏造人村之机关，为封建势力绅士阶级之大本营，得有相当的位置即可包揽词讼，聚赌抽头，横行乡里……其封建遗制之尚存者，言之则殊堪发噱，如摩登学士之匾额，愚民应敬谨恭送之，而悬挂于朱门，以示夸耀一方，捷报之风，亦一如清制，"捷报……贵府王老太太添喜，……令郎……少先生官印□□"等等，而劣绅之威风由此可见一般矣。

（十二）民俗南部与北部不同，兹分述之

（甲）在省北部，多为蒙民，性情骁勇，粗犷蛮悍，精驰骋之术，乏机巧之变，而脑力富强，目光锐利，实为汉族所不及。徒以未沐教化，智识愚陋，故其风俗，极为简陋，虽不熟识之男女，在野外即可恋爱，一家之中，虽有青年女子，生客即可与之共炕，日常言语，亦极随便。教育在各县城，似尚有一两处无生气之学校，乡间则概无之，少年孩童，皆牧牛羊，可谓无一识字者。乡村无消遣场所，皆以赌博、恋爱、吸大烟为农余之事。

（乙）在省南部，多系汉族，一切俗尚，与内地无相差异，民性质朴诚实，勤苦耐劳，或设肆营商于城镇之间，以经营其贸易，或负耒持锄于畎亩之中，以从事农耕，女子仍守旧家风，在家作活计，孝翁姑，依然尚古。妇女多系缠足，一个好人，变成废人，甚至于病〈人〉，只赖男子生活，不能帮助工作，此种恶习，现犹未除，虽是文化不开，亦系当局不知提倡改良办法。婚姻制度，纯取旧式，在十二三岁左右，即经媒人介绍，由父母专制定婚，若少反抗即是不孝，到十七八岁即行结婚。人民且富有革命性，

有牺牲性，宗族观念很深，如甲姓同乙姓，起了争端，则甲乙两家族，各自联合起来，用枪用炮，互相敌对，甚至将全家人牺牲，亦所不惜。此类案件，不绝于耳。在民国十三年，辽宁纪军长，进攻热河，到建平县北，谷团长一团人，全被民众缴械，民十七年，□①军主席热省，人民对他反感，群起抵抗，战了三天三夜，□②军没办法，后托人调停，才进了热河。由此看来，热省革命民性不次于南中各省，各县组有民团、连庄会，每家收粮三十石者（每石五百斤）即购快枪一枝，统计热省全境，民有枪约在八九万枝，但惜无组织、无领袖、无训练，不过一乌合之众耳。

（十三）古迹

热河为古时东胡地，汉初属匈奴，晋属鲜卑，唐为契丹所据，元为北京、西京两路，明初属北平府，故各处常常发现古迹，因年深日久，被水冲出。坟的大小，高、纵、横各一丈余，工程很大，系方砖砌的，砖壁上是石灰涂面，而上有名人题字及画的五彩画（画样多为人、马）。棺用石作的，长有五尺，宽三尺不足，深一尺余，上有石盖，刻有许多花纹，棺内是骨灰（昔时系火丧），灰前面置有一人造面（铅质或银质），耳、目、口、鼻、发俱全，棺前置有石桌，桌上放的，多为瓷器或铜器（供器），瓷器有白色铜口刻白素花者，有天青色质极洁薄者，桌左右有刻的人马，高二尺余（铜质或木质），桌前有碑碣，字多为六朝字，碑文是此人的终身履历，年号多为统和年，二十、二十三、二十七不等。在建平县北，产元瓷尤多，有盘有碗，只有紫红色，初发现

---

① "□"为原文所有。——整理者注
② "□"为原文所有。——整理者注

时，人民多不注意，损坏者不少，后有人携至北平，每个卖价十余万元，现热省通令，禁止古物出省，如民有得古物者，立即逼其交出，否则拘押，故热省古物被□搜罗，不计其数。

（十四）宗教

各县皆有天主教堂，一般有钱无知愚民，怕贪官污吏之剥夺，将其家人财产，送给教堂，归牧师保护，入了天主教。也有罪犯，没有办法，入天主教，可保无殃。当地官怕洋鬼子，不敢作声，故天主堂不啻于租借地，为藏罪犯之大本营。民间多迷信，各处多建筑关公庙，如到庙会的日子，乡间妇女云集，提蓝〔篮〕烧香，磕头作揖，甚至有离庙十余里路，一步一磕头者迷信最深者，是宣讲堂，在朝阳南羊山镇，尤为兴盛，以大仙迷人，出有神字，字里套花，意谓此世不心好，死后受苦楚，下十八层地狱，一般愚民，莫明其妙，甚至有把全家之财产，尽量捐助，以致于贫。宣讲堂的势利非常的大，各省皆有募款员，募来的款项建筑大楼房，修宣讲堂，或入了私囊，故有呼之为"善绑票"者。

（十五）气候

气候虽属大陆性，较为温和，温度平均，冬季在华氏表零度下十度左右，夏季在百度左右，但在春秋之际多风，沙土飞扬，遮天蔽日。

（十六）地势

东拊满洲，北控外蒙，西顾察、绥，南瞰幽燕，唇齿相依，呼应相助，现在国防问题中，热河已成不可忽视之势。外蒙几等于俄属，满洲已归日本，两帝国主义，虎视垂涎，热河之危，亦日益严重，倘能移殖边民，尽辟荒地，多筑铁路互使声息相通，诚障内防外之要区也。

（甲）承德地当长城边外，据满、蒙要冲，四围高山环绕，虽无城廓之固，亦颇占形势，热河之省会也。今有长途汽车，可直达北平，若异日平热、洮热诸路告竣，则益占重要矣。其地当前清盛时，尝为帝室游幸之所，即避暑山庄也。

（乙）平泉，土名八沟，在承德东面，为自喜峰口入镜〔境〕首冲，军事上重锁〔镇〕也，附近所产之土货，及外来之洋货由滦河入热河者，大都以此为集散中心。

（丙）朝阳，土名三座塔，城濒大浚〔凌〕河上流，当满、蒙出入冲途，锦朝已告成，诚热省东部之咽喉，军事上之要地也。

（丁）赤峰，地居热河中枢，当英金河与老哈河的会口，据河北之背，扼内蒙之吭，由来为塞北重镇，且当内蒙东部之冲，为天然之商业区也。

十二月八日

《黄埔月刊》
南京中央陆军军官学校黄埔月刊社
1931 年 2 卷 2、3 期
（李红权　整理）

苏俄统治下的外蒙

静　廉　撰

外蒙古原为中国领土，现在已经归苏俄统治了。俄国自侵占西伯利亚以后，便积极侵略我国东北部，我黑龙江省边地的被侵占，苏俄擅移界碑和驱逐我边境人民的消息，时有所闻。最近有日、俄秘密结约以处理我东北的消息，大致为日、俄将在我东北的特殊利益，划分界线，各自发展，苏俄则对我内蒙及黑龙江一带，积极侵略；中东路的实权，则绝对不肯放松；日本则除竭力扩充南满铁路公司以外，更运用殖民政策，以实现其经略南满及东北的大计画。

外蒙古，已经不是我国的土地了。据莫斯科 Esebtsa 报载，外蒙古共和国，已于上月中旬举行大规模的建国十周年纪念典礼，宣布外蒙古共和国成立十年间各方面的建设状况，特将其内容摘要述之。

一九二八年度，国家预算，仅为七六，四一六，〇〇〇罗布。本年预算增至二一，六五六，〇〇〇①罗布。工业生产，于一九二九年计有一七一，三六七，〇〇〇罗布，本年度增至三〇三，八九八，〇〇〇罗布。

---

① 原文如此，数字有误。——整理者注

本年度最高经济会议之工业计画完全成功，生产量已超过一九三三年度工业的预想量。

工业发达的结果，劳工人数增加，现在全外蒙的劳工，已有五八二，〇八〇人。

集团经济化运动，每受佛教徒及僧侣阶级的反对，现已逐渐实行，全国农民之百分之五三，加入集团农场。国营及公营牧场逐渐发达，现在〔有〕饲羊牧场两所及畜牛牧场一所，其他牧场及农场，正在组织中。

文化建设运动，亦大有进步，十周年纪念，以罗马字之新国语公布宣传文字，小学教育及一切书籍，一律使用罗马字。一九二八年度文化事业费，计有二，〇七八，〇〇〇罗布，一九三〇年增至四，五二一，〇〇〇罗布，本年度则为一四，二二〇，〇〇〈〇〉罗布。行政区域之整理，中央诸官署之向上，村落苏维埃的改良，逐步实现。中央各机关的职员中，蒙古人增至百分之三十乃至三十五人。党及政府，极力灌输社会主义。

综上所述，十年来在苏俄统治下的外蒙古共和国情形，已灼可见。我国从前视外蒙古为一块大沙漠，极未重视，现在这一块土地，已沦落于俄人的手中，影响所及，内蒙古亦将受同等的危险。良以苏俄的经略外蒙古，其存心当不仅以外蒙古可以满足其欲望，由外蒙古而蚕食内蒙古，内蒙古而蚕食我国本部，如果我国不急谋防御的办法，则前途诚不堪设想了。

《世界杂志》（月刊）

上海世界杂志社

1931 年 2 卷 4 期

（朱宪　整理）

外蒙古之今日

L. I. Serebrenniker 著   徐振流 译

过去蒙古大概是分做两部分：内蒙古和外蒙古。内蒙古与中国本部为邻，现已改为中国新的特别行政区域，所以在政治上是不能与中国分离。外蒙古，讨论这个问题的时候，他的面积约合美国三分之一，拥有居民仅近七十万人，大部为半游牧的种族。在这片广大的领土，约有一千英里以上的疆界与亚洲俄国为邻，苏俄试用种种的方法和意志来统治，使外蒙古实际上与外界隔绝。因为这个原故，关于蒙古的情形的可靠消息是很难得着。

外蒙古久为中俄两国争执的标的，则还不仅因为他界于两国的缓冲地位，实同时因为他积弱已久。在十七世纪，这时蒙古大帝国久已衰熄，受治于中国满清皇帝的统治，及至一九一一年清室推翻，民国肇兴，蒙古宣布脱离中国而独立。这是指明中俄两国将长时演习的信号，而表现的是继续不断的侵入蒙古。在一九一五年中、俄、蒙三角协约，承认蒙古的自主而在中国保护之下，但这统治不久即归消灭。到一九二一年都城库伦为苏维埃的军队占据，外蒙古仍宣布他的独立。

俄国在一九二四年承认中国在外蒙古的宗主权，但事实上外蒙古仍是独立，到一九二四年组织外蒙国民政府，与莫斯科的形式相仿。这关系的界度可以归纳在政府的组织运用上观察。在苏俄是共产党专政，同样蒙古是所谓人民革命党的专政（Peoples

Revolutionary Party）。蒙古政府要是没有中央党部的批准，不能决定任何重要的决议或执行任何负责的工作。中央党部开会在库伦。库伦现在称乌兰——巴拖——哥呼图（Ulan—Bator—Khoto）（红色英雄都市）。

人民革命党成立于一九二一年，到一九二五年底，党在全外蒙古有一百五十个党的"小组"（Cells），有党员约四千人，或占全国人民之百分之一。像俄国的先例，党内负责者的征收党员特别限制在贫苦和中等阶级之中，阿拉脱（农民）（Arats）则容易入党，台吉（贵族）（Taijis）和喇嘛（祭师）则非常困难。照例党内百分之八十的党员是阿拉脱，百分之十二是台吉，只有百分之八是喇嘛。

照一九二四采用的宪法所规定，外蒙古是独立的民主国，劳动阶级掌握最高的特权。人民经过大呼鲁尔登指派最高官吏，大呼鲁尔登（Great Khuruldan）是人民的代表会议，在这会议中选举政府，或者是小呼鲁而登（Little Khuruldan）。土地、矿产、森林、水道和〈其〉他的富源是人民的财产。外债在一九二一年以前的认为是"强迫设置"的，所以宣布无效。蒙古前为喇嘛教皇所统治，现在是非常重要的明文宣布政教分离，声明"宗教是每个国民的私人关系"的原则。尊号、阶级制度，和从前统治〈者〉皇帝和贵族的特权全然取消。要是情形允许，对外贸易的国家垄断是渐渐实施。地方政府设定各种的单位，由小而大，从阿澎（十包）（Arban）到排加（一百五十包）（Baga）、沙盟（几个排加）（Somon）、旗（几个沙盟）（Hoshnn）和盟（几个旗）（Aimak）。在西伯利亚边界上的一部土地已脱离蒙古而独立，另行但则〔组织〕独立的唐努乌梁海共和国（Tannu—Tuva People's Republic）。

外蒙古是一个文盲和不健全的国家。只有百分之五的人民能读能写。苏维埃政府两次派了大批的人到蒙古研究卫生的情形，据报告蒙古的人民大半有花柳病，生殖率比较的低，小孩的死亡率则高，肺结核流行，大部人民多不明了卫生和医学最简单的基本原则。在这种情形之下，新政府的设施有几件是值得注意的。内务总长置兽医部、反疫的机关、细菌实验室、兽医学校。陆军总长设立特种卫生部，在许多俄国医生帮助之下给于〔予〕人民以医药上的帮助。教育总长设立一科学委员会研究关于蒙古搜查工作，他的建筑在乌兰巴拖哥呼图，有一国家图书馆，藏书数千卷。司法总长改良许多原始的处罚方法，如颈上肩了木架以饿死和用皮鞭打等刑罚，以及开始改良刑法法典。

新政府的许多其他的改革是关于经济方面的。在不久以前普通商业上的来往主要的形式还是物物交换。在新的政府之下财政总长设立蒙古国家银行（Mongolian State Bank），在一九二五年规定国家圜法制度，基本是蒙古大洋，或叫吐黑李克（Tuhrik），是一种银币，规定合中国洋九角，或者是等于美国金洋三角六分。计划改良蒙古的畜牧，和规定森林、矿藏、皮张贸易的管理也同样的实施。

蒙古政府对于下列的货物是有专卖的性质，如酒、啤酒，和某种原料的输出。吸收外资来开发蒙古的矿藏已开始采用，但很明显的因蒙古的政治情形不十分稳定，外人也不敢冒险租借开采。此外还有几个国家农场和国家经营的工业企业，包括乌兰巴拖哥呼图的电站，南拉海（Nalaiha）（附近京城）的矿区，以及专做原料羊毛生产的工业。

大部的蒙古官吏和半官吏是可怖的需要专家的训练。所以蒙古当局不得不被迫而向外聘请，在现在大部是从苏俄来的。最显著的例是蒙古中央合作社（Mongolian Centrae〔Centre〕Cooperative）的经验。该社存在的最初两年一切计算全用蒙文和蒙古会计及庶务。但日后经验，这种工作是全超出蒙古人能力之外，所以合作社不得不聘俄国人合作。在一九二三年俄国的专家在会计部工作，而他的记载全用俄文。三年以后在合作社机关工作〈的〉为七百八十六人，其分配如下列：三百六十一个俄国人，二百五十七个蒙古人，九十五个布里雅〈特〉人（Buriats），其他的民族有七十三人。蒙古只占全工作人员之三分之一。合作社中的外国办事处是没有一个蒙古人。

最重要的商业市场是外蒙古的乌兰巴拖哥呼图、阿尔丹皮拉克（Altan-Bulak）、乌里雅苏台、科布多、生比斯（San-Beise）。政府的建筑和理事机关全集中在乌兰巴拖哥呼图，是一个近六万居民的城市。阿尔丹皮拉克（从前的卖买城），与俄国的恰克图遥遥相对，现在成为最重要的工业中心，在这城市中有几个工厂。乌里雅苏台是中部蒙古的重要贸易中心。哥〔科〕布多是西部蒙古的行政和商业中心，与西部西伯里亚和中国的新疆有密切的商业关系。生比斯是东部的商业中心，与西伯里亚之后贝加尔（Zabaikal）省及满洲有商业的关系。他的进步非常加速，商业来往也常常增加。

蒙古游牧民族的主要生计是家畜的饲养。照一九二六年的官家统计，家畜饲养的总数为一千九百二十二万二千头：骆驼四十一万九千头，马一百五十九万一千头，黄牛和水牛一百九十五万七千头，绵羊一千二百七十二万六千头，和山羊二百五十二万九千头。据一九二四年的计算，没有家畜的蒙古家庭占全数的游牧家庭的百分之六，纳税少于一百仆驼（Bodo）（注一）的家庭占百分之八十六有五，从一百到七百仆驼的家庭占百分之七，在七百仆驼以上的家庭只有百分之零〈点〉五。照苏维埃经济学者的估计，从一九二六到二七年家畜的饲养（其中包括家畜，羊毛，皮张和皮等），共值一千六百万吐黑李克（合美金五百七十六万）。这还是用极原始的方法。家畜的饲料全年是靠牧场。冬天则饲以干草。

次要的国家收入来源是靠皮张贸易。在蒙古有龈鼠、松鼠、狐狸、狼、野猫、野兔、鼬鼠、熊、大豹，和其他种种的产毛动物。照本地统计，每年的皮张约值五百四十五万二千吐黑李克（合美金一百九十六万二千七百二十洋）。

在蒙古的游牧情形生活中，农业的发展是极慢，垦熟的土地在塞楞格河和鄂尔浑河流域，点缀几个小的农业村庄，农夫大半为中国人和俄国人。蒙古农业在国内的西部，主要的是科布多区域，但土地耕种者甚属寥寥。在一九二八年开垦的农地约十万五千英亩，以蒙古全面积比来还少于五千分之一。农产的总数估计为二万二千九百五十吨，值四百八十万吐黑李克（合美金一百七十二万八千洋）。

虽有丰富的矿藏，而矿业仍不发达。"蒙哥楼"（Mongolor）金矿公司在革命以前开始采掘，在开掘中者有许多矿田，从一九〇一年到一九一九年蒙古生产十吨以上的金子。在南拉海（近乌兰巴拖哥呼图）有泥板石煤田，在一九二七年出一万吨的煤。其余有盐和贵重石子的矿产。

蒙古的工业仅仅在萌芽而有国家资本的性质，工作为大部的畜牧原料的生产。已有工业的企业能织粗的毛织品，普通蒙古人所着的鞋子和长靴，肥皂，腊肠，以及其他的烟叶产品，也有几个麦粉厂，电站，制糖厂，和砖瓦工场。所有上列各厂出产总额和其他同样的小的企业出产之和也不能超过三百万吐黑李克（合美金一百零八十万）。

蒙古的运输情形还是极原始的，与国内文化和经济生活普通水平相仿佛。货物的输送大半〈靠〉动物的负载，和装在重车之上靠牛、马、骆驼拉车。近几年来，开始发展汽车的运输，经过的路线大半在乌兰巴拖哥呼图和张家口之间。去年约有两百辆汽车在这条路上驰驱。

蒙古主要的商路如下：

（一）乌兰巴拖哥呼图到阿尔丹皮拉克，二百十英里，联结蒙古和西伯利亚和直结恰克图和维而克业夫金斯克（Verkhneudinsk），续长一百六十英里。

（二）乌兰巴拖哥呼图到张家口，六百六十英里，是到中国的主要商路。

（三）乌里雅苏台到张家口，一千零六十英里。

（四）科布多到比斯克（Biisk），五百六十英里。

（五）科布多到哭苏阿客吃（Kosh-Azach），二百三十英里。

（六）克海息儿（Kharhil）（在库苏古泊之上）（Onlake Kcsogol）到库勒图克（Kultuk）（在贝加尔湖上），二百四十英里。

（七）乌里雅苏台到克海息儿，三百四十英里。

（八）乌兰巴拖哥呼图到乌里雅苏台，六百六十英里。

（九）乌兰巴拖哥呼图到生比斯，四百五十英里。

（十）生比斯到布尔希亚（Borzia），二百英里，这是联络蒙古和西伯利亚后贝加尔铁路的主要商路。

（十一）生比斯到海拉尔，三百英里，蒙古与满洲间的主要商路。

（十二）科布多〈到〉乌里雅苏台，二百九十英里。

在全蒙古只有一条小河在库苏古尔泊上可供航行。据专家调查团体的报告，塞楞格河发源处，上溯一百九十七英里，以及鄂尔浑河发源处，上溯一百九十四英里，这段路是可以航行的。在这河上只有浅水小轮可以来往。一九二五年几个挖泥机开始工作，次年蒙古政府与苏维埃政府缔结条约，关于在这两条河上的轮船航行以及乌兰巴拖哥呼图及维尔〔而〕〈克〉业夫金斯克之间〈的〉邮件和旅客航空。电报的效能也已经扩充，像上图所表示的。

每年国家的纯收入可以约计二千五百万到三千万吐黑李克（约一千万美金）。国内贸易是很少发展，但获利极厚，只占总额之极小部分，其中四分之三尽属于外人之手，大半又为中俄两国所操纵。对外贸易是增加极快。下列一表可资证明：

年　代	输　出（以每千吐黑李克为单位）	输　入	总　计
一九二四	一九，三七六	一八，一九六	三七，五七二
一九二五	一九，七六五	一九，六四七	三九，四一二
一九二六	二四，八三八	二二，一一五	四六，九五三
一九二七	二五，二五九	二四，六〇八	四九，八六七

外蒙古的输出大宗是皮张和农产品，输入的大半是日常普通消费品，如食料，衣着和布类，烟草，酒精和酒，五金洋货。机器和其他生产商品之输入是过去几年的事。

外蒙古的对外贸易至要的是中国和苏俄。与其他各国的贸易是不关重要而大部还经过中国商人之手。在最近几年与苏俄的贸易比率日渐增加而对中国的天天减少。下列一表，即可明白：

年　代	与中国贸易的百分比	与苏俄贸易的百分比
一九二四	八五·七	一四·三
一九二五	七八·三	二一·七
一九二六	六八·七	三一·三
一九二七	六三·六	三六·四

在经济的势力范围，苏维埃希望改变蒙古共和国成为苏维埃的供给原料殖民地。蒙古的对外输出或者是为他的工业不发达所限制。无论如何，中国占有蒙古的输入贸易百分之七十以上，在最近的将来，很少可能使这比数渐渐减少的，又因中国的货物适合蒙古人的口味和需要，也不容为别的同样外货所代替。这许多商品如像茶，烟草，丝，珠宝，棉织物，米，铁器，此外还有经

中国而输入的外国货如烧饭器皿，制成的衣服，橡皮商品，电料设备。

有某一部分比例的对外贸易是在苏俄经济组织和其他的商店手中。在一九二五年外国商店的总数为三百〇一家：中国二百八十三，英国十，美国五，德国三，但外国商店的数目渐渐减少。无论如何，蒙古对外贸易最大因子是在蒙古中央合作社手中，这是政府垄断的工具，到一九二八年合作社能占全国对外贸易四分之一。苏俄政府在蒙古的经商是另有一个组织叫"司笃姆"（Stormong）

蒙古中央合作社与蒙古商业银行（Mongolian Trade Bank）有非常密切的关系。这银行是苏俄与蒙古共和国于一九二四年联合组织。照银行的规程，他的目的是要亲密两国的经济关系，发展蒙古的工业和商业，和强固金融的流通。银行资本总额为五十万金卢布，蒙古政府与苏维埃政府〈各〉出资一半。这银行在国家银行中占主要的地位，对于钱币制度的改革是有极大的助力，并具有金银的准备故〔做〕发行钞票的担保。在一九二八年正月资本有一百六十五万的吐黑李克（合美金五十九万四千）。若合流通和贮藏的计算，则为三百八十四万七千六百二十吐黑李克（合美金一百三十八万五千一百四十三），将主要的苏俄和蒙古的各种不同的国家商业组织已计入。私人计算总数不过二十万吐黑李克（合美金十万八千），在公开借款的时候银行贷出的款项总数为八百五十六万一千吐黑李克（合美金三百万零八万一千九百六十）。这总数的分配大部在蒙古和苏维埃的组织和事实中。

去年为了蒙古人的畜牧和农业的经济活动曾举行特别的借款，计划是取之于各地蒙古人之零星储蓄。因为这关系有几部是特别开放。而银行的总账在一九二八年七月一日是有二千四百万零六万五千吐黑李克（合美金八百六十六万三千四百）。

我们看见苏俄活动的结果使外蒙古政治和经济的组织根本改变。许多的内部改革现在所实行的全在莫斯哥代表指导之下而进行，政治上的改变大部和从前颠倒。喇嘛，从前有无上的威权，现在对于国家的事务完全没有一点影响。许多旧的有经验的蒙古政客离开了政治舞台，他们的地位已为苏维埃教员用共产主义原则所训练的青年代替了。在另一方面，苏维埃帮助他渐渐的发展他国内的生产力，农业和事业上的近代方法也渐渐引用。外蒙古将有成为重要国家的可能，他们命运现在看来与苏俄是不能分开的。

注一　仆驼（Bodo）是地方的纳税单位。一仆驼是等于一只牛，一只马，七只绵羊，十四只山羊。一只骆驼作两仆驼计算。在计算仆驼的时候，幼小的家畜是不算入的。

译者按　这篇文章译自最近四月号的《外事季刊》（Foreign Affairs），L. I. Serebrenniker 所著。年来外蒙与内地隔绝，全受赤俄势力的包围，中国商人之受摧残、压迫尤烈，本篇惜未详细道及，不过取材尚属适当，统计比较新颖，故特移译，以为注意边事者参考之一助。再，年来国人注意边防，注意满蒙，而谈满者每多于蒙，知内蒙者又多于外蒙，此种现象已非一日，于今更甚。苏俄今日得在外蒙如此猖獗，履霜坚冰，由来久矣，愿留心边事者，共注意之，此又译者移译此篇之另一深意也。

《新亚细亚》（月刊）

上海新亚细亚月刊社

1931 年 2 卷 4 期

（朱宪　整理）

哲盟扎萨克图王旗调查记

王伟烈　译

一、疆界

南至巴楞吉拉与郭尔罗斯接壤，北至苏由勒吉山，西至碧如图乌尼耶，与图什业图旗毗连，东至塔毕勒博拉噶与镇国公旗交界。南北长六百余里，东西宽百有余里不等。已放荒地，设立县治者，有洮南、洮安、开通、突泉四县，现所余者，惟本旗东北一隅，自苏由勒吉山至格根庙，长约三百余里。西面由归流河以下宽十里、二十里不等，旗民居住谋生于此。

二、山川

本旗境内有洮儿河，发源于苏由勒吉山之阳，流经本旗暨镇国公旗，而入松花江。归流河亦发源于苏由勒吉山之阳，流至王府西南，与洮儿河汇合。交流河发源于阿吉尔噶山，流至洮南迤北，入于洮儿河。此外虽尚有其他旁流支渚，均注入以上三大河。山则有苏由勒吉山、巴彦吉如贺山，为本旗祭祀之山。

三、地土

本旗境内，山泽、高原、平地皆备，土色则黑、紫、黄、白不一，峰、石、沙碛、碱坨俱全。水味多甜，间亦有碱。土质则腴瘠之地，仍作牧场，择其稍堪耕种者，旗民垦植，以维生计。唯是项熟地未经详查，不悉确数，仅知约有两万晌之谱而已。

四、物产

粮类有谷子、高粱、大豆、荞麦、黍、稷。菜类有白菜、萝卜等，不产药材。畜类有马、牛、羊。虽产皮毛，为数无多。野兽有黄羊、狼、狐、兔之类，然亦稀少。猎鹿者，皆往索伦山。本旗并无产矿之山。

五、气候

气候不一，春季风大，雨泽较少，夏则炎热多旱，至秋，风亦不小，而霜降过早，冬则冱寒。

六、人民

有台吉、壮丁、僧徒、民夫，均属蒙族，共计一千八百五十八户，男女老幼，共一万二千名，而外来侨居蒙民约有一千余名，皆惯于牧畜。性尚淳朴，恶奢华，不喜争斗。

七、古迹

古城大小有十数座，未悉何代所建，现在仅存旧址。庙宇则有通梵寺、通达寺、普度寺、广妙寺、汇灵寺、灵妙寺、普灵寺、应福寺、隆寿寺、普济寺、奥瑞音庙、噶沁庙、巴克仇庙共十三座。内有数座在民国元年间，因被兵燹焚毁，迄尚未能修复。

八、教育

本旗扎萨克所在地，设有小学一处，汉蒙文兼授，经费未经决定。

九、政治

本旗扎萨克郡王巴雅斯古朗、协理台吉巴图吉尔噶拉、博彦陶克陶呼、记名协理台吉彭楚克、管旗章京富珠荣阿、梅伦章京博音那荪、阿民敖尔图，均遵旧制，共理旗务。

十、生计

旗民以耕牧为生，近来专务垦植者益夥。

十一、实业

本旗人民，除牧畜耕田外，别无实业可言。北境虽有森林，因乏成材，故无木业。所产皮毛，则自用之余，运售集镇。至于水利、矿产，皆无。

十二、财政

本旗财政，征收已放荒地之小租，以四成报效省库，以六成留作本旗政费。又由四县税局分得税款，用作公费，尚不敷用，因有向辽宁省银行息借之债。

十三、交通

在本旗已放荒界，有四洮及洮昂铁路，又在境内，现正修筑洮索路。本旗内向无自修之邮政、电线、航路，仅有属于喜峰口转递公文之哈希雅图驿站一处。

《蒙旗旬刊》
沈阳东北政务委员会蒙旗处
1931 年 3 卷 1 期
（朱宪　整理）

扎赉特旗调查记

王伟烈　译

计开：

一、疆界

本旗原划境界，南至郭尔罗斯前旗，北抵黑龙江属围场，纵长五百余里，东达黑龙江界，西接镇国公旗，东南则毗连杜尔伯特及后郭尔罗斯两旗，东西横宽二百五十里。出放之地，已设县治者，有大赉、泰来、景星等三县。本旗地方，并无要隘。

二、山川

本旗大山，则有由兴安岭支脉延入境内者，如道突岩、阿勒楚台、阿拉坦矾如豁、博如白达苏、钦达磨呢、那拉图、巴彦哈拉、那吉、昭索图、温都根、德木根、梦海、昂齐路、梯巴噶尔、哈拉金、乌灵古尔、圭拉般岗噶、垓哈拉、岳麓等山，其余支脉甚多。河流则有流经本旗中心之潮拉河，发源于兴安岭之阳，流经本府迤南，转趋东南，汇入嫩江。又有海岱罕河，由道突岩山之左发源，流经景星之右，亦注入嫩江。又有洮儿河，由镇国公旗境中流来，东经大赉县之北，汇于嫩江。又有鸭绿江，由北南流，经景星县之东，仍与嫩江汇合。至上述诸河，流域之长度，各有若干里，因不确知，未能呈报。

三、土地

本旗土色，有黑、紫、红、白、黄五种。地质则腴瘠互异，水味则分甜、碱二类。而泽隰、砂坨、洼碱之地，几占本旗全境三分之二。在前清时代，业经出放之大赉、泰来、景星等三县荒地，共计一百余万晌之多，其余荒地尽为旗民分别垦牧。此外已无旷土矣。

四、物产

本旗虽产五谷暨普通菜蔬，但仅能供给当地自用，不足售卖获利。药材产量极少，因亦无人采用。木类虽有榆、杨、橡、柳、山榆等类，但曲干斜枝，素乏成村〔材〕，只可作为燃料。畜类无骆驼，有马、牛、羊等家畜，近因荒地日辟，牧场益狭，以致牧业渐衰。野兽虽有少数狐、狼、黄羊、兔、鹿之属，猎者殊鲜获利焉。

五、气候

本旗四季气候风雨，与黑龙江地带无甚差别。

六、人民

本旗人民，纯系蒙族，内有台吉、壮丁、散夫、仆从之别，各以姓氏分其宗族。共有五千六百三十户，总计人口四万二千七百名口。风俗习惯，历遵旧制。信仰黄教，恶狂浮，崇朴实。

七、古迹

本期境内，有奉旨赐名之庙宇十三座，各庙有领度牒，暨扎付之达喇嘛、德木奇、班第各级喇嘛，又有自愿出家之僧侣。再本旗界内，有泰来县北之塔城，系土城，长宽各二里许，四门旧址犹存，现在其内已设市镇。又本旗北境，复有东西古边土城一道，未悉何代所建，其名不详。

八、教育

本旗有初级小学四处，招收学生一百三十二名，施行教育。以教育经费，未经预算决定，确数若干，暂难指明。

九、政治

本旗扎萨克，亲王衔多罗郡王巴特玛喇布坦，协理台吉图们满达呼、满达呼、森木丕勒、诺尔布，管旗章京米吉特僧格，梅伦章京帕拉丹札木办、朝克博彦，笔帖式梅伦章吉〔京〕萨凌阿，笔帖式扎蓝章京乌勒济、巴雅尔，以上协理等员，均在扎萨克公署办公。每日除处理蒙旗例行公务外，并受理台壮民众诉讼案件，以及办理旗中临特〔时〕发生事件，暨关于行政、交际、会议、公牍等，所有关于旗众事项，悉遵扎萨克王之指挥命令，并执行职务，然无专办分责事务。此外并有参领四员，佐领十六员，骁骑校十六名。以下有领催、十家长等职，该员等管理各箭佐内民壮，及承办比丁、征兵、临时征用车马夫役，并各属地方普通事件。又有族长十二名，分驻十二坐落，以下有附户、章吉、博硕库等职，管辖本坐落以内台吉及附户民丁，余与各佐领职务相同。更由该四参领十二坐落台壮、民夫等，均有当兵义务，以资编组警备、团练旗兵，借便维护旗境治安。其余老幼民众，居家谋生，各安其业，耕牧任便。至于本旗土地权利，台吉、壮丁一律平等享受。

十、生计

本旗台壮生活，向赖牧畜为主。近年以来，牧地多已出放，牧场日狭，牧业益衰，乃多务稼穑，较昔颇为进步。

十一、实业

本旗除农产外，并无森林、工业、皮革、毛织、矿产等项。

十二、财政

本旗财政仅赖历年租税所入，随时开支一切公费，时虞匮乏，并无余存款项。

十三、交通

本旗除出放荒界外，并无铁路、航路、电政，仅有昔年所设庄堆驿站一处。

《蒙旗旬刊》
沈阳东北政务委员会蒙旗处
1931 年 3 卷 2 期
（朱宪 整理）

日俄侵略下的呼伦贝尔

何　璟　撰

一　绪言

　　中国东北的满洲问题，久已成为远东问题的中心，去夏中东路事件，卒致兵戎相见，掀起中俄两国绝大的纠纷，并召世界各国之注目。盖东北一隅，就地势论，西北界俄，东南临日，适当国际要冲，外交形势，至为紧迫，故在国防上极占非常重要地位。但是我们从国际政治方面观察，这满洲问题，却已不是单纯的中国内部的问题，实在带有几分国际问题的性质。然则值此边防多难之时，边疆问题的意义，一天比一天重大，边疆的形势，也格外的严重，吾人为谋此后边疆问题根本之解决，免去从来历史上所取羁縻政策的祸害，对于我国边疆各地的地理形势、民族概况、语言风俗，以及其他种种社会的情状，统都该有详细考查、精密研究的必要。作者年来有志研究边疆问题，若外蒙（注一），若延边（注二），均已先后为文，详加论述，以期引起一般人士对此问题的兴趣，并借以促进社会上注意研究之热情也。本篇更将东北最重要的一个问题——中俄边境上的呼伦贝尔问题，从事实上以研究其地理环境、历史沿革、民族概况、政治组织、经济现状，与夫历次独立运动的真相及内幕，暨其与蒙古、苏联之关系等等，分别详述于后，末尾并于彻底讲求长治久安之策，必如何而后可以堵外人干涉侵略之野心，以奠今后启发呼伦贝尔百年之大计，略伸愚见，介绍于国人之前，海内贤达，乞赐教之！

二　呼伦贝尔的地理环境及其历史沿革

呼伦贝尔位于黑龙江省西部，东据内兴安岭（注三），西临额尔古纳河，北抵黑龙江本流，西南界外蒙之车臣汗而与索尔吉山毗连。昔为新巴尔虎、旧巴尔虎、索伦、额鲁特等四部十七旗所分布之地，当北纬四十七至五十四度，及东经一百十五至一百二十二度之间，东西八百余里，南北一千四百余里，面积十五万五千五百九十九平方公里（注四）。其地因呼伦贝尔池而得名，现属黑龙江海满道管辖。惟因中隔兴安岭山脉，故与内地隔绝，而与外蒙打成一片。其西以鄂嫩河界俄属西伯利亚之萨拜克尔省，西南界外蒙之车臣汗部。境内海拉尔河横流东西，大兴安岭纵贯南北，依山带水，形势称胜。中部成一大平原，南广而北狭，土地极为肥沃，三河口一带，平原旷野，更适于耕稼。海拉尔（即呼伦）以北，水草丰茂，牛羊成群，其北又有瑷珲江，沿江藏金颇富。兴安岭山脉迤西，则树木葱郁，未加斧柯，迄今仍为森林地带。南部因多湖沼，故牧畜、农耕，皆所适宜。其他若满洲里、札兰诺尔等处，复有大宗煤矿，产量极广，可供全境燃料之用，实为中国东北方面最有经济价值之地带。惜人口稀少，居民仅约九万八千余人（据日人调查），其中蒙古族占五万余（因呼伦贝尔有居民三分之二为哈尔哈族，即外蒙古人），为将来最有希望的殖民开垦之地域，亦为销纳国内其他户口稠密的各省人口重要之出路。徐淑希博士常谓："满洲为中国北方亿兆人民今日唯一之出路。"（注五）吾于呼伦贝尔亦云。

　　且呼伦贝尔东通哈尔滨，西接西伯利亚，南连外蒙，壤地犬牙相错，而成所谓为三角重心点。职是之故，常为各民族接触之中心，于政治上、经济上、国防上，最易发生重大的外交关系，年来呼伦贝尔变乱丛生，其所以难于圆满解决者，大半原因，即在于此。况中东铁路横贯其间，交通上又占北满之枢纽，满洲里一镇（即胪滨），首当国境要冲，为苏联势力侵入东三省之第一重要门户，其于我国东北边防，更有举足轻重之势。今者日俄两国在我北满竞逐的势力，益形猛进，虎视眈眈，大有"灭此朝食"之概。谋国防者，其可忽诸？

　　其次，我们再讲呼伦贝尔历史的沿革。按呼伦贝尔为中国古代东北民族的策源地，其先吾人虽无统系可考，然如周室猃狁，汉代匈奴，皆系索伦异译，而索伦固系该地土著，则其同为黄帝子孙之苗裔，史书俱在，斑斑可考。汉代中兴以后，我汉族常以"以夷制夷"之策，羁縻外族，西方民族（西域诸国）渐受汉化而后，旋被汉室指使，东向侵略，此时北方民族如匈奴等，因迫于威势，于是沿漠东迁，止于兴安岭山之西南端，并以索伦名其山（按索伦山为兴安岭之本名，今仍称之）。其后种族繁殖，延及全脉；女真、满洲，其旁支也（注六）。逮汉末年，汉〔漠〕南种类庞杂，部族强盛，侵入内地，是为西晋五胡之乱。及唐，呼伦贝尔属室韦地，辽属上京路。其后女真完颜氏，离索伦山（即兴安岭），沿嫩江西岸而南，并吞南满及鞑靼诸部，入主中原，建立金朝，与赵宋对峙，而将其地为隶北京路，明季则为索伦、达湖尔人所居。清初，设呼伦贝尔副都统，驻海拉尔，以统率蒙古及他部落。复将蒙民编为旗兵制，分新巴尔虎、旧巴尔虎、索伦、额鲁特等四部十七旗，有百什户、千什户隶属于佐领下，受节制于满洲将军，有事则当兵，无事则狩猎。惟例禁甚严，不准各部民族越境（见《大清会典》），苟有越境者，政府必处以极刑，格杀勿论（见《清律》）。是其人民，迄今仍不能与内地民族同化，加以交通阻塞，外情隔膜，实为文明进步之一大障碍。惟其在行政系统上，索伦、巴尔虎、额鲁特五翼，设总管以下各官兵，鄂伦春部落设托河路协领以下各官兵，皆隶属于副都统。副都统以下，设一处二司，由各旗总副管、佐、骁等官，轮班当差，管率极为便捷，是以二百余年来，各部族博得相安无事。

迨光绪二十二年（一八九六），清政府与俄缔结《喀西尼条约》，俄人获得中东路建筑权，俄国势力遂渐伸入呼伦贝尔区域。清政府为预防其势力之深入内地也，故于光绪三十三年（一九〇七）将黑龙江改建行省，并裁黑龙江将军，改设巡抚，并在呼伦贝尔副都统以下另添局、处。又次年（一九〇八）改呼伦贝尔都统辖地为呼伦道，设一府三厅，即置呼伦直隶厅于海拉尔，满珠府于满洲里（后至宣统元年，即一九〇九年改称胪滨府），室韦直隶厅于吉拉林。及辛亥革命之役，外蒙脱离中国独立，而呼伦贝尔境内的少数民族——多尔人，乃亦竟受俄人之嗾使，与外蒙响应，相继宣言独立，遂有一九一一年第一次之叛变，是为呼伦贝尔民族独立运动之创始。至民国三年（一九一四），又复取消独立，同年六月，更呼伦厅为呼伦县，胪滨府为胪滨县，室韦厅为室韦设治局。民国四年（一九一五），中俄会订《呼伦贝尔条约》，我国政府始允呼伦贝尔自治，恢复从前之副都统，自治政治，得以复活。及一九一七年俄国革命爆发，无暇东顾，民国九年（一九二〇），徐树铮取消外蒙独立，呼伦贝尔于是也跟着形成半自治的状态，我国政府乃于是年一月二十八日以正式大总统命令，取消一九一五年中俄会订关于呼伦贝尔之条约，而直置于黑龙江省统制之下，改称海满道。民国十七年（一九二八）七月，呼伦贝尔青年党，又与外蒙联络，作第二次的叛变。此时国民革命军北伐，正当奉天派势力下落，退出关外时会，彼等以为千载一时，机会难得，乃遂依附外蒙援助，突然发动。及乱事平定之后，乃东北当局仍用羁縻政策，专以收抚当地少数革命首领为得计。须知此种貌合神离、委曲求全的怀柔政策，仅可弥缝于一时，万难施之于久远。而果也，去年中东路事件发生，呼伦贝尔乃又乘机煽惑民众，宣言自治。今虽乱事已平，然其内幕酝酿，实亦大有注意之价值。盼我国人，切勿以为"旧戏重演"，等闲视之！

综上所述，即为呼伦贝尔归属我国历史沿革之大概，暨其蠢蠢思动的民族独立风潮之约略也。详细情形，请于后节述之。

三　呼伦贝尔的民族概况

据日人调查，呼伦贝尔现有人口九万八千余人，复据民国十五年（一九二六）以前之统计，共有七万二千零二十人。然其组成此数之民族，至为复杂，大别之可分下列四种：

一、属通古斯族者，有索伦、鄂伦春、达湖尔、后贝加尔通古斯、雅鲁特等族。

二、属蒙古族者，有巴尔虎、察普臣、新布莱雅、额鲁特，及多尔人等。

三、汉民族。

四、斯拉夫族。

兹将各族概况分述如次。

按呼伦贝尔自清初以来，则编为旗制，计分索伦、新旧巴尔虎、额鲁特等四部为十七旗（现增为二十四旗，详下节）。其中索伦占六旗，新旧巴尔虎合成十旗，额鲁特一旗，故其势力以新旧巴尔虎为最大，索伦族次之，额鲁特为最小。

新旧巴尔虎原为蒙古族的一派，普通单称巴尔虎，因编入八旗之先后，故有新旧之分。其族除一部隶属于蒙古八旗，多居住于黑龙江省城一带外，余概栖息于嫩江流域及呼伦贝尔地方。旧巴尔虎以先本在黑龙江省木兰围场县的近边，从事游牧，以后始移住于兴安岭山脉的以东以北——即今呼伦贝尔一带地方，冬季游牧于海拉尔河上流，到了夏天则顺流而下，性情勇敢栗〔剽〕悍，信喇嘛教。至新巴尔虎，则本居外蒙，在外兴安岭北麓一带，从事游牧生活，及清嘉庆年间，始渐转徙南方，遂成部落，编入八旗，因其编入时期较新，故有新巴尔虎之名。后又移至海拉尔河的支流（如伊敏河）沿岸居住，人民敬信土俗、喇嘛，语言亦与旧巴尔虎同，惟因其同化的时期较浅，旧巴尔虎人常目之为蛮族。而旧巴尔虎则因与汉人互相杂居，一部分颇受汉同化，其子弟之在呼伦者，亦有会通汉文云。

　　索伦族散居于西伯利亚黑龙江中流，额尔古特〔纳〕河的东岸，兴安岭山之东麓，嫩江上游的沿岸，黑龙江右岸一带，以及布特哈、呼伦贝尔等处，范围极广，其居呼伦贝尔者，特不过一部分罢了。索伦有生熟之别，其移居平地者，或与汉、满人杂居，或自营独立之部落，全与汉人同化，故名熟索伦。至其深居山地的生索伦，因其法律、习惯，颇多不同，非谓其种性野蛮，有如云南省野人山之野人然者。人民身体长大，骨格雄伟，性情勇敢耐劳，胆大栗〔剽〕悍，多数均以游牧为生，言语为通古斯语，而满语、汉语、蒙古语等，亦交相杂用，其接近西伯利亚者，更通俄语。此外居于嫩江西岸一带西荒之地的打户族，传为索伦别支，然无特征可考，盖已完全汉化矣。嫩江两岸至索伦山脉（即兴安岭）以南之地，则全为蒙古民族杂居。山脉以西之地，亦为呼伦及贝尔两族，乃蒙古别种，而均非索伦。

　　鄂伦春族居于东大岭之东麓及南端，即黑河道属全境及绥兰道东境（按东大岭，系当地名称，常为胡匪占据，作江北马贼的大本营）。此族为索伦别支，但其性质卑劣，恒以捕鱼为业，世人称之为"鱼皮哒子"（注七），盖因其以鱼皮为衣服，故名。

额鲁特则为纯粹的蒙古族，其名称不一，常有称之为厄鲁特、卫拉特、瓦拉特者，人种学者名之为西部蒙古族，以与东部蒙古族之喀尔喀族相分别。此族分布区域亦广，其先本多居于西藏、中亚细亚及俄国南部方面，尔后逐渐分散移居，其中的一部分东迁于呼格河流域及呼伦贝尔地方。人民身体强健，性质朴直，善骑射，以游牧为生，奉喇嘛教，用蒙古语（注八）。

达湖尔人初居额尔古纳河与黑龙江沿岸，及至十七世纪后半期，始移居于黑龙江之右岸及松花江岸等处，人民多营农业园艺。其居额尔古纳河岸者，耕牧之外，兼营矿业，奉教仪式，则多模仿佛教。

汉民族系于清雍正十年（一七三二）后始迁来斯土，今已占总人数三分之一以上。斯拉夫人则大都为建筑中东铁路的工人与职员，及一九一七年革命以后避俄内乱而来的难民，如后贝加尔通古斯、雅鲁特等，则于一九二〇年移来（注九）。

呼伦贝尔的民族概况，既略如上述，可知居留该地历史最久者，为索伦族与巴尔虎人，其人数亦为最多，可称斯土真正的主人翁。乃呼伦贝尔所有通古斯族与蒙古族中，除三百余的多尔人而外，余皆文化程度幼稚、教育智识低能的民众。试就"巴尔虎"三字而言，原系外蒙人给予彼等一个极污辱的名词。盖蒙人入佛教之后，自以为已臻开化，而鄙视不奉佛教之巴尔虎人故也。

年来呼伦贝尔民族运动的呼声盛极一时，先后三次的叛变，也以呼伦贝尔民族自治相标榜，独惜领导此项革命运动的人物，却不是代表该地多数人民利益的巴尔虎人，也不是历史最悠久的土著——索伦族，而反是为最少数的多尔人一手操纵，能说代表呼伦贝尔全民族一致的要求吗？呼伦贝尔的民族革命，我以为只有代表最大多数的，为呼伦贝尔真正主人翁的巴尔虎人才配谈得上，彼少数优秀的多尔野心家，莫非是借着这张民族革命的招牌（郭道甫自己说是蒙民自觉运动，详见下"民族独立运动"节），利用其他一些文化程度幼稚的民族，以作其恢复大辽帝国之好梦的牺牲罢了（按多尔人为契丹遗种，于附近之通古斯族与其他之蒙古族中为最长于政治天才者，如元朝之耶律楚材即为契丹遗民，现呼伦政厅之实权，尽在多尔人之手，如副都统胜福、左厅长成德、呼伦贝尔委员长福明泰、蒙古青年党首领郭道甫等）。

四　呼伦贝尔现在政治的组织

吾人试考呼伦贝尔之历史，在十六世纪前，属外蒙车臣汗之领土，十七世纪之初，俄国曾据其地，至该世纪之末，中俄间常因发生纷争，甚以兵戎相见，一七九八年（嘉庆三年）订立《奈金斯克条约》，规定呼伦贝尔为中国领土，设立旗制，实行自治。一九〇七年，清廷颁布黑龙江省制，简派巡抚，改为呼伦道，置道台，并于黑龙江将军之下，置呼伦贝尔〈副〉都统，率屯田兵五千人，分驻于海拉尔、满洲里等地，取消其自治的行政权。及辛亥革命，呼伦贝尔与外蒙同时独立，改为特别自治区域，不置都统，仅设道尹一员，使之监视蒙古政厅，兼为双方折冲的机关。呼伦贝尔则依附于外蒙民国，与黑龙江貌合神离。一九一五年，中、俄、蒙三方恰克图会议结果，中国政府不得已，予呼伦贝尔以完全自治的权利，都统制又形恢复，并设呼伦贝尔政厅。表面上是说尊重中国主权，直接与我政府有关系，然而实际上却丝毫无涉，〈对〉黑龙江省的行政长官，更不服其支配，其副都统与各省长官有同等的权力可以支配政厅，政厅除了海关及盐政的进款而外，其余租税皆可自由征收使用。纸币亦以政厅独立之权发行，布令示达，更可自由行之。全区军队，则以政厅所辖的民众组织，使之维持治安，不许其他干涉。此种民众组织，系由通古斯与蒙古两族组成，据民国十五年（一九二六）以前之统计，共有三万零七百七十二人。一旦如有非常之变，政厅所有兵力不能防御的时候，再由副都统商诸黑龙江省的长官，请其出兵，事平之后，即须各撤原防。至如敷设铁道，或举办何种实业事宜，则又非与俄国领事接洽不可。民国八九年之交（一九一九——二〇），呼伦贝尔的代表左厅长成德、右厅长巴嘎巴迪，及署索伦左翼总管荣安、右翼总管凌陞等，联名致电当时东三省巡阅使张作霖，其原文云：

> 查呼伦贝尔地方向为中国完全领土，隶黑龙江省管辖，自迫于库伦大势，不得已而独立，嗣后改为特别区域，惟至今政治迄未发达，经全族总管、协领、左右两厅长、帮办等，代表本属蒙族全体，诚意会议多次，均称取消特别区域，用图自安，实属万世永赖之利。据情呈请，暂获副都统贵福一致赞同，用特肃具电稿，恳请特电中央，俯察愚忱，准予取消特别区域，所有以后呼伦贝尔一切政治，听候中央政府核定治理云云。（注十）

因此呼伦贝尔即于民国九年初取消自治，同年四月我国收回中东路利权，自是呼伦贝尔又复归并于黑龙江省，废特区制，置善后督办一员。民国十四年（一九二五）正式划为呼伦道，置呼伦道尹，兼置一呼伦镇守使。然其政厅则始终未尝取消。实质上我国行政权所之之地，不过兴安岭以西，中东路沿线及其他数县而已。此外皆属政厅所管辖，不许我国移民垦地，且并禁止汉人捕鱼、伐木、采煤等事，凡旅行、经商等，亦须先得政厅之许可。兹将政厅组织之大概，列表如左：

呼伦贝尔自治政厅
——副都统
{
右厅——管理军事及司法等事，设有巡防
局及裁判所等，厅长为巴嘎巴迪。
印务局——局长济布森额。
交涉局——（局长不详）
左厅——管理内政、财务及治安等事，设有
巡警局、税务局等，厅长为成德。
}

呼伦贝尔全区之政权，就在这个自治政厅之手，政厅之下设总管，总管为各翼长官，掌理地方行政事宜。总管之下设旗，有佐领六十。现在呼伦贝尔共有总管七，二十四旗，兹列表如下（注十一）：

一、额鲁特…………………一总管…………………二旗

二、索伦左翼……………东 }
三、索伦右翼……………西 } 二总管…………………八旗

四、旧巴尔虎…………………一总管…………………四旗

五、新巴尔虎　左翼 }
六、新巴尔虎　右翼 } 二总管…………………八旗

七、泼里亚特…………………一总管…………………二旗

以上即为现在呼伦贝尔行政之组织，其各衙署一切政费，均系出自地方租税，征收方面，则从家畜、毛皮、木材及矿物等课税之。至其在我国地方行政统治之下者，则有下列几处的县知事：

一、呼伦县知事　在海拉尔。

二、胪滨县知事　在满洲里。

三、室韦县知事　在吉拉林。

四、舒都县①知事　在免渡河。

————————

① 似应为奇乾县。——整理者注

五　呼伦贝尔的经济现状

呼伦贝尔土广人稀，平均每二方里不过一人，人民生活，悉依地理及气候之关系而定。东北与西南两部的天然气象既各有不同，故其生产事业亦自各异。盖东北多山，故居民以林业为唯一的职业，西南水草丰美，宜于耕牧，西部多河流湖沼，渔业亦盛。近十几年来，中东路沿线——如牙克石站以西、铁路线以北之地域，农业日渐发达，即各地蕴藏的矿产，亦相继发现，实行开采。兹将呼伦贝尔最近经济的现状，分别细述于后，以见该地经济价值之一斑（注十二）。

一、牧畜业

按呼伦贝尔因有含盐之地质，并多湖泽河流，故为最宜牧畜之地，境内自沿兴安岭山麓，以至森林地带之间，牲畜成群，居住者皆为游牧民族。而此种牲畜则为呼伦贝尔唯一的财富，举凡民间一切完粮、纳税、贸易等等，大抵皆以牲畜为之。据民国十四年（一九二五）十二月政厅所调查，全区计有：

1. 马　　十四万匹；
2. 牛　　十四万头；
3. 羊　　百五十万头；
4. 骆驼　七千头；
5. 猪　　二千四百头；
6. 鹿　　一千头。

自后逐渐繁殖，直到最近几年，自然不止此数了。试观下表：

土著居民	骆驼	马	牛	羊
1. 铁路沿线以内者	一，四九五	四，五七〇	八，九六〇	四二，二〇〇
2. 铁路沿线以外者		六，三二六	二一，七二八	五五，七九五
3. 游牧民族	七，〇〇〇	一七〇，〇〇〇	一四〇，〇〇〇	一，五〇〇，〇〇〇
总数	八，四九五	一八〇，八九六	一七〇，六八八	一，五九七，九九六〔五〕

此外牧畜业的附属产品，如兽骨、羊毛、萨拉油，以及其他牲畜遗物，亦为出产之大宗。依近年调查，总计此项牧畜业之牲畜及其原料品等，每年剩余数量输出以博金钱者，共值三百万元之谱，如下表：

马	四十一万二千五百元
牛	五十万元
绵羊	三十五万元
肉	三十五万五千元
羊毛（未洗者）	一百二十万元
各宗皮张	二十三万八千三百元
马毛	三万六千八百元
萨拉油	一千元
其他	一万元
共计	三百零十万三千六百元

兹将其自民国十二年至十六年，五年间平均输出数量列左：

马	三千匹
萨拉油	三吨
牛	一万头
马毛	三十吨
绵羊	五万一千四百只
牲畜遗物	三十六吨
羊毛	一千二百二十九吨

骨	一百四十四吨
各宗皮张	三千二百五十吨
肉	七百六十五吨

二、狩猎

呼伦贝尔北起黑龙江，南至边界为止，广袤千有余里，俱为野兽托足之所，如猿、狼、獾、狐、鹿、猞猁、灰鼠、水獭、黄鼠、臭猫等，莫不具备。其中价值最贵者，以猞猁、灰鼠、旱獭、水獭为最。第因年来各种出产减少，市场上货量殊不甚多，于是价钱腾贵，前此三四十元一张者，今则增至八十而至百元之数。兹就呼伦贝尔市上皮张货量，统计如次：

狼	八千张
獾	二千张
狐狸（后贝加尔种）	三千张
巨獾	一百张
狐狸（蒙古种）	一万张
水獭	五百张
小狐狸	一万五千张
臭猫	一万五千张
黄鼠	一万张
灰鼠	三十万张
元鼠	一万张
带缟鼠	二万张
猞猁	五百张
沙布拿	一万张
旱獭	七十万张

据上表所列，则呼伦贝尔境内每年所出的皮张，约可值洋四百

五十万元。最大的销场，首推美国，英国次之。现在海拉尔与满洲里等地，都有外国皮张公司的分行分设，专事收设〔购〕。此外如树鸡、鹧鸪、松鸡、山鹑、野鸡、天鹅、野鸭等禽鸟，出产亦富，故为利亦不甚薄也。又最近调查，呼伦贝尔每年输出的总额为三百四十七万零百元美金，而渔猎部分则占一百八十万零四千七百元美金，占总数的百分之五十二，从此更可见得呼伦贝尔近年渔猎事业之发达，及出口额增进之速矣。

三、渔业

呼伦贝尔的蒙古人常说："鱼类孵化有声，震撼湖岸，饮马者若不加驱策，则马畏不敢近矣。"于此概可想见该地所属各河流湖沼中，产鱼之丰富。不过形式上官方常本宗教上的迷信，颁布禁令，取缔私捕，然而实际上仍无多大效果。昔俄属哥萨克人常私往捕取，其后关内移民亦常择产鱼河泊的沿岸而居，其初只贝加尔湖有捕鱼处，以后在乌尔顺河、哈勒哈河、克鲁伦河、穆特那溪、大赉湖等处，相继发见渔户，于是呼伦贝尔渔业之发达，遂亦与年俱增。其产额的主要种类有鲤鱼、白鲫鱼、鲮鱼、望天鱼、鳍鱼、竹截鱼、堵马鱼、海马鱼、白杨鱼、小扁鱼、假龙胆鱼、鳍鱼、小鲫鱼及虾、蟹等族。捕鱼时期，则分冬夏两季，其夏季所捕之鱼，在未上市之先，蓄于池内，候上冻时，再运赴满洲里站，而后分别转运各地。兹将民国十五年（一九二六）夏冬两季市上鱼品的渔获总额，列表如左：

捕鱼所在地	夏季	冬季
乌尔顺河	四九一吨	—
穆特那溪	一一四吨	—
克鲁伦河	二四五吨	—
大赉湖	一三二吨	三三四吨
	合计九八二吨	三三四吨

故渔业在呼伦贝尔的经济上亦占重要之地位，民国七年（一九一八）以前，鱼类主要销场，以俄国彼得格勒、莫斯科为最，革命而后，贸易衰落，今则仅行销于东铁各站矣。西部札兰诺尔至满洲里一带，人民终年以渔为业，据民国十六年（一九二七）之调查，该处从事渔业者，计达二千人之多云。

四、林业

呼伦贝尔境内森林密茂，大兴安岭西麓，自黑龙江起，至南部交界止，绵亘约一千公里，面积之大，约占呼伦贝尔总面积的五分之一。主要林木首推达哈尔落叶松，占所有树木百分之八十，次之为白黑桦松、白杨木等，北部贝斯特拉牙河流域产针叶松，兴安岭附近产少数杉木与银松，其中成材落叶松之年龄有达数百年者，高度由十三公尺至三十公尺，故亦为大宗经济富源之一。兹记各地现有林场概况如下：

1. 马尔差夫斯基公司林场　该场设于贝斯特拉牙河流域，居兴安岭分脉之中，所产大宗为落叶松，常由贝斯特拉牙河、额尔古纳河及黑龙江三水，编成木筏，顺流输出销售。

2. 乌尔克其罕河林场　该场在牙克什站东北，拥有海拉尔河流域，为在大兴安岭西境首屈一指之林场。放筏河中，沿途并开专放木筏之港湾，由港湾至牙克什站，又均有铁路的岔道衔接，故输运极为利便。

3. 牙多尔斯喀牙林场　场设海拉尔站东南，所产林木与乌尔克其罕河林场相同，附近河流亦多可供放筏之用。惟其放筏终点的港湾，载卸的设备，稍有逊色耳。

4. 扎免公司林场　该场间于乌尔克其罕河与牙多尔斯喀牙两大林场之间，居大兴安岭的中心点，其林场腹地至铁路线，也已经修有铁路岔道两条，可供运输，所有大林，概在沿线四十公里以外。

五、矿业

呼伦贝尔矿产甚富，前已述及，惜因资本缺乏，机械无多，故开采者，迄今未见发达。兹述各矿概要如次：

（一）金矿　金沙之采集，在海拉尔北部，与吉拉林及乌拉夫河口等地方。在吉拉林者，初为上阿穆尔公司开采，迭因种种变故，时作时辍，近由黑龙江广信公司开采。其方法多由采金工人，将所淘出之金沙，售与矿区公司账房（每一立尼克，合大洋三元），而公司账房则另以高价货物易换之。是以该处从事金矿业者，多于账房内附设商号，以备工人购买，借营利焉。惟金质不良，粗矿尤多，故获金殊少。现主要产地如吉拉林，每年所得亦不过一三〇公斤。此外如乌拉夫河口地方，亦有该公司从事经营开采，成绩如何，未得其详。

（二）煤矿　煤矿之已开采者，现仅为扎兰诺尔与满洲里两站，扎兰诺尔煤矿系发现于清光绪二十七年（一九〇一），据马尔克舍伊矿务局之调查，谓扎兰诺尔积存之煤矿，其深及一百公尺者，有煤九千五百万吨，二百公尺者，有煤二万二千万吨。至满洲里煤矿，则在胪滨县差冈乌拉地方，矿区约占十六方里之大，为蒙古人所发现。民国二年（一九一三），始着手开采，现为广信公司所属。有矿坑二，每坑深约七十五尺，产额八千余公吨，煤质较扎兰诺尔为劣，大部分供诸满洲里地方所用。

（三）碱　按碱之产地在距海拉尔西南一百三十公里之胡吉尔泊，该泊宽约一公里，长约一公里半，由广信公司开采，总计五百公斤的碱料，可出纯碱四大块，每年可采纯碱二千块，约一五〇公吨。

（四）盐　采盐事业，亦由上述广信公司开采，产地是在白音诺尔及白音差冈湖等地方。白音诺尔每年平均产额五〇〇公吨，白音差冈则仅为二〇公吨。全区采盐工人有百名之数，每天的工资约一元五角。但盐区极广，盐质亦纯，据上阿穆尔金矿公司化验的结果，认为该处之盐系硫酸盐，并无碳酸及盐素、酸素等搀杂在内。

（五）水晶　大兴安岭一带产水晶甚多，尤以三河村的得拉果谦阔为最。他若石膏、莹〔萤〕石、大理石、焦炭等，亦皆所在多是，惜货弃于地，未见有大规模的开采罢了。

六、农业

蒙民本游牧部落，涉水草而居，故农业极不发达。民国七年至九年（一九一八——二〇）之间，俄乱正剧，俄侨纷纷东来，聚垦于额尔古纳河、牙克什及免渡河站一带，尔后华人接踵而至，不数年间，耕地面积，日益扩充。至各地农产种类，亦微有不同，沿中东路车站一带者，以小麦为最多，其他各地有稞麦、玲珰麦、大麦、荞麦、麻等，兹将各地平均产粮数目，分类列表如左（单位吨）：

粮别	车站沿线一带	额尔古纳河一带	三河口地方	乌拉夫河口	
小麦	九四九	三，九五〇	九一四	一五七	五，九七〇
稞麦	一〇一	一，三一七	一四三	五九	一，七二〇
玲珰麦	六八	一，〇二六	一一五	二六	一，二三五
大麦	二五	七九〇	六七	一〇	八九二
荞麦	——	六四七	一二一	九	七七七
共计	一，一四二	七，七三〇	一，四六〇	六二一	一〇，五九四

此一万五百余吨之食粮，以之供给本地居民之口食，实大有不足之感，故需向外地购运，才能接济民食。吾人试考呼伦贝尔农业所以不甚发达之由，居民类多游牧为生，日惟狩猎、业渔，

遂弃农业于不顾，固其重要原因之一。惟官厅方面所课赋税之重，亦为一般农人裹足不前，但抱观望态度之所由来也。盖当地关于田赋之分配，向以收成为根据，收成愈高，则征收愈重，若以此种税收加诸新行落户的农人，毋嫌过重。况农民缴税，不仅田赋一宗，遽令重叠担负，力有未逮，来年各地征收益重，农民未敢增加耕地，非无故矣。此后若不力事紧缩，以图改良，则呼伦贝尔富于生产之区，终亦成为北满消费之大本营而已。

七、工业

呼伦贝尔近世工业之发轫，以中东路筑成后为开始，盖自是而后，境内渐有俄人来居，各种生产事业，遂有仿效欧洲方式而成立者，兹分述之：

（一）屠宰场　屠宰场可分出品屠宰场和供给本地的屠宰场两种，前者分设于海拉尔与满洲里两处，以海拉尔为最良，场内有绞杀牲畜机五十架，每月能宰牛一万二千头，或羊五万头，猪六百只之谱。

（二）制肠业　民国十三年（一九二四）以前，此项企业，完全操在布拉文洋行之手，尔后专卖权撤消，同时产生制肠工厂六处，分设于海拉尔（五）满洲里（一）两处，输运出口者，多为绵羊与山羊之肠，供与本地自用者，多为牛肠。民国十六年（一九二七）以后，国外需求停止，所以现在制肠事业，亦仅只能销行于北满而已。

（三）洗毛厂　该厂设于海拉尔伊敬〔敏〕河畔，厂内设备完善，故经该厂压制之毛货，就可直接运赴外洋市场，无须再运他埠另加包裹。厂内有水压机二座，一为压制兽皮之用，一为压制兽毛之用。

（四）牛乳、牛油　在民国元年与民国十年之间，此项制油

业，统由俄国哥萨克人所经营。现时境内共有制油工厂十七家，
又有分厂七处，专司购集牛乳，其专供牛乳之牛只，约共八千头，
每头每年出乳约为八二〇公斤，故该地每年可得牛乳六百五十六
万公斤。制油数量约为二十万公斤，共消费去牛乳四百三十八万
公斤。

（五）制革厂和制鞋厂、地毡厂及制毛厂等　按呼伦贝尔牧畜
发达，牲畜极多，上述各厂均为阿库洛夫实业公司经营，设备完
善，为全区冠，且各厂纯为单独之组织，尤称特色。每年所出的
货品，除大批发往东铁东西两路而外，在海拉尔与哈尔滨两处，
均有门市分设，贸易总额约及十三万五千元之数——即海拉尔六万
元，哈尔滨七万五千元。

（六）面粉业　呼伦贝尔的制粉事业，可分二部，一为沿铁路
车站附近的区域，有大磨四，一为铁路线迤北的特列黑列七衣，
及卜里额尔古纳等处移民集聚的区域。至海拉尔，则以广信公司
规模最大，其大磨发动机为一二五马力，每昼夜可制面粉三十
三吨。

（七）制酒厂　呼伦贝尔的酿酒业，当以倭伦差夫兄弟酿酒工
厂最为优良，制酒的原料，以土豆为之，后因值价昂贵，改用玉
蜀黍与稷子。销售的地点为蒙古、满洲里及恰克图一带。

八、商业

呼伦贝尔一区商业的实权，本来都是操在中国人的手里，自从
中东铁路告成，俄商趁机迁入，我国政府预防俄商势力侵入，故
对于运入蒙古的货物，特别征收赋税，然而一般俄国商人，依然
竭力奋斗。民国元年呼伦贝尔独立之役，俄商乃得千载一时机会，
大饱私欲。及欧战起后，呼伦贝尔取消独立自治，重归中国政府
势力管辖，俄商渐行退去，势力减少。考其经营的商务，约有下

列三种：（A）钱款交易，行之于沿车站附近的一带；（B）半钱款、半货品之交易，行于蒙古牧野蒙人与后贝加尔喀尔喀等沿边的地带；（C）物品交易，行于山林深密间之游猎的民族。

呼伦全区商业的中心，厥为满洲里与海拉尔两个地方，不过近年贸易变迁，满洲里的商务，日渐减退，海拉尔则愈形兴盛。两处的商店，大部分是属中国人经营，推其所以能得优厚势力的缘故，大概因为当地商人团结力很好，各处都有商会的组织，彼此互相提携，声应气求，所以能够有现在这么一点成绩。兹就该地欧式商店与中国商店各项货品分配的情形，列表如左：

货品种类	欧式商店	中国商店
粉面产品（麦片）	四八	二五
油	三	一
鱼	二	
菜蔬	一	一
糖	一三	一五
杂货食料	一三	三
烟草	三	五
制造品及装饰品	六	四〇
合计	九九	九一

根据上表所列，可知欧式商店中的主要货品为面粉、麦片及杂货等项，而中国商店的主要货品，则为制造品与糖等，面粉产品反居第二。又查该地的中国较大商店有东省铁路职工消费公社，与蒙古消费组合两处，前者恒以低廉之价，或以市场平均之价的货物，供诸本路沿线员工之消费，后者则由蒙古人仿而行之，大部分系为蒙古的王公、贵族所组织，故遇事常得蒙古政府之援助，以利其进行。

至其对外贸易，年来出口超过进口者，计达六十一万九千九百元美金之巨，此后果能设计改良，则商业前途，其进步当不止限于此数也。试列表如下（单位美金千元）：

货品类别	进口	百分率	出口	百分率
粮食品	一五，六五四	五四·九	六，六〇六	一九·一
牲畜食物	三，三三四	一一·七	——	——
燃料	四，三五八	一五·二	四，七六九	一三·八
建筑材料	三四	〇·二	二，八六八	八·二
半制造物	二一九	〇·八	一七，一二三	四九·三
制造物及其他	四，九〇六	一七·二	五六七	一·六
牲畜	——	——	二，七七一	八·〇
合计	二八，五〇五	一〇〇	三四，七〇四	一〇〇

九、货币金融

呼伦贝尔各种生产事业的经济现状，既略如上述，最后我们再把该地现行金融货币的制度，也稍为介绍一下。按呼伦贝尔币制之使用，迄今还不过只二十五年左右的历史，以前该地的人民直不知金钱为何用，通常购买一切货物，统以牛、羊、马以及皮张等等彼此交换。及中东路筑成以后，该地所产的许多原料品，遂得乘此推销于外地，然而外边输送进去的货物，却无法全部来交换这些原料品，于是乃利用生银，作为市场上买卖货物的媒介，这就是呼伦贝尔最初发见金融货币制度的起源。及到现在，该地市上通行的币制，差不多全与黑龙江省一样，所不同者，不过西部与苏联接壤之地，和南部与外蒙古各蓝〔盟〕旗毗连之处，稍有变易而已。

呼伦贝尔现在通行的币制有银锭、银块、银币、铜币、纸币这五种，银锭、银块皆以两为单位，视轻重以为衡。与蒙古交易，纯以元宝，常见者为五十两，形式固定，若数目较少，则代之以银子或银块。至银币，则多为袁头大洋，小洋因成色不同，早晚时价，须另定行市。近几年来，西南地带又有外蒙银币之侵入，价值略如大洋，其形色正面写着"全蒙古人民联合国家一元"字样，背面则书"纯银十八格兰姆"。考外蒙此种银币，初发行于民国十五年（一九二六），故绘有蒙古国徽，火、日、月、地，及双鱼等图像。铜币为铜元，有一文、二文、五文、十文、二十文五种。而自民国十五年起，边境一带又发见有外蒙铜币，分一分、二分及五分数种。以上所述，皆为硬货，此外尚有东三省官银号、中国银行、交通银行、边业银行、广信公司等所发行之纸币，纸币上的票额由五分起至百元止，各种都有。惟其行使区域范围，仅只沿线车站一带罢了。西部边界地方，则有苏俄发行的新币流行。

六　呼伦贝尔独立运动的真相及其内幕

溯自民国成立以来，呼伦贝尔之独立运动，先后已有三次——即一九一一年、一九二八年、一九二九年三次之叛变是也。今依次述之，以明其真相暨其内幕焉。

（一）一九一一年第一次之叛变　尝考一九一一年第一次叛变之初，呼伦贝尔以中国政府变更其旧日的自治政体，汉人移殖过多，中国军队开至呼伦贝尔边界，以胪滨为根据地等为借口，于是年九月召集各民族巨头会议，提出下列五项要求条件：

一、中国官吏由呼伦贝尔撤退，将管理权转交蒙人执掌。

二、中国军队撤出呼伦贝尔。

三、呼伦贝尔之移殖，应即停止。

四、驻在呼伦贝尔领地内之一切汉人，对蒙官府不愿承认之时，即逐出呼伦贝尔领地以外。

五、所得之海关税，及开采当地天产之□捐等一切入款，应移交呼伦贝尔官库。

当时中国官府得了此项要求，当然拒绝。及十月辛亥革命，武昌起义，呼伦贝尔以为有机可乘，遂与外蒙古呼应，宣布自主，以强权攫取政权。一九一二年一月二日，海拉尔城失陷，二月二十二日，胪滨府既失，不逾月而吉拉林亦陷，从此呼伦贝尔直归外蒙保护，不隶属于黑龙江省统制之下。此事迁延交涉，亘三四年之久，我国政府因其牵制对蒙军事行动，不得已，乃与俄国交涉，后由驻北京之俄使喀鲁宾司基氏（Krupenski），出而与我外交部交涉，开中、俄、蒙三方代表会议于恰克图，结果于一九一五年十月二十四日，缔结《中俄会订呼伦贝尔条约》，条约的原文如下：

1. 呼伦贝尔定为一特别区域，直接归中国中央政府节制，并受黑龙江省长官监督，遇有必需之事，及便利文牍之往来，则呼伦官府方与该省长相商。

2. 呼伦贝尔副都统，由中国大总统以策令任命之，并享有省长之职权。呼伦贝尔总管五员，及三等以上职官，始有任命为副都统之资格。

3. 副都统设左右两厅长，一由副都统，一由内务部保荐，均须经中国中央政府任命。此项厅长之任用，应以呼伦贝尔四等以上职官为限。各厅之执掌，由副都统规定之，该厅长应受节制，经副都统许可后，始有与中央政府及其他各省直接往来文牍之权。

4. 平时所有该地军事，专就本地骑兵执行，但副都统应将军事筹备情形及其缘由，呈报中央政府。呼伦贝尔官吏，若认地方不靖，无力弹压之时，中央即可派兵前往，惟先应通知俄国政府，迨地方绥靖后，即行撤出呼伦贝尔境外。

5. 除海关及盐府〔政〕进款，专归中央收存外，其呼伦贝尔他项捐税，尽数留作地方之用，副都统应将收支情形，年终呈报中央政府。

6.呼伦贝尔及中国内地农工商人等,自由往来侨居,均一律看待,不稍歧视。惟呼伦贝尔土地,既认为旗民所共有,则华人仅得以定期租借名义,在各处取得田地,并须禀申地方官厅,查明此项农业,无妨碍旗民牧放牲畜之处,始可办理。

7.将来如拟呼伦贝尔修筑铁路须借外债时,中国政府应先与俄国政府商办。东省铁路公司及林、矿等项实业之俄人承办人,如欲在呼伦贝尔境内修筑专用铁路,以为运输材料及出产之用,非经中国中央政府业经允准之合同内者,当然不适用上项规定之办法。

8.俄商与呼伦贝尔前订各契约,已由中俄派员双方审查,经中央允准。

呼伦贝尔于是仍旧恢复从前的副都统,自治政治重新复活,一如光绪三十四年以前之旧观,自成一个特别区域。前清历次克苦经营的苦心,到这时候,也尽成泡影。及后一九一四年欧战发生,一九一七年俄国内部革命爆发,呼伦贝尔的外援既绝,后墙也倒。乃彼亦知时易世迁,故即看风转舵,而有左厅长成德等代表呼伦贝尔蒙族全体,致电东三省巡阅使张作霖(原电见前第四节),要求转达中央政府取消特别自治区域之通电,我国政府亦见俄国帝政之崩溃,于民国九年(一九二〇)一月二十八日大总统命令取消前订中俄呼伦贝尔之条约,呼伦贝尔至是始仍隶于黑龙江省之统治。

(二)一九二八年第二次之叛变 呼伦贝尔取消自治之后,实际上司法、行政、财政等之大权,仍操诸呼伦贝尔政厅之手,故该厅俨然自成一个地方行政的自治机关,即一切行政事务,亦还是仍用旧有的那些官员僚属承办,我国政府所收回者,特不过形式上的一点统治权或宗主权而已。此种有名无实的、徒拥虚名的统治,酝酿而至民国十七年(一九二八)秋,遂有第二次叛变事件之发生。主其事者，则为呼伦贝尔的蒙古青年党，该党首领郭道甫氏，系左厅长成德之子，姓郭博勒，名墨尔斯，英文拼音为Merce Goboli，郭道甫系于黑龙江省立第一中学毕业时始改称也。生于呼伦贝尔中东路线扎拉木德站，南墨河尔图村，其家族原属达湖尔人（注十三）。据他说蒙古民族自觉运动发生的原因，可分下列几种：

一、汉族方面的压迫　政治上汉官对于我们横加摧残，我们参政的机会一点没有。经济上，买卖交易不平等，我们不堪汉人之凌辱。文化方面，汉人一提到蒙古人，便好像是牛马，轻视鄙弃，不遗余力。

二、世界潮流的激荡　欧战后，民族自觉运动，风涌世界，被压迫的民族，力求解放，我们为被压迫的民族之一，当然也要要求解放（注十四）。

三、蒙民智识阶级之增加　现在蒙古人求学的渐渐增多，到外国留学的有人，到中国内地念书的也有人，这些智识阶级，身受异民族压迫之苦，回到蒙古，竭力鼓吹民族思想，所以发生了自求解放的运动。

四、蒙族的自卫运动　蒙古人眼看着自己的牧马大平原，一点一点地叫汉人开成熟地，丰美的水草，渐渐得不到了。若是永远采无抵抗主义，那末他们就有被赶到贝加尔湖畔的危险，所以起来奋臂疾呼。

五、民国九年以后，自治权缩小，蒙古人民不满意。

六、最重要的就是不久中国就要统一，我们若不有所表示，将来中央政府开始顺政之时，也许要以政权付之王公，或者对于我们完全不闻不问。所以我们举动的意义，是要表示：A. 打破蒙古专制威严的思想，使民众知道王公以外还有顶大的势力；B. 使中国政府知道我们蒙人的心并没死，免得轻视蒙古的民众；C. 即使此项举动失败，在民众方面已撒下有力的种籽，将来总有发芽结果的那一天。

看了上面这段郭氏的谈话，使我们很深切的感到，现在蒙古民族中，自动的从事改革运动者，的确大有人在，然而一般头脑简单、受外人嗾使而麻醉不悟者，大亦未始没有。郭氏有志唤起全蒙民众，企图对内打破历史上蒙古专制威严的思想，养成新时代的伟大的民众之势力；对外适应世界潮流，力求被压迫的弱小民族之解放，固亦深博吾人之同情。若谓汉族如何压迫云云，则汉、满各族本是一家，同为组成中华民族之一分子，且有过去悠久的合作之历史，是无彼此歧视、自划鸿沟之必要，而反予列强以可乘之隙也。乃呼伦贝尔竟于革命军忙于北伐之时，乘关外势力下落的机会，于是年七月中旬在克鲁伦开外蒙露天市场。青年党即召集会议，议决呼伦贝尔与外蒙合并。八月，外蒙政府果然对海拉尔的自治政厅提出要求合并的最后通牒，在十五日为答覆的期限。当时副都统贵福暨其保守的一派，则以呼伦贝尔之现状，只能要求有程度的自治，不认为与外蒙有合并的必要为理由，反对外蒙的提议。青年党以要求并合未成，遂于十五、十六、十七等日开始暴动，率领党徒骑兵等袭击中东路西部沿线，断绝欧亚交通，使东省当局无所施从，国际列车不通，则必引起国际方面之干涉。大家公推福明泰（左厅长成德之甥）为军事委员长，乌勒基为呼伦贝尔平民军总司令，进行拆路事宜，而以乌诺尔（兴安岭西）站附近，与满洲里东之察干站附近为最终目的地。我国方面得讯，凡发铁甲车军驰往救援，双方发炮交战，均被我国军队击退，以后东路沿线虽屡有骚扰，亦因国军戒备严重，渐归平定。东省当局则派呼伦道尹赵仲仁代表与郭道甫进行和议，其先只是书信往还，互有辩难，以后和议颇有成效，郭、赵两氏即于九月二十六日相见于海拉尔，双方成立议和条件，一场偌大变乱，遂此结束。兹记三项条件如下：

一、呼伦贝尔设参议处，参议呼伦贝尔改进事宜，呼伦贝尔二十一区，每区代表一人。

二、呼伦贝尔保卫团原额五百人，增为一千人。

三、都统署增加经费。

（三）一九二九年第三次之叛变　去年中俄两国，为了中东路问题，不幸发生冲突，半年以来，东北军事、外交，异常吃紧。及至十二月间，蒙古青年党忽复抵瑕蹈隙，又在呼伦贝尔倡乱，希图独立，于是而有所谓第三次之叛变。兹将事变经过详情，摘述于后：

盖当中东路事起之后，中俄两国秣马励兵，大起冲突，西线战事，梁忠甲旅孤军坚守，支撑数月之久，迨十一月二十五日满洲里、札兰诺尔相继失陷，俄军东进，市内即成无政府状态。当时海拉尔及其附近的蒙古人，以为有机可乘，乃自组军队，名保卫团，实行自卫。集骑兵千余人，占据呼伦贝尔的中心地——即海拉尔，倡言自治。同月二十七日，俄军希雷海尔将军所部开入市内，维持地方治安。十二月二日，各旗保卫团复将我留守海拉尔骑兵二百名驱出。自是以后，他们就自己直接自由行动，委官设治，定有什么主席、委员、县长及公安局长等名目，全权握于狡黠的王公之手，居然像似独立模样。但是此派王公与青年党彼此札轹争斗，极不相容，所以青年党看着王公们如此得势，企图造成自己一派一系的深厚之势力，故亦不甘寂寞，以落人之后，在新巴尔虎盐场方面，集众二千余人，与王公派互哄，卒致兵戈相向，扰乱海拉尔。王公派败北之后，青年党即在该地组织苏维埃政府，政府委员七人之中，除该党领袖成德及其甥福明泰而外，复有俄人二名（据上海《时事新报》十二月二十六日沈阳电讯），是苏联卵育青年党之阴谋，助其夺取政权，建设呼伦贝尔苏维埃共和国与外蒙打成一片，不但在物质上供其枪药、子弹，并又分派军官策士，从中指导，俄以战胜之兵，一手扶植其滋长，一时呼伦贝尔事态之严重，实较过去几次乱事为尤甚。十二月二十三日，俄军西去，青年党亦迫于情势，退出海拉尔，蒙古政厅乃与中、蒙、日、英、美各国人士所组织之国际委员会，协力维持地方治安，直至今年（一九三〇）一月三日，海拉尔镇守使张明九与呼伦道尹赵仲仁重复入市，副都统贵福亦由大赉避难归来，遂与蒙古政厅开诚商洽，海拉尔仍由副都统贵福管辖，地方秩序，始渐恢复原状，呼伦贝尔因得转危为安，第三次独立运动就此昙花一现。东铁事后，有此尾声，其幸告无事而终，总算不幸中之大幸了。

如上所述，我们对于呼伦贝尔事变之由来，及其经过情形，大致可以明白了。那么我们鉴于过去历史的事实，对于蒙古青年党的所谓民族独立运动，很明确的可以看出下列这几点：

第一，呼伦贝尔的独立运动，其对内的意义，实在比对外的意义更重大。郭道甫自己说："我们深知呼伦贝尔是不够组成一个独立国家的条件的，所以我们对外主张自治，对内主张民治。我们运动的目标，是要蒙古人来治理蒙古，我们不再要腐败的王公制度，我们也不愿再受贵族阶级的宰割，我们是要近代的民治主义！"呼伦贝尔主张民治，我们并不反对，对于郭氏所说除旧更新、建设合时代的新政制，更表十分深切的同情。所以呼伦贝尔的独立运动，是对内的维新运动，是对蒙古旧有的王公贵族制度之革命的运动。

第二，呼伦贝尔的政权，现尽操诸守旧一派人的手里，他们一味因循敷衍，但求保持自己的权位，并无革新政制之觉悟。因此蒙人中之一派有新思想的觉悟的青年分子，感于现状之不满足，以致进退失据，彷徨歧途，遂被迫而趋于革命之一途，呼伦贝尔的独立运动就是此种新旧思想冲突的表现，是旧派势力和新兴势〈力〉最后挣扎应有的一幕。

第三，现在蒙人中能自动的从事于改革运动者，固大有人在，而其受外人操纵运用者，可亦未始没有。我们只看上述几次事变之内幕，苏联之背后煽惑，阴谋运动，资为后援，实亦无可讳言之事实。呼伦贝尔其要"赤化"吗？多数居民尽是逐水草而居的游牧民族，没有资产阶级，也无无产阶级（作者按，此系郭君道甫自己的话，见于成泽《郭道甫氏访问记》），王公虽然是有土地，但是这些土地，也并不是他们的私产，决不像欧洲的大地主、大资本家，连田阡陌，积资巨富，剥削劳苦民众的血汗之脂膏，支配多数人民生活之利益。所以我很希望呼伦贝尔革命的志士，别再受那苏联"扶助弱小民族"的迷魂汤所麻醉，实地的做些如何发挥呼伦贝尔固有文化事业吧！

七　呼伦贝尔问题与俄蒙之关系

呼伦贝尔密迩外蒙，接壤苏联，为蒙古、满洲及俄属西伯利亚三方交界之焦点。海拉尔首当俄境之冲，国防上为我国极北的根据地，形势重要，对内既可统治群族，一旦有事，又为军事上屯兵之要害。故呼伦贝尔一失，外蒙将沦于永劫不复之地位，而危及东蒙、北满，我国势力亦将不得逾内兴安岭一步。况该地商业上贸易之盛，为北满、内外蒙古，及俄领东部各处物资聚散之枢纽，其关系之重大，更为东北第一。昔清中叶，与俄几次勘界，割弃东北数万里之地，惟独能保此区区弹丸瓯脱，而不让寸土者，亦非无故矣。

今者俄侨来东拓地垦殖，与我内地人民杂居其间，国际关系，隘〔益〕形复杂，兹略述其现状如次。

按俄人之侨居呼伦贝尔境内者，依照所订条约从事开垦租种，以十二年为期，同时并许其在承租的地亩之内，可以有权从事建筑。其租价的规定，常因地而不同，试看下表：

地域	期限	地亩	租金价额
额尔古诺〔纳〕河一带	每一年	每一俄亩	二元
海拉尔一带	每一年	每一俄亩	二元五角
沿车站线一带	每一年	每一俄亩	三元

　　至其租用此项地亩时的办法和手续，初先向我官厅请发执照，然后从事耕种。民国十五年（一九二六），我国官厅方面曾议决变更方略，即对于承租地亩耕种的俄侨，务须归化中国，或加入三河地方承租之中国公司充当雇佣。可是实际上俄侨之不归化者如故。如沿额尔古诺〔纳〕河一带的俄人，既未严格的限令归化，也未认为雇佣，每年照例出纳若干租金。他若沿车站线一带，耕户与官厅向无书面条件之订定，仅由官厅令各村长，许其耕种收成之后，每亩照纳租金罢了。守边小吏，不亲所职，惮于整理布置，于此已可概见一斑。吾人于此，既痛清代"唯恐有人"的驭边政策之荒谬（注十五），而益觉今日自由放任之失策，将陷延边祸害于无穷也，愿我国民与政府当局，急起图之，毋使再蹈有清一代失地之覆辙，国家前途幸甚！兹将呼伦贝尔蒙旗与俄人所订各项合同分别列表如左：

	合同别	姓名	地点	里数	年限	租金	订立合同年月
1	金矿	上阿穆尔公司	呼伦贝尔阿〔额〕尔古纳河、大赍湖起，至贝士河止，所有沿岸入该河之支流及发源等处	不详	五十年	按照合同规定数率纳税	共戴四年二月初五年〔日〕，俄历一九一四年二月十六日

续表

	合同别	姓名	地点	里数	年限	租金	订立合同年月
2	木植	舍夫欠克	（油印字迹模糊）	不详	无年限	按照合同规定数率纳税	共戴三年十二月二十二日，俄历一九一四年一月初三日
3	渡船	马司连尼可夫	海拉尔河	渡口	一年又续五年	每年三百卢布	共戴三年四月初一日
4	渔业	结列聂次克克里摩维赤、司弱臣可夫、倭达可夫等	阿尔顺河	七俄里	五年	每年二千卢布	壬子一月十三日，俄历一九一二年二月十七日
5		司弱臣可夫、倭达可夫等	阿尔顺河	七俄里	又续五年	增价每年四千二百卢布	共戴三年一月二十日，俄历一九一三年二月十一日
6		布什马肯	呼伦湖	二俄里	五年	每年六百卢布	共戴三年正月二十日，俄历一九一三年二月十一日
7		书特果夫、乌拉基米尔	阿尔顺河	十五俄里	五年	前二年每年四千卢布，后三年每年五千卢布	宣统四年正月初八日，俄历一九一二年二月十二日
8		罗满诺夫	阿尔顺河	一俄里	五年	每年六百卢布	共戴三年七月十八日，俄历一九一三年八月初五日
9		米特罗方诺夫、司结潘	阿尔顺河	一俄里	五年	每年六百卢布	共戴三年七月初八日，俄历一九一三年七月二十七日

合同别	姓名	地点	里数	年限	租金	订立合同年月
10	别子灭里尼岑	阿尔顺河	一俄里	五年	每年六百卢布	共戴三年五月二十日，俄历一九一三年六月初十日
11	马特尾、阿三诺夫	阿尔顺河	一俄里	五年	每年二百卢布	共戴二年七月二十七日，俄历一九一二年八月二十六日
12	吉普新一名、直布新	阿尔顺河	一俄里	五年	每年六百卢布	共戴三年九月初十日
13	米赫也夫	同前	一俄里	五年	每年六百卢布	共戴三年五月初十日
14	尼匡诺夫、巴兰诺夫、楚须内衣	同前	一俄里	五年	每年六百卢布	共戴三年六月初七日
15	尔拉衣连等	呼伦湖	二俄里	五年	每年二百卢布	共戴二年六月初四日
16	索罗尾夫	阿尔顺河	三俄里	五年	前一年三百卢布，后四年六百卢布	共戴二年六月初五日
17	马特尾	阿尔顺河	一俄里	五年	每年六百卢布	共戴三年五月二十五日
18	吉纳布尔格部、吉纳布卢	阿尔顺河	半俄里	五年	每年三百卢布	共戴三年七月十八日

续表

合同别	姓名	地点	里数	年限	租金	订立合同年月
19	马特尾等	达兰额恰种河	八俄里	五年	每年二百五十卢布	共戴二年六月初六日
20	查果也夫	阿尔顺河	一俄里	五年	每年二百卢布	共戴二年十一月初十日
21	索洛民	阿尔顺河	一俄里	五年	每年八百卢布	共戴三年二月二十五日
22	倭罗标夫	阿尔顺河	半俄里	五年	每年三百卢布	共戴三年七月初八日，俄历一九一三年七月二十七日
23	倭罗标夫	阿尔顺河	一俄里	五年	每年六百卢布	共戴二年十二月十三日，俄历一九一三年正月初六日
24	米特罗方诺夫、马司连尼可夫	阿尔顺河	一俄里	五年	每年六百卢布	共戴二年十月二十五日
25	米特罗方诺夫	阿尔顺河	半俄里	五年	每年三百卢布	共戴三年五月十五日
26	结列聂次克克里摩维赤、倭罗可夫、摩列和多夫	贝尔湖	三俄里	五年	每年一千八百卢布	共戴三年八月二十五日，俄历一九一三年九月十二日
27	法得结也夫、米特罗方诺夫	呼伦湖	全湖	五年	每年五万卢布	俄历一九一三年十月初四日

续表

	合同别	姓名	地点	里数	年限	租金	订立合同年月
28		斐格里伯衣本	阿尔顺河	一俄里	五年	每年一千二百卢布	共戴三年五月初十日
29		伊夫连德	阿尔顺河	一俄里	五年	每年六百卢布	共戴三年五月十五日，俄历一九一三年六月初六日
30		贝林、库日阿也夫	阿尔顺河	一俄里	五年	每年九百卢布	共戴三年二月二十七日，俄历一九一三年三月二十日
31		库子聂磋夫	阿尔顺河	一俄里	五年	每年六百卢布	共戴三年七月初八日，俄历一九一三年七月二十七日
32		布士马肯	克鲁伦河	十俄里	五年	每年三百卢布	宣统四年三月二十八日，俄历一九一三年五月初一日
33		伯里索夫	大赍湖、额尔古纳河口、阿尔顺河	五俄里三俄里四俄里	五年	每年一千五百卢布	共戴二年二月
34		俄蒙商务公司	阿尔顺河	一俄里	五年	每年六百卢布	共戴三年五月十五日，俄历一九一三年六月初六日
35		库子聂磋夫	阿尔顺河	一俄里	五年	每年六百卢布	共戴三年十月二十日

备考　按上列各项合同，均系俄、蒙两份，惟渔业栏内第三十二号布士马肯仅只俄文合同一份，当时并未立有蒙文合同。至表中所称共戴年号一节，原来外蒙古当一九一一年中国内部发生革命的时候，乘机独立，初称蒙古帝国，由喀尔喀各汗王公、喇嘛等，共推活佛哲布尊丹巴呼图克图为君主，改国号为共戴元年。又此表系前外交部特令黑龙江省行政公署经派铁路交涉局总办李

鸿谟，就海拉尔俄国领署调查而得者，故其记载颇为详实，为外间绝不易得的重要外交史料，承王叔梅先生借予参考，誊抄一份，谨志于此，以表谢忱！

此外吾人所当注意者，即呼伦贝尔与外蒙之关系是。按呼伦贝尔在地势上有兴安岭山脉横断南北，故最易与内地隔绝，而和外蒙谋成一片。况境内多山，当地蒙人亦常有至外蒙牧马者，地理上实有密切的关系。再加之以外蒙政府的政治势力勾引于内，俄人援之于后，呼伦贝尔乱事之所以一演再演，根本原因，即在于此。盖彼外蒙自一九二一年正式成立国民政府之后，政权完全操诸蒙古国民党之手，他们一方面修明内政，讲求军备，实行征兵；一方面恢复主权自由、关税自主，十年以来，内政、外交，斐然可观（注十六）。而环顾我国内当局，暨全国民众对偌大的蒙古问题，仍然抱着几十年前的眼光去观察，实在不能不说是一桩极大的错误。须知历史上的羁縻政策，早经被时代宣告死刑了。苏维埃的红旗，在西伯利亚高高地迎风招摇着说："蒙古的弟兄们，向这里来呵！蒙古的兄弟们，快向这里来呵！"现在蒙古的地图，毕竟是让苏联赤色的笔涂红了，我们的万里长城，恐怕不久也会随之变色呢。国人可曾注意到吗？

除了苏联而外，日本实在也是隐忧。他们不是口口声声的在那里讲求实行满蒙政策？对于呼伦贝尔的事件，更尽挑拨离间之能事，所以每次变乱发生，必定利用他们敏捷的通讯机关，扩大宣传。例如一九二八年呼伦贝尔的叛变发生之后，东京的《朝日新闻》即揭载其哈尔滨特派员《蒙古人之蒙古》一文，其大意略谓："呼伦贝尔青年党郭道甫一派，抱大蒙古共和国建设之理想，图蒙古民族完全脱离中国而独立，对于此点表示相当精神之同情。"又谓："日本的满蒙政策，是对于此种民族独立觉悟的蒙古青年，负指导启发之责，同情于彼等理想之实现。"日人此种越俎代庖的阴谋，幸灾乐祸，包藏祸心，以便乘火打劫，出兵北满，以遂侵略满蒙之私欲，皆系尽人周知之事实。一九二九年，日人更事笼络东蒙，在大连有满蒙自决会之设立，举其要点如下：（一）满蒙民族独立，脱离中国；（二）由蒙旗无论派何等学生赴日本留学，均予免费收留；（三）日蒙合资在蒙地创大规模的合作社；（四）秘密召集蒙地著名土匪首领，接洽款械，倘东省有军事时，乘机起事；（五）日本永远保护王公地位，并由日方出资在大连盖造巴林王府，令该王常住该处，予以保护（注十七）。日人对于蒙古的野心，于此越发显明可见。惟日人此种见好王公、尊重封建采地的政策，与苏联之专门劝诱下层阶级，以分配地权煽惑蒙民为手段者，稍异其趣耳。是蒙古一地，已变成东亚赤白帝国主义者笼络角逐之场，而回顾国人对此危机四伏、破碎零乱的边境问题犹复漠视如故，实在不能不使我们心惊胆战，痛心疾首了。

八　结论

综观以上所述，吾人对于呼伦贝尔问题，可以很简明的认识下列这几点：

一、呼伦贝尔在历史上为中国东北诸民族的策源地。

二、呼伦贝尔的地理形势，首当国际要冲，为中国东北边防的根据地。

三、呼伦贝尔境内民族复杂，支派不一，而以蒙古族占最多数，多尔人则操政治上之特权。

四、呼伦贝尔内部政治组织，是富于自治性质的。

五、呼伦贝尔天产丰富，经济财源颇有"取之不尽，用之不竭"之概。

六、呼伦贝尔的独立运动是对内的，不是对外的；是蒙古族内部的新旧之争，不是蒙、汉间民族势力之倾轧。

七、呼伦贝尔与外蒙古在民族、语言、宗教及地理、历史上，都很有密切的关系，势难分隔，颇有合并倾向。

八、日、俄两国各以扶植弱小民族独立自治为名，潜伏黑幕，阴谋操纵，尤其是俄国，更将据之为"赤化"北满运动的大巢窟。

其中关于第一、二、三、四、五、六这六项，全系事实的问题，前面已经说得很详细，没有讨论的必要。现在我们所该研究的就是第七和第八两项。第一，呼伦贝尔到底让它自治呢，还是仍为黑龙江省有名无实的统辖，抑还是让它和外蒙古去合并？第二，苏联不绝的在那里勾引煽惑，据为附庸，我们又该想什么方策来对付？前者是我国内部的政治问题，后者是我国外交上的根本问题。兹事体大，自然该有慎重考虑、详细研究的价值。现在就把我个人的意见，率直写来，以供有志边疆问题者之研讨。

查清代制驭藩属之策有三：一、为宗教羁縻；二、为分建削权；三、为结以恩好。如推崇黄教，广置寺院，以信仰代征诛，尊活佛以愚其民。此魏源所谓："黄教服而准、蒙之番民皆服。"爱新昭梿所谓："国家信崇黄僧，并非信崇其教以祈福也。只以蒙古诸部落，敬信黄教已久，故以神道设教，借使诚心归附，以障藩篱。"此种宗教羁縻之术，清代诸帝，一脉心传，衣钵永守，借维二百余年之天下。抑吾人尝考"蒙古事佛，自明季始，清代特加奖励，用以尊崇，于是喇嘛之权始盛。寺庙林立，金碧辉煌，习梵呗，戒杀生，而英武之风，渐灭殆尽。喇嘛教大行于蒙古，始于十六世纪后半；活佛之出世，始于十七世纪后半。蒙古诸部，虽久奉喇嘛教，初未统属于喇嘛也。清初外蒙诸部议投俄罗斯时，呼图克图（即活佛）劝之事清，故清人德之，特封为大喇嘛。雍正五年（一七二七），发帑金十万两，建大刹于库伦，以居活佛，使如达赖喇嘛治西藏故事。因清代奖励喇嘛，以致寺院之多，触目皆是，一家有子二人，必一人为僧。迷信日深，丁口日少，人才不出，弊亦由此"。魏源《圣武纪》云："蒙古敬信黄教，不独明塞息五十年之烽燧，且开本朝二百年之太平。"（注十八）这种愚民政策，在满清可为得计于一时，而在蒙古则已流毒于无穷，迄今蒙人崇拜偶像，迷信鬼神，不识文字，不谙事理，以及穹室旃墙，食肉饮酪，浑浑噩噩，不识不知，终其身于游牧者，盖亦未始不是受这种愚民政策的影响。

至于"削权分建之法，则为广分部旗，旗设一扎萨克，掌司政令，权小势散，无集权坐大之弊。更合数部数旗或一部数旗为盟，设盟长、副盟长各一，每三岁蒐简军实，检阅边防，清理刑名，审查丁册，集合有定所，仍简大臣莅视，而盟长只有临时考核之责，初无统治之权，故亦不虞有尾大不掉之患"（注十九）。其盟长受清册封，隶理藩院，民国成立以来，改理藩院为蒙藏院，国民革命而后，复改蒙藏院为蒙藏委员会，对于盟旗组织、王公制度，一仍其旧。惟此种封建采地，王公世袭的制度，皆系背叛时代潮流，既足障碍蒙古前途之发展，易予帝国主义者引诱的最好之口实。所以我们对于今后蒙古的政治制度，必须审核地方特殊情形，酌合世界潮流，分别先后缓急，逐渐改革进行。使政权还之人民，民众皆有参与政治的机会，地产酌与平民，入于"耕者有其田"的情况。奖励教育，广设学校，提倡免费留学，消除汉、蒙之隔阂，毋使再如新疆旅土学生，不知籍隶中国（注二十），传为遗笑中外之国际话柄也。

其次所谓结以恩好，像乾隆那么"领宴者，大率朕之儿孙辈"的一类肉麻的话，我们固然大可不必（乾隆时，赐宴蒙古王公，诗中自注有"领宴者，大率朕之儿孙辈"一语，故云），赐以邸宅，现在日本还在仿行（见上第七节），申之以婚姻，更是我们"古已有之"的办法。然而我们现在似乎都无须乎这些，因为自从辛亥革命以后，汉、满、蒙、回、藏五大民族，早已经根据他们过去历史系统上、地理背景上的深切的关系，大家联合，来组成现在我们五族共和的中华民国了。以后的问题，就在怎样融洽五大民族间的感情，革除各族携贰之念，与如何实现各族平等的民主政府，打倒一族专制政治之复活。更须尊重各民族固有的历史，尽量发挥各族固有特殊的文化，使日跻于国际自由平等之地域，发扬中华民族精神于世界。

至呼伦贝尔蒙民自治独立运动，我们前面已经说过，少数多尔野心家的企图，为其主因，但是真正的意义还是在要求内部的维新，目的在取消王公贵戚优越的地位，打破蒙古专制威严的思想，实现近代民治主义的新政治。因此我们可以知道呼伦贝尔自己还并没有"赤化"，虽然苏联百般设法在那招致诱惑是事实。他们只稍通晓五族共和的真谛，明白帝国主义者侵略的野心，自然能够觉悟到我们自己同种的可爱，苏联异族的可憎，远离邻邦而归心本部了。至其是否让与外蒙合并，自成一家的自治政治的集团？则我以为苏联现在治理异族的方法，实有借供参考之价值，兹特介绍如次，以为世之虚心研究者之参证焉。

按苏联国内组织复杂，民族繁多，在苏维埃政制之下，包罗万有，为今世各国分子最庞杂的国家，有苏俄联邦共和国（Pocca-uckd Corsuaducmureckad Pegepamubhad Cobemckad Pecnydwka. 简称 P. C. P. C. P），乌克兰共和国（Ykpauhckad Corsuaducmureckad Cobemckad Pecnydwka，简称 Y. C. C. P），后高加索联邦共和国（Zakabkazckad Corsuaducmureckad Pegepamubhad Cobemckad Pecnydwka，简称 Z. C. P. C. P，包括 Azpdeugmah, Lpyzud, Apuehnd 三个共和国，土耳克门共和国（Mypkuehckad Corsuaducmureckad Cobemckad Pecnydwka，简称 M. C. C. P），乌兹伯克共和国（Yzdekckad Corsuaducmureckad Cobemckad Pecnydwka，简称 Y. C. C. P），这六个共和国以绝对同等的权限，自一九二四年以后，结成一个联邦，总名为苏维埃社会主义联邦共和国（Coroz Cobemckux Corsuaducmureckux Pecnydwk，简称 C. C.

C. P）。读者注意，这里没有鲁西亚（Russian）这个字，仅只说苏维埃联邦，因为这样他就可以大度包容，以至于无数个的苏维埃共和国。苏联除了这六个大的共和国而外，还有许多自治共和国，和小于自治共和国的自治州等等，也加入于联邦之内，兹将苏联的组织系统，列表如左（注二十一）：

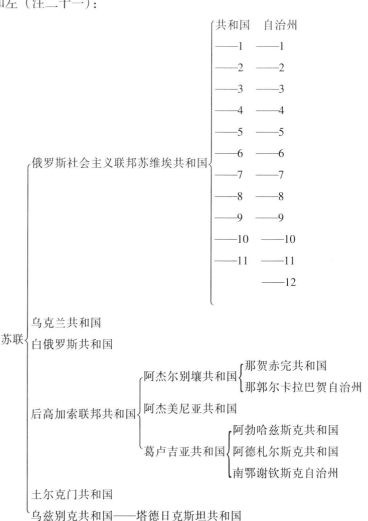

　　吾人更试考其所以能统一合治之要诀，要不外乎二点，即第一以共产党为统治之中心，破除种界、国界的成见，受阶级理论的支配，故任何分子国家，胥由共产党专政指导精神，始终统一。第二尊重各个民族的独立思想，以各民族的民众利益为本位，而对各该民族的历史、文化等等，则适听其自由发挥保存，不加干涉，并协助其自治进化，故各种民族，选举代表，不但在中央执行委员会有充分的发言权，即各地方自己亦有完全的自治行政权。苏联这种尊重自治以待异种民族的统治之办法，与今日帝国主义者认殖民地为属国，且动辄以炮舰政策压制，或以劣等民族鄙视者，完全相反。故论者尝以此为苏联联邦统一成功最大之原因。作者以为我国今日欲谋蒙古问题根本之解决，维系蒙民向心力于永远，同舟共济，共图将来中华民族事业之发展，则除效法苏联尊重蒙古民族固有的历史精神，以民众利益为本位，根据地方特殊情形，参酌世界潮流，积极扶植其生存发达，协助其自治进化，别无更善的办法。呼伦贝尔虽是区区弹丸瓯脱之地，却亦为整个蒙古问题中之最主要部分，我政府当局若犹斤斤于政治上做功夫，而不知从社会上、经济上为人民谋根本的解决，语云："星星之火，可以燎原。"吾恐不特天产丰富、货弃于地的呼伦贝尔这片平原沃野，将不为我有，即北满、内蒙，亦将从此越发多事矣，愿我国民速起图之！

一九三〇、九、二五初稿

　　（注一）详见拙作《苏联最近国情及其侵略外蒙阴谋》一文，载一九二九、八、一——十四日北平《新晨报》，又《最近中俄问题》P.49—104。

　　（注二）详见拙作《日本帝国主义侵略下之延边现状》一文，载一九三〇、二月十五——三月一日北平《华北日报》、《新东北半月刊》。

（注三）按内兴安岭当地只名兴安岭，为索伦山西部之一段，此山全脉为火山所成，今其东境尚有火山喷口，四时喷烟，惟不喷火。由松花江航行至黑水，可望见之。山中森林繁茂，绵亘七百余里，其言内者，盖对外兴安岭而言。

（注四）详见凌纯声君《呼伦贝尔民族问题及其第三次叛变之原因》一文，载一九三〇、一月二十二——二十三日上海《时事新报》。

（注五）详见俄人 Nikolaielf 原著《Rivalry of Russia, China and Japan in Manchuria》，载美国《Current History》，1928 Feb。

（注六）见赵铣君《索伦纪略》一文，载《东方杂志》二十二卷第十六号。

（注七）鄂伦春族，其名原本于“鄂伦”二字，鄂伦者，即驯鹿之义。其人身体短小，颜面平阔，鼻梁平扁，眼目细小，须髯稀少，家畜专饲驯鹿，人民以牧鹿、猎兽、捕鱼为业，其业渔者，常驾桦树皮船，以铦（即鱼叉）取鱼。世人常称之为“鱼皮达子”，盖以其株守古风，以鲑皮为衣，涂以绘画，装饰有风致。清时常以玄狐、黑貂、灰鼠、水獭等皮，及海螺、鹰雕、鱼类等物，纳贡于中国（参考《西伯里亚大地志》P. 203—204）。

（注八）按额鲁特即喀尔玛克人，当十六世纪时，蕃殖于中亚细亚一带，旧分四部，曰和硕特、准喀尔、杜尔伯特、土尔扈特是，总名为额鲁特，我国明时瓦剌属之。人民多奉喇嘛教，用蒙古语（参考《西伯利亚大地志》P. 174）。

（注九）见凌纯声君《呼伦贝尔民族问题及其第三次叛变之原因》一文，载上海《时事新报》一九三〇、一月二十二——二十三日。

（注十）见天津《庸报》特派记者乃一君一九三〇、一月十六日哈尔滨通讯。

（注十一）呼伦贝尔自治之权，完全操诸海拉尔政厅之手，其蒙古副都统衙门之组织，亦有作如左之分列者，试录之，以供参证（见《东方杂志》二十五卷第十八号盛叙功君《呼伦贝尔事件述评》一文）。

左厅	内政、财政、户口
右厅	裁判、人事
印务所	管理文书
额鲁特总管	旗务
索伦右翼总管	旗务
索伦左翼总管	旗务
陈巴尔虎总管	旗务
新巴尔虎右总管	旗务
新巴尔虎左总管	旗务

（注十二）见天津《庸报》特派记者乃一君一九三〇、三月二十二——三十日沈阳通讯。

（注十三）详见于成泽君《呼伦贝尔蒙党领袖郭道甫氏访问记》一文，载一九二八、十二月九——十二日北平《新晨报》。

（注十四）关于蒙古民族的本身，这在郭道甫是这样说的："我们蒙古民族，是具备民族的条件的。在一个民族的条件中，语言、文字、宗教和土地上最重的条件，然而这几样，我们都具备无遗，我们不像满洲人之失其语言、宗教，我们民族的特性，是永远保存着，没有失去。像这样的一个民族，没有外人的鼓荡，它也会自己起来独立，何况环境逼着，使它另受新路呢！"（同上）

（注十五）详见《中俄国界述要》一书，页十八——二十《论东界受亏之本》节。

（注十六）详见拙作《苏联最近国情及其侵略外蒙阴谋》一文第四节《论外蒙的现状》。

（注十七）见上海《申报》一九二九、一月四日北平电讯。

（注十八）详见张其昀编《中国地理》，与蒋星德君《蒙藏问题与蒙藏会议》一文，载《东方杂志》二十七卷第六号。

（注十九）见天津《大公报》一九三〇、五月二十九日社评《蒙古会议与对蒙根本方策》。

（注二十）一九二八年胡汉民游土归来，略谓："新疆学生留学于土耳其者百余人，以其宗教、语言与土著素合，乃都不知其为籍属中国者。"

（注二十一）参看俄文《苏联宪法》　（Kohcmumyrsud - ochobhoao zakoha - Coroza Cobemckux Corsuaducmureckux Pecnydwk），一九二四年印行。

《新亚细亚》（月刊）

上海新亚细亚月刊社

1931 年 3 卷 2 期

（李红权　整理）

克什克腾旗调查记

王伟烈　译

计开：

一、疆界

本旗东连巴林右旗，西接察哈尔正蓝〈旗〉暨阿巴噶左翼两旗，南抵翁牛特左右二旗，北至浩齐特左右二旗，暨乌珠穆沁右旗。面积横宽约二百五十余里，纵长有二百二十里。

二、山川

本旗境内，南部多山，北界多坨。山脉则由兴安岭分支，蜿蜒而入本旗，经过腹地，直抵长城。旗内复分鸿浩达巴噶岭南北两区。河流如锡拉木伦河，即由本旗界内发源，流诸东方。西北有塔拉湖巨泊，周围百里有奇。

三、地土

山地，水味甘清，砂地，水味碱浊。全部土地四分之三，均已垦成熟田，仅有其余一份，则系荒地。土质，则山地腴沃，坨地瘠薄。

四、物产

物产，由农田所产，有黍子、大麦、小麦、荞麦等粮类。而畜类则有马、牛、羊之属，皮毛产量，微末无多。至于山林中，间有黄羊、狼、狐等野兽。

五、气候

气候，鸿浩达巴噶岭南，颇觉暖和，岭后则酷寒，种田难熟。四季大概风巨雪大，复多暴雨。

六、人民

本旗人民，纯系蒙族，原定十佐，现有五千余户，人口约有两万余。生活则多沿故习，耕种农田者，不过二百户之谱而已。

七、古迹

本旗境内，在经棚县城，有喜宁寺一处，忽尔格地方，有永护寺一处，敖宝露克地方，有密藏寺一处，系前清乾隆年间所建。在达尔罕山，巴彦基如豁地方，有普安、普瑞两寺，前于民国二年，因罹兵燹，突遭劫掠，所有一空。达尔罕山，有元代达彰公主碑碣一座。

八、教育

本旗境内，设有高级小学一处，初级小学三处，共有学生八十名。每年经费，计需一万元左右。

九、政治

本旗于清初来归称臣，编制旗佐。规定扎萨克头等台吉一员，协理台吉二员，管旗章京一员，拟陪台吉一员，族长一员，梅伦章京、扎蓝章京各二员，设佐领十员，以资管辖旗民。至于行政，因本旗汉蒙杂处，事务殷繁，兹将现任各员名字列下：扎萨克诺啦噶尔扎布、协理洪楚克拉喜、协理阿啦坦瓦齐尔、管旗章京呢嘛、拟陪协理台吉色丹巴拉珠尔、族长博彦陶克塔呼、梅伦章京萨平噶、色丹达尔玛、扎蓝章京义喇登阿、巴噶图尔、候补梅伦扎拉逢噶、候补扎蓝色布兴格，佐领共有十名。

十、生计

本旗人民，向沿旧习，以牧畜为生。近年以来，多务农垦，暨兼营企业，获利业已渐趋进步矣。

十一、实业

本旗实业，如果提倡改良垦牧，暨制造物品等项，劝令旗内蒙民兴办，原无不可，只以缺乏相当人材暨经费，故不免诸多延误。倘能由政府多拨经费，予以补助，则本旗自能兴办一切。至于水利、矿产无多。

十二、财政

本旗财政，以全年收入，开支一切公费，尚无匮乏。

十三、交通

本旗交通，向由经棚县运转，该县三等邮政及电报等局均有，然系属于县方者。至于我蒙古扎萨克旗，同为国家亲民行政机关，似应由省府，即予每旗各设给邮政、电报一处，以便交通，实所切祷者也。

《蒙旗旬刊》

沈阳东北政务委员会蒙旗处

1931 年 3 卷 3 期

（朱宪　整理）

敖汉右旗调查记

王伟烈　译

计开：

一、疆界

本旗南接土默特右旗，北抵昂金哈喇、莽牛营子、诺尔沟，东界乌岚图、敖图徽、哈喇改土，西至喀喇沁王旗等地。南北长二百二十里，东西宽一百二十里。

二、山川

本旗河流，在府西十里许。有老哈河之巨流，由西南向东北流。府北八里有汗山，府前九里有萨哈谷小山，并无著名山脉。

三、地土

地形则丘陵起伏，沙碛参半。水味则甘苦及咸不一。但无碱地，旗民所耕，悉为荒原坨地，并无久旷之荒。

四、物产

物产，菜蔬有白菜、蔓菁、萝卜。药类有防风、甘草。粮类如谷子、高粱、糜子、黍子、大豆等。畜类有马、牛、羊、鸡、犬、豕、驼、驴。野兽无多，素少猎者。只有家畜之皮毛等出产。唯无矿产、森林之类。

五、气候

四季气候不一，因降霜过早，农业每致歉收。时苦风大，又多雨雹，天气变幻，殊属无常。

六、人民

本旗自扎萨克以下，以至台吉，均姓博尔济格特氏，至于披甲人民，则姓氏不一。习惯普通户口，原为六百户，人口三千余。近因生计艰难，迁徙他旗者，实繁有徒，现留旗内者，只有二百二十八户，人口一千八百四十九名口而已。

七、古迹

本旗无古迹暨著名大庙，有小庙数座。至于碑碣、战迹皆无。有小河街、菜园子地方之小市镇。

八、教育

本旗教育无正式成立之学枚〔校〕，惟有私立学校数处，费用均由学生各人缴纳。

九、政治

本旗扎萨克姓博尔济格特氏，名车凌敦鲁布，仍沿旧例，管理旗政。协理二等台吉，扎墨扬拉克巴、色吉德道尔济，亦姓博尔济格特氏。管旗章京和哨台，姓包。梅伦章京，达尔济温哲浑等，姓王。上项职员，辅助扎萨克，处理旗务，暨民众诉讼事件。

十、生计

人民生计，向赖少数之农产及牧畜，以资度日，并无巨富之户。

十一、实业

本旗素乏实业暨森林等出产，仅有木铁工匠。而皮张、毛革，亦只有当地家畜所产，别无奇异出产。如水利、矿产、田猎等项，更属发展无从。

十二、财政

本旗并无财政机关，惟由民间征收微末地租，以为本旗办公经费及警队饷糈之用，仅敷开支，并无余款。

十三、交通

本旗交通，向无铁路、航路、电报等项设备。本旗东境，只有锡拉诺尔驿站一处。将来拟事建设，但无相当地点。

《蒙旗旬刊》

沈阳东北政务委员会蒙旗处

1931 年 3 卷 4、5 期

（朱宪　整理）

唐古特喀尔喀旗调查记

陈化新　译

计开：

一、疆界

查本旗南接东土默特旗，西连喀尔喀左旗，东、北两部与锡埒图库伦旗相接。南北长约四十里，东西宽约三十里。

二、山川

旗之东境有巴彦察干山，支脉起伏，上多碎石，下绕沟壑，惟林木稀少，虽有灌木丛生，亦为数无几。山之四周，地多高低不平，而可耕者，仅居半数。旗境南部有库肯河，发源于喀尔喀左旗后河子地方，伊古以来，河名未改。

三、地土

查本旗土质瘠薄，且多沟坨。其土色分黄、白二种，水则味苦性烈。全旗蒙民轮耕熟地，仅不过有两万亩之谱，并无荒田、平甸、咸〔盐〕碱等类。

四、物产

查本旗农产，如谷、黍、荞麦、粱、菽之类居多，但所赖者，惟谷子、荞麦两种，其他粮类，多不及熟。至于畜类，则耕田马牛，每户只有一二头而已，别无所产。

五、气候

查本旗气候，春暖较晚，秋冷又早，且常有狂风、冰雹之害。

六、人民

查本旗蒙户，仅有二百五十余户，男女共有六百五十九名口。风俗简陋。

七、古迹

查本旗有古年所建之那苏呢温都苏乐克齐庙一座，为本旗人民崇拜，别无古迹。

八、教育

查本旗教育，因地瘠民稀，既感经费无从筹措，复以学生人数过少，是以未能成立学校。

九、政治

查本旗扎萨克一员，为卓索图盟盟长、亲王衔多罗郡王达格丹彭苏克，辅国公一员，名图布丹巴拉珠尔，协理台吉二员，名巴土巴雅尔、扎那巴斯尔，拟陪协理台吉那嘛海扎喇参，管旗章京一员，荤布苍呢嘛，以上各员均姓博尔济格特氏。梅伦章京文宝，印务梅伦麻锡德勒格尔，王府长史高兴阿，印务扎蓝吉尔噶嗽土，扎蓝章京穆腾额，以上均为办公人员。

十、生计

查本旗生计，随年节之转移，而谋生活。并无确定财产，可资进步。

十一、实业

本旗农业播种于入夏风息雨降之时，收获于及秋降霜之先，并无他项实业，可以发展。

十二、财政

本旗向无公家收租之仓，所用款项，扎萨克王私产开支，其不足之数，随时变通办理之。

十三、交通

本旗无商埠城镇，所以邮政、电报等项，均付阙如。交通极感不便，所有文件均由阜新、绥东两县，暨东土默特、锡将〔垎〕图库伦二旗转递之。

《蒙旗旬刊》

沈阳东北政务委员会蒙旗处

1931 年 3 卷 6、7 期

（朱宪　整理）

东土默特旗调查记

陈化新　译

一、疆界

查本旗境界，南与辽宁省边相接，北与奈曼、锡埒图库伦、喀尔喀等旗相连，东抵新旧束鲁克地方，西至土默特右旗，南北长一百五六十里，东西宽二百里。因本旗地当辽、热之冲，是以不甚梗塞。且本旗距北镇之广宁名山约百余里，距新民之辽河暨义县之大凌河，亦均有百里之遥。

二、山川

查本旗无著名山脉，暨巨大河流。

三、地土

查本旗之地，有山甸坨砂，其土色有黄、黑二种。西、北两部，无砂碛水泡之地。南部地势则坡下，而水味混浊，且砂阜微少，缺乏洼田、盐地。至于蒙民所耕熟田，约有三千余顷，别无旷荒矣。

四、物产

本旗农产，如粱谷、菽、麻、荞麦等类。菜蔬有白菜、萝卜、茄子、芥菜、葱、韭之类，并无药材暨森林。至于耕田牲畜，虽有牛、马、驴类，因无宽阔收〔牧〕场，是亦无多。且乏各种渔利，只有阜新县东西附近水泉、孙家湾、乌兰皋等地有煤矿数处。

五、气候

本旗因地近寒带气候，则春秋多寒，夏季不甚酷暑，冬则寒冽。平时风巨砂积，秋季凝冻甚早，春时开化较晚，偶有冰雹，为灾不巨。

六、人民

本旗人民，虽均为蒙族，而有塔布囊、平民之分。民户有八千许，汉人较蒙族多有两倍，性质淳朴，而务农业者居多。

七、古迹

查本旗有大小庙宇数十座，暨近修之阜新土城一座外，并无其他古迹。

八、教育

查本旗设维新小学一处，分甲、乙、丙三班教授。该校并无基金，其经费均由本旗公款项下供给。

九、政治

本旗政治，如关刑事案件，则与阜新县署合理，如系细小词讼，则由本旗自行核办。至于扎萨克、协理、管旗章京、梅伦等职员之姓名，前呈表内，业已列明，兹不再述。至于行政，则扎萨克与协理合议解决，并无独裁之弊，性同委员制。办公则各尽其能，勤黾从公。

十、生计

查本旗生计，均赖农业，不能经营商贾，虽罹兵燹、天灾，无力发展，而谨遵宪命，正在勉力进行间，似有进步。

十一、实业

查本旗有煤矿数处，而林木稀少。至于工业、皮毛、水利以暨各种矿产、渔利则无。

十二、财政

本旗财政，入不抵出。

十三、交通

查本旗交通，有打通路，由本旗查干诺尔（即泡子）暨新立屯等地经过。且在本旗之阜新街，有邮政、电报局各一，别未增设。

《蒙旗旬刊》

沈阳东北政务委员会蒙旗处

1931 年 3 卷 8、9 期

（朱宪　整理）

敖汉南旗调查记

陈化新　译

计开：

一、疆界

本旗南连土默特旗界，北接敖汉左旗属，西至喀喇沁暨敖汉右翼两旗境，东抵奈曼旗疆。南北长约一百五十余里，东西宽约二百里之谱。本旗当地冲要，距土默特之哈喇山二十里许，离老哈河约有二百里之遥。

二、山川

本旗有郊梁河（译音）细川，发源于本旗之啦锡彦达巴噶岭，东流而经扎鲁特旗，注入老哈河。旗之南境，则有大盘阳、小盘阳二山。

三、地土

本旗境内，素无湖泊。洼湿少，丘陵多，乏沃野，富砂质，黑土狭，黄土广，间有碱甸，但无荒地。在前清时代，借地养民，所有荒地，尽数放垦，民户已历二百余年矣。土质松散，水味尚甜。

四、物产

本旗产五谷暨菜类，无森林、牧群，仅有少数皮毛出产。他如药材、黄羊、狼、狐、麋鹿等野兽，以及水利、矿产均无。

五、气候

本旗气候，四季寒暑温暖，尚属合宜。春季多风，间有霜雹。

六、人民

旗境蒙汉杂处，蒙古男女人口共有一千五百余。民俗守旧。

七、古迹

本旗有静宁寺旗庙一座，已经坍塌，住僧极少。并无碑碣、城市、古迹。

八、教育

本旗虽经设立学校，只因年荒时艰，未能增设扩充。

九、政治

本旗扎萨克多罗郡王一员，姓博尔济格特氏，名德色赖托布。协理二等台吉一员，亦姓博尔济格特氏，名却吉浩尔罗。管旗章京一员，姓萨喇察古德氏，名苍堆扎布。梅伦章京一员，姓常，名鹮罗。梅伦章京一员，姓胡尔楚特，名色勒充格。印务梅伦一员，姓张，名赛音庆格勒。印务扎蓝一员，姓萨喇察占德，名赛音瀑露克。又印务扎蓝一员，姓胡，名尤木色楞。扎蓝章京一员，姓萨拉察占德，名嘿木申扎布。又扎蓝章京一员，姓郭，名彭僧格。格根家族扎蓝章京，姓姚，名金瓶。以上各员，共理旗务，尚称平允。

十、生计

本旗人民多务农业，间亦有鉴于潮流、力求改进者。

十一、实业

本旗民众，素赖农业，以维生活。至于森林、工业、水利等项，则均无之。在清时，格利格、金厂沟梁两处，虽经开采金矿，今已停办数十年矣。

十二、财政

本旗在秋际，虽有征收之租项，供给公用，仍虞不足。

十三、交通

本旗不通铁路、航路、电报、邮政，只有昔设驿站而已。

《蒙旗旬刊》

沈阳东北政务委员会蒙旗处

1931 年 3 卷 10 期

（朱宪　整理）

巴林左旗调查记

陈化新　译

计开：

一、疆界

本旗东与林东、阿鲁科尔沁旗接壤，西至呼麓苏台音果勒河、哈崎噶哈达，与巴林右旗毗连，北至巴拉珠尔勒敦布山，与西乌珠穆沁旗分界，南以奥保茂杜，抵林东、巴林右旗竟〔境〕。西自呼麓苏台奥保，向东至林东西界车臣乌苏约五十里，北自巴拉珠尔勒敦布山，向南而至林东西界乌岚陶喇垓，约有一百二十里。境内并无要塞，以及著名山川。

二、山川

本旗原无名山巨川。惟北境有察干木伦河，自东向西统〔流〕，经本旗边境哈吉噶哈达山前，而入巴林右旗境。又有由海拉罕松金台山阳发源之窗金果勒河，经由本王府东方，流至老道板，亦入巴林右旗界。由东北境乌喇干达巴噶岭发源之乌勒吉木伦河，流经林东之东境，南流越巴林右旗之新庙，其名称，自古迄今，从未更易。

三、地土

本旗间有土石混杂之小山，富砂碛性。原野土色，呈黄或紫色，水性柔。在前岁我两巴林划分疆界之先，由热河林西县放垦荒地，虽有八千余顷，嗣经划界，分归本旗者，如乌尼耶图、浩布都、两混堆等处地，约有八百余顷。至于由林东放垦之荒，有一万余顷，下剩之地，多系砂碛瘠土。旗民按其坨甸，分别牧垦，以维生计。

四、物产

本旗所产粮类，有谷子、黍子、荞麦，又有白菜，药材则无。家畜有骆驼、马、牛、羊、驴、犬等。野兽如狼、狐之属，时有时无。虽有少数皮毛出产，并无其他矿产、水利可言。

五、气候

本旗气候素寒，春有巨风，夏时酷热苦旱，入秋即冷，降霜过早，田地多灾。

六、人民

本旗台吉壮丁，共计一千余户，男女老幼，共约一万余口。旗民因境内缺乏膏腴之壤，多以游牧为生。而外来之汗〔汉〕蒙侨居人民，则未计在内。民俗尚属淳朴。

七、古迹

本旗境内，大小庙宇共有十三座，并有前两多罗郡王之寝园。别无战迹、城郭。现虽设置林东设治局，商贾尚未辐辏。

八、教育

本旗自设初级小学校一处，招生授以汉蒙文字。

九、政治

本旗历来承袭爵职，有札萨克亲王衔多罗郡王一员，现任札萨克，名色丹那木济拉旺布，姓博尔济格特氏。有协理头等台吉一员，现任协理，名噶喇仓，亦姓博尔济格特氏。又有协理二等台吉一员，现任协理，名阿巴拉米达，姓博尔济格特氏。有管旗章京一员，现任名道古尔札布，姓贺。有梅伦章京一员，名色楞，姓贺。又有梅伦章京一员，现任名默西克拉布坦，姓博尔济格特氏。由以上人员，遵照向例，执行旗务。如拟施行新政，仍苦中有不足之处。

十、生计

本旗人民生计，只赖牧畜、耕田以资维持，尚无改良进步事项。

十一、实业

本旗土地瘠薄，除牧畜外，别无可营之实业。又无森林、水利、各种矿产，故言发展，实苦无从。

十二、财政

本旗财政，向感窘困。虽有少数租税收入，开支公费，尚虞不足，始向旗民酌加摊派，以资补助。

十三、交通

本旗向无铁路、航路、电报、邮务等交通之设备，仅有属于独石口之海尔齐克旧驿站一处。将来如何建设，尚未预定。

《蒙旗旬刊》

沈阳东北政务委员会蒙旗处

1931 年 3 卷 11 期

（朱宪　整理）

科尔沁左翼前旗调查记

金廷桂　译

计开：

一、疆界

查本旗面积，南北长约二百里，东西宽约三四五六七〇里不等。南接辽宁省境，以柳条边为界，北与达尔罕旗毗违〔连〕，西与热河属之锡埒图库伦旗暨辽宁属之彰武县两处交界。地势，全境十分之七均为山沟、河套、沙坨所占，错纵高下，极不平整。西境二三里之遥，有养息牧河，流域发源，均不得详，距旗境北部五六十里，即为辽河流域。

二、山川

查本旗山脉，有斯古基山、稍隆哈达山、鸭台山、三棱山、阿圭山、巴彦巴达虎山、朝隆山、平顶山、扎哈山，但山虽多，而脉皆短，且无产林之区。西境有莲花、青沟等河，莲花河发源于莲花泡，西南流至翁格尔呼河口，汇于青沟，而青沟则发源于俄肯查干之阳，南流至翁格尔呼河口，于〔与〕莲花河合流注入养息牧河。青沟河岸虽有林木产生，素乏成材。又有阿吉那拉河，发源东北，流向西南，并无林产。

三、土地

查本旗土质瘠薄，水苦而浊。扎萨克署迤北，虽有留界地亩，唯绝属沙坨地，被风刮时成沙堤。虽间有平原，而面积窄狭，为数无几，且多硝碱，厂甸绝稀。旗署迤南，纵有余存生计熟地四五千晌，然计诸汉民之地，已不下十六万晌之多矣。

四、物产

查本旗境内，既无崇山丛林，故鹿、狼、黄羊等野兽素极稀少。至金、银、锡、铁、煤等矿产，更属绝无。只有石灰窑一处，因距城市窎远，运售殊非易易。药材有麻黄、甘草、草乌等品，第产量甚微，亦无采取之人。畜类有马、牛、羊等家畜，第缺丰美之水草以资牧养，故蕃孳上甚受影响。

五、气候

查本旗气候，较常无异，春秋多风，雹霰为害。

六、人民

查本旗人民素分台壮、宗族之异，民俗淳厚，户数人口照章每年调查一次，予以注册。

七、古迹

查本旗于前清时，秦〔奏〕准建筑之寺庙，则有库可格勒地方之万寿寺、恰克图地方之广寿寺、更吉地方之法寿寺、旧府地方之广法寺。除此四庙以外，犹有善士私人建筑者，如朝辉庙、胡斯台庙、锡啦塔勒庙、扎拉图庙、巴彦皋庙、库圩业图阿圭庙、曼珠庙等是也。以上共计庙宇十一处。又旗之西部，有多罗格格塔一座。旗之中央偏东，有古时旧城基一座，因名该处为浩坛塔拉，即城郭之意也。

八、教育

查本旗于前清光绪三十二年奏准，设立初级蒙汉小学校三处，警备兵五十名。此项学校暨兵备之费用，原由本旗蒙户亩捐项下开支，不料于民国十五年间，达、博、宾三旗连界之六县地土，由省令县丈放，厥后所有法、康两县境内蒙汉人民亩捐，均已改由县征，而本旗警学因即无款筹办矣，是以现今均在停办之中。

九、政治

查本旗扎萨克亲王丹巴达尔斋业已停职，代理扎萨克协理三等台吉萨格拉博尔济格特氏，协理四等台吉乌宝，记名协理扎木苏均博尔济格特氏，管旗章京多隆阿博尔济格特氏，额外管旗章京博登阿博尔济格特氏，额外管旗章京翰扎布博尔济格特氏，梅伦章京博彦满都博尔济格特氏，印务梅伦诺青额，刘姓，堂官梅伦依勒海博尔济格特氏，堂官梅伦雅尔建卜，吴姓，堂官梅伦明森布博尔济格特氏，印务扎兰巴雅尔博尔济格特氏，财政局长莫德力，张姓，教育局长玛尼巴达拉博尔济格特氏，堂官扎兰吴永年等，现均供职旗署，而代理扎萨克协理萨克拉遵照向章，总理一切旗政。

十、生计

查本旗台、壮人民，职业状况，虽非过于落伍者可比，然亦无甚进步。

十一、实业

查本旗实业，农产有高粮〔粱〕、谷子、黄豆、小豆、芝麻、大麻子、黍子、荞麦等项出产。虽有些许水利，然少提倡开发之人。且无工厂制造物品，皮革、毛绒等出产，亦极有限。至于森林、矿产、渔业等实业，更无创办者。

十二、财政

查本旗财政，系设公益地局于法、康两县地方，以资经理。其收款除省方提取四成外，尚剩现洋二万四千元左右，又有税捐津贴现洋六七千元，原无定额，两项收入，约有现洋三万余元之谱。就中除支开旗署政费、两地局经费，暨台、壮等应得二成租赋外，所余之款，每虞入不敷出。

十三、交通

　　查本旗西部有山通铁路经过，系由康平县境通过哈拉沁屯及新秋等处，以上随站市镇，背〔皆〕通电报。至航路、驿站等项，系向来所无，将来建设，亦苦无从。

《蒙旗旬刊》

沈阳东北政务委员会蒙旗处

1931 年 3 卷 12 期

（朱宪　整理）

锡埒图库伦旗调查记

陈化新　译

计开：

一、疆界

本旗旗署，原设于旗之偏东中部，南至东土默特旗约有八十里，北至奈曼旗暨宾图旗亦有八十里，西距唐古特喀尔喀旗，及绰哈尔喀尔喀旗六十里，东距辽宁省彰武县境四里。在旗署之南二十五里，有阿齐麻克山，旗署以北三十里，有养息牧河。

二、山川

查本旗并无著名大山，惟阿齐麻克山，与附近岗峦之长，仅有三里。养息牧河，发源于旗属西部之阿克钦屯南，北经旗署后沙坨之南，东流入辽河。其他小河，皆发源唐古特喀尔喀旗界，汇入库肯河，流经本旗中部，东入辽宁柳河，名称仍旧名称，并未变迁。

三、土地

查旗境之北半部，皆系沙漠不毛之地，南半部亦瘠薄不堪耕种，故荒置三四十年，或六七十年，始轮流耕植一二次，以苏地力。土色黄白，水味苦涩，碱片多，而生荒少，每年可种之熟地，仅约百余顷。

四、物产

查本旗地质瘠薄，故多种晚田。谷类有黍子、荞麦等，菜蔬仅有白菜、韭、葱之类。药品原有元桔、甘草，现被贫民采掘已尽。家畜除牛、驴、猪、羊外，马、驼亦不甚多。野兽有狐、兔、山鸡。毛革除牛、羊之毛革外，别无他种。至于矿产、渔业，则付阙如。

五、气候

查本旗气候严寒，春则风巨，秋多霜雹，已成不变之定规。

六、人民

查本旗人民，皆系蒙族，约二千一百户，男女大小，共有一万一千二百二十五名。惟近年以来，频遭时局影响，日见微衰，现在人数难作标准。风俗习惯，醇厚笃实，一仍其旧。

七、古迹

查本旗署附近，除有前清乾隆年间，奉旨修造之兴源、福缘两寺外，别无碑铭、城市暨古时战场。

八、教育

查本旗公立养正小学校，内分高、初两级授课。现在旗内适中地点，新设蒙文民众小学校十四处，常年经费总需四千六百圆之谱。

九、政治

查本旗原无台吉，制虽世袭，用人则取推选制。现任旗主罗布桑琳钦，协理旗务扎萨克都尔宝，扎萨克巴彦阿，扎萨克那达木特，得木其乌鲁锡叶勒图，得木其拉锡敖特萨尔，办事员赛音那木尔乌勒吉等，遵照新制，办理旗务。

十、生计

查本旗人民，多以樵耕为业，并无进步状况。

十一、实业

查本旗地质虽瘠，力图兴学，培养人材，以备将来振兴各种实业。

十二、财政

查本旗历年所得绥东县税捐提款，现洋一千一百余圆，与酌收旗属差银，统作办公经费，仍虞不敷。在职人员，薪金无几，纯尽义务。

十三、交通

查本旗并无铁路、航路。邮政由辽宁省新民县，直达小库伦街，电报由热河省阜新县，经小库伦街，直达开鲁县。此外无他种设施。

《蒙旗旬刊》

沈阳东北政务委员会蒙旗处

1931 年 3 卷 13 期

（朱宪　整理）

哲盟科尔沁左翼前旗调查记

包福元 撰

疆界 本旗疆界，南北相距四百余里，东西较狭，约八十里，最狭处约三十来里。南接柳边，西至彰武县（即昔日之苏鲁荒），北与奈曼、达尔罕等旗毗连，东及东北界博旗。本王府以北，并未出放，长约二百余里。王府南，划归县署，为五、六、七、八区。本旗境内，并无名山大川，唯有小山，沙漠约三分之一。

山川 本旗因无大山，故无山脉之长短。亦无大河大江，惟有小河流数十，无详细之调查。

土地 本旗地方少平旷之地，均系山岭之地，土色黄黑。水之苦者，以王府以北地方；水之甜者，王府以南，地土肥美，均已出放多年，约有熟田四万余晌，所遗沙石小山，仍事牧畜。此外并无荒地之可言。

物产 本旗五谷暨常食各种菜蔬，均可种植。大森林、骆驼、药材均无，及黄羊等。畜产有马、牛、羊、鸡、犬、豕。野外有狼、狐、兔等兽，惟不多睹。王府以北旗民，向有春秋打猎狐、兔者。各种矿产，向来未有。皮毛等项，有按时而交易者，有自用者，总之，亦不甚多。

天时 本旗接近内地，故四时气候与内地相等。秋则草木黄落，且多风尘，春季尤大。亦有冰雹，雨常按时而降，若遇天变，则难测料。

人民　本旗人民，蒙汉〔汉〕杂居。单独调查蒙民，内分台吉、壮丁、陵户、庄头、散丁、皂丁等差，暨外来在本旗居住者，有东、西土默特为最多，其他各旗亦有，各有家族姓氏区别。户口计有一七五〇户，共人民数目一一五一七。风俗习惯，均沿上世所传。近年以来，则各处风俗与汉族渐趋一致。宗教则崇信黄教。人民多尚忠实，而恶奢侈。

古迹　本旗界内，无古庙名寺，及特别碑坊、城镇。惟本旗建设之庙，计共十二座，其名列下：

1. 扎兰营子庙。

2. 阿古庙。

3. 前新秋庙。

4. 东旧府庙。

5. 西旧府庙。

6. 自音稿庙。

7. 瓦房庙。

8. 西里塔拉庙。

9. 嘎克土庙。

10. 呼苏台庙。

11. 根给庙。

12. 晃海庙。

以上各庙，所住之喇嘛，三二百不等，计共有九百余名之多，均有达喇嘛、拉僧、加副等职。惟有扎兰营子后庙，有一呼必烈汗，其名曰巴拉丹道尔济，转生为二世，旗民多崇奉信仰之。除十一座庙外，其最奇曰阿古庙，庙距扎萨克公署西南六十里，依山带河，花木荫郁，而又有三胜点缀其间，更加彩色。三胜者，即千佛山、大士洞、长春泉也，山峰耸立，石骨森然。清光绪年间，主持僧温姓喇嘛，纠〔鸠〕工刻为十八罗汉、七二天罡、二八星宿，及文武圣等像，莲座神龛，色彩灿烂，依壁悬崖，虎啸龙飞，高下奇幻，各极其巧。大士洞在山之西南阳面，由下而上，鸟道羊肠，攀葛牵藤，约里许，洞门在焉，杨柳春深，石门半掩，绣闼东西，辉煌金碧，六面青石，无疵无痕，莲座菩提，慈容可掬，红儿献瑞，玉女呈春，塞立有顷，几忘身为尘俗中人。洞为混石凿成，高八尺，宽八尺，长丈二，三五石工，历四五寒暑，工程亦云巨矣。山之西南角，则为长春泉，水常温，两旁花草，入冬不凋，故以长春名之也。又本旗西界有一小山，山之阳面，有一石洞，据当地人云：其洞门约丈余，深有数丈，其洞底有小口，不能近，最古之名称，毫无传闻，今欲考究，实属困难。

教育　本旗前扎萨克亲王棍楚格苏隆曾设立高、初两等小学校二处。一校址在本王府西南，后新秋镇，高小两班，初小两班，学校之筹备，极其完善。后经前王胞弟接替扎萨克以来，将学校裁撤，在地方上亦照常例按亩抽捐，而学校早已瓦解。西加哈屯村，已成立高、初小学各两班，而校长克兴额，热心教育，校中一切行政，颇为完良，而诸课程，亦日臻完善，此学校成绩颇为优良。后克校长高就众议院议员，赴平，而学校从此日形衰败，现亦无形中消灭。

政治　本旗由乌宝代理一切，其内部行政组织有三处：

一、印务处——执行本旗一切行政。关于刑事诉讼事宜，均为之判决，其职员之姓名列左：

护理印务协理台吉	熙米噶啦
管旗章京	默得理
管旗副章京	高玉山
印务章京	纳清额

二、外务处——执行本旗一切收入，或催收各种差银，交内务处而支配发放之，其职员姓名列左：

左翼翼长　　　　巴达格尔——领催五名

右翼翼长　　　　额尔根图古苏——领催五名

管壮丁扎蓝　　　伊特格乐土——正副章京各三名

参议扎蓝　　　　二十余名

三、内务处——执行本扎萨克公署、公有库房及王爷私库出入账簿均管理之，其姓名列左：

哈藩　　　达林布

宝衣达　　四名

以上职员姓名，照在任时调查。现在本旗政治，已无相当之领袖，并未调查近讯，由蒙藏委员会委乌宝代理扎萨克，其职员亦未派定某人充之，故不曾调查。

民生　本旗台、壮人民生计，向以游牧生活。惟近年来，开垦荒地，以维生活，而保无虞。兹经本王府呈请省政府，丈放三王六县之地，均由县派员查勘后，苛捐杂税不胜枚举。何以言之？自丈放后，蒙民负担重复，即亦向蒙旗完纳，县又催征，所以致起冲突。是以去岁，本旗蒙民代表白玉山、富润功、白玉堂、包振等代表，晋省呈请民政厅，减轻课赋，以苏民困等因。视此即知蒙民生计之一斑矣。

财政　本旗有二所地局，一设立康平县街，一设立法库县街。此项收入之租赋，系台、壮两户原有租税，现奉省令丈放后，划归本旗公益地局征收，为省四旗六。本扎萨克睹蒙民生活困难，宣布拨放二成，现已三年之久，〔已〕未发给分文，及旗公费已有不敷之虑〔虞〕。并且此地局之收入，系公有之款，现在有一二蠹国殃民之徒，竟敢私人名下，支现洋三二千元，肥家利己，坑害此数千蒙民于水火之中。而本旗蒙民，至此景况，嗷嗷待哺，不知何日见青天。倘日后是否追还，以恤灾黎，尚难逆料云。

实业　本旗除农产外，工业、毛业、水利、矿产均无。惟有本旗西北隅，有青勾森林一处，东约一里许，南北有三十里。其内有二条路，一往生亥土，一往计如生达。其勾向深坡，有二里，各种树木俱全，其中之药材亦不少。

　　交通　除北宁支线、打通路外，并无别项陆航之交通。唯附近各县镇，均设有电话、邮政，通达各方。

《蒙旗旬刊》

沈阳东北政务委员会蒙旗处

1931 年 3 卷 14 期

（朱宪　整理）

喀尔喀左翼旗调查记

陈化新　译

计开：

一、疆界

本旗之疆界，南部与东土默特旗接壤，西及西北、正北、东北，均与奈曼旗相交，东部与锡埒图库伦旗邻境，东南与唐古忒喀尔喀旗分界。南北长一百五十里，东西宽六十里，境内并无险要之处，暨名山大川。

二、山川

本旗境内，著名山脉不多，有由西南流来通过旗界之塔鲁河一道，且无古迹，及有关历史之山川。

三、地土

本旗地土，危岸、沟洫、小山等，所在多有，因而山麓、水洼甚夥，平坨极少。野外土色，黄、紫、黑不等，地质松散，每虞雨水冲刷，年久不堪耕种，膏腴之田，绝无仅有。水味苦臭，素乏清澈。泽溪之水，间有沙漠、泥坎之处，碱硝出产不丰。熟田虽有，段落零星，并无广阔较好甸地。生荒则位于坨岗或水泽之区，草、苇、柳条，丛杂而生，毫无可用之材。

四、物产

本旗界内物产，如谷子、高粱、糜子、荞麦、大豆等粮类外，并不同内地，出产各种精细谷粮暨药材。除天然生产柳、榆、柳条等杂木外，别无成材之森林。家畜之类，有马、驼、牛、羊、台、壮等牧养，以维生计。野兽之类，如黄羊、狼、鹿、狐及其皮毛，并各种矿产、渔业等项，一无所有。

五、天气

本旗四季气候，春季狂风为害，夏令间有雨雹，秋时霜早，冬天沍寒雪大。因之耕耘暨牧养，不无妨害，生计殊有影响。

六、人民

本旗在前清时代，沐圣祖仁皇帝之德化，由阿鲁航盖地方，带同族之台吉，暨所属之人民，移居于此。承圣祖格外施恩，赏予扎萨克印信并爵秩，列入昭乌达盟部内，组成亲王衔多罗郡王扎萨克一旗。同族台吉，共五十五名，旗内台、壮，暨由外旗移入之民，总计二百余户，旗内台、壮男女老幼，共五百名口。全旗台、壮，仍按太平时代状况，只知耕耘，以维生活。

七、古迹

本旗在前清时代，建有赞化寺旗庙一处、扎萨克王信仰之崇中寺一处，前任协理等员，自建供奉之慈佑寺一处。此外尚有昔时所建小塔一座外，别无所谓古刹、碑碣、古城、市镇、战场等项古迹。

八、教育

本旗仅有私立蒙文小学，所需少数经费，皆归私人自备，并无正式设立之各种学校。

九、政治

本旗扎萨克亲王衔多罗郡王一员，名若拉玛色楞，协理旗务头等台吉一员，名达木林色楞，协理二等台吉一员，名福宁阿，管旗章京一员，名那们钦约布，梅伦章京一员，名朝克达，由以上各员，共理旗务。所有旗内普通事件，均自行处理，若事关重大，即以印文移交邻县，或本管盟长核办。本旗执行旗政，悉遵成规暨现颁法令，并无更张。

十、生计

本旗台、壮生计，除在荒沙耕田，借维衣食外，别无经商获利、力图进步之处。

十一、物产

本旗人民，仅知仍依旧法，耕种薄田，素乏精细农产。至于森林、工业、皮革、毛织，以及水利、各种矿产、渔业等全无。实业既乏原料，开发殊难。

十二、财政

本旗前于清代奉旨划拨旗境南半部，约有百余里之面积地方，招垦汉佃，并未收价，仅定按年征收小租，除归台、壮应得租项外，其余归旗征收，应付一切公用，有亏无盈，并无财政之可言。

十三、交通

本旗界内，并无铁路、航路、邮政、电报、驿站等项。交通设备，将来建设，尤苦无从。

《蒙旗旬刊》

沈阳东北政务委员会蒙旗处

1931 年 3 卷 15 期

（朱宪　整理）

扎鲁特右旗调查记

金廷桂　译

计开：

（一）疆界

查本旗境地，北境接锡林果勒盟东乌珠穆沁旗，南连本盟奈曼旗，东至东扎鲁特旗，西达阿噜科尔沁旗。按照旧志，全旗面积，南北长四百六十里，东西宽六十余里。

（二）山川

本旗北部，有航海山，迤南更有桃儿敖古勒吉迷离等山，相距约有三百里之遥，其间沟渠河流，所在多有。由此往南约四十里地方，乌勒吉木伦河，越境东流。由此再南，约百里许，则有对溪河，仍流经旗界，转趋东方。

（三）土地

本旗迭由境内报放荒地，所余未能放出者，段落亦属零星。惟在乌勒吉木伦暨对溪两河流域之间，尚有一部，土质仍非膏腴，其在讷尔图、堪那克切、达木博多勒台等处者，则多系隰卤流沙之田，且与乌勒吉木伦河北出放地段间，再有敖古勒、吉哈达巴、彦吉鲁和赞尼哈拉小山等处，亦系沙土混杂，坨岗起伏，但皆缺水。至于桃儿山、航海山一带，突岩幽谷，高阜平原，因地而异。总计以上，放剩余荒，约有三万亩之谱，其中并无开垦成熟之田。

（四）物产

本旗蒙民，向赖农牧岁产，以维生活。畜类有马、牛、羊、驼。而普通粮类及菜蔬，亦应有尽有。惟药材、果木暨栽植，并天然森林等项，均无出产。蒙众亦无从事渔猎者，各种野兽，现已稀少。境内只有一处产煤之区。

（五）气候

本旗四季气候，山地时有积雪，融化甚晚，霜冻过早，夏少酷热，余无大异。

（六）人民

本旗扎萨克王管辖范围以内，台壮现共有七百七十五户，计人口三千七百四十八名口。该民等各安生业，不逾范围。统系则旗内台吉较少，而壮丁颇多，每台吉一户名下，可管辖三四人，每十户台壮之内，设十家长一名，并将以上台壮，分为十六坐落、四宗族，各有专员，分任管理之责，且服从扎萨克规章命令，遵办一切。复因该民等均系土著，游牧为生，凡在本旗境内，自能迁徙任便，而其富于牲畜者，除负有供给旗署公费之差外，并以其牲畜出产余裕，分润贫乏，故本旗民众，无巨富，亦无赤贫。

（七）古迹

本旗管界内，有于前清时赏给匾额之庙宇两座，民国时代，赐予匾额之庙宇五处。栖止该各庙宇之喇嘛，率皆学经西藏、宣扬佛法之徒。此外并无庙宇、陵寝、碑碣、城市、战场等古迹。

（八）教育

本旗扎萨克署，原有满蒙两种文字教授，民国以来，又添汉文，以资训育生徒，然尚未能成立正式学校班次。经费更属未及规定。

（九）政治

本旗政务各员名次如下：扎萨克多罗达尔罕，郡王拉哈旺敦鲁布，协理台吉杜嘎尔扎布、扎米阳扎布、拉西端鲁布，管旗章京拉喜仓瓦，梅伦章京棍楚克扎布托克、托木勒宝音，谨遵国命，暨省县法令，执行一切公务，无或更张。

（十）民生

本旗除报放荒地外，尚未从事稼穑，仍赖牧畜，为其衣食之源，并未变更故习。

（十一）实业

本旗并无可营实业，仅有牲畜附产。

（十二）财政

本旗于前清时代，出放开鲁县荒地四千零五十井，规定租赋四千六百六十五两，由此项下，报效国家五成，本旗仅得五成。民国以来，复经出放荒地八千井，规定租赋一万二千八百二十六两，由此项下，报效国库四成，拨归旗署六成。继由天山垦务，以公四旗六劈分，出放荒地一千四百五十方，第现未届升科年限。

（十三）交通

本旗界内，向无各种交通设备。在阿拉坦莽哈沙坨东首，新国勒河地方，仅有属于喜峰口之第八蒙古驿站一处。

《蒙旗旬刊》

沈阳东北政务委员会蒙旗处

1931 年 3 卷 16 期

（朱宪　整理）

苏俄宰制下的外蒙古

译自美国《国外事件》季刊本年四月号

赵简子　译

从许多年代以来，蒙古就分为外蒙古与内蒙古两部。内蒙古与中国相连，成为中国新的特殊行政的地方，而在政治上说，内蒙古与中国是不能脱离的。至于外蒙古呢？——就是本文所欲讲的——它的面积为美国三分之一，人口概有七○○，○○○，在这个数目中的人口，大多数是半游牧民的。在这个与亚洲俄国接界有千英里以上之长的领土，现在莫斯科实有一切的利益与达到各种目的；实在，莫斯科政府已是支配了外蒙古了。就因为这个关系，现在要得到关于外蒙古的一切可信托的情况是难能的了。

外蒙古好久便是中国与俄国的争逐物，这不但是因为外蒙古的地位是一个缓冲地，也因为它的多年的衰弱不振所致。在十七世纪，从它（外蒙古）衰落以后，外蒙古便在中国满清诸帝统治之下，但当满清于一九一一年亡国，外蒙古便宣言独立，属于新中国。以后，外蒙古便成为中国与俄国间之常时的角逐，这由中俄两方向外蒙进攻的许多事实是不难明白的。一九一五年，中、俄、蒙三方协约成立，此协约规定在中国统治之下，建立蒙古自治国。但这个蒙古国的生命是很短的，而于一九二一年，其首都库伦就为俄国军队占领，于是外蒙古又宣言独立了。一九二四年，俄国承认外蒙古是中国的主权，虽然外蒙古的独立依然存在，同年，外蒙古即成立一共和国体的政府，此政府的形势完全是仿照莫斯科政府的。此外蒙政府对于莫斯科政府的关系，可以从政府的组织上完全看出来。苏维埃，俄国的共产党的独裁在外蒙古也是一样的，不过，外蒙古的独裁在名义上是所谓人民革命党，倘使没有此党的允许，外蒙古政府是无权去做任何重大的事情，或是去决定任何方针的。此党设于库伦，库伦就是所谓赤色英雄的都市。

　　一九二五年末，在一九二一年成立的这个人民革命党在外蒙各地有党的细胞组织一五〇个，共有党员四，〇〇〇人，党员与外蒙人口之比，约为百分之一。照着俄国革命的老例子，人民革命党的首领在党里所登记的党员，都是贫穷和中等阶级出身的人；至于农人入党是很容易的，而贵族及喇嘛入党则颇为困难。因此，党中的农人占党员全体人数百分之八〇，而贵族则占百分之一二，喇嘛占百分之八。

　　依据外蒙古共和国的宪法——一九二四年采用的，外蒙古是一个独立的共和国。在这个共和国里，劳动阶级是具有最高的权力。人民经过人民代表的大会决定他们的高级官吏，由此人民代表大会产生政府，或是人民代表的预备会。一切土地，矿产富源，森林，和河道以及他们的各种财富都是属于人民所有的。在一九二一年革命以前，国外负债皆是"被武力诱迫"借的，所以在现在外蒙政府看来，这些外债实是不正当的或是应避免偿还的。从前，外蒙古的一切政权都是在喇嘛僧和王族手里，可是现在呢？外蒙政府已宣告政教相离，并谓宗教是每个公民的私事。从前各种身份、阶级的差别，以及居于统治地位的亲王和贵族，现在皆完全革除了。因为种种环境的允许，于是外蒙政府就日渐采用了国外贸易的国家独占政策。地方政府是从各种的地方单位组织成立的，这种单位的面积有几种，从 Arban（十个蒙古包）起到 Baga（十

五个蒙古包）、Somon（几个 Bagas）、Hoshun（几个 Somons）以至
Aimak（几个 Hoshuns）。在西比利亚边境的旧领土有一部分已与外
蒙古分离，这个旧领土现在已自己建立为唐努乌梁海人民共和国。

　　外蒙古也是一个国民文盲和疾病的国家。能讲能写的人民只占
全体人数百分之五。苏维埃政府曾派出两个调查团到外蒙，调查
外蒙古的卫生情形，据此团的报告，谓蒙古人，有许多患花柳病，
人口生产率较低，儿童的死亡率很高，痨病传染甚广，又谓外蒙
人多没有卫生和摄生的普通常识。从外蒙古的建设方面看来，新
政府的建设确是值得笔述的。内政部已设立一个兽医局，一疾病
救济所（微菌实验室）和一医学校。军政部曾设立一特别康健局，
此局有许多俄国外科医生的帮助，赠药于人民。民众训练部曾设
立一蒙古调查工作的科学委员会，此委员会在赤色英雄的都市设
立一国立图书馆，此图书馆藏书有数千卷册。司法部□革除了罪
罚的许多原始的方法，这些原始的方法如用饿处人死刑，系木制
的颈枷的死刑，和笞鞭使用，司法部现又正在改革刑事法典。

　　还有其他的许多改革足为新政府努力的信证的。没有好久以
前，以货易货在外蒙古是一种普遍的贸易形式。可是现在在新国
家统治之下呢？财政部即建立蒙古国家银行，并于一九二五年，
采用一国家币制，此币制分为蒙古元（Tuhrik）；此蒙古元为银制
成，其价值的标准值约当中国银元的百分之九十（九十仙），或当
美国币百分之三六（三六仙）。此外，关于改良蒙古牲畜的计划，
管理森林、矿山，以及皮的贸易的各种章程皆已公布施行了。

　　蒙古政府对于各种饮料，酒及皮酒有专卖权，并且对于某种生
原料品也有专卖权。政府曾数次欲招入外国资本，以开发蒙古的
矿产财富，但是显然的外国人不能投资到那些矿产的，这因为政
治地位的不安定。那里有几个国营农场，又有很少的国营产业企
业，这些企业如在赤色英雄的都市的一个电力厂，和在靠近首都

的纳莱哈（Nalaiha）（那林?）的许多煤矿，以及把各种游牧出产制成熟货的许多工厂。

差不多蒙古的一切官立的或是半官立的建设事业皆急于需要有训练的专门人材。现在，蒙古各地当局不得不从外国聘请那些专门人材，那些专门人材，大概都是来自苏维埃俄罗斯的。蒙古中央合作社的经营可算是全国首屈一指的事业。在这个合作社成立的最初二年内，它的收入皆由蒙古人的会计和司帐员用蒙古文计数。但是后来，有人发现这种会计和司帐的能力不是蒙古人所能胜任的，所以，合作社不得不请俄国的合作师。一九二三年，俄国的许多合作专门人材便执掌了合作社的会计部，于是一切收入皆在俄国人的手里。三年后，营经合作社的七八六人的国籍分配如下：俄人三六一，蒙古人二五七，从西伯利亚来的布利亚特人（Briats）九五，以及其他各国的七三人。在这合作人员的总数中，蒙古人只占三分之一。至于在合作社的国外部呢？那里是一个蒙古人都没有的。

外蒙古的比较重要的市场是赤色英雄都市（指库伦）、亚尔都比来克（Altan Bulak）（即买卖城）、乌里雅苏台、科布多和逊秘斯（San-beise）。一切政府的建筑及许多商业机关皆集中于赤色英雄的都市，这个首都共有人口六〇，〇〇〇。至于从前称为买卖城的亚尔都比来克，此市位于俄国市镇恰克图之对面，在现在看来，此市似乎是最重要的产业都市，这个都市有许多工厂。乌里雅苏台在外蒙古的中部可算是一个重要的贸易中心地。科比〔布〕多是西部蒙古的一个行政和贸易的中心点。此地与西部西伯利亚及中国新疆（土耳其斯坦）有密切的商业关系。逊秘斯是东方的贸易中心，此地和西比利亚的贝加尔（?）省以及和满洲皆有贸易的关系；近年来，这个地方的商业更日渐发达，同时，从他国输入的货物亦日渐增多。

　　游牧的蒙古人的主要生活是饲养牲畜。依据一九二六年的各种官厅估计，蒙古人养牛〔牲畜〕的总数为一九，二二二，〇〇〇头；骆驼为四一九，〇〇〇头，马为一，五九一，〇〇〇匹，雄牛与牝牛共为一，九五七，〇〇〇头，〈山〉羊为一二，七二六〈，〇〇〇〉只，以及鹅〔绵羊〕为二，五二九，〇〇〇只。又据一九二四年的人口调查，蒙古人的家庭没有牛的只占蒙古游牧家庭的总数百分之六，有牲畜一〇〇波多（注）以下的家庭占百分之八六・五；有牲畜自一〇〇到七〇〇波多的占百分之七；又有牲畜在七〇〇波多以上的占百分之〇・五。依据俄国的许多经济学家在一九二六年到一九二七年间的许多统计看来，饲养牲畜（即是指活的牲畜、皮、毛，及外皮等而言）的总值概为一六，〇〇〇，〇〇〇外蒙元（约合五，七六〇，〇〇〇金元）。不过，外蒙古人的饲养牲畜多是原始的方法。牲畜终年是放在牧场上，而在冬季，则饲以干草。

　　国家收入的第二个重要的源流是皮业。蒙古有许多的龈鼠、松鼠、狐、熊、野猫、兔、鼬鼠、大豹以及其他许多生毛的动物。据地方的许多统计，每年皮的总值共有五，四五二，〇〇〇外蒙圆〔元〕，约合一，九六二，七二〇金元。

　　在蒙古生活中的游牧种种环境中，农业的发展自然是很缓慢的。已开辟的区域大都是在色楞格诸盆地和鄂尔浑诸河一带。那里有许多小农业乡村，这些乡村的居民多是中国人和俄罗斯人。蒙古的农业地方多在蒙古的西部，主要的农业地是在科布多区域，但是已耕种的地方是很少的。一九二八年，在开辟中的农地共有一〇五，〇〇〇英亩，或约为蒙古的全面积五，〇〇〇分之一。现在蒙古的农业总出产约有二二，九五〇吨，约值四，八〇〇，〇〇〇蒙古圆〔元〕，即合一，七二八，〇〇〇金元。

　　蒙古虽有许多大矿地，可是采矿事业尚不发达。金矿公司在战前即已从事开采，领有许多金矿地，而在一九○一年至一九一九年间，此金矿公司在蒙古共出产金有一○吨以上的数目，靠近赤色英雄的都市的纳来哈（Nalaiha）（那林？）并有许多煤矿。这些煤矿在一九二七年曾出产煤，约有一○，○○○吨。其他的许多矿产物是盐和各种有用的石头。

蒙古的工业是正在开始发展，并且具有国家资本的性质，这些工业多是把游牧的各种原料品来制造的。那里已有许多工业企业，从事制造粗毛织布、普通蒙古人的鞋子，和革履、肥皂、腊肠，以及其他烟的产物。此外还有几个粉磨，一个发电厂，一个制糖食厂和一个制砖瓦厂。一切那些工厂的总出产以及那些同类的许多小企业共值不过三，○○○，○○○外蒙元以上，即合一，○八○，○○○金元。

蒙古的交通状况是很幼稚，这是无〔与〕她的经济生活和文化生活一般水准相适应的。那里是没有铁路货物，皆由动物的背负运，或由公牛、骆驼和马挽车载运。最近几年来，才发展了摩达车的运输，此摩达车所经过的路多是在赤色英雄的都市和张家口之间。去年，这条路上，共用了二百以上的摩达车。

蒙古的主要商路有下列几条：

（一）自赤色英雄的都市到亚尔都比来克（Altan-Bulak）是二一○英里，此路将蒙古与西北〔伯〕利亚相联，又由西伯利亚可达哈克图和维可〔尔〕克纳丁斯克（Verkhneudinsk），长一六○英里。

（二）自赤色英雄的都市至张家口，长六六○英里，这是到中国的一条主要商路。

（三）自乌里雅苏台到张家口，长一，○六○英里。

（四）自科布多到比斯克（Busk），长五六○英里。

（五）自科布多到库四·亚哈（Kosh Agach），长二三○英里。

（六）从库苏古尔泊畔的哈芝耳（Khathil）到贝加尔湖畔的库尔多克（Kultuk），长二四〇英里。

（七）自乌里雅苏台到哈芝耳，长三四〇英里。

（八）自赤色英雄的都市到乌里雅苏台，长六六〇英里。

（九）自赤色英雄的都市到逊・比斯，长四五〇英里。

（十）自逊・比斯到波尔芝亚（Borzia），长二〇〇英里，此路为联络蒙古与西伯利亚，贝加尔（？）铁路之主要的商路。

（十一）自逊・比斯到海拉尔，长三〇〇英里，此路为蒙古与满洲间的主要的商路。

（十二）自科布多到乌〈里〉雅苏台，长二九〇英里。

在整个的蒙古，只有一只小轮船行于克苏噶尔湖。许多专门考察团据调查的结果，谓斯来加河口起有一九七英里可航行汽船，又阿尔克汉河口起有一九四英里亦可航行汽船。那些河底是很浅的，所以，只有浅水轮方可以通行。一九二五年曾大加浚掘河道，次年，蒙古政府即与苏俄政府结一合同，设立汽船航业于上述二河，并于赤色英雄的都市与维尔克纳丁斯克间开办航空、邮政及旅行的联络。政府对于电报发展亦大扩充。

国家每年净存收入共有从二五百万到三〇百万外蒙圆〔元〕，约合一〇，〇〇〇，〇〇〇金元。现在日渐发展而且颇为获利的国内贸易在国家净存收入中只占一小部分，因为有四分之三的国内贸易换于外国的手里（这些外国人以中国人和俄国人为多），所以国外贸易日渐增加。由下表即可以知道国外贸易的发展佳况：

年　代	出口值（以千外蒙元计）	入口值（同上）	总　计
一九二四年	一九，三七六	一八，一九六	三七，五七二
一九二五年	一九，七六五	一九，六四七	三九，四一二
一九二六年	二四，八三八	二二，一一五	四六，九五三
一九二七年	二五，二五九	二四，六〇八	四九，八六七

外蒙古的主要出口货为各种兽皮和农业出产品，而入口货大都是普通消费的商品——食物、衣料及各种布、烟、饮料及酒，以及各种陶器；在最近数年中，方有机械及其他的工业制造品的输入。

外蒙古与外国贸易的主要国家为中国与俄国。她和其他的国家贸易是不占重要的地位，而且大部分必须经过中国，才可与其他的外国发生贸易关系。在最近几年间，外蒙古与俄国的贸易日渐增加，而她与中国的贸易反日渐减少；由下表即可明白：

年　　代	与中国贸易的百分数	与俄国贸易的百分数
一九二四年	五八・七①	一四・三
一九二五年	七八・三	二一・七
一九二六年	六八・七	三一・三
一九二七年	六三・六	三六・四

在经济势力范围，苏联很想把蒙古共和国变成她的一个苏维埃殖民地，借以供给她的各种原料品。在她和外蒙古的出口贸易中，俄国所以不能占着很大的势力，实因她现在还是一个产业不发达的国家。无论如何，中国现在在蒙古对外贸易额中尚占有四分之三以上的数目，但是将来，中国与外蒙古的贸易比例也许要日渐减少的。不过，这种可能性是很少的，因为中国的各种制造物适合于蒙古人的所好和需要，外国的货物实不容易代替了中国的货物，去供给蒙古人。那些中国的货物为茶、烟、丝、珠宝、棉纱、米、铁罐；至于由中国地方输入蒙古的那些外国商品为烹调的器具，已经缝织好的衣服，胶皮货，以及各种电器。

国外贸易的某种百分数全由俄国的许多经济机关及其他一些外国商号掌握和经营。一九二五年，外蒙共有三〇一个外国商号——

---

① 应为八五・七。——整理者注

二八三个中国商号，一〇个英国商号，五个美国商号，和三个德国商号；可是，现在那些商号的数目是减少了。现在，外蒙国外贸易的最大机关为蒙古中央合作社，此合作社便是国家独占的机关。一九二八年，这个机关已经很妥善的支配了蒙古国外贸易四分之一。苏维埃政府与外蒙古的贸易须经过一个独立的机关，此机关叫做"Stormong"。

蒙古中央合作社的各种工作与蒙古商业银行有密切的联络。此银行成立于一九二四年，由蒙古共和国与俄国共同经营。依据此银行的条例，此银行的目的是使蒙、俄两国在各种经济关系上发生互助的作用，使蒙古的商业及工业日渐发达，并使她的货币的流通日渐稳定。此银行的资本共有五〇〇，〇〇〇金卢布，此资本之半数由蒙古政府担任，另一半数俄国担任。此银行担任国家银行的重要任务，所以，它在币制改革方面是很为努力，并有金准备金及银准备金，以为发行银行纸币的保证。一九二八年正月，此银行的资本即增至一，六五〇，〇〇〇外蒙元，约合五九四，〇〇〇金元。至于流水账目及各种储金共计三，八四七，六二〇外蒙元，约合一，三八五，一四三金元。这些流水账目及各种储金主要的是蒙古与俄国的各种不同的国立机关的往来和存储。私人的各种账目共计只有三〇〇，〇〇〇外蒙元，约合一〇八，〇〇金元。在公的借贷上对于银行的欠款总数，现有八，五六一，〇〇〇外蒙元，约合三，〇八一，九六〇金元。此数完全是属于蒙古与俄国的各种不同的机关和事业。

去年，此银行曾特别借款于从事畜牧及农业活动的蒙古人，并制定许多计划，引起各地蒙古人小款储蓄的兴趣。为达到那些目的起见，此银行便于外蒙各地设立支行。一九二八年七月一日，此银行的资本平均数为二四，〇六五，〇〇〇外蒙元，约合八，六六三，四〇〇金元。

从上面看来，我们便明白的知道，苏联的种种活动在外蒙古的政治及经济组织方面已经发生基本的变革，而在莫斯科政府指导之下，一切国内的改革现在已开始施行，政治方面的变革，在一般的看来，更形明显的了。从前是具有一切权力的喇嘛僧，现在在国家政治方面已完全失去他们的势力了。许多年老而富有经验的蒙古政治人物现在皆已离开政治的各种场所，现在他们的地位，皆被许多蒙古青年占据了。这些蒙古青年皆是由苏维埃的教师，加以共产主义的学说的训练。反之，苏维埃的帮助已使蒙古的各种生产力进于日渐发展。因此，外蒙的农业及商业方面便日渐使用了各种近代的科学方法。外蒙古显然的是一个重要的国家，她的命运，现在似乎与苏联是共存共亡！

(注) 波多是外蒙地方税的一单位，一个波多等于一头公牛，一匹马，七只羊，或是一四只鹅〔山羊〕。一只骆驼可抵二个波多。征收波多时，小牲畜不在计数之列。

五月二十五日，译完于中山大学

《时事月报》
南京时事月报社
1931 年 5 卷 1 期
（朱宪　整理）

内蒙经济地理辑要

张印堂　撰

内蒙在政治和历史上，包热、察、绥、宁四省，介乎中国本部与外蒙之间，东邻满洲，西毗新疆。就地势上观之，内蒙之自然疆界，南有崎岖重叠的南口山系，北与西北，有荒瘠不毛的大戈壁，界限显然。惟东与东北，似应以那富于森林之高峻的兴安岭为界，热河一区，实为满洲大盆地之一部分，与其他内蒙三省的关系，在历史上虽为密切，而在地势上则迥乎不同。

内蒙全部可分为三大地形区域：一为高原，一为低地，一为山地。高原区位于内蒙之北部，拔海五千余呎，循其南缘，有西南起自天山向东北延至兴安岭之阴山山脉，蜿蜒其上，成为内蒙的脊骨。山以北就〈是〉广漠无限的大草原，地面平坦，间有低微的起伏，倾向北下，渐没于硗确的大戈壁内。阴山之南，地势凹下，拔海约四千呎，较北面之高原与南面之山岭尚逊一千呎。此区草田肥美，间有高出地面二三百呎之丘陵，成坡坨状。低地之南为不毛的南口山脉，崎岖重叠，连绵于南口、河套之间。内蒙之大部，虽为碧油油的草原，然有无数的湖泊及"干涸的盆地"（Tsaidam）点缀其上。此种苍翠青葱的景象，只夏秋有之，并非终年如是。这随季而起的变化，正是代表内地高原的大陆气候，冬夏甚长，春秋甚短，冬季严寒干燥，夏季酷热而雨水稀小。风多东南向，性甚干燥，夏季风向西北，含带水气，内蒙的雨水多赖于此。

内蒙高原为四十九旗之蒙古民族的居住场所。近来自中国本部迁入的移民，日增一日，已成了内蒙人民之主要分子。法人斐氏（A De Preville：Les Societies Affricanes，1894）所论非洲北部之四种不同的社会组织，内蒙类皆有之。赶驼者与骑马者并驾齐驱，农夫与牧人互相排挤。内蒙之北为游牧民族，南为农业社会，处此两大不同的文化中间，在社会文化上已成了一个朦胧区域，这也是自然的现象。在历史上，内蒙屡为那些寇盗中国之凶悍的游牧民族的根据地，同时也是中国抵御外寇的天然屏障。

内蒙的政治组织，自十六世纪中叶直至现在，是一种很特别的体制。既不像那纯粹游牧的散漫蒙古部落制度，也不像那组织精密以农立国的中国统一君主制度。西元一五四四年，蒙酋达延汗殂，自后蒙古随有内外之分。以前蒙古本在一个统制之下，到了满清时代，内蒙划为六盟，分为二十四部，在名义上好像一种地方自治制度。当时驻在内蒙之中国官员虽为管辖内蒙之中国移民和商旅而设，其实他们的权力渐渐及于本地的蒙人，同时俄国侵犯外蒙的影响，也是日甚一日，因之内外蒙古之分裂势在必行。民国三年我国政府鉴于形势之危急，乃将内蒙划为三特别区域，以作改为行省之先声。卒于民国十七年八月，在内蒙一带创设了热、察、绥、宁四省。

内蒙之于中国，在军事上和政治上均属重要，是毫无疑问的。这篇短文的范围，是根据内蒙的自然形势去研究下列各点：

一、内蒙之天然富源及其类别和产量；

二、内蒙人民现在之经济状况及其将来之发展可能；

三、内蒙对于中国殖民上之重要。

内蒙之自然地理概要

地势　内蒙之地形，与其地壳之构造甚相吻合。这寂寥的原野上，散布无数的火山陵。中间凹下的地方，如河谷、山坡及干涸的盆地等，上面皆盖着了一层沉淀的沙土。这一带罩有沙土的低地，把那崎岖不毛的南口山岭，与那荒凉无际的蒙古高原，彼此间离。大戈壁本是一块宽阔的大低地，上有沙丘、土堆、石块等等。这带沙漠，东西横贯于蒙古高原之中，直与新疆之大戈壁联成一气，成为内外蒙古间延长不断的大隔壁。

气候　内蒙的气候与蒙古高原的气候大致相似，都具有大陆气候的各种特征。夏日酷热，冬日严寒，空气全年干燥，每日或每月的气温差均是很大。华氏冰点以下与百度以上的温度纪录是一年兼有的事。这样的气候，都是由于内蒙所在的纬度、高原及其周围的地形环境所造成。细察之，内蒙南北两部的气候，彼此亦稍有差异。内蒙南部，夏季因得湿润的东南季候风之惠泽，平均每年雨量约在十五吋至二十吋之间，这是内蒙北部（蒙古高原）所享受不到的。

植物　草的分布，与各地土壤之肥瘠，及雨量之大小，俱有密切的关系。在后套与黄河套的东北地带，土壤肥沃，灌溉便利，于五谷的种植最为适宜，麦、稷、豆类、芝麻、胡麻等，年有丰收。归绥平原及张家口附近河谷一带之沙土地带，土脉肥腴，适于耕种，张家口以北与张库路以东的草地，亦是如此。张库路以西与阴山以北之原野，草场则渐稀薄，多荒凉的沙漠与不毛的山岭，而在河流的两旁仍有冷温带之短小宽叶树木。后套一带，森林畅茂就是一例。

动物　因为内蒙是一个天然的大牧场，草食兽类，如山羊、绵羊、牛、马、骆驼等等甚多。此外产皮毛之动物，如狐、狸、狼等，也不胜计。这种草原动物，往昔是蒙古游牧民族之惟一财源，也是将来发展内蒙经济的基础。

位置　内蒙处于崎岖的高山与广大的沙漠之间，现有平绥铁路贯串其内，经张家口、南口诸要隘，直达平津。此外尚有几条大商路，自内蒙东部之中心张家口及其西部之中心归绥，辐射四达，北有张库汽车路可通外蒙，西有甘肃大道沿南山北麓直达新疆。此外，黄河上流，自甘肃中卫至包头河口间之一段，能航驶汽船，运输亦称便利。中卫以上至距兰州十五哩之小水子，河床崎岖，水流急湍，难于航行。中卫以下绕鄂尔多斯高原直至近包头之河口，长约四百余哩，河床平坦，水势徐缓，便于航运。河口以下峡谷瀑布，航行又为阻塞。自河口至中卫间之黄河水道，不仅便利舟楫，以其河面之宽阔及河谷之平坦，于将来平包铁路向西之延长或汽车道路之修筑，尤为便利。苟能善用此种天然便利，我国西北交通之改良，可谓事半功倍。从以上诸点看来，内蒙不但为通外蒙之要道，且为我国西北出入之捷径。内蒙不但为平地之财源，即于中国将来经济之发展，亦极重要。开发西北，国人当重视之。

内蒙之自然区域　为便利研究起见，兹将内蒙分下列八大自然区域。

（一）张家口附近之河谷平原　张家口之附近，地势坡坨，为洋河流域各水道之会聚处。张家口居其中，拔海二千八百呎。此地之河谷、丘陵，重连不断。所有山谷斜坡及其他低凹之处，均上有一层之湖底之沉淀沙土，杂以有机物质，土性肥沃。土壤之厚薄则各地不同，然大部分仍足供耕种之用。晚近此带之地，几全为内地移民所垦殖。张家口因位于洋河流域之中，已成了此地经济上之集散地。张家口三字，本含有隘口的意义，内蒙出入的货品，大都经此，实是全蒙的"正阳门"，与我国通西北之门户。

（二）丰镇高原　丰镇的周围是一片高地，拔海四千五百呎，高出张家口河谷平原与归绥平原约一千五百呎。丰镇高原为内蒙阴山以南之东西总分水岭。高原上有许多干涸的盆地，此地土性虽不如张家口平原与归绥平原之肥沃，然尚适于大规模的旱农制（extensive "dry farming"），近来已经垦殖的面积甚广。日渐重要的丰镇，已成了此高原的中心点。此地恰与山西北部相接近，丰镇高原也就自然而然的作了山西商人的市场及其农民的殖民地。

（三）归绥平原　归绥平原形成三角式。北界大青山，东南界山西高原，西南及于黄河河套，东与丰镇相接壤。此区本为蒙人之一肥美牧场，现已成为华人之广大农地。归绥是绥远的省城，平包铁路经之。包头是现在平包路的终点，也是可以航行的黄河中流之码头。据此水陆交通重要地点，包头已成内蒙西部的惟一重要商埠。由此西通宁夏、甘肃、青海、新疆，北达外蒙西部，均有通商大道可以直达。以其交通上之重要位置，及其附近之膏腴土壤，其将来之经济发展，希望甚大。

（四）鄂尔多斯高原　寻常人之所谓鄂尔多斯，只包括冂字式的河套以内之地。但在地理上看来，鄂尔多斯高原的边境，除东〔西〕一边，只及黄河河道，其余则皆达河谷以外——西抵贺兰山，北抵狼山与大青山，南抵长城倚近之六盘山脉——俱有天然界线。鄂尔多斯本为蒙古大高原南延之一部分，自西南向东北倾斜，大部分是沙丘间以草场。东部草地较广，其能灌溉者成为肥田，其不能灌溉者，便是砂碛。在河套以西、贺兰山以东之宁夏一带，与河套以北、狼山以南之后套一隅，灌溉的工作已有数百年之历史。若能采用新式灌溉工程，一面使鄂尔多斯之不毛部分化为沃野，一面汲用大量的河水，以减少黄河下流之水量，使之不致时常泛滥，借以免去中国北部之水灾，到那时，"黄河百害，惟富一套"之谚语，或将因人为的改革，免去其天然上与历史上之危名。

鄂尔多斯高原昔日本为蒙人伊克昭盟的牧场。近百年来，有自中国内部移来之农民来此垦殖，由高原之四方，渐向内部推进，把那原住的蒙古牧人，排挤到高原之中区，好像一浅薄"蒙古牧人的池沼"，被一般雄厚的中国农夫包围着是〔似〕的。

鄂尔多斯所处的位置，在交通上极为重要，因其西、北两面有一段可通舟楫的黄河水道（自中卫至河口），与平绥铁路相衔接，成为通西北之孔道。

（五）察哈尔草场　察哈尔草场位于察哈尔省的中部，介乎张家口河各平原与阴山东端之低微的都兰山之间。西界张库路，东抵兴安岭山麓，地势平坦，略向西北倾斜。地面之沙土，粗细不等，不甚干燥，地下十五呎至卅五呎深度之间即可达地下水层，因之青草极为茂盛，牲畜也极肥壮。这些肥壮的牲口，就是本地人民的财产。多伦县是这草地的首邑。多伦是蒙语"七个湖泊"之意，因其为内蒙东部喇嘛教的重心，故又名喇嘛庙。元时多伦曾为皇帝避暑的上都，位于上都河畔（滦河上流），当此河穿凿兴安岭之隘口。上都河谷是由蒙古高原入中国平原二要道之一，在军事上极关重要。近年来中国人来此殖民者日渐增多，有的务农，有的经商，逐渐北进。那被挤的蒙古牧人，就徐徐的向北退却。在昔日之蒙人帐幕营地上，现已建设了一种用坯作成的土房。中国农民的村舍与蒙古牧人的帐幕，大都不会混杂的。前者多数建于道路的两旁，后者多数张于背风向日坡地。察哈尔的一部分，虽已经耕种成农田，然待垦的荒草地域，仍是很广。此地的气候适于冷温带植物之生育，如小麦、荞麦、雀麦、稷、麻、马铃薯等。将来此地对于施行大规模的旱农制与混农制的希望与可能，是很大的。

（六）锡林郭勒草原　此区位于察哈尔省的北部，土壤比南部较为硗薄，故草场不及南部丰厚。然与张库路以西的疏稀草地比较，则尚胜一筹。此系张库路以东之地比路西之地较为湿润之故。此区虽无种植五谷之可能，若能改种草类，亦可供养数倍于现有之牲畜数目。

（七）乌兰察布草野　此区之位置，东至张库路，南达阴山，北与西环以大戈壁沙漠。夏季因东南季候风为阴山所阻，山北之地几全为背雨地，雨量很少。由此愈往中亚，西北寒风之影响愈甚，景象愈见荒凉，土壤愈见粗砾。但此地水草虽为稀少，然尚非绝对不毛之沙漠，大规模的牧畜事业是可望发达的。

（八）阿拉善水草区域　西套蒙古或鄂尔多斯以西之地，俗名"小戈壁"。东南有高约万呎之贺兰山山脉。山之东为宁夏肥田，西即阿拉善沙漠。北界大戈壁，南至长城，西与西北越过黑水，与蒙古戈壁、新疆大戈壁，及阿拉善小戈壁相连。此三沙漠接壤之处，即为新疆、宁夏与蒙古之分界地。阿拉善沙漠之生产力比蒙古与新疆戈壁生产为稍强。阿拉善区域包于数带草原与许多水草田，而蒙古、新疆之大戈壁则是一无间断之不毛大沙漠。阿拉善之东南两方，有高达万呎之贺兰山与南山，山顶终年积雪。夏季溶解之雪水自山顶流下，造成多数的山间细流，归宿于沙漠中的低地，造成好些丰富的水草田。这些水草田就是人畜繁盛、商旅云集的处所。数十年前，这些水草田全是蒙古人的牧场，近来也渐被由中国内地移入的农民所占据。牧场化为田园的景象，内蒙全部皆有之。阿拉善有两个较大的市镇，镇番位于西，定远营位于尔〔东〕。这两个城市就是阿拉善水草田的东西贸易重心，就是内地的商人用他们带去的熟货如家具、布匹、食料等，去交换蒙古人的羊皮、皮货、牲畜等等的市场。

人民　关于内蒙的人口，政府无有任何的统计。察哈尔（除新加入之口北道）的人口，按民国八年邮局的调查，约有一百九十万。至于绥远与宁夏的人口，只有大概的估计，缺乏正式机关的调查，前者约为八十二万五千，后者约为二十万人，合而计之，察、绥、宁三省的人民约在三百万左右，其中纯粹的中国人占四分之三，蒙古人仅占百〔四〕分之一。近年由中国内地移去的人民，年有增加，照此推算，内蒙之蒙古人不过五十万，与现在外蒙的蒙古人数相差无几（按民国十七年十月十三日，《中国经济周刊》所载，外蒙现有之蒙古人数为五十七万九千）。

内蒙经济地理

在没有讨论内蒙之特殊出产及其在市场上之重要与其将来发展之先，我们对于那些与天然物产之生产状况，及其将来经济发展上有直接影响或有密切关系的主要因子——如地势之高下，土壤之肥瘠，气候之适宜与否，人口之众寡及其分布状况，交通之便利与市场之接近等等——须略为叙述。内蒙之出产，非仅与自然有关，而与人的环境，关系亦非浅鲜。例如中国殖民之务农习惯与蒙古人畜牧之顽固性，一为有定居的，一为逐水草而迁徙的。这相居一处的两种不同民族，各有不相同的习俗，对于此地将来经济之发展，定要发生阻碍之影响。若欲内蒙将来经济之发展，能到尽善尽美的地步，对于以上的因子，或是自然的，或是人为的，当一一的详细考究。

内蒙之自然特征，其最主要者，为一大块内地高原，拔海三千余呎。地面平坦，南环山岭，北接沙漠。位于热温带之纬度上，有极端之大陆气候。夏为雨季，年量平均在十五至廿呎之间，终年干燥，蒸发力大，日光强烈，多西北风。以上自然现象之综合的影响，把内蒙造成了一天然的大牧场。这块大草地，好似各种牲畜的乐园。因之此地的草原家畜为数很多。对于各种牲口的数目，现无准确的统计，言人人殊，莫衷一是。按近来俄人葛氏（Karamischeff）等与新近《中国经济周刊》及《月刊》之登载，蒙古与中国西北总计共有牲口（指马、牛、羊、驼）约五千万左右，内蒙一区约占全数四分之一。

晚近内蒙之南缘一带，已经垦殖，这也是一件很新近的事。最近数十年来，内蒙天然的生产，尤其是畜牧所出的皮毛等，在世界的市场上已占相当的位置。但是到现在，内蒙牧畜的状况，仍是很幼稚。一切的牲口仍是生死于自然现象之下。数百万的性〔牲〕畜，只供几十万蒙古人的需用。在夏季蒙古的草地虽是丰盛，那种青绿的颜色，每到秋后就不见了。到了冬天，草就都死了，甚至于枯干的残草也不多见。这时牲畜只能靠着这零星的干草，及吸用其本身上的脂油以度那严寒的冬季。因为蒙古牧人的疏忽与蒙古高原冬季的僵冻，每年牲口的死亡率很大，约在百分之廿五至卅之间。死的原因，不外冻、饿、疾病三种。经过这样严酷的天然淘汰之后，所留下的便是那最强壮与最耐若〔苦〕的牲畜。结果现在蒙古与我国西北的畜种是很特别的，几乎是独一无二的一种。

因为此区的牲口，种类很多，牧畜出产甚是丰富，如皮毛、羊毛、羊皮、牛皮等，这些出产已经成了中国主要出口货物之一。据专家估计，蒙古每年出口贸易之价值，约超过其入口贸易之价值一千五百万元（见《中国年鉴》一九二一）。晚近在内蒙的牧畜地带，旱农制与混农制已渐见发达。此外与牧畜有关的副业，如染织业、毛织业、牛乳业、皮货业、屠宰业等，其附带之物品，如肉、油、肠、皮、骨、血等，也是日见兴盛。为什么它能有这样的发达呢？其故不外乎：（一）现在自中国来此之移民日多，人工之供给甚易；（二）中国本部对于此种出产的需要很大，其销场近在咫尺；（三）国外需要日见增多，余剩货物销路甚广。有了这三种原因，将来上列各种实业之发达是操左券的。专就现在之出口贸易而论，近数年来，我国输出之羊毛、驼绒等增进已不在少数。

	民国七年（西一九□八）	民国十一年（西一九二二）	民国十四年（西一九二五）
绵羊毛	二二二，四七一石	五〇七，五九七石	四二六，一二七石
山羊毛	七，四九一石	一五，二五八石	三八，〇六六石
骆驼绒	二〇，八四九石	六〇，五八二石	四〇，七三二石

每年由天津出口之毛绒，占全国输出毛绒总数的百分之九十一（见一九二六年《中国年鉴》）。此数之百分之五十，来自甘肃、青海；百分之十五来自山西、陕西；其余百分之廿五强，来自蒙古，约皆出自内蒙。至于中国毛绒业的商路，天津、张家口路线以外，尚有两道与之竞争：（一）俄国尽力要把蒙古的出品，吸引到中东路由海参崴输出；（二）日本则穷极策略，要把蒙古的产物，拉拢到南满路由大连输出。然详察此地之天然地势，假定其他状况相同，则天津、张家口路线，在自然地理上仍享有高出其他诸路之天然利益。以上所论是从自然现象上的便利，去推测西北将来经济之发展。内蒙的自然环境，因有促进经济上的发展的可能，若不加以人力，还不能使它地尽其利。发展内蒙之牧畜事业，当采用混农制及选择畜种和改良畜牧方法。混农制者，即是把原有的畜牧业与新兴之农业混而并重之。所有牲口要加意看护，于冬季无草之际，当储以粮秣，备以棚栏，以免冻饿。此外当选择良种以图优生，借以得一更为适合蒙古环境的畜种。蒙古的牛，尤〈其〉是阉牛，对于屠宰是很好的，因其数多而味佳，其羊亦然。但是蒙人之注重畜牧并非以屠宰为目的，近数十年来，外人（俄、日、英）始经营之，将肉数〔类〕运销国外（俄、日、

英）。发展屠宰事业，对于中国人民之生活，影响实大。因为屠宰事业发达，与屠宰事业有关的各种实业，如皮毛业等，势必同时发达。

药材　亦为内蒙与我国西北之特产，甘草、麻黄尤其著名。往昔人们对于这几种药材的采取，是很无节制的。长此以往，这种珍贵药品之绝迹，为期必不甚远。

内蒙矿产亦甚富饶，其最要为煤。大同（大同之行政虽属山西，其位置关系则近于内蒙）附近与大青山南之煤矿，位于人烟稠密的中国北部农区与人口稀少的蒙古畜牧大草原之间。这种地理上的重要位置，对于经济之发展，定有莫大的关系。现在内蒙之毛织业、地毯业、皮货业等等之兴盛，以及从前几个平庸的城市现在皆已一变而为工商业的中心，如宣化、张家口、丰镇、归绥、包头等，莫不与此具有密切关系。现在内蒙的经济发展状况，可分为两大地带：一为农业带，一为畜牧带。以阴山山脉为自然界线，山之南，除鄂尔多斯高原外，均为农业区域，人民以务农者多，畜牧者次之；山之北方畜牧草原，人民以牧畜为生，农业则居其次。此种区域发展，是根据各区现在经济发展之主要特征，与各区将来经济发展的可能范围而拟定的。此外还有一点足堪注意的，就是一切重要的镇市都是在阴山以南的农业带内。有的是商业中心，有的是实业中心，有的是二者兼有的市镇。

牲畜之分布，因地而异，如察哈尔省，马牛不少于羊群，绥远省则羊群多于牛马。这种牲畜分布的界限，与丰镇附近分水岭甚相符合。岭之东与东北，马牛之数几与羊数相等。岭之西与西北，则羊数特多，而马牛较为稀少。盖察哈尔之雨量较绥远为大，草地亦较肥美，故前者适于牛马之牧放，而后者只宜牧羊。

内蒙之贸易制度，大都是以货易货，并且完全靠着信用。货物之交换，非在同一时候，故不得不采用这样根据信用的办法，以适合本地的环境状况。蒙人所用之食料，及其他制造物品，是终年的必须物，日有所需；而蒙古牧人的畜产，则是秋后一季的产物。当夏季青草丰盛时候，正是牧畜发长的时期。秋后天气渐寒，为自卫计，牲畜的毛绒也渐渐长得丰满，这就是蒙古的畜产如皮毛、兽肉等的出口时季。所以蒙古以货易货的贸易，是以信用交易为最便。蒙古的贸易，缺乏直接性，对于新式的营业是极不便利。因为出入交易，若像内蒙那样的办法，须经过许多惟利是图的经手人之手，结果，货物的价值，不拘是出口的原料，或是入口的熟货，往往增到原价之百倍或二百倍。这样不经济的组织，自然要阻滞商业的流通，危害内蒙将来经济之发展。所以采用现代直接贸易的方法，在内蒙是一件急不容缓的事。假使我国要能应用新经济的方法去经营内蒙的工商业，定能扩张人民的经济生活，更能巩固国家之政治势力。

内蒙对于中国殖民上之重要

数十年前，长城在历史上，是有定居的中国农夫之田地与蒙古迁徙无定的游牧民族支搭帐幕之草原的界线。虽在中国殖民未到蒙古的时候，早有中国商人深入此境。张家口就是蒙古与中国本部之通衢。直至十九世纪中叶，由我国内部往蒙古，永是被视为异邦人，而自蒙古来到我国本部的人们，常是被看为香客。至十九世纪之末，我国农民始渐由北部移居附近之蒙古地带，此后人数，年有增加。因之每年新垦之地，亦渐广大，中国式之土坯造成的田舍，就渐渐的在那从前蒙古人张扎帐棚的牧场上建筑起来，造成一种与前迥异的文化景象。

在一八七五年，中国农夫的田舍最北不过在张家口以北十哩之处，到一九二一年即扩充到距城北一百哩之地。现在往北新辟之地已达滂江（明安），均在张家口北二百五十哩之谱。向北开拓之速度，平均年约一哩至三哩之多，这种的进展到何时何地方是止境，现在尚不易推测。然蒙古高原中间之大戈壁，定是最后阻断此种向北推进不已的人民移动的障碍。这些殖民近来已全改变了地面上的形状，并且也影响了内蒙本地人民的经济生活，蒙古旧有之牧畜与喇嘛教的文化，也渐渐的变为中国式之农业文化了。五十年前几无中国人烟之藩属，现在几化为我国本部之一。阴山（蒙古高原之南缘与内蒙之南北总分水岭）以南的内蒙状况，除少数蒙人的牧场外，现已全成田园，居民也已不少。至平绥路以北，人民与垦殖则渐稀疏。此地人民的生活虽是自然的影响比较艰苦，然却不像中国本部人口过剩的地方民生那样的苦。这是因为此地人民谋生较之内地（指我国本部言）为易之故。自清末以来，农商部在新成立之省区内，设有垦殖局。内蒙一带之垦殖局曾把蒙古部长与各喇嘛僧侣等地主之地亩代为分售，并代表我国移民租买土地。此种机关，有按地之肥瘠，把田土分为等级，定其价值及设法分配之权。地亩分配之方法，因地而异，因时而变（其详情见拙著《西北经济地理·殖民篇》，现正在商务印书馆刊印中）。现在边防之屯兵和开垦，是我国最大的急务，其利可分为二：（一）利用现有之如此众多的兵士去开垦我国之荒地；（二）借着这样的方法，去遣散兵士，能减少政府那几不能维持之经济负担，及免去人民所常受之兵匪的祸患。

内蒙容纳中国殖民之可能

　　关于内蒙原有的人口、新殖的移民，以及已开垦和可开垦而未开垦的面积均无相当可靠的统计，因此对于内蒙殖民之一切估计，决不能认为十分准确。况且内蒙之行政区域，新近又有很大的变更，关于从前省区所有之估计的数目，现在不能完全采用，只可作为参考的资料。一切普通的约数，不拘是关于面积、人口或人口密度等，若用以推究将来内蒙对于我国殖民所能容纳的人数，常常使人发生错误。假使要想得一较为可靠的估计，分区的研究，似为最重要而又必须的一件事。在未估计内蒙可垦殖之荒地的面积以前，对于已经开垦耕种的地，有不〔下〕列数点是我们当注意的。

（一）大地主制　即平均每人或每家占有多数地亩

（二）粗放的大农制

　　　（甲）不留心看获〔护〕禾稼

　　　（乙）不采用轮流种植法

　　　（丙）不用肥料

　　　（丁）每亩生产力甚微小

（三）农夫按季移徙

（四）地亩分配不均

（五）已占住而待耕种之地甚多

（六）在内蒙南部之农业带内仍有许多可耕而尚未耕之地

以上诸点，足以证明接近我国本部之内蒙南部，即以前居于直隶、山西等省的县区，仍有许多可以耕种的面积。

下表系根据现有之调查，表示内蒙将来对于我殖民上之可能性：

地域	方法	能容人数
（甲）察哈尔	（一）垦殖可耕而未耕之地（共均〔约〕八千万亩）	六百万
	（二）改良耕作方法以增加已耕地的生产力	二百五十万
	（三）发展牧畜事业	一百五十万

地域	方法	能容人数
（乙）绥远	（一）开辟可耕而未耕之地（共均〔约〕一万万五千三百万亩）	一千万
	（二）改良耕种方法	二百五十万
	（三）发展畜牧	一百五十万
（丙）宁夏	（一）发展灌溉	一百万
三省总计	两千六百万	

《地学杂志》（季刊）

北平中国地学会

1931 年 19 卷 3 期

（朱宪　整理）

本会民国廿年暑期调查团工作经过报告

李树茂　撰

（一）绪言

本会去年（民廿）乘暑假之暇，组织暑期调查采集讲演团，返省实地工作，自六月二十日起，开始向官方交涉，旋经省府允准，于七月十四日，即行出发；经归绥、萨拉齐、包头、丰镇、集宁五县，共历二十四村，前后经过六十余日，至九月十二日，始将实地工作，告一结束。

原定计划，本以四人为一组，预备作一种较为详密之工作；后因种种困难，不能照原来计划实行；乃变更方针，取分组办法——二人为一组，因此采集与讲演，即不能充分办理，结果乃多注力于调查一端。

各种调查结果，由在平会员分别整理，将作详细报告；但一切经过情形，有为各项个别的报告所不能包括者，故在此略一叙述，以明其始末。

（二）缘起

农村社会调查，或供学理之研究，或作改良之根据，虽二者之性质似有不同，但其目的则均在解决农民生活问题。本会此次调查，除包含上二项之性质外，并具有下列之两种意义：

1. 亲赴乡间工作，既可探知农民之风俗、习惯、经济、教育种种状况，以及兵、匪、虫、旱各种摧残农村之实际情形，又可与农民切实联络感情，灌输知识，以作初步农村改进之实施。

2. 将调查结果，报告各方，以供关心农业者之参考与研究。

（三）拟定工作计划

由执行委员会决定组织暑期调查采集讲演团，并拟定工作计划大纲，经全体大会通过，即起始实行。兹将所拟定之工作计划录之于下：

绥远农业学会暑期调查采集讲演团工作计划

（一）名称　定名为绥远农业学会暑期调查采集讲演团

（二）组织　由会员分组组织之，每组以四人为限，在第一年，暂定为一组

（三）工作期限　七月一日起至八月三十一日止，计两个月

（四）工作地点　就归、萨、包、丰、集择适当农村举行之

（五）工作事项

甲、调查事项

1. 农村社会（包括人口、职业、房屋、耕地、家畜、作物等）

2. 农村概况

3. 农作物产量及价格

4. 农作物播种期、播种量及收获期

　5. 乡村树木种类及数目

　6. 役畜价格

　7. 农具价格

　8. 耕地价格

　9. 农工工资

　10. 借贷利率

　11. 耕地税捐

　12. 水井——灌溉，饮水

　13. 农村学校

　14. 乡村铺店

　15. 虫害概况

　16. 病害概况

　17. 役畜耕作亩数

乙、采集种类

　1. 农作物标本

　2. 森林植物标本

　3. 植物病害标本

　4. 害虫标本

　5. 普通动植矿物标本

丙、讲演事项

　1. 乡村自治要义

　2. 农村合作（如信用、购买、销售、生产、灌溉、家畜改良等）之利益及其组织法

　3. 造林之利益及育苗植树之方法

　4. 家畜家禽疾病简要预防法

　5. 禾谷类黑穗病（本省俗名霉霉）预防法

　6. 农作物害虫简易防除法

（六）费用

甲、药品用具费　约须国币洋二十元

乙、表格印刷费　约须国币洋三十五元

丙、团员用费

1.膳宿费　每人每日约须国币洋五角，预计团员四人以二月核算共需洋一百二十元

2.路费　团员往来所需车费平均每人每日约需洋五角，计洋一百二十元

以上三宗共计国币洋二百九十五元

以上所拟定之工作计划，因团员多在求学期间，只限于学校暑假期间，始能举办；故工作期限，甚为短促，且为交通便利起见，工作地点，仅就沿平绥路附近之各县举行之；至调查、采集、讲演等事项，因经费、人才与时间之限制，不能详细办理，只能于可能范围内，择其要者而行之；至于用费，处处以节俭为原则；故一切皆因陋就简，如表格一项，仅能使用报纸之石印者，若用铅印卡片之表格，恐印刷表格一项，已占全费之大半矣。

工作计划拟定之后，即依照工作事项，搜集讲演材料，编制调查表格，并预置采集之用具与药品；经费一项，因尚须与地方政府交涉，请其襄助，故一时尚不能决定。

调查表格第一种——《绥远乡村社会调查表》——系根据北平大学农学院农业经济系所制者，稍加更改，业于十九年冬印就，并经使用；其他各种，皆系参考各处调查表及调查大纲，依据所拟调查事项，由本会自行编制者，共计十七种，表从略。

（四）交涉之经过

决定组织此团时，适前省政府主席李培基氏因事来平，本会当

即派代表李藻、齐明二君，前往交涉，当蒙赞同，并谓："本人治绥四大要诀，在农、林、牧、工，就中农业已居其三，诸君此举，为发展农业，改进农村，余个人对此，极表赞成，但因一切事务，须经政务会议之议决，方能进行，须俟归省后，设法办理可也。"此交涉经过之第一步也。

李主席于民生渠行开闸典礼（时在六月二十二日）时返绥后，本会即派李藻、齐明、田圃与余四人为代表，负责交涉，于六月二十九日同至省府谒李，当经接见，遂将工作计划，及表格、公函当面递上，李氏仍作在平时之答覆，并准提出政务会议讨论。

七月三日，经省府一四二次政务会议通过，准予办理；七月七日，奉到省府指令（见附录）。至此交涉已有头绪，乃一面积极准备印刷表格，并购置药品、用具等；一面即拟定工作实施计划；惟时逾原定日期已有一周，故其他计划，亦不得不稍行变更，组织一项，即由四人所组之一组，分为两组（每组二人）；兹将拟定之工作实施计划照录于下：

绥远农业学会暑期调查采集讲演团工作实施计划

（一）确定团员　李藻、齐明、李树茂、田圃、李□

（二）工作期限　仍照原定计划为七、八两个月

（三）工作地点　仍照原定计划为归、萨、包、丰、集五县

（四）农村标准　为便利起见暂分甲、乙、丙三等

（a.）甲等村　居民在二百户以上土地肥沃者

（b.）乙等村　居民在一百户以上二百户以下土地肥瘠参半者

（c.）丙等村　居民在一百户以下土地瘠薄者

附说：如有居民少而土地反肥沃或居民多而土地反瘠薄之农村，应以居民多寡为标准

（五）团员分配　原定计划为四人一组，今欲图增加工作效率起见改为二人一组，李藻、齐明为一组，李树茂、田圃李□为一组，田圃任前一月工作，李□任后一月工作

（六）工作分配　李藻、齐明担任绥东工作，李树茂、田圃、李□担任绥西工作

（七）工作步骤　李藻、齐明先赴丰镇工作，由丰镇转集宁，再转归绥；李树茂、田圃、李□先赴包头工作，由包头转萨县，再转归绥，于九月一日齐返省垣，结束本期工作事宜

（八）确定村数　每县四村至六村，总计二十村至三十村，但至少不得下二十村

（九）工作程序　每至一村，先会同村长召集村民讲演调查意义及所定讲演事项，讲演毕再着手调查及采集

（十）团员应注意各点

（a.）调查　每至一村，应按照所有表格完全填齐，务求精密准确

（b.）采集　各种标本均须随时采集，尤以病虫害等为当注意

（c.）讲演　务以短少时间而使村民对于所讲意义有相当了解

（d.）农村　调查时每县至少须包括甲、乙、丙三等农村中各一村

（十一）经费分配　药品、用具、表格及食宿等费悉照原定计划办理，至路费一项，应按照路途远近分别支配

七月八日，建、教两厅，召集本会代表开会，讨论进行办法，由李藻君与余出席会议，并将所拟工作实施计划提出讨论；两厅长均认为妥适，准如所拟办理，冯建设厅长并提出两事委托本团代办，一为考察前由建设厅发给各县农民之耐旱籽种——银白高

梁、美国小麦、蓝〔燕〕麦等——已未播种，并其成绩若何；二为讲演耐旱籽种之播种、收获等方法，与农田植树之利益及方法，本会因又制定《试种耐旱作物种子考察表》，与《农民试种作物考察表》两种。

十三日由财政厅领得经费，十四日即乘平绥一二次客车，分途出发。

总之此次交涉经过，尚称顺利；省府及建、教两厅极力赞助，一切事务，皆得迅速办理，此本会应于此处致谢者也。

（五）实地工作情形

（1）调查之村庄及各村之户口

依工作实施计划之规定，每县须调查农村四个至六个，且须包括甲乙丙三等农村各一村；但因种种关系，有不能与原定计划全相符合者；实际调查村数，归绥县七村、萨县五村、包头县五村、丰镇县三村、集宁县四村，各村之户数与人数，如下表。

五县二十四村户数、人口表

县别	归绥							萨县					包头					丰镇			集宁				总计
村名	奎素	袄尔圪渗	鹌鹑	朱尔沟	什宾地	杨家堡	点什气	大岱	吴坝	公邹	小袄兑	南园子	邓家营	刘宝窑	梁家营	前营子	先明窑	前山祝窑	二十一沟	小贾红	毛不浪	三号地	贾家村	小贾红	二十四村
户数	一九二	一七四	一六七	一五三	六四	四六	二八	三五六	二五五	一八二	六七	五七	一七七	八二	五二	五二	一九	一〇五	七二	四三	四三	二九	一六	二二	二四三三
人口数	九一八	六八八	七九四	七一〇	二七六	一九二	一四五	一七八二	一〇七六	八二一	三四九	三〇一	一〇一三	三六三	一八四	二四七	七五	六五四	三九〇	二三六	一八〇	一九三	一〇一	一五	一一六八四

（2）调查之项目

详见工作计划第五条甲项中所包括者。

（3）调查之方法及其优劣

此次调查，因户口多寡不同，采用下列四种方法：

甲　由村公所中服务人员领导，向农家逐户询问。

乙　鸣锣召集村民于村公所，分别询问。

丙　召集邻闾长询问。

丁　由数位熟悉村情之老者答覆。

以精确论，当以甲种方法为最优；但采取此法，亦极困难，因调查时，适值农忙之际，原计每至一村，先召集村民，讲演调查之意义，再行调查；但至实际工作时，此种程序，实无法履行，农夫兼日工作，犹恐不及，焉有开会听讲之暇；故若采用此法，势不得不将调查之意义，每至一家叙述一次，一村若有数百户，则须述数百次，调查员之口中，尽为"调查如何有用，调查如何有益，对于人民有何利益，对于地方有何利益……"。如一次不能明白者，又必须再述一次，返来复去，总是如此机械的言语，性燥之调查员，实难耐其繁；且任调查员三返〔番〕五次之说明，而无知农民，仍多不信，甚有以为花言巧语以骗人者。

乙种方法，固亦可行，但因农人之忙碌，不能一召即至，亦感困难；且户数过多，亦不能适用；如一村有农民数百户，一闻锣鸣，先后赶至，则一二调查员之询问与记录，实不能胜其忙；且询问与答覆，必须从容，始克详尽；若与一人作详细之问答，其他农夫，久候而未能问及，则必因事务忙碌，或心起不满，乃一去不返，是亦无可如何；又必须亲赴其家，详为询问；但此法如能适用，其答案亦颇可靠；因召集村民于一处，则调查之意义，可详为解释，若再有一二头脑新颖之村民，为之附和解说，群疑可即大释，真确之答案，自易得矣。

　　丙、丁两法，本不可靠，但如遇户数过多之农村（如大岱村有三百余户），且为时间经济起见，乃不得不免〔勉〕强采用丙法。丁法则在人口甚少之村中，尚可适用，因一般村民来往本甚熟习，若再户口不多，则村中之老者，对于各家之情形，更为明了。但若户数甚少，逐户调查，亦不大费事，故此法仍属不妥。

　　总结以上四种方法，仍以甲种为最善，虽解释稍为费事，诚实答案难得，但既入其室，则一部分之实情——衣服、食物、设备、卫生、房屋等——不难以目力判明，虽疑虑不答，亦无法隐瞒；故采用此法，亦为最多，其他三法，皆仅试用于一二村而已。

　　询问之地点，因问题而不同，除关于农家状况者，多问于农人自己之家中外；关于村中普遍情形，则多询之于村公所中之服务人员。因彼辈对此等情形，较为熟习，又多为村中之稍有知识者，故答覆亦较为精确；至于其他作物病虫害等关于经验与技术者，亦有时询之于正在田中工作之老农。

　　答覆之人选，除村中服务人员，有经验之老农，及农家之家长外，十岁上下之儿童，为关于调查农家普通问题最良之答覆者；因儿童天真烂漫，无所忌讳，己之所知，无有不愿告人者；对于牛、马、鸡、羊之小问题，更为明了；如家有几猪，有几羊，立即答覆；但儿童不家家皆有，或有受其父母之恫赫〔吓〕，而不敢开口者，亦为憾事。

　　地亩一项，颇难得正确答覆，大人既不愿以实数相去〔告〕，而小儿又均不知此情，虽参看村社中之地亩账目，尚可作较为可靠之校对；但账中所记，仅为村民报地纳粮之数目，亦非真正所有地亩数目。有时面积较大之地，经数代之传授，即地主本人之所知者，亦仅为社账中所记之数，并不知其究竟有几亩几分，故关于此点，非经精确之丈量，不易得其绝对数量。

　　（4）调查之困难及其原因

〈调〉查之困难，在上节中，已略述及；其困难之多，与困难之程度，实出吾人意料之外。困难之处虽多，但考其原因，不外下列三种：

A. 农民知识幼稚

农民知识，向较市民为落后；眼见耳闻，均极简陋，一切新学术，皆不表同情；对此稽其家境、财产之调查事业，焉能立刻接受？且平时所见之人员，非官厅摧草要料之衙役，即政府起款收税之专员，常有不肖之徒，每至一村，则依势勒索，借端敲诈，农人见之，畏如猛虎；今见此等调查人员，言语举动，虽与官厅之派员不同，但多数村民，非但不能减其畏懦之意，反更引起惊异之心；虽详加解说，亦只能服其口，难以服其心，问其人口、岁数，尚可免〔勉〕强应答，询其房产地亩，则皆搪塞支吾；再问牛、马、驴、骡，乃又疑为将摊牲畜捐；若询及鸡、鸭、猪、羊，则曰"鸡羊也要起税，我们不能活了"。妇女小子，奇异特甚，不知此事，究将何为；或含笑而谓曰："我家尚有几猫，有几鼠，有几犬，有几……"等等讥讪辞调，令调查员亦无可如何；仍须和颜悦色予以解释。调查者走后，则三人一群，五人一伙，议论纷纷，莫知何是；非仅无知农民，如此群疑，即稍有头脑之农村领袖，亦往往有虽经解释而不能决者。尤有趣者，问其有地几亩，答曰："二十亩"，若欺之曰："不可多报，亦不可少说；多报则依数起税，少报如经日后查出，即将余数充公"，乃立答曰："三十亩，还有十亩空着哩"，故至不得已时，亦有用此种方法探其真数者。

总之，此种种现象，皆农民无知识之所致也，故政府当局，若不注意于农村教育，即调查事业（建设与自治之导线）亦无法进行，徒倡农业建设与地方自治，又为谈何容易之事也？

B. 农事忙碌

夏、秋两季，本为农忙之时，我绥农民，于此时忙碌尤甚；何则？盖当本会调查团出发时，适值罂花盛开之际，栽种者，日夜巡视，惟恐有一分一厘之损失；其全副精神，均注力于彼，对此有弊无利之调查（农人多视为如此），何暇顾及。或稍有明了者，虽愿详细告知，亦忙于农事，无暇顾及；愚昧之人，乃借辞推委，问而不答，此皆由于调查之不适农时；但本会现今之工作，仅能行之于暑期，实一大缺憾也。

C. 政局不安

政局不安，影响于调查进行亦甚。绥省土匪遍地，举国皆知，夏秋之时，虽少于春冬；惟偏僻之处，零星小伙，仍常有之，调查者实不能轻冒其险；故虽有与所定标准相合之农村，每不能调查，以致每县所调查之农村，有与原定实施计划不相符合者。且每至一村，必须早去晚归，住宿于较为平静之处；因悍匪出没无常，不得不为预防，有时本拟到某村调查，事前未能探明，及抵其村，始见村民逃之一空，以致调查不能进行，是皆受影响于匪患者也。

（六）调查中一般农村之普遍现象

此处所述，皆为各村中极普遍之现象，详细情形，与特别状况，将分别详细报告。今仅就调查时之所亲见者，与一部分经统计后之所得者，略述之。

A. 人口——较五年前为少，儿童及成人，皆男多于女；惟五十岁以上之老人则多女多于男。

女子之缠足者，几占全数，七八岁之幼女，大多数仍然紧缠，天足分会，虽各县皆已成立，但仅注意于城市，而于农村，仍多未顾及；萨县第一区，尚常派员下乡稽查，虽未能收其全效，但终亦有胜于无。

B. 历史及地理概况——各村因昔皆系蒙地，村名仍多袭蒙语之译音，现在居民，则多系晋省原籍。

气候全系大陆，雨量甚缺，春秋多暴风，秋季落霜甚早，土壤多带碱性。

各县村中，树木极少，尤以包头为甚；常至村中，不得见一树。

C. 家庭状况——以四五人之家庭为最多，家庭经济，穷困已极，教育、卫生、交通、娱乐之设施，更无所谓。

D. 经济状况——

（1）农地——多自耕农；耕地面积，以二十亩至五十亩者为多；土地肥瘠不等，地价亦甚旋〔悬〕殊；肥沃可灌溉者，每亩可值现洋四五十元以上；瘠薄之地，有售二三角钱而无人收买者；普通者，可值一二元至一二十元。

（2）作物——以高粱、糜、黍为大宗，燕麦、马铃薯、瓜、豆等类次之，土地肥沃者，则多种鸦片。

调查时之粮价尚高，惟当时鸦片独贱，约现洋六七角，即可购一两。

（3）牲畜——牲畜数目，据各村之村民言，较数年前，少二分之一尚多；骡、马等可为军、匪所用者，几不能养；富裕之家，亦仅饲老牛数头；平常农人，则多以人力代畜力；故近年以来，牲畜日见减少，荒地日见增多，即鸡犬小畜，亦不多见。

畜数既少，畜价因之而高；绵羊一头（可杀肉三十余斤者），可值现洋七八元；役用马之较良者，须现洋七八十元，劣者亦须三四十元；耕牛价格，特别昂贵，多者须现洋一百余元，少者亦须五六十元。

（4）病虫害——绥远气候寒冷，虫之为害，尚不十分显著；

当调查之时，豆胆甚多（据昆虫专家张景欧先生所鉴定），为害瓜、豆、马铃薯等作物极甚，每进一地，全禾往往被食一空（西瓜地最甚，西瓜叶被咬后不数日则苗尽枯死），农人谓为天虫。

病害以燕麦（本地俗称莜麦）之黑穗病（俗称霉霉）为最烈；据多数有经验之种植者云，每年最低损失，亦在一成（十分之一）以上；平常为二成，甚者至七成，全禾尽成霉霉者，亦往往有之；农民预防之法，常以烧酒浸拌种籽。

关于致病之原因，曾问过许多农夫，皆未能道及；或谓为天神所司，或谓为雨旱所致，亦有谓播种时风向之不适所使者；后二说因环境之不同所致，尚或稍有可能，要亦偶知其事实之一二，究竟不知其为病菌之所主宰也。稍告其原因与防预之法，农夫甚信，且极乐闻；惜哉！老农亦非皆愚昧者，一切知识，实无人倡导之也。

（5）副业——农夫无甚副业，惟妇女多经理养猪、饲鸡等工作；儿童则于夏季多司牧牛放马之识〔职〕。

（6）农工——昔者中庸之农家，多有长工一人或数人，近来连年荒旱，日甚一日，大农之家，皆降为小农，中小之农，虽有地百数十亩，往往且不免为人佣工（注），且雨旱无常，农家亦不敢轻意定雇长工，仅随事务之忙闲，随时招雇短工。

（注）此种情形，似乎不甚合理，但事实上常常有之；当十七八年之时，许多地户（大农），置地数百顷，尚有领赈粮乞食者，因有地虽多，既不能饮，又不能食，且无种籽，无牛犋，亦不能耕种。廉价出售，又多无人收买（当时一斗小米，价值五元之多；平民皆力求目前之生活，绝无力置此不动之产，又无大资本家之收买，故有此种困难），故不得不领粮乞食，以渡余生，欲为人佣工，亦无收容之处；近一二年来，始有可佣工之处。

旧历五月初，大雨数日，各处农夫，皆忙于锄地，又值大闹烟市，需人甚夥，故而农工甚感缺乏，工资格外高昂，锄地者，每日除由雇主管饭外，尚须工资洋五六毛，从事割烟者，则需工资七八毛，饭食亦由雇主供给，尚有吃烟钱；至烟市闹过，工人过剩，工资一落而为一二毛，此亦各村之普遍现象。

（7）金融——当时本省金融，除绥东一小部分通用现洋外（丰镇县属各地仍以国币为本位），全以绥远平市官钱局所发行之麻纸票相周转；农、工、商、学各界无有不受其影响者。农民银行、信用合作社等关于农业金融之机关，恐非农民之梦想所能及。

平市票发行之初，本照现洋十足通用，且信用甚佳，唯至后票价跌落，不可收拾，一元纸票，仅值现洋三角余，农民之受其患也可知矣。

除平市纸票外，当时尚有善后流通券（注），绥远总商会与丰业银行之数种麻纸票，亦可流通于乡间，因无相当之抵款，故其价值亦皆随平市纸票之价值而跌落，绥远农村金融流通不过如是。

（注）善后流通券系民十六大灾后之救济券，以不动产之契纸作抵，无利息借于人民，现省府已下令收回。

农民之借贷，除善后流通券无利息之放借一次外，概无为农民特设之借贷机关，普通之借款，必须有不动产之抵约，与可靠人之保证，向私人借贷，借贷之利率，平常为五分（百分之五），最少为三分，多至一成（十分之一）二成者亦不足为奇。

（8）交通——所调查之各村，多位于平绥线附近，但并非设站之处，普通仍皆以牛马大车通行各处，道路崎岖，牲畜迟慢，故运输仍极感困难。

E．政治状况——

（1）村长——村长多为村中之富户，且较为有信用者，由村民选出，经县政府委任之，多为义务职，亦有因事务过忙稍受报酬者。

（2）村公所——较大之村庄，皆有村公所，所址多设于庙内，组织内设乡正、副各一人，监察委员三人至五人，并有调解委员会之组织，设备极其简单，经费无定数，只随费用之多寡，向村民按地亩分摊之。

（3）保卫——所经各处，仅鹌鹑村有村保卫团，其组织为团长一人，团丁七名，快枪七枝，经费由村中供给。其他各村，皆无村保卫团之设，亦无驻军之保护，有时只驻扎一二区兵而已。因农民知识缺乏，且财力不足，故多不能自动组织保卫团。

（4）赋税——关于此点，调查时曾特别注意及之，但卒未能得圆满结果，除地亩正税每亩一分（下地）或二分（中上地），尚为农民稍知者，其他一切苛捐杂税，村民多不知其应出数目，与纳税之用途，因村民所纳之税，多系由村公所一次即征收两元或三元，遇有上峰之派员到村索款时，即由此数中抽出一部分付与之，并不按捐税之种类，分别征收，遇一次所收之款不敷分配时，则再行征收一次，如有特别捐税——如军事特捐、粮秣捐、草料捐等，亦随时向农民摊派征收之。

该年之烟税，每亩自现洋十元至二十余元不等；因土地之肥瘠不一，与各县之征收法不同，故纳税之数，因之大异。

村公所之用费，仅有一小部分为村正、副及雇员等之开支，大部分皆用之于领牲、摆供烧香、焚纸、乞雨、唱戏等等迷信事业，农民对于此等用费，皆乐于施舍，慷慨捐助，若为兴学办教育而征收，则皆瞠乎其后，良可慨也。

F. 教育状况：

（1）学校——归绥七村，有学校三处，萨县五村学校三处，集宁四村学校三处，丰镇三村学校一处，包头五村中无一校。各县乡村教育之情形，亦可略见一二矣。

校址多设于龙王庙内，设备之简陋，诚难以言喻，土炕之上，置以书柜数个而已。全年经费有至现洋二百四十元者，但一般而论，不过票洋数十元而已。所谓学校亦多与私塾无异。

（2）学生——每校学生不过十余人，全系男童，乡村女子，绝鲜求学者。

（3）教师——各校教师，只有一人，亦有兼差者——多兼任村公所之写账等职；教师之出身，极为复杂，有中学毕业者，有高小毕业者，亦有前清启秀书院之生员，尚有落伍之商人者；教师之伙食，多由学生供给，其薪金即由村中年出数十元而已，亦有由学生纳学费者。

（4）课程——仍多系《三字经》、《百家姓》、四七言之类，亦有稍用国语、算术、社会等新学制课本者。

G. 宗教与道德：

（1）宗教——所经各村尚少信佛、耶等教者，惟丰镇县之小贲红村，则多信天主教，其他各村农民惟一信仰之神，厥为龙王；每当旧历初一、十五，必烧香叩头，若逢天旱或雨潦，更领牲许愿，乞雨唱戏，敬奉之殷，无以复加。惟近年灾祸奇出不穷，雨旱无常，虽如此许盼，而于饥寒冻馁，毫无所补，故农民亦有稍稍觉悟者。

（2）道德——关于通奸、娼妓、赌博等情形，因限于时间，不能调查，盗匪之抢掠，亦无法稽其确数，吸食鸦片者，各村皆有，而以土地肥沃，多植罂粟之村为尤甚。

H. 卫生及娱乐：

（1）卫生——卫生一端，尚谈不到，各村均无医生，遇有疾病，即请村中经验较多之老者，示以便方，以治之，产婆有数村有之，但亦村中之庸妇，无训练之可言。

（2）娱乐——一般农民，以唱戏或秧歌为惟一之娱乐，既可以消遣，又可以敬神，故村民对此一举，颇为欢迎。虽费钱甚巨，但力之所及，莫不乐捐。故唱戏之风，极为盛行。

（七）结论

此次调查，本属创举，调查者既无专家之指导，又少训练，且因时间与经济之不充足，人民知识之幼稚，故计划之初，即未敢以何等成绩相期望；只抱定一观农村之实情与从事调查之实习而已。所幸调查团员，皆当地土著，一切情形，本较熟习，从事调查，自易进行；故调查结果尚未完全失败。惟同人等，学识、经验，两感浮浅，遗误之处，在所不免，是为至歉；念在事属草创，尚乞见谅，并希社会调查专家，与地方熟习农村实况者，随时指正，遇事帮忙，以期群策群力，继此伟大工作，则本会幸甚，社会亦幸甚也。

《寒圃》（半月刊）

国立北平大学农学院绥远农业学会

1932 年 1 期，1934 年 5 期

（李红权　整理）

嵋鹁村之社会的及经济的调查研究

调查者　绥远农业学会暑期（民二十）调查
采集讲演团　　统计及编撰者　李藻

第一章　嵋鹁村的概况

（一）村址

　　嵋鹁村之村名，乃蒙语之译音，据村人传说，蒙语谓石头为"嵋鹁"尔，盖因地近山而多石头，故名。村距省垣正西八十五里，属归绥县第四区，东为杨家堡，再东为毕克齐，西为点什气，再西为察素齐。此毕克齐及察素齐为两大镇，农业及商业均较发达，为数十里以内交易的中心。本村东西各距两镇十五里，村北二里许，即大青山，东北为王毕克齐村，西北为朱尔沟村，南为祆尔克渗村，西南为什宾地村，各距二里以上至十里不等，村落团聚而成南北长之矩形。

（二）　地势

　　本村村北因接近山麓，故地势稍呈北高南低之倾斜状。土壤为洪水冲积层，据村中年长者传述，谓咸丰六年，山洪暴发，村北之地，一次即积土数尺。村北地较高昂，且土壤吸收水分之力甚强，村人称曰"上刚地"。村南地甚低下，土质异常粘重，水分特多，且东南有地十余顷，竟因此而不能耕种，只适于蒲草等喜湿植物之生长，称此地曰"下湿洼"，其余可供耕种者，曰"下湿地"。村东及村西间，于"上刚"与"下湿"之间者，曰"二阴地"。

（三）河流

本村村北有奶奶庙沟，稍西北有马群沟，再西北即朱尔沟。前二沟沟中，有清泉，但水源太小，不及出沟，而水已涸，因此丝毫不能供人利用。惟至大雨之后，山洪暴发，循故有河道，经当村而直贯东南，因无渠，不特不能收灌溉之利，且往往浸没田禾，减少收量，甚则颗粒为之不登，为害至巨。朱尔沟，水源较旺，惟清水全部供朱尔沟村利用，本村未能受惠。惟至洪水暴发时，该村人多不利用，因此，顺故有河道，沿村西而南下，傍河之地，有开渠灌溉者，收量往往大增，惟无相当组织，不能广为开渠而充分利用，是一极大缺点。

（四）交通

本村为绥、包往来必经之道。在平绥路未修之先，举凡运转皮毛货物车辆、骆驼以及行人，络绎不绝。现在村南里许，平绥铁路横贯东西，于察、毕两镇，均设有站台，乘车尚称便利。本村的交通用具，常为单马车，或乘驴与马，但村中男人外出多步行，妇女则多乘车。信件可至察镇或毕镇投递，由外来的信，须赴两镇去取，或托便带归。

（五）治安

绥远匪患，举国皆知，因兹各个农村，对于治安问题，惟一极不易解决之事，而须急待解决者也。本村前此治安，系由区保卫团，指派一名或二名团丁来村住扎。然此系平时情形，一遇土匪猖獗，并此一二名团丁，亦行撤去，村民往往陷于毫无保障状态之下。因于十九年秋季，村民自动设立村保卫团（详情见第六章第一节），以御土匪，兼维治安。自成立以来，村民咸赖以安宁，虽前冬股匪蜂起，周村无不遭受匪患，而本村且得免于难。此外，尚有村公所之设立，有乡长、乡副、闾长、邻长、调解委员及监察委员，遇事颇能协同办理，而收指臂之效。

（六）生活状况

我国农民对于物质上之享受，本甚简单，为各处乡村所共同。本村农民就衣一方面说，除妇女们出门举行庆吊，或探望亲戚时，稍着较为时样花布衣服外，平时无论男女，一律着以白蓝土布衣服。冬季男子多以老羊皮制衣裤，以御冬寒，妇女因少出门，冬季亦不过着棉衣而已，稀有着皮衣者。且有一特点，即村民多不制夹衣，夹袄或有制者，而夹裤则绝无。当春夏之交，农民多脱去棉衣，即着单衣，时届初秋，即易单衣而着棉衣，夹衣一期往往躐级而过，盖亦气候使之然也。农民一年间常用的食品，以高粱面、小米、莜面、马铃薯为大宗，每逢阴历初一、十五，以及春秋佳节，则多食糕——黍子脱皮，称为黄米，黄米面粉制成之糕，则单称曰糕——点缀节景。至于白面，除年节及秋节外，少有食之者。食肉时节与白面几相同。副食品，夏季有葫芦、番瓜、老窝瓜之类，冬季则以马铃薯，或烩，或煮，或蒸，以佐膳。住室中均有土炕，普通年幼子女与父母同居一室，结婚后则另住，称父母所住之室曰"大房儿"，小夫妇之屋曰"小房子"。燃料以高粱秆为大宗，间亦有烧他类稿秆者，如已剥皮之大麻秆及穄穰之类，且有拾牛马粪或砍山柴名为"梢子"以充燃料者，入冬，则在土炉中燃煤以御寒。村民常用的东西，则多购自察素齐或毕克齐，间有径赴省垣者。

第二章　人口与家庭

（一）种族的分配与来源

绥远昔时本是蒙人所居住的地方，本村当然亦为蒙人之故土。现时在本村居住之蒙人，虽不能考其远祖是否即为本村之土著，但近数世以来即在本村居住。其一切语言、服饰，与汉人几无差异，早已易游牧而事稼穑。妇女因纯系天足，以及服饰略异，尚可稍事识别，至于男子，不知者，几不能辨孰为蒙、孰为汉也。以故，汉、蒙之间，鲜有畛域之分。至于汉人之来源，此次虽未详加调查，但据作者所知，最多数为由山西中部及北部各县迁移而来。作者世居是村，而数世以前之祖宗，即系由山西崞县迁而至此。其艰辛缔创家业之概，年长者尚可传述，而远祖留于崞县之坟墓以及现在同族人等，尚能序述。且村人亦多能说明某之原籍为山西某县。晚近数年，增加数家，系河北省人至此而落户者。又因村中治安稍好，近一二年来，由外村迁来十余家，亦已购地落户。此等人家，其原籍亦为山西。本村种族之分配，汉人有一五五家，占百分之九二以上，而蒙人仅十二家，占百分之七强，见第一表。

第一表　种族之分配

种族	家数	百分比
汉	155	92.8
蒙	12	7.2
总合	167	100.0

（二）家庭的大小

家庭的大小，本不必分别种族，但为明瞭起见，故先将蒙人家庭一述。本村蒙人十二家，共有人数五十五人，人数最多之家为七人，少者为二人，见第二表。

第二表　蒙人每家人口数

每家人口数	家数
2	3
3	1
4	1
5	2
6	3
7	2
总合	12

本村汉、蒙合计，为一六七家，共有七九四人，每家均有血统及经济的关系，每户人家相差悬绝，有一人一户者，有一户达三二人者，全体平均每家四·七五人。就中，五口的家庭最多，占百分之二〇·九；六口者次之，占百分之一七·四；四口及二口者又次之，各占百分之一六·二；七口者占百分之八·四；一口与八口及八口以下〔上〕者，共占百分之七·二。见第三表。

第三表　全村每家人口数及百分比

每家人口数	家数	百分比
1	2	1.2
2	27	16.2
3	23	13.7
4	27	16.2

续表

每家人口数	家数	百分比
5	35	20.9
6	29	17.4
7	14	8.4
8	4	2.4
9	3	1.8
10	1	0.6
13	1	0.6
32	1	0.6
总合	167	100.0

（三）本村家庭的大小与他处的比较

我国各处家庭的大小，李景汉先生在《北平郊外之乡村家庭》一书中，已就曾经调查之农村及工人家庭详加比较，并与美国农村及工人家庭比较，谓"中国家庭的大小与美国的家庭差不多"。且说："大约中国的大家庭，只限于少数富有的家庭，普通的人家并不甚大。"本村的调查与此亦甚吻合。兹就该书中所述的家庭，只取其农人家庭排列成表，并加入罗道庄（见《国立北平大学农学院调查研究报告》第二号）一村，以与本村比较。按美国每家平均人数为四·八人，本村为四·七五人，中美总平均为四·九六人，就中以罗道庄每家平均人数为最多，五·八，但此中是否有无血统及经济关系之人在内，因原书并未说明，未能妄断。其余所述各家庭之平均人数，亦多在五以上，李先生于此点亦未申述，而一时又未能觅得原书。至挂甲屯之每家平均人数四·〇六，则不包含无血统及经济关系之人在内，本村亦然。详细情形，见第四表。

第四表　本村的家庭大小与他处的比较

农村	家数	每家平均人数
鹌鹑村	167	4.75
河北挂甲屯	100	4.06
河北城府村	84	4.90
河北罗道庄	80	5.80
安徽湖边村	56	4.40
直隶 山东 江苏 浙江 }240 村	7,097	5.24
安徽芜湖近旁	102	5.4
直隶盐山县	150	5.35
美国纽约省	396	4.80
总平均	——	4.96

（四）人口的年龄与性别

本村一六七家，共有七九四人，中有男子四八二人，女子三一二人，男子较女子多一七〇人。性比例为一五四·四，意思就是每一百个女子当一五四·四个男子。一五至五五岁及以下各组中，男子之数均特别多于女子，惟五五岁以上者，则女子多于男子。详见第五表。

第五表　人口年龄与性别之分配

年龄组	男女数	百分比	男数	女数	男子与 100 女子之百分比
7 岁以下	96	12.1	60	36	166.6
7—15	118	14.8	80	38	210.5
15—55	453	57.0	286	167	171.2
55 以上	127	15.9	56	71	78.87
总合	794	100.0	482	312	154.4

（五）本村人口年龄之分配与罗道庄之比较

本村人口年龄之分配，与罗道庄人口年龄相比较，并无过大之差异，尤以一五至五五岁之一组，相差仅百分之〇·三，七岁以下者，本村少于罗道庄百分之四·五，七至一五岁者，少百分之二。此种差异，或由于近十余年来，天灾人祸，人民救死不瞻，无力抚育幼童所致，但无详确调查，未敢断言。五五岁以上者，本村反多于罗道庄，有百分之六，见第六表。

第六表　本村人口年龄之分配与罗道庄之比较

年龄组	嵋鸪村		罗道庄	
	男女数	百分比	男女数	百分比
七岁以下	96	12.1	77	16.6
7—15	118	14.8	78	16.8
15—55	453	57.0	262	56.7
55 以上	127	15.9	46	9.9

（六）本村人口性比例与他处之比较

本村人口性别之分配，已如本章（四）所述，男子特别多于女子，七至一五岁之一组，性比例二一〇·五，超过一与二之比，一五至五五岁之一组，性比例一七一·二；七岁以下之一组，性比例一六六·六（参看第五表）。兹将本村人口性比例与挂甲屯等村人口性比例比较，挂甲屯之性比例为一一四·八，黑山扈等村一〇三·七，罗道庄一〇六·二（见第七表）。于此可见各该村男女人数相差均不及本村之大。此中原因，或由于重男轻女之恶习，深人人心——绥远习俗，为父母者，往往不喜多育女子，如生女过多，甫经出世，即处以死刑，男孩有时亦然，但终不及女孩之甚——或由于无力娶妻，且十七年旱灾之后，有数家将妻女鬻于山西，亦为女少于男之一因。

第七表　本村人口性比例与他处人口性比例之比较

村名	男数	女数	男子与 100 女子之百分比
鹉鹩村	482	312	154.4
挂甲屯	217	189	114.8
黑山扈等村	197	190	103.7
罗道庄	238	224	106.2

（七）本村成年男女与儿童数目之分配与他处之比较

我国昔有"年过十五非童子"之一语，是即区划人生年龄逾十五者为成人，未满十五者为孩童。今之社会学家，亦多如此区划。且本村习惯，男童年逾十岁，即须担负放牧牛马工作，至十五岁，大可在农田工作，富有之家即要与其娶亲，贫家女子即多出嫁。故实际上已满十五岁者，已经视为成人。本村如此计算，则七九四人中有成年男子三四二人，女子二三八人，男孩一四〇人，女孩七四人。兹与挂甲屯村一百家的四〇六口人，和盐山一五〇家的八〇三口人，和华洋义赈总会调查之七〇九七家的三七一九一口人，再和罗道庄八〇家的四六二口人比较起来，则本村的成年男女为百分之七三，男女孩童为百分之二七，挂甲屯与本村几相等，盐山成年为百分之六三·八，孩童为三六·二，三七一九一农人，成年为六六·五，孩童为三四·五，罗道庄成年为六六·四，孩童为三三·五。于此可见，本村的成年人特别多，孩童特别少。挂甲屯虽与本村仿佛，但男女分配均匀。本村则成年男子远过于各村之上，有百分之四三，男童与各村无大差异，女童则甚少。挂甲屯村每家的平均人口为四·二人，内约有两个半大人，一个半小孩。本村每家的平均人口为四·七五，内有成人三·四七，孩童一·二八，就是每家平均差不多有三个半大人，只有一个多小孩。见第八表。

第八表　本村成年男女与儿童数目之分配与他处人口分配之比较

	鸭鹆村		挂甲屯		盐山农人		37191 农人		罗道庄	
	数目	百分比	数目	百分比	数目	百分比	数目	百分比	数目	百分比
成年男子 （15 以上）	342	43.0	162	39.9	247	30.8	——	34.7	158	34.2
成年女子 （15 以上）	238	29.0	134	33.0	265	33.0	——	31.8	149	32.2
男孩 （15 以下）	140	17.6	55	13.5	143	17.8	——	18.7	80	17.3
女孩 （15 以下）	74	9.30	55	13.5	148	18.4	——	16.4	75	16.2
总合	794	100.0	406	100.0	803	100.0	——	100.0	462	100.0

第三章　家庭的产业

（一）田产

本村为完全农村，全村一六七家中，种地者有一六一家，占百分之九六。只种自己田者，计一五五家，平均每家种五五·三亩；自己无地而只租种别人田地者，计二家，平均每家种九亩；种自己地兼租种别人者，计三家，平均每家种四四·三亩；只典地种者一家，种地二〇亩；一六一家共种田地八七五六亩；每家平均种地五四·四亩，见第九表。

第九表　农夫之种类及种地亩数

农夫种类	家数	亩数	
		总计	每家平均
只种自己地	155	8585	55.3
只租种	2	18	9.0
种自己地兼租种	3	138	44.3
只典地种	1	20	20.0
总合	161	8756	54.4

普通每亩地价，上地约二〇元，中地约一〇元，下地约二元。

一六七家中，自己有地者，共计一五八家，共有地八七五六亩，平均每家五五·四亩。租种及典种者，共计六家，共租地及典地五八亩。自有地典出者，有一家，地二〇亩；租出者，有三家，计五三亩。本年种地总数为六三三六亩，见第一〇表。

第一〇表　鸥鹁村耕地分配状况

耕地状况	总数
本年种地总数	6,336
自有地总数	8,756
租入总数	38
租出总数	53
典入总数	20
典出总数	20

按自有地总数八七五六亩，就中除坟垣占极少数外，其余均堪供耕地之用，但本年实际栽种亩数，仅有六三三六亩，竟有二四二〇亩未行栽种，占总数百分之二七·六，种地家数一六一家中，每家平均竟有一五·一亩闲田。此种田并非农人不欲耕种，实因本村土地有所谓上刚下湿之分，每逢淫雨年头，则下湿地难望收成，若天气亢旱，则上刚地将必无望，本年则因春旱太甚，上刚地多数未能播种，且有因缺少役畜，而不能耕翻土地，以致

荒芜者。

本村一五八家自有地总数八七五六亩，就中不无彼此转典之家，农人称此典地为活约地，但有年久不赎者，农人自家急时，未能分别清楚，孰有永远地若干亩，孰有典地若干亩，仅能以耕地总数相告。此次调查，因时间关系，只得如此计算。每家自有地平均数，固有五五·四亩，但以有地一〇至一九之亩之家数为最多，计三〇家，占百分之一八·九。其次为五〇至五九亩之家数，计二〇家，占百分之一二·六。一〇亩以下者有一四家，有地最多之一家为五二〇亩，但人口亦最多，有三二人。百亩以下者，共有一四二家，约占百分之九〇，百亩以上者，仅一六家，约占百分之一〇。见第一一表。

第一一表　本村各家自有地亩数之分配

种地亩数	家数
10 亩以下	14
10—19	30
20—29	18
30—39	15
40—49	17
50—59	20
60—69	5
70—79	10
80—89	11
90—99	2
100—150	10
200	1
250	1
394—395	2
460	1
520	1
总合	158

（二）房屋

本村住户，所有房屋共计八一四间，就中四六九间系正房，占百分之五七·六，三四五间系偏房，占百分之四二·四。房屋以砖瓦做成者仅二四间，约占总数百分之三，其余百分之九七，均系土墙、土顶，以灰涂墙者仅一二家。屋内有砖地者，约占百分之二五，其余百分之七五，均系土地。院墙多数均较高，借防盗贼也。

全村住户一六七家中，自己有房者计一三〇家，平均每家有房六·二间，其余三七家均向此有房之家租房居住。住户之中，以一户住一间、二间、三间及五间、六间之家为最多，计有一〇三家，占百分之六一·七。其余六四户，住房间数，相差悬绝。一户住一·五间至十余间及二〇间者不等，有房最多之一家为三六间，共占百分之三八·三。见第一二表。

第一二表　房间数及住户数之分配

房间数	住户数	房间数	住户数
1	29	8	7
1.5	5	8.5	1
2	27	9	3
2.5	2	10	4
3	18	11	5
3.5	1	12	2
4	10	13	1
4.5	3	14	1
5	17	16	1
5.5	3	17	2
6	12	20	2
7	9	36	1
7.5	1	总合	167

按本村共有人口七九四人，平均每人有房一间多，较之罗道庄每间平均约住一·七人，当甚宽绰。但分配颇不均匀。观一户住一间至三间之家，竟有八一户，几有全村住户半数，居住不免现拥挤之象。其余一半住户房屋较多，除供卧室外，当有贮藏、工作、厨房、客室等用途也。

本村租房居住之三七家中，共房屋五六·五间，平均每家一·五间。以一户住一间者为特别多，有二二家。次为二间者有九家，租房最多之一家为四·五间。见第一三表。租房极偏〔便〕宜，如能为房主早晚照应一点，则尽可不出房钱，永久居住，惟先决条件，则在于品行端正。

第一三表　租房居住家数及所住间数

租房间数	家数
1	22
1.5	2
2	9
2.5	1
3	1
3.5	1
4.5	1
总合	37

（三）家畜及家禽

甲　家畜及家禽总数

本村共有马计四三匹，牛九四头，骡一二匹，驴四〇匹。此外猪有二一二口，羊有一四九只，至鸡之数目，则有九七四只，见第十四表。

第一四表　家畜及家禽总数

家畜类别	数目
马	43
牛	94
骡	12
驴	40
猪	212
羊	149
鸡	974

乙　役畜数目及豢养家数之分配

本村役畜分马、牛、骡、驴四种，共有一八九匹，就中以牛之数目为最多，豢养之家有五一家，每家以养一头者为最普通，计有三一家，约占养牛户数五分之三，其次养二头者有一一家，约占养牛户数五分之一。养牛最多之一家有牛八头，按养牛户数平均每户约有牛一·八头。养马家数计有三三家，以一户养一匹者为最多，计二五家，约占养马总户数四分之三；养二匹者有六家，养三匹者有二家，养马总户数平均每户约有马一·三匹。

养驴家数共有二三家，亦以一户养一头者为最多，计一三家，占总户数二分之一强。其次养二头者有六家，三头者一家，四头者有三家。养驴总户数平均每户有驴一·七头。役畜中最少者为骡，豢养者仅一一家，差不多都是一家一匹，最多者一家仅有二匹。见第一五表。

第一五表　役畜数目及豢养家数之分配

役畜数目	养马家数	养牛家数	养骡家数	养驴家数
1	25	31	10	13
2	6	11	1	6
3	2	3		1
4		3		3

役畜数目	养马家数	养牛家数	养骡家数	养驴家数
5		1		
7		1		
8		1		
总合	33	51	11	23

牛、马、骡三种，主为农业上之役用而饲养，但骡、马于耕种田地之外，又供驾车之用，于农闲时，运煤或转运货物。驴之饲养，主为驮煤，或驮脚，用以耕种田地者则甚少。按牛、马、骡三种役畜共计一四九头，即以本年种地总数六三三六亩而论，每个役畜平均耕作田地约四二亩。再以耕地总数八七五六亩而论，则每个役畜平均耕作田地约五八亩，于耕作上似乎尚不感受畜力之缺乏也。

丙 养猪家数及猪之口数之分配

本村养猪家数共有一三四家，占全村总户数百分之八五，就中以一户养一口者为最多，计九八家，占养猪家数百分之七三。其次一户养二口者，有二五家，养三口及五口者，各有三家，养六口者有二家，养四口、九口与一五口者各有一家，见第一六表。但九口及一五口之中，包括数只小猪在内，按养猪总户数平均，每户约有猪一·五口，猪种有所谓大马身、二马身、小八鱼之别，大马身猪体格最大，但发育迟缓，小八鱼猪者则反是。村人养猪，最喜早春生产之猪，以"正猪腊狗"视为适时。盖正月产生之猪，养至年终，则可屠宰，以供年节之用。且养猪目的，均为年节自用，几无以营利为目的者。

第一六表　养猪家数及猪之口数之分配

猪之口数	养猪家数
1	98
2	25
3	3
4	1
5	3
6	2
9	1
15	1
总合	134

丁　养羊家数及羊之只数之分配

全村养羊家数，谨〔仅〕有一七家，而此一七家中，每家所养数目，又甚悬殊，一户养一只者有二户，养二只及三只者各有三家，养羊最多之一户，有羊二三只，次多之二户，各有羊二二只，一○只及以下之家数，计有一一家，约占养羊家数中六分之四。一二只及以上者计六家，约占六分之二，养羊户数平均每户有羊八·七只。见第一七表。

第一七表　养羊家数及羊之只数之分配

羊之只数	养羊家数
1	2
2	3
3	3
4	1
7	1
10	1
12	1
14	1

续表

羊之只数	养羊家数
18	1
22	2
23	1
总合	17

牧羊的方法　本村牧羊系完全放牧，养羊之家合雇牧羊工人一人或二人，每早由羊户家中将羊赶到一处，天将午则驱群羊出郊外，择野草茂盛之处，令羊自由采食，牧羊者驱羊且行且食，薄暮返村，将羊分别送归原户，日日如是。牧羊工人，则按羊数多寡，每牧羊一只，吃饭一天，轮流在羊户家中吃饭，工资则每只羊每年仅出绥远票洋三角，约合大洋一·五角。每年春秋二季，各剪毛一次，一羊两次，约剪毛二斤。据村人言，将羊毛出售，已可将牧羊工资及饭费完全开销，所生之羔则为纯利。

戊　养鸡家数及鸡之只数之分配

本村养鸡家数，共有一三二家，占全村总户数百分之七九。就中以一户养五只鸡者为普通，共有二三家，占养鸡户数中百分之一七·四，其次一户养三只者有一四家，二只者有一三家，养四只有一二家，养六只、八只、一〇只者各有一〇家。一户养鸡最多者有五八只，最少者仅一只，计有六户。养鸡之家以一户养一〇只及以下者为最多，计有一一〇家，占养鸡户数中百分之八三，其余百分之一七家中，每户所养之鸡数甚相悬绝，由一二只、二〇余只、三〇余只，以至五〇余只者不等。见第一八表。

第一八表　养鸡家数及鸡之只数之分配

鸡数	家数	鸡数	家数
1	6	13	2
2	13	14	1

鸡数	家数	鸡数	家数
3	14	15	3
4	12	17	1
5	23	18	2
6	10	20	1
7	9	23	2
8	10	26	1
9	3	35	1
10	10	58	1
12	7	总合	132

按养鸡户数，平均每户有鸡七·三只，不过此数中乃包括一部分当年仔鸡在内，仔鸡及老鸡合计，雄鸡约占三分之一，雌鸡有三分之二，鸡种普通均为彩鸡。养鸡较多之户数，多半家有大院落，而土地亦较多，所产之卵，多半供自家人口随时食用，或馈赠亲友。至养鸡较少之家，所产之卵，则多供妇女们抽针买线之需，或以之交换葱、韭等蔬菜，自家鲜有食用者。雄鸡则多养至年节宰杀，以为天地、灶王及祖宗之祭品，稀有出售者。

据村人谈，近一〇余年来，村中各种牲畜数目，较前甚形低减，尤以骡、马及羊为特别显著。从前普通人家均养马二或三匹，较大之户养一〇余匹者，亦有数家，今则养马至多之家不过三匹。普通人家均多无马。羊前全村分数群放牧，每群均在二百只以上，今则只有一群，为数且不及二百。牛及其他亦见加少，不过无此显著。其原因参看本文第六章。

（四）树木

本村树木以榆、柳二种为最多，余均甚少。全村有柳树计五四八株，约占所有树木中三分之一强。榆最多，有九〇一株，约占所有树木中三分之二而稍不足。杨仅二九株。此外有苹果一株，海棠二株，杏三株，葡萄一五架。见第一九表。柳树之大者，直径约二尺许，普通者约尺许，小者五寸上下。大树数目约有十分之二；普通者约十分之三；小树约十分之五。榆树无大者，普通在一尺上下者，约有十分之三；五寸上下者，有十分之七。杨树均有尺许。葡萄皆为棚架，主干达二丈以上，结果甚繁，有白色及紫色二种。

第一九表　全村各种树木总数

树木类别	株数
柳	548
榆	901
杨	29
苹果	1
海棠	2
杏	3
葡萄	15（架）

本村植有柳树、榆树及杨树之家，共有九六户，占全村总户数百分之五七。就中以植有榆树之家为最多，有五八家；柳次之，有三六家；杨特别少，仅有二家。植一株柳树者七家，榆有一五家，杨无。植一〇株者，榆、柳各一家，植二〇株者，柳树有一家，榆无，植三三株者，榆、柳各一家。植榆树最多一家，有榆一二〇株；植柳树最多之一家，有柳一五八株，见第二〇表。合榆、柳、杨三种树而计之，为一四七八株，以植树总户数平均，每户约一五株，再以全村总人口数平均，每人为一·八株。

第二〇表　植有榆柳杨家数及株数之分配

株数	植柳家数	植榆家数	植杨家数	株数	植柳家数	植榆家数	植杨家数
1	7	15					
2	5	6		33	1	1	
3	3	4		34	1	0	
4	1	7		35	1	0	
5	3	2		36	0	1	
6	2	1		37	0	1	
8	0	1		38	1	0	
10	1	1		40	0	1	
12	2	3		42	0	1	
13	0	2		43	0	1	
14	0	0	1	47	0	1	
15	2	2	1	48	0	1	
20	1	0		56	0	1	
23	0	1		62	1	0	
25	0	2		95	0	1	
26	1	0		120	1	0	
27	1	0		158	0	1	
32	1	0		总合	36	58	2

（五）作物

本村本年种地亩数六三三六亩，占耕地总数百分之七二·四，种地家数一六一家中，每家平均种地三九·三亩。栽种农作物之种类以高粱为大宗，占种地总数中百分之二八·五，谷——粟——次之，占百分之二〇·五；莜麦——燕麦占百分之一九·七；大豆——黄豆、黑豆占百分之三·六，小麦最少，仅百分之〇·〇四，糜子——稷子及黍子占百分之一九。其他一项中，包括马铃薯、大

麻、稗子、大麦、瓜、红豆、绿豆、亚麻及罂粟等类，共占百分
之八·三。见第二一表。

第二一表　本村栽种农作物种类及亩数

作物类别	亩数	百分比
小麦	3	0. 04
高粱	1806	28.5
谷子	1300	20. 5
糜黍	1208	19.0
大豆	233	3.6
莜麦	1254	19.7
其他	532	8.3
总合	6336	100.0

本村栽种方法，多半高粱与谷子行二年轮作制，栽种多在村
北及村西干地中；莜麦因喜粘重湿润土壤，故村南湿地中连年栽
种，间与大豆行轮作，然甚少，以致病害甚炽（参看第六章四）。
小麦一项，村民并非不喜栽种，实因每年春季亢旱，不能生长，
且以气候较寒，只能种春小麦。大麻则多栽培于微有碱性之地中。

本村农作物栽种之家数，栽种高粱者计有一三二家，谷子有一
二四种〔家〕，此二种之家数相仿佛。种糜、黍者有一〇八家，种
莜麦者有九一家，此则限于村中有湿地之家方能栽种。栽培大豆
者只有二九家，所种之豆以黑色者为多。种小麦者只一家，其他
一项，栽种者有九六家。见第二二表。

第二二表　本村栽种农作物之种类及家数

作物种类	栽种家数
小麦	1
高粱	132
谷子	124

续表

作物种类	栽种家数
糜黍	108
大豆	29
莜麦	91
其他	96

按高粱栽种亩数一八〇六亩，每户平均种一三·六亩；谷子一三〇〇亩，每户平均种一〇·四亩；莜麦一二五四亩，每户平均种一三·七亩。

（六）职业

全村七九四口人中，有职业者计三〇三人，占百分之三八·一。此种有职业者，均为一五岁以上至六〇岁以下之男子，不满一五岁及六〇岁以上之男子，实际上本可帮着做点工作，但工作效率当差壮年者远甚，故均未计算在内。三〇三人中，以农夫为最多，计有二四二人，占有职业人数中百分之七九·八。其次农工有二八人，牧羊者二人，合计三〇人，占百分之九·八。从事工艺者，有木匠四人，铁匠二人，鞋匠——钉补破鞋工人一人，合计七人，占百分之二·三。从事商贩者，铺主一人，小贩三人，铺伙二人，店主二人，合计八人，占百分之二·六。为公家服务者，有小学教员二人，村保卫团团长一人，保卫团丁六人，兵士二人，平绥铁路工人一人，此外有塾师一人，其他三人，合计一六人，占百分之五·二。见第二三表。

第二三表　男子职业之分配

	职业	人数
农	农夫	242
	农工	28
	牧羊	2

续表

	职业	人数
工	木匠	4
	铁匠	2
	鞋匠	1
商	铺主	1
	小贩	3
	铺伙	2
	店主	2
公务	教员	2
	保卫团长	1
	保卫团丁	6
	兵士	2
	铁路工	1
塾师		1
其他		3
总合		303

本村农夫二四二人，农工二八人，合计二七〇人，以种地户数一六一家平均，每家有一·六八人。再以本年种地总数六三三六亩而论，平均每人应担任耕作田地二三·四亩。农夫以一家有一人者为最多，有七三家，占农夫家数中百分之五〇·三，有二人者次之，占百分之三五·一，三人者又次之，占百分之一一·七，有四人者最少，仅百分之二·七。农工亦以一家有一人者为最多，占百分之六五，二人者次之，占百分之三〇，三人者最少，仅占百分之五。见第二四表。

第二四表　农夫及农工之家数与分配

农夫数目	家数	百分比	农工数目	家数	百分比
1	73	50.3	1	13	65.0

续表

农夫数目	家数	百分比	农工数目	家数	百分比
2	51	35.1	2	6	30.0
3	17	11.7	3	1	5.0
4	4	2.7	4	——	0
总合	145	100.0	总合	20	100.0

农夫，由自有田之家数可以看出，差不多都是"耕者有其田"的，不过小农家除耕作自己田地外，往往为土地较多之农家作零工，以农忙时为尤然。农工家中亦非完全无土地，不过以人口多而自家田地不够耕种，只得分一人或二人出来为人作工。村人称长工曰受苦人，谓工作曰营生，做工作叫做营生，意即长年工作，胼手胝足，备受辛苦，以营其生活之谓也。做日工者，叫短工子，无论长工、短工，均由雇主供给食用，长工全年工资约三五元，零工普通每日约一角五分，闲时五分，农忙时每日增至二角五分。

本村的妇女，在职业的位置上，虽然给她们指不出一定的地方，但事实上确非"饱食终日，无所事事"。除看护子女、缝纫、洗衣、做饭之外，有许多妇女们且担负"推碾研磨"种种工作。本村多种高粱及谷子，每于初夏锄草及间拔，甚费人工，除几家较为富有之人家外，普通一般农妇们，均须亲赴田间，帮助其夫，作此种锄草、间拔的工作。农夫做此工作叫锄地，而农妇则曰耗苗子。除为自家耗苗子而外，往往受雇于人，营同样工作，由雇主管饭，每日可赚洋一角。年将及笄的女子们，且有作此工作借置嫁装者。牧牛、放马的工作，概由十几岁的男孩担任之。

第四章　学校与教育

（一）学校

本村在名义上有小学校一所，校址在龙王庙内，有正房三间，教室及教员住室均在其中。当初为私塾所占，于民国一十年重行修理，略具学校模型。迨一五年，加以整顿，教材用新式教本，学生达三十余人。惟仅半年，因遭兵灾而停办，嗣即匪、旱迭乘，村民急于避难与求生，于子弟求学一端，多难顾及，今虽稍见安谧，但因经济困难，终未能成立健全学校。今之所存者，虽仍借名小学校，而事实上完全为一私塾，由数东家合聘塾师一人，待遇甚廉，兹为明瞭起见，特为之排列成表。见第二五表。

第二五表　本村小学概况

| 学校名称 | 教科用书 | 班次 | 学生数 | | | 教员 | | | | | | 备注 |
			男	女	共	姓名	性别	年龄	待遇	履历	到校年月	
鹬鹈村小学校	百家姓、三字经、杂字、四书	不分班	一九	无	一九	赵广明	男	四七	学生每人出学费二元五角，米面柴炭亦由学生供给	曾充水磨村小学教师	二〇年二月	一九学生中有外村来就学者四人

（二）学生

本村共有学生二四人，就中有大学生一人，中学生三人。师范学校，男生二人，女生一人，小学生共一七人，其中有二人在城市住正式小学，余一五人即在本村塾中肄业。见第二六表。

第二六表　本村学生数目及肄业学校

学校	学生数目	
	男	女
大学	1	0
中学	3	0
师范	2	1
小学	17	0
总合	23	1

（三）学龄儿童

本村七岁以上至一五岁以下之人口，男子有八〇人，女子有三八人。如求教育普及，则此一一八人均应入学读书，而今只有一七个男孩稍能念儿句书，在男的学龄儿童总数中，仅占百分之二一·二，失学者则有百分之七八·八，至于女子无一人入学。见第二七表。

第二七表　学龄儿童入学者与失学者之百分比

学龄儿童		小学生数		入学儿童占全学龄儿童之百分比		失学儿童占全学龄儿童之百分比	
男	女	男	女	男	女	男	女
80	38	17	0	21.2	0	78.8	100.0

（四）成年读过书人数及文盲

成年男子三四二人，女子二三八人，就中男子读过书人数有五八人，占成年男子总数中仅百分之一六·九，而文盲则有百分之八三·一。所谓读过书者，除数人外，余均不过略识之无，女子无一人读过书。见第二八表。大学生一人，中学与师范生六人，因年逾学龄而尚在读书，于此两种计算中，均不便包括，故未列入。

第二八表　成年读过书人数及文盲之百分比

成年人数		读过书人数		读过书人数占成年人数之百分比		文盲占成年人数之百分比	
男	女	男	女	男	女	男	女
342	238	85	0	16.9	0	83.1	100.0

（五）读过书人数及学生数之分配

成年读过书人数五八人，男女学生二四人，其在各家中之分配状况，以田产组为标准，则在全村一六七家中，只有四六家有读过书的人，占总户数百分之二七·五。有一四家有学生，无地者九家中，有一家而有一人读过书，四〇至四九亩之一组一七家中，有三家共有三个读过书的人，二家共有二个学生，六〇至六九亩之一组及一至九亩之一组计一九家，无读过书的人，亦无学生。五二〇亩之一家，有读过书者四人，有男女学生共九人（第二九表）。从此即可看出，田产较少的家庭中，读过书的人数及学生数，少于田产较多的家庭中受教育的人数。田产在七〇亩以下之一二八个家庭中，读过书者计一八家，占百分之一四，识字者计一九人，现在有儿童入学者只有五家，学生总数仅有五人。再看七〇亩及以上的三九家中，读过书者计二八家，占百分之七二，识字者计三九人，每家平均恰有一人，现有入学者九家，约占组内家数三分之二，入学者总数计一九人，约超过七〇亩以下组内入学者总数的四倍，且大学生、中学生及师范学生与二个入正式小学的学生均在本组。

第二九表　按田产组每家读过书人数及学生数

田产组（亩）	家数	读过书		入学学生家数	学生数	
		人数	家数		男	妇
…0	9	1	1	……	……	……
…9…1	41	……	……	……	……	……
…19…10	30	5	5	……	……	……
…29…20	18	3	3	1	1	……
…39…30	15	3	4	1	1	……
…49…40	17	3	3	2	2	……
…59…50	20	3	3	1	1	……
…69…60	5	……	……	……	……	……
…79…70	10	7	8	1	1	……
…89…80	11	8	11	1	1	……
…99…90	2	……	……	1	1	……
…150…100	10	8	12	……	……	……
…200	1	1	1	1	1	……
…350	1	1	1	1	1	……
…394…395	2	1	1	2	2	……
…460	1	1	1	1	3	……
…520	1	1	4	1	8	1
总合	167	46	58	14	23	1

第五章　风俗与习惯

（一）婚礼

　　婚姻，还是按我们数千年相沿"父母之命，媒妁之言"的老法子办理。不过所谓媒妁，概由亲友充任，绝无用媒婆者。男女年达数岁时，即由父母或亲友随时物色相当人家及对相。物色既得，即请亲友出而提议，男女两家有意之后，则交换八字帖，上写男女两人的生年月日时辰，然后请村中能推算者推算是否与本人或两家之父母有妨克地方，如无妨克，谓之合婚。后即议商彩礼，除数家较为富有者外，普通及贫穷之女家，往往均向男家要求现洋若干元为彩礼，由三〇元至百元以上不等。大约贫寒之家，彩礼较多。彩礼议定之后，即择吉日换帖，或曰下定。普通由男家购特制之龙凤贴二纸，请人写好，并备银手镯一对，加大蒸馍五十个，每个馍中均包红枣一枚，再购鞭爆若干串、大爆几十响，与议定彩礼，如数交由媒人乘车载至女家，交代清楚，即燃放爆竹，借以惊动邻人，知某男女于是日订婚。女家则将应留之龙凤帖一纸留下，余一纸仍交媒人带归，并附以银钱或戒指之类，名曰押帖。订婚手续即从此完成。迨男女年龄达结婚时（普通多在十五岁以上二十岁以下），即由男家先择定结婚日期，征求女家同意，如无异议，则预备下会亲。此时女家照例要向男家提出条件，要花丝葛、直贡呢之类的衣服几件，但绝无要裙子者，因村人无穿裙子的习惯，此外并要戒指、耳环之类的首饰几样。如所要的东西不过分，男家则照样购办，并备四色礼为红枣、大米（村人称白米曰大米）各二包，猪、羊肉各一方，加大包枣蒸馍五〇个，此外备会亲帖一纸，上写迎娶日期，于婚期前二月或四〇日，请媒人押送至女家。此即谓之下会亲，北平谓之放大定，或通信礼。惟北平于放大定时，有一不可缺者，乃染以红色之鹅一双，按吾国古礼，有奠雁一举，想系雁不易得，而鹅之体态似雁，故以代之。而吾绥于此礼则完全失传也。婚期之前一日，男女两家已各将亲友接至己家，名曰请吃糕。男家预定之鼓匠一班，约六人，吹唢呐者二人，打鼓及打锣者各一人，余二人一掌铙钹，一打铛铛，并轿子一顶、轿夫四名，或轿子二顶、轿夫八名，亦于是日午后齐来,名此日为安鼓日。院中设布棚一座,中放桌凳,厨役及杂差,均由村人帮忙,概无工资。酒席男家多为四盘,豆芽加粉条一盘,烧猪肉、炖猪肉及杂烩菜各一盘,女家三盘。安鼓的这日傍晚,新男即赴祖茔拜墓,读过书者,且须拜见先生。结婚的正日,无论冬夏,新郎、新娘概须着棉衣。娶亲者,男二女一,伴娘及揭毡者各一,送亲者,亦为男二女一,另有押轿者一人。娶亲的这日,新娘乘轿,娶亲的乘轿车,以及鼓匠,均须赴女家亲迎。女家于出嫁之前一日须送嫁妆,最要者,为五尺长之油漆红柜一个,其他衣裤零星物品,均置其中,由四人舁至男家。称送嫁妆,则单曰送柜,送柜者至,男家饷以酒食,并给以喜钱一元或二元。男家既至,女家一面设席,一面与女娘开脸装束,席散,即由伴郎导新郎至天地前跪拜。此时女郎即由押轿者背负上轿,新郎亦由伴郎背负匆匆上轿,两方均争先恐后,名为抢富贵。既上轿,则绕道而归,忌走重路。既返,则由女宾二人由轿中掺〔搀〕新娘至天地前同新郎叩拜,称为拜天地。拜毕,新郎手执弓箭前行,新娘后随,同入洞房。新郎张弓向房中四隅扫射,意在镇摄邪魔。移时,新郎同新娘齐至棚内设置之神前跪拜祖宗及亲友,每拜一位,即将一位所赠之礼洋或礼物陈出,礼洋一份由五角至二元不等,礼物则多为戒指、耳环之类。拜既毕,则设筵以饷宾客,晚则必有耍笑新媳妇,即闹房一举。翌日,新郎同新娘齐赴女家,谓之回门。至第三日,女家再着男女送亲各一人,谓之小送,送新夫妇而归,婚礼即从此告成。

孀妇嫁,往往索重资,名为身价。每妇身价由五〇元至二百元不等,大半长的好的而且年轻的,索要身价较多,婚礼则极简单,只用轿车一辆,于夜间或早晚迎娶过门,拜天地之后,再拜家中长者,即算完事。村中孀妇,除数家较为富者外,余多改嫁。对此再嫁妇,并无十分不好的批评。

蒙人婚礼，除新娘乘车外，新郎及娶亲、送亲者均乘马车行路，且急驰，以示善骑，行礼亦异。

（二）丧礼

普通较为富裕家庭的老年人，多半在未死以前已将寿衣、棺木预备妥当。当弥留之际，由儿女们与其穿着妥当，并预购纸制轿车一辆及纸锞，气绝则焚车及纸，称为烧下坑纸。同时家中男女均放声大哭。后请阴阳生开殃书，决定入殓、出殡、下葬等日期。普通多用柳木棺材装殓，装殓既毕，则停于阴阳生指定的处所，家人均分别着白布孝衣，并赴亲戚家报丧，至则先不言语，即行扣头，名为报丧头。至死后第三日，则定鼓匠一班来灵前吹打，亲友蒸馒头六枚或一二枚，称为供献，前来烧纸祭奠，孝子均在灵前陪奠，并由主人分别给以白布孝帽或衣裤等。是日晚，家人、亲友鼓乐喧填送至十字路口，谓为送行。停放若干时日，即行出殡，事先并与亲友发讣闻通知，至时，亲友齐来送殡，仍定鼓匠一班，富有之家，且请和尚唪经。亲戚中之最亲近者，有以猪、羊致祭。主人家做几样童男童女、摇钱树、聚宝盆的纸札，普通在出殡之前一日开吊迎祭，富有之家且有送幛子者。奠礼与前同，出殡时，用棺罩一顶，杠夫十六人，均为村人帮忙。此外打坑、填坑，亦均帮忙。既葬，主人设宴以谢亲友。葬后三日清晨，家人再去添坟一次，名曰复三。

（三）庙宇与庙会

庙宇，有龙王庙、佛庙、圣母庙、观音庙、真武庙、五道庙及西龙王庙各一座。龙王庙有正殿五楹，院落较大，村公所及小学校均设在内，庙址在村东南隅。佛庙在村中央，为蒙人所建筑，村人称为大庙，昔有老道主持，香火颇甚，今虽蒙人照管，但年久失修，坍塌不堪。观音庙及真武庙在村之正南，五道庙在村东。西龙王庙在村西郊，庙小而前面有老大柳树一株，直径达八尺，惟中已空虚，一面裂开似门，常有乞丐宿其中，枝向地伸长，村人谓为倒栽柳。圣母庙建筑于村北山之最高峰上，只有正殿七楹，距地高约二里半，村人称此山曰奶奶庙山，外村人则名为鸲鹆山。山之中央有石洞，洞口以砖砌成庙貌，称银洞，相传即真奶奶所住之处，谓极灵验。每于阴历四月初八日，举行庙会一次，并唱戏或秧歌三日。举凡数十里以内，因子女许有口愿之家，均必前来还愿，或以羊，或以鸡，或以银制之羊，以及香纸，至山顶庙内朝拜，将羊或银羊均缴蒙人会首，鸡则在山顶放开，任人追逐，某人捉获，即归某人所有。尤以年长无子之妇女祈拜最诚，以冀赐给子女，故虽跋涉费神，而不以为劳。蒙人年可收羊数十只，银羊若干只。此种庙会与北平妙峰山为同一性质，但香火不及其胜。

（四）缠足与卫生

本村三一二妇女中，除蒙族妇女二七人为向例天足外，至汉族妇女二八五人，其中一五岁以上者有二一七人，只有二人为天足，一五岁以下者有六八人，仅有一幼女决定不缠足，其余照旧紧缠，或有未缠者，系年龄未达缠足期。如负有此等之责者，不下乡特别劝导，则缠足之陋俗，不知何日始能革除。

村人于卫生一端，除数家较有智识者外，余均不加注意。全村无看病的医生，有产婆一人，但毫无训练，仅凭经验，剪脐带之剪刀，当然不知消毒，脐带剪断，涂以席下或壁上尘土。惟其如此，婴孩之起四六疯〔风〕而死者，屡见不鲜。儿童盖都种痘一次，惟种痘之医生往往误人，常将此儿童身上发出之痘痂取起，再与他儿童种，以代痘浆，辗转移植，危险横生。

（五）吸烟与赌博

成年男人三四二人中有鸦片烟瘾者计二三人，占百分之六·七，成年妇女二三八人中，有鸦片烟瘾者计四人，占百分之一·六。旱烟，成年男子中差不多都有此嗜好，妇女甚少。赌博行为只在阴历年节盛行几天，在昔虽遇演戏期间，村中惯例，亦不许放赌。至民国一五年，本村土棍一人，强行开赌，今该土棍虽已死，但成例已破，遇演戏，必放赌，平时甚为少见。

第六章　其他状况

（一）村保卫团

本村鉴于屡次所受匪患，以零星土匪来村骚扰次数最多，所受之害则不减于大股，故思所以抵御之策。因于一九年夏在村中建筑土炮台一座，费洋百余元，建筑成功，则于秋末，呈准县政府备案，成立鸱鹈村保卫团，住兴盛泉店中，设团长一人、团丁六人，同时购置枪械数枝，实行防匪及卫护村中治安之工作。团长及团丁均为本村有家资者充任，月薪四元五角，饭费在内。今春并在村之四周挑壕做围，设置门栏，但尚未完全成功。

（二）铺店

本村因昔为绥、包往来必经之道，车马行人多来村歇宿，故开店者有数家。自平绥铁路修成之后，此项生意顿形萧条。今所存者，有兴盛泉店，店址较大。其营业性质为一方出售米、面、油、盐、醋、酱、针线等类，一方留宿投住之车马，有铺主一人、铺伙二人，开设年限均达五十年之久。另有德泉店一，专留车马及行人，开设约十余年，此外并有留人店一座，专留行人。

（三）水井

本村共有水井二二个，就中九个为饮水井，一个为饮水兼灌溉用井，其余一二个为灌溉用井。井水性质除一个微带盐味外，余均系甜水。饮水井水的深度自四尺至六尺不等，平均约为五尺。自井口至井底深度，由一五尺至二五尺不等，平均约为二十尺。井口直径，平均约两尺，汲水方法纯用人力。建筑材料，为砖与石砌成。灌溉井水的深度由四尺至一〇尺不等，平均约为六尺。自井口至井底深度，由一二尺至二十尺不等，平均约为一六尺。井口直径平均约五尺。汲水方法均系利用乘杆——秸槔，以人力牵引，建筑材料完全为石砌成。每井灌溉亩数由五亩至一六亩不等，平均约为一二亩。此种井概系用以灌溉罂粟及蔬菜。

（四）民元至现在所受灾害

甲　匪患

本村第一次匪害为民国四年腊月初一日，匪首海牛率领匪徒七百余人到村连住二日，将村民粮粟半数为人马扰害完毕，衣物、首饰、银钱悉被抢去，马匹被抢去百余匹，从此之后，则不时为匪扰害。计自民元至现在所受大股土匪之害，有一二次之多，零星小匪，几不可以数计。每次于抢掠财物、牲畜之外，并掳人勒赎，谓之"请财神"，先后共请过财神达二八人，每赎一人，需洋百元至千元不等，平均在三百元以上。就中有李姓一人，因索价太多，且要鞍马及快枪，以无法办理，终于出洋五百八十元，且为匪残杀，或云此人之死，系为某营长将匪徒与渠及其他财神同时缉获，一律处以死刑。果尔则因剿匪而误杀之良民，当亦不在少数。

乙　旱灾

本村民元至现在，共遭过旱灾四次，就中以民国一七年旱灾为最甚，凡村北一带之干旱地完全没有播种，村西之地虽播种而未出苗，两处合计约四十余顷。每顷平均产量以六〇石计，损失已达二千四百余石。至村南一带之湿地，则产量较佳，因可维持生命，而卖妻鬻女之家较他村为少。余三次旱灾，则仅村北不能播种。今年村北且有一部分之地未能播种，村人称没有播种曰没插楼。本村若秋末或冬季无雨雪，翌年季春，村北之地则不易插楼。

丙　兵灾

本村因土匪来去无常，故须驻兵防守，民国七年至八年，村中驻兵至一营之多，柴炭、油盐，村民已苦于供应。一五年春，军队屡次向村要民夫去当兵，每要一次，村中必须出重资雇人以应命。计先后雇过民夫一八人，每人需洋五十元至百余元不等，总计花洋一六八〇元。同年八月间，南口溃退，道经是村之军队连续一四日之久，始过完毕，将村中牲畜、衣物、粮粟等项，大半为其抢取净尽。最后有工兵营一营在村驻扎百余日，一切柴炭、油盐、草料等项，悉需村民供给，将各家可供燃料之物，莫不搜索净尽。临行且勒要双马车一二辆，满载谷草而去，此车此马终于一去不复返。一六年春，又有本地军队蜂拥而起，除要草料之外，并勒索现钱与鸦片，强迫村民出重利借钱以应命，为数达千余元。

丁　病虫害

民国二年，发生蝗祸，将全村莜麦殆被食尽。本年发生一种害虫，将数家西瓜及甜瓜完全咬死，并害及马铃薯与蔬菜。

病害中以黑穗病为患至巨，损失亦最大，尤以莜麦感染为最甚。去年本村共莜麦一二五四亩，就中黑穗病之最烈者，所受损失达百分之七十，最微者为百分之一〇，平均损失为百分之二〇。

叩之极有经验之老农，均谓如此尚系历年普通情形，若黑穗病最甚之年，其平均损失量较百分之二〇，且过之而无不足。即亲赴田间考查，任取莜麦百株，其中约以二〇株以上患病者为极普通。按普通产量，每亩以五斗计，则一二五四亩应产莜麦六二七十〔〇〕斗，即以百分之二〇损失计，其损失量竟达一二五四斗，每斗以七角计，全村一年竟失大洋八七七·八元，为数之巨，洵可惊人。况高粱、粟、黍、稷，均有少数感染此病。此外粟之白发病为患亦〔病〕烈，不过无此之甚。黑穗病，村人称为"霉霉"，白发曰"芦心"或"芦形"。

《绥远农业学会会刊》

北平大学农学院该会

1932 年 1 期

《寒圃》（半月刊）

国立北平大学农学院绥远农业学会

1933 年 1、2 期

（李红权　宋飞　整理）

外蒙现状概观

向　波　撰

一、绪言

外蒙居中国北部，面积约当美国三分之一，人口则仅及七十万。自十七世纪元室式微，外蒙即归清室统治。一九一一年，辛亥革命事起，外蒙又借名脱离中国共和国而自立，当时怂恿外蒙者为俄，故中、俄、蒙因此屡起冲突，俄军入蒙数次，迨一九一五年中、俄、蒙三角协定成立，中国始得在蒙宗主权之承认。一九二一年，苏俄军队占库伦，于是外蒙再独立，至今犹在俄人操纵指示、侵略保护之下。外蒙气候严寒，但物产丰饶，贸易发达，中、俄、日、美四国，咸注意之。再以外蒙形势论，北可防俄，东足保满，现在俄亡外蒙数年，日已并吞全满，中国处境，不欲自强则已，否则对外蒙之注意与经营，实有最大之必要。

二、人口

外蒙人口，说者无定论。据一八四二年俄人约亚金夫统计，外蒙当时人口仅三百万，及一九一〇年，英人又统计为六百万。又据《中国年鉴》著者一九二五年统计，约为五四〇，二一三，兹列表于后，以见其概。

一九二五年外蒙人口总数表

地　名	数　额
蔡称汗	一〇一，六七五
图谢图汗	九八，一五二
僧诺银汗	一一一，一一二
恰塞图汗	七〇，一五一
后图赫徒喜盆乃	七〇，三八七
其他喜盆乃	二二，六三六
科布度县	五〇，一〇〇
前河雄……等	一六，〇〇〇
总计　　　　　　　　全数	五四〇，二一三

外蒙自政变后，内蒙人大批迁入，人口日增，兹为举示外蒙最近之人口确数计，特列表于后，以示其详。

一九一八——一九二九年外蒙古人口发展表

年　代	人　数
一九一八	六四七，五〇四
一九二二	六五〇，〇〇〇
一九二六	七五〇，〇〇〇
一九二九	八一〇，〇〇〇

据中国分省地志所载，外蒙总面积为四，八八六，四三二方里，以若此广大之土地，只有人口数十万，其人口密度，殆小不可言。中国内部，农村破产，人口过剩，苟外蒙能复归我有，则移民其中，勤勤垦殖，非唯失业问题解决，而实业发展，亦不能不利赖之。

三、交通

外蒙文化落后，沙漠万里，运输方法，多半旧式。以陆地言，无铁道，货物运输或使骆驼背负，或置牛马所拖之车中运送。近数年来，汽车运输业大兴，自张家口至库伦通汽车，于民国十九年时，该路所用汽车，共达二百辆之多。外蒙对他地之商业往返，亦甚密切，兹列表于后，以示其运输交通之大概。

外蒙古主要贸易路线表

路线起止点	里　数
库伦至买卖城	二一〇英里
库伦至张家口	六六〇英里
科布度至皮斯克	五六〇英里
乌里雅苏台至张家口	一，〇六〇英里
科布多至科需亚格	二三〇英里
加蒂尔至库尔克	二四〇英里
乌里雅苏台至加蒂尔	三四〇英里
库伦至乌里雅苏台	六六〇英里
库伦至圣贝	四五〇英里
圣贝至波谢	二〇〇英里
圣贝至海拉尔	三〇〇英里
科布度至乌里雅苏台	二九〇英里
	总计五，一九〇英里

其中由圣贝至海拉尔者，为满蒙间之主要商路。由库伦至买卖城线，又连于俄属凡克纳丁斯克（Verkneuclinsk），其由恰克图至凡克纳丁斯克线为一六〇哩，共合当为三七〇英里，由圣贝至谢波①线，为接连蒙古与西蔡铁路之主要商路，此即外蒙陆地贸易路线之大概也。

---

① 表中作"波谢"。——整理者注

飞机近来始有，搭客载邮，通行于库伦与凡克纳丁斯克之间。

汽船事业，前只在高索哥尔河内，有小汽船一艘。及一九二五年，蒙政府从事浚深河道工作，且与苏维埃政府订约，决定在色兰加河与奥孔河中航行汽船。据往外蒙之调查团报告：色兰加河可通行汽船者约一九七哩，奥孔河亦一九四英里路线可以通船。

邮政握于俄人手中，凡贸易主要路线，皆有邮政设施，其为公务邮递者，有快骑邮政，以二〇至四〇克罗米突为一站，政府颇仰赖之。

电报事业，在乌尔哥（urga）、阿丁巴克（Altyn Balkb）、克耳干（Kalgau）、科布度（Kabolo）与克齐塔间，均有设置。唯管理亦握俄人手中，将来即有若何扩张，于蒙人自身究无利益也。

四、政治

过去统治外蒙者，为王公、贵族、喇嘛等类人。及外蒙经济渐向商业资本主义发展，旧来统治方式，与新兴分子之利益大相冲突。一九二〇年外蒙一部急进分子，与布利雅蒙人在达乌里组织蒙族中央政府，因不为白俄谢米诺夫利用，旋被解散，其后又在恰克图组织外蒙国民党，其目的、组织与中国国民党同，盖该党受内地国民党影响而起，目的又同在与帝国主义及封建制度奋斗也。

一九二二年春至一九二三年秋，外蒙国民党分化，其一部受苏联之阴谋操纵，而另外重要分子，则反俄失败，咸遭枪杀。一九二四年夏，青年党得势，政府益趋左倾。其政治制度，多仿苏联组织形式，唯性质有异于俄，与中国略相似。外蒙青年党之第一次大会，乃在一九二二年七月，观其决议案中之"本党目的，乃在使外蒙脱离外国资本主义之压迫，确保外蒙独立，进求国内劳

动民众之真正自由，并经济与文化生活之向上"一节，即可知由
青年党支配下外蒙政治之梗概矣。

　　据最近报端载述，外蒙政府，已日益趋向于苏联化，若诚依此
推进，继续不已，则非唯外蒙无收复希望，于内蒙方面，亦将大
有影响。前已言之，蒙古为中、俄、日、美四国注目之地，苟中
国不及早经营，布置收复，则实有招致国际纠纷之前途也。

五、金　融

　　自一九二三年，外蒙政府，大加改良金融，依政府报告数字观
察：外蒙政府每年之收入，均能超过其每年支出数目。若将一切
国债，或拖欠苏联之外债除外，其每年之收支情况如下：

一九二三年至一九二六年外蒙财政收支表

年　代	项　别	
	收　入	支　出
一九二三	三，六七一，〇〇〇	三，五九四，〇〇〇
一九二四	六，六二五，〇〇〇	五，九五七，〇〇〇
一九二五	八，二九八，〇〇〇	七，四三七，〇〇〇
一九二六	一一，八一六，〇〇〇	一一，二六九，〇〇〇

　　上表取自乌耳何德一九三〇之《中国年鉴》，其所举数字，均
以墨西哥洋计算。在上表中吾人所最注意者，其一为收入超于支
出之情形，其次又可见外蒙国势之加强，盖一国财政预算，与其
政治组织、产业进展均息息相关，今仅以收入言，一九二三年为
三，六七一，〇〇〇，及一九二六年，则突增至一一，八一六，
〇〇〇，四年之中，前后相差三倍有奇，比之中国内部之借贷生
活，财政破产，真不可以道里计。

　　国家收入之主要来源为经常税，若以每年情状比较观之，则有

如下表：

一九二二——一九二五年外蒙经常税每年收入总表

年　代	收入数额
一九二二	一，七五二，〇〇〇
一九二三	二，六六〇，〇〇〇
一九二四	三，六六〇，四〇〇
一九二五	三，七一一，五七一

基本税率为百分之六，但奢侈品，则可征至百分之一二，至百分之三〇。

外蒙金融，全操于蒙古实业银行，不论国内与国际之汇兑，货币之替换与发行纸币，俱由该银行执行之。蒙古实业银行，亦称外蒙国家银行，当一九二四年创立时，共有资本一七五，〇〇〇墨西哥洋，其后与苏联国家银行合作，资本又增至三，〇〇〇，〇〇〇墨西哥〈洋〉，苏联股本占百分之五〇以上。嗣该行之管理者，大半皆归于俄。自一九二四年至一九二六年，该行共赚利六五六，八〇〇墨洋。该行之放款率、贴现率等均极高昂。其往还之人，百分之五为中国在蒙之商人。

外蒙现用之流通货币，均为一九二〇年所铸制，此种新制流通货币，近已通行外蒙全部，而为该地之唯一法货。在贸易用途上，中国银币与俄国卢布，均为外蒙政府所禁止，外国货币在外蒙之准许通用者，唯美国之金元一种耳。

外蒙之通货单位，名为图格里克（Tvgerik），乃一种银质货币，价值外蒙铜元一〇〇猛斯（Mungs）。图格里克只含有二〇格里穆（Grawmes）纯银。墨西哥洋所含纯银为二四格里穆，较前者多四格里穆，但图格里克非常稳定，与墨西哥洋常能同一使用。图格里克，猛斯，纸币……等，皆在莫斯科制造。以下即最近关于蒙古银行借票部分的准确统计（一九二七年十月一日作）：

（一）外蒙银行资产表

名　　称	价值数额
金　币	一六，八三二·八〇墨洋
银　币	三，六五三，四三六·三二
（美国）外国银行钞票	九九四，三〇三·六一
贴现票据	一，一四四，二〇三·八三
金货与金票	八四九，〇三七·九六
总额 共计	六，六五七，八一四·五二

（二）外蒙银行负债表

名　　称	价值数额
流通钞票	六，五六七，〇〇九·〇〇墨洋
不定负债	九〇，八〇五·五二
总额 共计	六，六五七，八一四·五二

六、牧畜与农业

蒙古非农业民族，其主要财富，皆包含于牲畜内。据一九二四年俄人希斯塔考维其（Shestakovitch）估计，外蒙牲畜总额为一七，〇〇三，六七八头，其每种主要牲畜所占百分如下：

马	11%
骆驼	2.3%
大家畜	11.3%
小家畜（包含羊及山羊）	75.4%

又据迈斯基（Maioky）所发表之略数：

马	一，五〇〇，〇〇〇头
骆　驼	三〇〇，〇〇〇头
牛	一，四〇〇，〇〇〇头
羊及山羊	九，五〇〇，〇〇〇头
合　计	一二，七〇〇，〇〇〇头

迈氏之报告，乃以一九一八年外蒙之国势调查为基础，时间

既早，数字当不甚可靠。另据卡剌米西夫氏（Karamisieff）报告：

马	一，八五〇，〇〇〇头
骆 驼	三六六，〇〇〇头
有角家畜（牛，sarlik，Hauik）	七二五，五〇〇头
羊及山羊	一一，五〇〇，八〇〇头
合 计	一五，四四二，三〇〇头

外蒙所最珍贵者，第一为人，第二即为家畜。彼等相语时有一通常之语，即曰：甚至有家畜好乎？以前边所举之一五，四四二，三〇〇头家畜，当然可充分指示出外蒙古的财富数量。但外蒙牲畜对外国市场之供给能力问题更值研究，欲明此一问题，不能不究明外蒙家畜之增加率如何，盖以其直接外蒙输出能力有关也。仍按迈氏报告，每年外蒙家畜之增加数如下：

马	一三七，〇〇〇头
骆 驼	九，〇〇〇头
牛	一二五，〇〇〇头
羊及山羊	一，二〇〇，〇〇〇头
合 计	一，四七一，〇〇〇头

但外蒙之出产，尤以肉、脂肪、羊毛、毛皮、牛乳等为最富，据卡剌米西夫氏称：外蒙之畜产品，实为外蒙之主要输出品。兹据日人藤野进报告，列表以示其大概：

外蒙每年畜产品总额表

类　别	数　额
精　肉	七三三，七六〇担
脂　肪	一四八，二四〇担
羊　毛	二八〇，〇〇〇担
骆驼毛	一六，五〇〇担
马　毛	一四，〇〇〇担
家畜皮毛	三，二〇〇，〇〇〇张
家畜皮	四五五，〇〇〇张
兽乳及乳制品	一〇〇，〇〇〇，〇〇〇桶

以上所指者，均其生产之总额。至消费若何，输出如何，以后有机会时再为介绍。

外蒙为一高原地带，气候严寒，沙漠极广。语其农业情况，则幼稚不堪，几不能以言语形容。据俄国专门家研究，外蒙现在之耕作地，仅占其可耕地千分之二，盖外蒙土地，大部富动物性，且其交通不便，缺乏农业智识，故尚不能如中国内地农业之可观也。

七、商业

外蒙因无工业品和农业品，故粮食及日用品俱靠外来，其输出为畜产等。外蒙自与苏联接近以来，商业日有进展，兹先述其主要商业中心地如下：

A. 库伦　库伦当中俄二国贸易要冲，凡关外蒙之交易与分配，咸以此地为中心，其西为家畜中心地三音诺颜，以张家口、恰克图，东清之沿线观察，库伦亦居最中，实政治〔局〕兼家畜之中心地。外国对蒙贸易，经过库伦者占四分之三。盖库伦为商品总店所在处，由北京、张家口输入者，必先运至库伦，同样，由外蒙向外输出之畜产等物，亦必须先经库伦，然后往各地分销也。当外蒙未被俄国操纵前，在库伦之商店数目甚多，计有中国商店四百家，俄国商店五十家，英、日、美三国，亦有少许商人在此。当一九一九年，库伦总贸易额达四千万元，及蒙古中央购买组合及苏联消费组合发达以后，驻蒙之中外商人，除苏联外，均渐被压倒。更至一九二六年末，库伦中国商店倒闭者六十家，英、日、美三国商人，亦多离开库伦他去。

B. 乌里雅苏台　库伦而外，即以乌里雅苏台为最发达。该地富于羊及骆驼等动物产品，将来可成为羊毛之中心区。至其贸易情形，大致与库伦相似，可称外蒙之第二商业中心地。

C. 科布多 科布多为各旗贸易中心地，各旗之种种商品，皆先运送该地，再往各地分销。贸易状况，不亚于乌里雅苏台，为外蒙古之第三市场。

其商业情况，又可以贸易情形测量之。据乌耳好德报告，外蒙自成立共和国后，贸易日见发展，且输出超过输入，与中国内地之年年漏卮他人者异。详情可视下表：

一九二三——一九二五年外蒙贸易总额表

年　代	输入贸易	输出贸易
一九二三	一四，一九三，一七七	一九，五二三，七四三
一九二四	二一，九四六，一六一	二〇，三二〇，八七五
一九二五	二四，七一七，三二〇	二五，八六六，〇五〇

贸易一项，关系外蒙经济表现者甚大，盖由输出，可知其供给国外市场之能力，由输入更可观其购买能力之若何也。外蒙之输出，大半为肉类、皮毛等，输入多日用品及食粮（近因苏联影响，已进而输入工业技术产品矣）等，兹分别述之于后。

外蒙既为畜产国，故关于外蒙之输出者，亦整个为畜产品所占去。据一九二六年日人藤野进报告外蒙每年输出如下：

肉及脂肪	六〇〇，〇〇〇担
羊　毛	一二〇，〇〇〇担
骆驼毛	一三，〇〇〇担
马　毛	一一，〇〇〇担
羊及山羊皮	五〇〇，〇〇〇张
幼羊皮	七〇〇，〇〇〇张
马　皮	七〇，〇〇〇张
有角家畜皮	八四，〇〇〇张
牛乳及牛酪	一，三二三桶（每桶二十磅，共百万磅）
毛	一，五〇〇元

　　以上各种产品，大半输入于中国或俄国，我国每年平、津输出之毛皮等品，为数颇多，几形成中国内地之毛皮中心地。

　　关于外蒙输入物品之种类与数额，向无单独之统计。阅日人藤野进氏所著之《外蒙古的经济价值》，仅见关于内外蒙古输入能力之总表，兹抄列于后，以明输入之大概情形：

茶	二四〇，〇〇〇箱
面粉	六一二，〇〇〇，〇〇〇磅
玉蜀禾〔黍〕及米	五四七，二〇〇，〇〇〇磅
烟草	二，五九〇，〇〇〇磅
砂糖	四六〇，〇〇〇磅
酒类	二，一七七，二八〇磅
"打伦巴"	八，八〇〇，〇〇〇码
"陈巴"	四，〇〇〇，〇〇〇码
"切斯茶"	八〇〇，〇〇〇码
绢	一九〇，〇〇〇码
棉"比罗得"	二一〇，〇〇〇码
毛织物	一三五，〇〇〇码
绢棉绸	二一〇，〇〇〇码
更纱棉	一一五，〇〇〇码
绞金巾	四一五，〇〇〇码
针线类	三〇〇，〇〇〇元
杂货	一，〇〇〇，〇〇〇元
宗教用品	七五〇，〇〇〇元
其他	九〇〇，〇〇〇元

　　又据美人塞累板尼考弗（Serebrennikov）报告，外蒙自一九二一年受俄操纵以来，经济更形发展，若以其贸易情形观之如次：

年　　代	输出（千蒙古银圆）	输出（千蒙古银元）	总　　数
一九二四	一九，三七六	一八，一九六	三七，五七二
一九二五	一九，七六五	一九，六四七	三九，四一二
一九二六	二四，八三八	二二，一一五	四六，九五三
一九二七	二五，二五九	二四，六○八	四九，八六七

　　且外蒙之主要国外贸易国为中国及苏联，但自一九二一年，外蒙对我国之贸易渐减，而对苏联之贸易渐增，兹据塞氏所述，列表于后以示之：

年　　代	与中国贸易百分比	与苏联贸易百分比
一九二四	八五·七	一四·三
一九二五	七八·三	二一·七
一九二六	六八·七	三一·三
一九二七	六三·六	三六·四

　　外蒙非唯为我国北部重镇，而其原料之丰富与购买力之大，更有助于中国实业之发展。在赤俄未治外蒙前，我国商人、苦力生活外蒙者甚多（全数约十余万人，在库伦者已三四万人），近外蒙以苛税对待中国人，又各方限制个人自由，闻在外蒙之华人，已减少大半。外蒙初为我国之属土，而今对中国人若此，中国应发愤自强矣。

八、矿产

　　外蒙之矿产，亦遍在各地，丰富异常。其中产量最多者有石炭、铁、铜、金、银、铅、亚铅、黑铅及盐等。石炭各地皆有，色褐质佳，有深藏地中，亦有近在地表者，无烟石炭，尚未发现，但据地质者观察，地中必有埋葬，量亦颇多。铁亦各地皆有之矿产，近于地表之处，亦常有矿脉之存在。铜量亦富，且有具巨大矿脉者。金矿有大处三，小处各地皆有。银矿方面，现只发现一处，闻其银质甚佳，但仍未见诸开发也。铅矿产量极巨。亚铅则有一地发现矿脉，产量亦不甚多。盐产于湖中，种类繁多，产量亦颇称丰富。此外更有锗、硫黄、水银及宝石等物，因不关重要，暂不详细记载。

九、教育

外蒙之教育，过去几为喇嘛之独占物。一切喇嘛，皆学藏文，唯少数官吏阶级，始学写蒙古文字。官立学校，悉尚自由教育，现各地皆〈有〉此等学校设立。蒙政府每年收入约八九百万圆，而用于教育者，约占百分之三十。一九二六年时，全境有国立小学九十余处，县立者亦有数处。在库伦有中学校、商业学校、国民大学、党务学校、军事学校等各一所，小学数所。自小学至大学，皆男女同校，完全免费。国民大学师范部及各小学校，学生之衣食、用具亦且供给。教师异常优待，比如外蒙政府主席月薪为二百五十元，而在大学与中学之教员，凡有学位者，月薪咸在百四五十元以上。在语言上，俄、蒙二文均用，中国语言则不能通行。科目方面，与中国略同。一般蒙古青年，多被派俄国莫斯科留学，唯近以工业稍进，需用科学人才甚急，因之，其派往德、法、日专攻工科及理科者，近已有学生数十名。总之，外蒙各事猛进，前途未可轻视也。

十、结论

所关外蒙现况，上边已分述其大概。最后作者认为必须再附数语以提醒中国政府，及中国全国民之注意者，即：

（一）在政治上外蒙为防俄保满之要地，现满洲已为日本强占，中国日言收复失地而不知注意蒙古问题，亦殊可疑之事也。

（二）外蒙经济价值，显然在人耳目，据最近报端登载其前途更近〔进〕展无已，中国产业正待发展，无论就外蒙之原料供给言，就外蒙之购买能力言，亦一点不能放松，而须与日本与强俄一争生死也。

向波于一九三二，一，九日

《西北研究》（月刊）

北平西北研究社

1932 年 3 期

（李红权　整理）

民国二十年绥远各县局政教概况

绥远省丰镇县旅平学生会　编

绥远全省行政区画，除乌、伊两盟仍沿前清旧制外，其余多已开辟县治，截至现在止，共有十六县、二设治局。兹将二十年各县实察员报告中面积、户口、教育、警卫及征收等要政，汇集成文，陆续批〔披〕露，俾作改进地方之资料，至乌、伊两盟，因政治组织不同，自当另列。

甲　面积、户口

一、归绥县　县境长一百四十里，宽二百四十里，全县面积为二万六千六百五十方里。共分四区：第一区即归绥市，计一万三千九百六十三户，六万二千六百余口；第二区计九十二乡，七镇，六十六村，一万二千四百八十二户，六万七千一百三十九口。五十户与百户之村居十分之四，余均为二三百户之村；第三区计七十四乡，二镇，五十二村，七千六百一十三户，五万零三百五十一口，百户以上之村三十九村，五十户以上之村二十八村，二三百户以上之村五村；第四区计二镇，一百三乡，十三村，一万二千二百八十户，七万零九口，百户以上之村居十分之六，五十户以上之村居十分之三。全县合计二十五万零四百余口。

二、萨拉齐县　东西长一百六十五里，南北宽一百五十里，形如桃叶，总计面积二万四千七百五十方里。共分五区：第一区居县之中。所辖主村十二，附村十三，总计全区户数为一万零三百二十七户，三万八千七百六十七口；第二区主村二十四，附村八十九，仅有百户以上者一村，全区为二千八百八十七户，一万七千四百九十一口；第三区主村二十六，附村十三，内有百户以上者三村，五千三百一十四户，二万九千一百一十一口；第四区主村八十，附村六十三，内有百户以上者五村，全区户数，为七千四百九十二户，三万八千七百三十九口；第五区主村七十四，附村二十五，百户以上之村有五，九千九百一十三户，三万九千四百口。全县合计十七万三千五百口。

三、包头县　东西长一百九十四里，南北宽一百一十二里，全县面积二万一千七百二十八方里，计分四〈区〉：第一区主村十二，附村十二，百户以上者七村，五十户以上者十四村，全区共四千五百七十七户，一万四千四百一十八口；第二区主村十二，附村六十四，百户以上者三村，五十户以上者二十三村，全区共一千七百七十二户，七千一百五十九口；第三区主村二十二，附村一百六十八，百户以上者四村，五十户以上者十一村。全区共四千五百七十一户，一万九千二百一十五口；第四区主村八个，附村六十一，百户以上者一村，五十户以上者二村，全区共三千九百户，一万三千八百六十口。全县人口合计为五万四千六百五十二口。

四、丰镇县　东西宽一百七十里，南北长一百八十里，面积三万零六百余方里，共分六区：第一区主村六十二，附村二百八十一，户数一万四千六百八十二，男三万九千一百二十九，女三万零二百二十六；第二区主村四十九，附村一百七十七，户数六千一百二十二，男二万八千一百六十九，女三万零三百二十三；第三区主村三十六，附村二百四十一，户数八千一百一十五，男二万零七百五十五，女一万九千八百二十；第四区主村二十二，附村一百一十六，户数五千零九十七，男一万四千四百一十，女一万零三百八十七；第五区主村三十六，附村一百九十二，户数六千六百二十一，男二万五千三百一十九，女一万九千四百；第六区主村十六，附村一百三十七，户三千七百七十，男九千四百七十九，女六千九百一十八。百户以上之村庄，一区有七，二区有一，三区有五，四区无，五区有四，六区有三。合计全县人口为男十三万七千二百六十一，女十一万七千零七十四，共计为二十五万四千三百三十五。

五、五原县　东西长一百七十里，南北宽一百三十里，面积二万二千一百〈方〉里，分三区：第一区主村十一，附村一百零二，户数三千七百七十，口数无报告；第二区主村七，附村三十七，户数一千一百九十七；第三区主村六，附村十五，户数一千八百五十五，百户以上之村有六，五十户以上之村有十。全县户口数无报告。

六、武川县　东西长约四百余里，南北宽约二百余里，面积凡九万六千余方里，计分十区，住户星散，村庄零落，百户以上村庄有四，为第一区乌兰花，第二区头号，第五区旗下营子，第十区庙儿沟，五十户以上村庄有三十余，户口确数，因县府案卷被匪凌乱，无从查考。

七、兴和县　南北二百八十里，东西四十余里，面积九千一百二十余方里，计分五区，共有主村一百一十，附村八百六十三，户口总计一万六千一百二十一户，人口统计九万八千一百四十九，五十户以上村庄有七，为第一区西壕堑村、南宫村、二台子村、大滩村，第二区小井村，第三区高庙村、白家营村。

八、集宁村〔县〕　南北一百八十里，东西一百二十里，面积二万一千六百方里，全县户数为一万二千八百四十六户，六万七千五百口，第一区主村十二，附村八；第二区主村十一，附村二十六；第三区主村十四，附村六十三；第四区主村十七，附村七。

九、和林县　东西广一百六十里，南北长一百八十余里，面积二万八千八百余方里，计分五区：第一区二千五百三十五户，一万三千七百五十九口；第二区二千六百六十一户，二万一千一百三十八口；第三区四千七百五十九户，二万八千三百三十八口；第四区四千三百一十九户，二万一千七百五十六口；第五区二千四百八十九户，一万四千二百二十三口。合计全县共一万六千七百六十三户，九万九千二百一十四口。

十、固阳县　南北二百二十里，东西一百六十里，面积三万五千二百方里，计分七区，人口总数八万二千零二十一口。

十一、托克托县　全县面积一万一千二百七十六方里，一万一千零七十五户，九万二千四百一十七口。

十二、凉城县　东西长一百六十里，南北宽二百里，面积三万二千方里，计分五区：第一区主村五十三，附村六十八；第二区主村三十六，附村五十一；第三区主村三十八，附村一百三十二；第四区主村四十，附村六十；第五区主村三十四，附村六；全县人口为男一十二万一千八百七十五，女七万零七百二十五，合计为十九万二千六百口。

十三、陶林县　东西长二百四十里，南北宽一百七十里，面积四万零八百方里，计分三区：第一区二十四村，一千八百五十户，九千八百零五口；第二区十村，三千二百五十户，一万六千二百一十二口；第三区二十六村，三千三百九十一户，一万七千四百六十一口。五十户以上村庄有四，百户以上者无。

十四、清水河县　全县面积二万二千五百方里，共分四区，户口总计一万零五百三十七。（此数甚含胡，不知是户或口？）

十五、安北设治局　东西三百里，南北七十里，县境湾曲不整，合计面积三万三千六百方里，计分三区：第一区一千四百八十六户，第二区一千四百三十八户，第三区一千四百三十六户。全县合计四千三百六十户，口数无。

十六、东胜县　全县面积十四万二千八百余户〔方〕里，计分三区，第一区一千七百零六户，第二区一千八百九十三户，第三区八百零四户。全县计四千四百零三户，口数无。

十七、临河县　东西长二百二十里，南北宽一百五十里，面积二万二千五百余方里，计分四区，全县户口为一万二千五百八十户，男三万四千二百五十三，女二千二百三十四。

乙　教育

一、归绥县　县立小学六处，学生八百零七名，女子高小一处，毕察两暨概第二三两区各有小学一处①，学生二百余名，各乡镇公立小学一百零五处，共学生三千四百五十八名。全县学龄儿童计五万余名，除各小学收容四千四百六十五名，并乡、区、镇私塾收容二千余名外，尚有四万余儿童抱失学之叹。全年教育经费为一万八千七百二十元，由财政厅领五百八十元，余为田房牙纪捐，乡区鼓轿戏捐，城区秧歌及砖瓦石炭窑捐，茶饭馆捐，并商会补助学款生息。各乡镇小学经费，均由农商人民自行筹措。

二、萨县　城内小学二十处，乡间九十三处，城内高初两级小学共计五百余名。

三、包头县　省立二中一处，学生八十九名，省立平民学校七

---

① 　原文如此。——整理者注

处，共学生一百六十三名，县立小学七处，私立小学三处，共男女学生六百八十七名，乡村私塾四十一气〔处〕，计学生八百七十五名，总计全县学生一千五百六十二名，占全县学龄儿童百分之十三。

四、丰镇县　县立小学二十一处，县城内男生六百八十五名，女生一百五十名，又第十一、十二、十三等小学三处一百九十一名。乡镇总计男生一千二百六十五名，女生四百三十八名，全县学生总计二千七百二十九名。教育经费由教育局拨发者十二校，由教堂或回教公会补助者有八校。

五、五原县　高级小学一处，学生九十二名，育德小学一处，学生一百零三名，模范小学一处，学生六十一名，女子小学一处，学生七十二名，乡村小学二十四处，学生五百余名。全县教育经费一万余元，由牲畜附捐及粮赋代征等捐筹补。

六、武川县　县立男女小学各一处，共学生一百五十七名，区立小学十一处，学生三百余名，公立学校三处，学生百余名，全年教育经费一万五千三百余元，系由县府费〔征〕收田户田赋及统捐局验捐附加并戏捐项下尽数拨付外，其余大部分概从地亩摊派。

七、兴和县　县立第一高小每月经费一百七十八元，学生甚少，第一二初小，每月经费各四十一元，天主教所办之第二高小，学生五十六名，全年经费一千三百元，女高学生一百三十八名，经费七百三十元，第四初小学生一百九十名，经费七百一十二元。以上三校，每月由地方款内各补助洋三十元。教育经费，均系由亩捐项下附征。

八、集宁县　县城内男女小学校各一处，男校学生二百二十二人，全年经费三千一百八十元，女校学生一百一十一人，全年经费二千二百八十元，各区小学十一处，全年每处经费一百五十元，全县教育经费来源，系由学田租、房租、婚帖捐、愿赋附加款项下拨付。

九、和林县　县城男女小学三处，第一小学学生七十六人，全年经费二千五百五十六元，女子小学学生八十二名，经费二千零四十元，第二小学学生七十人，经费一千零二十元，各区较大乡镇，成立小校〔学〕数为第一区十三处，第二区二十处，第三区二十六处，第四区十七处，第五区十处，乡村教员薪金分三等，甲等八十元，乙等六十元，丙等四十元，学款由各该乡镇自筹。

十、固阳县　全县小学十七处，县立小学学生八十六人，每年经费三千元，区立小学七处，每校每年经费三百六十元，款由本区摊，乡村小学五处，各有学生十五六名，与私塾同，每年经费百五十元，由本村筹措。教会学校二处，共学生五十人，省立平民学校二处，学生五十八人。

十一、托县　县立小学四处，女学一处，第一小学学生二百四十三名，经费二千零九十六元，第二小学学生二百二十四名，经费二千七百一十二元，第三小学学生八十八名，经费一千二百二十四元，第四小学学生八十二名，经费一千二百二十四元，女学学生四十名，经费九百六十元。全县五区各设小学一处，共学生三百一十八名，村校十六处，经费由各村负担。全县教育经费为一万三千五百八十六元，除由征收局每年拨洋二千二百元系固定的款外，余则由船筏捐、烟锅捐、学田租、房学捐、鱼屠粮戏捐等项下抵补。

十二、凉城县　县城设男女小学各一处，男校学生三百余人，全年经费三千九百八十元，女校学生五十余名，经费二千六百一十三元，乡村小学二十六处，共学生七百一十三名，私塾五十余处，学生均甚寥寥。教育经费，由亩捐、学田租项下开支。

十三、陶林县　全县学校二十六处，县城小学学生二百二十九名（平民学校学生在内），第二小学学生五十八名，女子小学学生三十五名，乡村小学二十三处，共学生四百六十七名，全年教育经费为一万零八百元，系由粮赋、婚帖、契纸、学田、公益、斗捐等项下筹拨。

十四、清水河县　县立小学十二处，第一小学学生二百七十五名，女生二十六名，每月经费二百七十五元，余十校学生只四百八十二名，经费一千零六十元，区立小学校二十六处，共学生一千零八十五名，经费一千五百五十元。

十五、安北　县立小学一处，学生二十八人，乡村小学一处，学生十余名，全年经费五千二百元。

十六、东胜县　县立小学一处，学生十七人，每月经费十九元，由财政厅拨给，区立学校一处，学生九人，每月经费十二元。

十七、临河县　县城内小学一处，学生一百六十三人，经费每月二百四十三元，女学一处，学生四十四人，每月经费一百零八元，东关模范小学一处，学生四十八人，每月经费九十六元，第三模范一处，学生六十一人，每月经费一百二十六元，第四模范一处，学生五十六人，每月经费九十六元，乡村小学十七处，计学生二百九十名，经费由村自筹。天主教会学校四处，合计学生二百二十人。

丙　警卫及防务

一、归绥县　县公安局有步警十名，马警十二名，每月经费三百零五元。第一区在城内，无保卫团。第二区保卫团步兵二十名，马兵三十名。第三区步兵二十名，马兵五十名。第四区步兵四十名，马兵五十名。各设一队长统率之，枪械各式均有。

二、萨县　县公安局有警兵四十名，枪三十九支。县城保卫总团，团丁五十名，大小枪械四十五支。第三区团丁二十名，枪十八支。第四区团丁三十名，枪三十二支，手掷弹二十一颗。第五区团丁三十名，枪二十五支，手掷弹三十五颗。村团丁枪械为一区四十五支，二区一百三十四支，三区二百三十五支，四区一百零七支，五区四十支；其中快枪三百九十九支，余均为土枪，子弹均缺乏。

三、包头县　县公安局有长警二十四名，专办催差、传案、送达公文等事项。第一区团丁二十二人，枪十七支，第二区团丁十一人，枪九支，第三区无团丁，有事即调蒙古游击队以资剿除。第四区团丁二十四人，枪二十一支。村保卫团计第一区脑包村团丁九名，枪七支，东河村团丁八名，土枪八支，二区孔独仑村团丁十二名，枪七支，召湾村团丁十一名，枪九支。此外各村皆无。

四、丰镇县　该县警政办理甚属萎靡，警额亦无统计。第一区团丁三十五名，第二区三十四名，第三区四十四名，第四区二十九名，第五区四十名，第六区二十四名，共计杂色枪械二百一十八支。

五、五原县　公安局共有马、步警六十四名。县保卫团九十名，大小枪支六十支，村保卫团尚未成立。

六、武川县　公安局有马警十名，步警二十名，每月经费四百零一元。城防保卫团丁三十名，每区各有团丁四十名，全县共有团丁四百三十名，枪马齐全。全年经费七万元，由财务局按各区地亩摊收拨发。第三区大滩村有村保卫团十二名，第四区诚合乡有十名，团丁由各该乡大户保举，饷项的〔由〕村中自筹。

七、兴和县　公安局现有警兵三十名，每月经费三百四十八元。县城保卫团二十余名，各区村团，多系各村民自动组成，枪马自备，团丁自拔，有事则聚，无事则散，无固定人数。

八、集宁县　城内马、步警三十余人，团丁二十四人，杂色枪二十四支，第一区七十人，快枪四十五支，第二区八十五人，快枪八十五支，第三区一百九十三人，快枪九十四支，第四区二十人，快枪十三支。各区村保卫团，均系农民自行组织，受区长指挥。

九、和林县　公安局有警士二十九人，每月经费二百一十六元。全县团丁一百零五名，大小枪支一百零一支，杂色子弹九百余粒，全团均系骑兵，草料食用，由村供给，全年经费九千六百七十二〔团〕元，由财务局向各村摊收。

十、固阳县　每区团丁二十名，总部队有十名，护路保卫二十名，总计一百七十名，枪马齐全。另有乡团丁八十名，有枪无马，亦能保护村庄。

十一、托县　公安局有步警二十名，县政府有行政警察四十五名。保卫团丁一百一十名，枪械齐全，马、步各半。各区大村自练民团，人数多寡不等，枪械多系旧式。

十二、凉城县　公安局有马、步警士三十三名。总团部骑兵二十二名，各区公所常备骑兵二十名，均枪马齐全。第一区村团三，共团丁三十名，第二区村团五，共团丁四十六名，第三区村团五，共团丁三十名，第四区村团四，共团丁二十名，第五区村团二，共团丁十七名。共有枪械百余支。

十三、陶林县　公安局分马、步二队，各设巡官一名，警兵三十名。保卫团团丁共七十余名，枪械齐全。各乡村有成立农民自卫团者，人数、枪支，多者二十，少者七八，成立者有五村。

十四、清水河县　公安局共有警士二十一名，每月经费二百二十八元。保卫团团丁共四棚，步队、马队各半，团丁四十余人，枪四十余支，每月经费二百七十五元，由地方开支。

十五、安北　公安局有马、步警各十名。城内保卫团丁十名，第一区十六名，第二区十名，第三区十六名，总计五十二名，大小枪四十八支。

十六、东胜县　公安局有马、步警士十九名，月支经费一百八十五元。第一区保卫团二十三名，第二区二十二名，第三区十名，枪械齐全。

十七、临河县　公安局设马、步警兵士五十八名，各区有保卫团丁十人，款由地方开支。每村有团丁三人，由村款开支。每届冬防期内，每区增设冬防保保〔卫〕团三十人，常川驻区，以资剿匪。

丁　差徭及征收

一、归绥县　田贼〔赋〕全年额征八千七百八十余元，官租额征一万五千七百三十余元，契税全年一万二千二百元，列明经官房地租八百七十八元，常税六百六十元，铺捐三千五百九十八元，屠宰税八千五百元，契税无定数。

二、萨县　无报告。

三、包头县　田赋通年额征六千余元，契税一万一千三百元，牙帖税三千三百元。

四、丰镇县　田赋总额十四万零九百四十三元。近年以灾荒所致，逃亡绝户颇多，丰年可征总额之八成。

五、五原县　各项征收，以每年夏秋两季所丈青苗地数目为标准，并无定额，积弊尤多。

六、武川县　地方各款，归财务局经收，全年总计约十二万余元，除一少部分由驼捐及田赋、契税、附加外，大部分系由地亩摊派。

七、兴和县　全年收入各款名目，计警费亩捐二万二千六百八十元，学费亩捐一万一千三百四十元，自治费亩捐三千七百八十元，保卫团捐六千三百元，党务费捐六千三百元，建设费捐二千五百二十元，差徭费捐三千七百八十元，学费基金捐二千五百二十元，统捐局补助捐二千四百元，铁木皮肉行补助捐六百三十元，铺捐一千五百二十四元，摊捐二百五十三元，草契费捐二百九十七元，均由县府统收统支，财务局仅负过账之责而已。

八、集宁县　全县粮地一万零四百余顷，内上地约六百余顷，中地约八千余顷，下地约一千余顷，上地正赋三元四角，附加七元，中地正赋三元，附加七元，下地正赋二元六角，附加七元。差徭供应，以农六商四摊派。

九、和林县　每年应征田赋米折洋七千九百二十六元，旗租洋一千九百九十二元，四成白旗租洋四百三十六元，营产地租洋八十四元，以上共计一万零四百三十九元。又土默特旗地官租二千八百一十三元。至地方财政岁入，则有六成白旗租洋六百五十五元，田赋附加一成学款洋七百二十五元，省库补助学款洋一千三百一十元，田房附加二成学捐洋一百零七元，绒毛、甘草、茴香、骆驼学捐洋一百八十五元，乡牙捐七元，布捐二十元，学田租洋六十七元，婚帖售价八十四元。总共该县全年度地方收入为三万五千零八十六元。

十、固阳县　无报告。

十一、托县　田赋额征一万二千二百余元，地方款全年收入三万五千一十六元，省库项下每年拨助学款洋三千七百八十元。

十二、凉城县　田赋征额全年六万余元。

十三、陶林县　无报告。

十四、清水河县　地丁亩捐厂租洋二万五千三百零八元，由八里公局征收。各局系由各村公举乡耆四人组识〔织〕，县政府立于监督地位，弊窦绝少。契税洋二千四百元，印花税洋一千二百元，屠宰税洋二千三百五十元。地方款每年三万四千二百零三元，由财务局经征。

十五、安北　官租总计一万六千三百余元，均系丈青收租办法，十九年征收官租仅二千三百余元。

十六、东胜县 上地三百二十九顷，每亩征正银一分四厘，中地九百八十三顷，每亩征正银一分，下地九千八百九十余顷，每亩征正银二厘，内有百分之七留归县内，作为办公费，下余十成之六归郡王旗，十成之二归建筑费，系解垦务局者，十成之二解财政厅。又札萨克旗地之岁租八成归蒙，二成解财政厅，万寿祝嘏地系全数归财政厅，统由县政府经征。

十七、临河县 每年平均溉地在七八千顷以上，而丈青地尽〔仅〕三千五百余顷，丈青亩数，按八成折合，征收无定数。

戊 结论

庶政改革，首重详考实况而逐渐进行，我省各县、局一切庶政，多系草创，统计毫无，各行其是，即最普通之面积、户口，亦无精确统计，款项来原，极端凌乱，经征、开支，更无定则，他如教育经费之漂摇不定，警卫饷糈之就他征收，流弊迭出，中饱时闻，此制度方法未能完密所致也。

过去各县、局之经济状况，概无具体之报告向外公表，事实尚且不知，遑云改进？该项实察员报告书中，有数县不能与吾人以满意者，如萨县、固阳、陶林三县之征收，均无报告，各该县之经济大概无从得知是。此外各项数目调查，亦多含胡之辞。不过开始进行，这种情况，势所难免，较之只字不提者，好的多多矣。

二一·五·二于北平

《西北青年》（不定期刊）

绥远省丰镇县旅平学生会出版部

1932 年 6—8 期

（朱宪 整理）

《西北丛编》辑要

林　竞　撰　绥远省丰镇县旅平学生会　辑

西北开发呼声，已普及全国，但关于西北方面著作，能实地考察者，尚不甚多。作者半年来考查结果，首以林竞先生所编之《西北丛编》为多实事而少理论，较之空谈高调者，有价值的多，故将其中主要部分，辑略一篇，以供我西北人士参考。惟限于篇幅，不能多举，欲得其详，请购原著。神州国光社出版，实价二元。

编者

甲　绥远省

一、喇嘛召

全省喇嘛召极多，到处可见，兹择最著者：

（1）归化城小召　崇福寺俗名小召，蒙古语曰巴甲召。巴甲，小也。建于清康熙年间。碧瓦绿甍，雕梁飞栋，宏丽罕比。惟年久失修，颓败殊甚。东西两廊，佛像皆毁塌，寂无生气。殿前左右有碑亭二，纪清圣祖平准功，用汉、满、蒙、藏四种文，兹将碑文录后：

　　朕惟归化城，为古丰州地，山环水绕，夙称胜境。城南旧有佛刹，喇嘛拖音葺而新之，奏请赐额，因赐崇福寺。丙子冬，朕以征厄鲁特噶尔丹，师次归化城，于寺前驻跸。见其殿宇宏丽，法相庄严，命悬设宝幡，并以朕所御甲胄弓矢，留置寺中。夫朕之亲有事塞外，非无故也。往者，厄鲁特、喀尔喀交恶相攻，朕悯念生灵涂炭，遣使慰解。而噶尔丹追击喀尔喀，竟入掠我乌珠穆秦。爰命和硕亲王声讨，大败贼于乌兰布通。时噶尔丹盟誓佛前："永不入犯。"乃班师而还。后噶尔丹蔑弃盟誓，复掠纳木查尔拖音于克鲁伦河之地。丙子，朕亲总六师，由中路进剿，至克鲁伦河。贼众望见宣客，宵遁。适朕所期会西路官兵遇于昭木多，大败之，俘斩无算。丹木巴哈什哈等，率众来归，噶尔丹跳〔脱〕身走。是冬，朕复驻节鄂尔多斯，剿抚并用。厄鲁特人众，络绎归命。而噶尔丹仍未向顺。丁丑，率师狼居胥麓，官兵分道并进。噶尔丹计穷自毙，子女就获，余党悉平。方今中外恬然，边境生民，咸得晏然安堵。喇嘛拖音请建碑示永久，因书此勒石。俾后之览者，知朕不惮寒暑，临绝塞，为民除害之意。时康熙四十二年岁次癸未。

弓、矢、甲、橐、鞬、靴等物尚存，惟胄则不知去向。询之喇嘛，则吞吐不言，不知有无售与外人。甲系黑缎面，蓝绫里，两袖及前后裾领，均各分制，复以长约二寸、宽约五寸之钢片附其上，编成如鳞甲。又有战裙一件，亦有钢片，其长约三寸，宽约一寸，前后均绣金龙团花。靴为绣花黄缎所制。箭袋为青丝织成，附以珠镶金缕之花，极为精致。

（2）归化城大召　无量寺，俗称大召，蒙古语曰伊克昭。伊克，大也。寺周围约四里，黄瓦朱栋，无异皇宫。正中为大雄宝殿，四围皆为喇嘛住宅。全盛时有喇嘛数千，今仅百余人，故禅房均租与商贾。大殿前面即辟为市场，住小贩摆摊。大门上有

"九边第一泉"匾额。泉在寺前百余步。相传清圣祖至此，马渴不得饮，以蹄抉地，忽涌此泉，故锡以佳名云。

（3）归化城舍力图召　延寿寺在崇福寺西数百步。蒙古语曰舍力图召。创建不知始于何时。惟知康熙三十五年，舍力图呼图克土奏请重修。光绪十三年被火，又重修。装潢华丽，为归化各寺之冠。有额题"阴山古刹"，书法仓古可爱。

（4）归化城五塔寺召　五塔召在旧城东南，蒙语曰塔布斯（五也）普尔罕（塔也）召。方台一座，上有五塔，矗立云空。皆系炼砖筑成，刻佛像无数，镀以黄金，光艳夺目。塔旁有寺，建设年代未详，惟知于清乾隆间重修云。

（5）归化城卓尔齐召　在舍力图召东南一里。清康熙间，达尔班卓尔齐一人募建。嘉庆间有著名呼必尔罕，奏请常设扎萨克大喇嘛一人，管辖归化各寺，至今相沿为例。

（6）归化城库库和屯巴甲召　俗称博什克召。在市西塔石河之右岸，今甚荒废。相传清圣祖参拜此寺时，呼图克土慢不为礼，从者怒，挥刀杀之。呼毕尔罕等大愤，擒从者，寸磔之，全城哗然。帝宵遁，至张家口。其事正史不详。惟今俗奉祀白将军，谓即当时被磔者云。

（7）毕克齐镇广化寺　在毕克齐站北大青山五素图沟内。依洞建佛宇四层，其下有石磴百二十四级，再前又建佛殿一座，活佛吹斯克巴呼图克土居之。粉壁丹屏，楼阁规模，均颇宏敞。内藏画佛法器，炫耀人眼。崖壁间石刻，尤觉精致。寺外奇峰环列，嵯峨奇伟。间生松柏，夭矫凌空，翠黛飞霞，临风欲滴，允为塞外名区。

（8）麦达召　灵寿寺，蒙人称为麦达召。建于何代不详。相传宋代辽太后曾驻跸于此。原有遗留御用盔甲、刀剑之属，今已无存。寺内有镀金小塔一座，谓系萧后埋葬处。或云乃后人葬萧后衣冠者，殊不足凭。寺规模极大，围墙厚及丈，占地约百亩。佛宫建筑有中国皇宫式，亦有印度式者，错落数座，极为壮观。四壁画像甚多，笔法精妙，颜色幽古。又有护法神画像及塑像，即俗所称为欢喜佛者。殿中陈列布制之麒麟、狮、象数具，状极巨大。又有无数骷髅面具，闻皆为每岁祀神时所用者。

（9）沙尔沁村北莲花山之古刹　古刹有二：一曰通顺召，规模较小，建于明万历间；一曰广化寺，蒙语曰"舍老尼巴特儿奥老素魔"，建于康熙年间。二寺同为毕克齐广化寺所辖。大殿高三层，中供弥勒佛，高三丈余，佛首高出三层楼上。另有小佛无数。西壁画十殿阎王，狰狞可畏，但富于美术性。登楼南望，黄河在眼。

（10）包头广觉寺　俗名五当召，蒙古语曰"恰清道丁林召"。距县城东北九十里，建于清乾隆年间，住喇嘛千余（清制：每年两季由绥远城将军派员往查寺中喇嘛，按册点名。每届将军到任，亦循例亲往查看。三年又往查一次。盖恐该寺僻在深山，聚僧既多，图谋不规〔轨〕也），为内蒙一带最大之寺。周围松柏成林，大者合抱。流水一泓，直达石拐镇。佛堂、僧舍计七十余座，悉依拉萨式。屋顶墙缘所饰铜器，均镀黄金。有式如钟者，蒙语曰"加生"，如车轮者曰"霍落儿"，如乂者曰"思虑"，如塔者曰"甘的"。其镶于墙缘式如圆镜者曰"托列"，金碧辉煌，壮丽罕比。履其地者，惟觉荒漠上有此灵境，莫不惊叹。

以上十处召为最著名。此外凉城县大海滩大庙坡，有大召一座，名汇祥寺，俗名大庙，庙址占一顷以上，建筑之宏壮，与包头广觉寺不相上下。中大殿系正方形两层楼式，每面九大间，上下两层，共一百六十二间。屋顶铜器，俱镀以金。相传系清康熙时六太子所建，无碑志。作者生长其旁，知之甚悉，其望艺术家、考据家多加考访，勿任其湮灭，则幸甚矣。（编者）

蒙古喇嘛分五种：（1）佛爷喇嘛，即普通所谓之活佛。驻锡库伦，称为哲布尊丹巴呼图克土，最受蒙民之崇拜。（编者案：哲布尊丹巴已死，近年外蒙受赤俄鼓惑，情形大变。）（2）札萨克喇嘛，次于佛爷喇嘛，综揽政教两权，统辖管内之土地、人民，其权与各旗之首领札萨克相埒。（3）大喇嘛，为一寺之座主，以王公、台吉等之门阀与有势力者充之。（4）庙喇嘛，即僧侣之通称，与普通喇嘛无异，专以参与民间婚冠丧祭为主。（5）黑喇嘛，为一般鳏夫、寡妇出家为僧尼之总称。不穿法衣袈裟，亦不手持经文，惟手持捻珠、口宣佛号而已。

附《喇嘛考》　北平雍和宫前，有清高宗御笔《喇嘛考》碑文一座，兹将原文录下：

佛法始自天竺，东流而至西番。其番僧又相传称为喇嘛。喇嘛之字，《汉书》不载。元明史中，或讹书为剌马。予细思其义，盖西方谓上曰喇，谓无曰嘛。喇嘛者，谓无上，即汉人称僧人为上人之意耳。喇嘛又称黄教，盖自西方高僧帕克巴。始盛于元，沿及于明，封帝师、国师者皆有之。我朝惟康熙年间，只封一章嘉国师，相袭至今。其达赖喇嘛、班禅额尔德尼之号，不过沿元明之旧，换其龙敕耳。盖中外黄教总司以此二人，各部蒙古一心归之。兴黄教，即所以安蒙古，所系非小，故不可不保护之，而非若元朝之曲庇谄敬番僧也。其呼图克土之相袭，乃以僧家无子，授之徒与子何异？故必觅一聪慧有福相者，俾为呼毕勒罕，幼而习之。长成，乃称呼图克土。此亦无可如何中之权巧方便耳。其来已久，不可殚述。孰意近世其风日下，所生之呼毕勒罕，率出一族，斯则与世袭爵禄何异？予意以为大不然。盖佛本无生，岂有转世？但使今无转世之呼图克土，则数万番僧，无所皈依，不得不如此耳。去岁廓尔喀之听沙码尔巴之语，劫掠藏地，已其明验。虽兴兵进剿，彼即畏罪请降，藏地以安。然转生之呼毕勒罕出于一族，是乃为私，佛岂有私？故不可不禁。兹予制一金瓶，送往西藏。于凡转世之呼毕勒罕，众所举数人，各书其名，置瓶中，抽签以定。虽不能尽去其弊，较之从前之一人之授意者，或略公矣。

夫定其事之是非者，必习其事而又明其理，然后可。予若不习番经，不能为此言。始习之时，或有议为过兴黄教者。使予徒泥沙汰之虚誉，则今之新旧蒙古，畏威怀德，太平数十年，可得乎？且后藏煽乱之喇嘛，即正以法，元朝曾有是乎？盖举大事者，必有其时与其会，而更在乎公与明。时会至而无公与明以断之，不能也。有公明之断，而非其时与会，亦望洋而不能成。兹之降廓尔喀，定呼毕勒罕，适逢其会，不动声色以成之。去转生一族之私，合内外蒙古之愿，当耄近归政之年，复成此事，安藏辑番，定国家清平之基于永久。予幸在兹，予敬亦在兹矣。

乾隆五十有七年，岁次壬子，孟冬月之上浣御笔。

二、昭君墓

在旧城南二十里黑水河岸。相传地方白草，此冢独青，故名青冢。于今见之，殊未尽然。冢高二十余丈，占地数十亩，远望如山邱，墓前有石碑题"汉明妃昭君之墓"。又有石碣三，刻诗其上，今钞录于后。

（一）右碑阴面

乾坤毓秀无遐迩，半出簪缨半床第。
才貌岂知定闺贤，总观大节知臧否。
呼韩六觐诏入宫，愿嫁乌孙挺身起。
一枝秾艳别椒闱，三千粉黛皆萎靡。
画师伏罪汉王嗔，昭君遂志单于喜。

御沟红叶水瀺瀺，团扇秋风处处同。

回忆簪花众姊妹，可怜白首甘泉宫。

琵琶酥酪日歌舞，宠擅阏氏塞北空。

外无胡马饮江水，内无野鸡兴女戎。

宁为鸡口不牛后，谁识女子真英雄。

大青山下黑河沚，旁有孤坟如壁垒。

空余牧竖任樵薪，自昔流传青冢是。

当年夫殁请还朝，诏令从胡乱人理。

守志贤妃从一终，君王忍不谅人只。

视彼文姬返汉关，失节屡嫁中朝士。

典属老人吞雪忠，牧羊又要胡儿婢。

名臣才女重千秋，贞操应令昭君鄙。

闻道黄河西岸边，亦有明妃旧芳址。

噫唏吁，一坏〔抔〕黄土易销沉，青冢传疑甚青史。

道光辛卯长白升寅题句

（二）左碑阳面

闺阁堪垂世，明妃冠汉宫。

一身归朔漠，数代靖兵戎。

若以功名论，几与卫霍同。

人皆悲远嫁，我独羡遭逢。

纵使承恩宠，焉能保始终。

至今青冢在，绝胜赋秋风。

道光十二年五月绥远将军彦德题

（三）中碑阳面

忆昔出官闱，志在不负主。

挥手去逴荒，非死无以处。

悲弹马上调，肝肠向谁吐。

声泪动天地，名姓垂千古。

边草伴芳魂，红颜余朽骨。

阿堵若有神，一抔万世睹。

王嫱有青冢，炎汉无寸土。

要知作传人，还应受奇苦。

耆英题

三、基督教

扒子补隆教堂美收〔牧〕师费安河，于民国七年十二月二十五日，对原作者作下列之谈话："光绪二十四年前，余随收〔牧〕师某来此传教，一行五人。拳匪之乱，彼四人均被戕。四人者，沙勃力（Subrry）、鲁脱（Hlwnd）及女教士安得生，与其姊卡拉辣安得生（Claraanderson）是也。今沙尔沁村西及萨拉齐城东之耶稣纪念碑，即其遗骸所在也。余逃往恰克图之北俄境内，为俄人工作，并于是时学得俄、蒙语言。事平，余始返原处。房屋塌毁，已非旧观，田地契券，亦悉无存。向蒙人索还原地，蒙人皆不认。遂吓以杀人罪，将请政府严办，乃惧，许余租田地一千顷。署曰'永租'。现（民七）开辟尚未完成，均由教民领种，而课其租，人数约千人。此外本教堂又牧羊一千余，牛、马各百余。在堡内服役者五十余人。浇田之水，由三十里外之黄河引入，每亩可产小麦八九斗。堡内驻军队一连，专司保护之责。"

该牧师善蒙、汉语，专为蒙人讲道。本村属达拉旗，居民二百余家，蒙民居十之一云。本村西北距隆兴长八十里。

附录　二十一年六月六日绥远《民国日报》绥远社讯：

绥远各处信奉天主教者，多系农人。如本人无钱买地时，教堂中即拨给地种，籽种由堂中借给，到秋后收获时交还。衣食无着者，由堂中随时按人数赠送。佃种堂中之熟地，随本处习俗，按三七收，即堂中三成，佃户七成。亦有佃户分八成或九成者。倘堂中有畜牧之牛，即借给穷教民耕种，亦不收租金。因此教民与教堂在经济上发生最密切之关系。绥远天主教有主教二人：一驻归绥牛桥街天主堂，现系比国人，总管归绥、包头、固阳、武川、托县、和林、清水河、萨县等处教务；一驻丰镇玫瑰营村天主堂，现系中国人，总管集宁、丰镇、凉城、陶林、察属商都等处教务。惟兴和归察省西湾子传教区，五原、临河归宁夏传教区，东胜、安北无教堂。

兹将绥远全省各县天主教堂、司铎、教民数调查如下：

县名	教堂数	司铎数	教民人数	备考
归绥县	八	六	一，一三七	
丰镇县	五七	一八	一三，四八七	玫瑰营村有修道院一处。老平地泉有私立中学校一处。
萨县	八一	二七	二〇，〇九二	二十四顷地村有私立中学校一处，修道院一处。
包头县	四	一	三，四八二	
五原县	一		九五	
武川县	二二	五	四，〇二〇	
集宁县	二〇	九	六，〇八一	
兴和县	二〇	五	三，八〇七	
凉城县	一三	四	四，四二五	
陶林县	六	二	一，六七一	
和林县	一一	五	五，一二四	
清水河县	四	一	七五一	
托县	一三	五	三，六六三	
固阳县	七	三	四，七七一	

续表

县名	教堂数	司铎数	教民人数	备考
临河县	一三	一一	三，五二八	
东胜县				
安北				
沃野				
统计	二六五	一〇二	八六，二二四	比兰国籍司铎五十五名，中国司铎四七名。

各司铎驻堂，皆设立男女小学校各一处或二处，统计全省设立小学校一百三十六处云。（上表总数与分数相加不投，或系原稿有误）

又九月二十一日该报转塞北社讯：

河套未开辟之先，即有各国教士，到处布道。天主教系属法、比，耶稣教多系美人。传教之初，人多观望，嗣以小利引诱，一般愚顽无知之徒，渐有入教者，其实多为谋利而来。教士明知之而故与之，天主教遂乘机于现在临河县之蔓会、乌蓝保尔、黄特劳亥、黄羊木头、东公中、准噶尔、杨家河，沃野设治局之白泥井、黑梁头城、川堆子梁、沙路茅子、硬籽梁子、胡家窝子、毛团圐圙、小桥畔、宁条梁传耶稣教。又于现在安北设治局之扒子补隆等处，各设教堂。创设之始，仍不踊跃。又以势力袒护非法之人。官厅以关外交，遇事诿避其教民所为，于是不宵〔肖〕者趋之若鹜。一般人士，因受其欺凌，遂演成庚子仇教之惨剧。焚毁大小教堂五处，教民房屋六百余所，及失去粮石、牲畜、银器、衣物等项，并教民一百五十名。结果前后赔款三十七万余两，抵押地亩无数，并代修二十余里之大渠。自此以后，各教堂更形骄张，任意筑堡，栽树挖渠，设学校，练民团，人民纠葛，皆系自理。即有人民控于官厅，多为教民所直，大都敢怒而不敢言，遂有狡黠者流入教，大有一日千里之势。

民国以还，国家多故，亦未顾及于此。迨至民十四以庚子赔款退还关系，曾经达拉特旗请收归官放，当经在强家油房，设立临河设治局，归公报垦。如教民以中华国民资格认垦，即与之。各教堂交涉无效，方始入我范围。而所修黄特拉亥河，又以投资一百万两为请。几经交涉，迄未解决。及至十六年，经建设厅冯厅长费尽唇舌，始将该渠无条件收回，组织水利公社，划归包西各渠水利管理局管辖。又将扒子补隆渠地收回，归公丈放，其渠改名曰"民复"。所余达旗赔款之地，仅大淖尔七十六顷尚未收回，亦因达旗因循之故。二十年设立沃野设治局之后，亦渐入范围。近年以来，气焰已灭，不复从前之跋扈。人民亦多醒悟，不似从前之踊跃，甚至有反教者，足见衰退之一斑。

四、王同春

隆兴长至熊万库九十里，熊万库即隆兴社。隆兴社至天吉泰三十里，其地旧有商店，为王同春所设，地因店名者也。同春本一流氓，未尝读书，顾胆豪力强而有机智。当其来河套时，满目荒土。王乃私修水利，自行开垦，自行放荒。一面兼营商业、牧畜，复时以权术愚弄土人。数十年来，豪富甲于后套。弱者奉之如神明，畏之如蛇蝎。强者则妒其奸而嫉其能，至欲得而甘心。被仇者所害伤一目（时人均呼之为瞎进财，进财，其乳名也）。王君披荆斩棘，化土壤为黄金，为政府所不能为之事。为国家地位着想，总觉其功浮于过。

五、新蒙交通

新疆、蒙古交通，均以本省为出发点，分述为左。

（一）包头至迪化日程里数——南路

包头出发，七十里哈拉补隆，八十里各加尔气，八十里姜白店，九十里扒子补隆，八十里隆兴长，九十里熊万库，六十二里河家栅，九十里中国堂，五十里广庆远，八十里常家，六十里磴口，一百二十里河拐子，五十里二子地，四十里石嘴子，百里平罗县，一百零八里宁夏（附图一）。

宁夏出发，四十里杨合堡，六十里大坝，六十五里渠口堡，七十里石空，五十里中卫县，四十里沙坝头，三十五里长流水，六十六里乾塘子，六十里营盘水，百里一条山，五十七里达拉拜，百零六里六墩，九十一里水阜河，八十里兰州（附图二）。

兰州出发，四十里朱家井，七十里咸水河，一百零五里平番县，七十五里岔口驿，九十五里龙沟堡，七十二里双塔堡，百零二里凉州（附图三）。

凉州出发，四十四十里铺，一百二十里永昌县，六十里水泉驿，九十里新河堡，八十二里东乐县，七十二里甘州（张掖县）（附图四）。

甘州出发，八十里沙河堡，九十里高台县，七十里花墙堡，六十三里盐池堡，百里临水驿，四十二里肃州（酒泉县）（附图五）。

肃州出发，六十里嘉峪关，八十五里惠回堡，一百十里赤金峡，九十里玉门县，五十里三道沟，九十里布隆吉尔，八十五里小宛驿，六十里安西县（附图六）。

安西出发，九十里白墩子，七十里红柳图，七十里大泉，六十五里马莲井，七十里星星峡，九十里沙泉驿，七十五里苦水驿，一百十五里格子烟墩，六十里长流水，五十里黄芦冈，六十二里哈密（附图七）。

哈密出发，六十里头堡，六十里三堡，六十里三道岭，八十八里瞭墩，七十里一碗泉，百零三里七个井，六十里头水，六十里大石头，八十五里三个泉，九十里木垒河，九十里旧奇台，九十里奇台县（古城）。

奇台出发，七十里孚远县，一百二十里三台，一百八十里阜康县，九十里古牧地，三十八里迪化（附图八）。

包头至迪化里程表（南路）

	包头	五原	宁夏	中卫	兰州	平番	凉州	甘州	肃州	安西	哈密	古城	迪化
五原	350	五原											
宁夏	1208	858	宁夏										
中卫	1493	1143	285	中卫									
兰州	2114	1764	906	621	兰州								
平番	2329	1979	1121	836	215	平番							
凉州	2673	2323	1465	1180	559	344	凉州						
甘州	3137	2787	1929	1644	1023	808	464	甘州					
肃州	3582	3232	2374	2089	1468	1253	909	445	肃州				
安西	4212	3862	3004	2719	2098	1883	1539	1075	630	安西			
哈密	4944	4594	3836	3451	2830	2615	2271	1807	1362	732	哈密		
古城	5866	5516	4660	4373	3752	3537	3193	2729	2284	1654	922	古城	
迪化	6364	6014	5158	4871	4250	4025	3691	3227	2782	2152	1420	498	迪化

（注）凉州即武威县，甘州即张掖县，肃州即酒泉县，古城即奇台县。

（二）新疆古城至绥远省城日程里数（北路）

古城出发，五十里三马厂，四十八里东城渠，七十里红柳井，五十里芨芨湖，九十里黑山头，百里红沙泉，九十里红柳峡，八十里锅底山，六十里砖井，七十里下白墩子（附图九）。

下白墩子出发，九十里五户，五十里镇西县（巴里坤），四十里大有庄，百七十里三塘湖，二十里湖尾，六十三里木炭窑子乾站，百十里老爷庙，百十里脑包尔金，六十五里巴彦脑包，九十一里札木善丹（附图十）。

札木善丹出发，七十里哈拉迭令，七十里锡拉胡尔素，四十里老龙脑包，九十五里甲会，二十里贝那，百二十里夹拉孟，百二十里甲尔罕木多，五十里小驼类，四十里大驼类，百里索红图（附图十一）。

索红图出发，八十五里黑沙免，百里巴彦康保尔，九十里葛燥，八十五里苏机，七十五里哈拉牛顿，八十里小恼包，三十里葛札乌苏，百二十里雪海，六十里甲尔罕龙头（附图十二）。

甲尔罕龙头出发，六十五里闪单，七十五里丁该胡同，四十八里哈达图，百四十里麻迷库伦儿，百二十里哈沙免，九十里锡伯吉尔孟，百二十三里底伯尔湖，五十里札拉孟，七十里松多尔，六十五里章毛可保儿（附图十三）。

章毛可保儿出发，八十三里依克布拉，三十里纳林布敦，五十二里太布拉，九十里贝颜和硕，五十六里老瓮脑包，四十九里锡拉哈达，四十八里固尔班乌苏，七十三里半噶燥，六十八里甲尔罕龙头，五十二里苏机，七十五里混混布拉克，五十五里白灵庙，百十五里锡拉毛利召，六十里可可以力更（武川县城），九十里归化城（附图十四）。

古城至归绥里程（后山路）

古城								
708	下白墩子							
1517	809	札木善丹						
1792	1084	275	甲会					
2242	1534	725	450	索红图				
2968	2260	1451	1176	726	贾尔罕龙头			
3792	3084	2275	2000	1550	824	章毛哈拉托罗盖		
4545	3837	3028	2753	2303	1577	753	白令庙	
4845	4137	3328	3053	2603	1877	1053	300	归绥

（三）往新疆的三条大道

中路　包头—乌兰脑包—阿拉善蒙古—凉州边境—甘州—肃州—安西—哈密—镇西（巴里坤）—吐鲁番—迪化。

北路（亦称后山路）　归绥—土默特旗—茂明安旗—土谢图汗—三音诺颜汗—札萨克图汗—科布多—镇西—古城—迪化。

南路　包头—宁夏—兰州—凉州—甘州—肃州—哈密—古城—迪化。

（四）建筑三大路之利弊

北路（中路同）道路平坦，工程容易，利一。缩短欧亚之路线，与西比利亚之铁道并驱，利二。联络内外蒙、新疆、阿尔泰为一气，以固国防，利三。至其弊则：沿途自乌兰脑包至新疆界内，中间三千余里，无一长年不涸之河流，不特垦务难望大兴，即火车需用水分，亦觉甚难。水量不足，其弊一。游牧之民，迁徙无定。经济事业，犹在原始时代。农工商业既不发达，则转运事业自少，养路不易，其弊二。煤矿已发见者已不多，戈壁诸山，耳目所及，蕴蓄亦未必富。兼之童山无树，物料之供给难，其弊三。甘肃全省之经济富源，均不能收入范围以内，其弊四。

南路　一面可将冀、察、晋、绥、宁、甘、新疆各省联为一气，一面可与陇海接轨，使苏、豫、秦、甘又联为一气。横断甘肃，北可控蒙疆，南可制青海、西藏。国防愈为巩固，其利一。甘肃、青海年输出数十万物品，以及数百万人口，完全得享运输之便，其利二。沿途煤矿，节节皆有，祁连山一带之森林，为枕木之最好原料，物料接济容易，其利三。沿途河流繁多，水量充足，其利四。甘、新两省，回汉感情隔阂〔阂〕，使铁道一通，往来频繁，见闻广阔，意见自消，其利五。坦途多而险途少，无流沙之难渡，其利六。既有这许多利益，又无弊端，路线选择，当以此为最。

（五）包头至库伦台站

第一站沙坝子，第二站台梁，第三站大佘太，第四站马家兔，第五站乌兰脑包，第六站乌兰布伦庙，第七站巴郭，第八站温塔涧瓦尔，第九站阿布郭里得密，第十站图古里克，第十一站博尔，第十二站哈拉查银更。以上均在绥远乌盟界内。第十三站蒙古脑包，第十四站叶里斯台，第十五站赛尔乌苏——张家口至库伦驿道，第十六站搜吉，第十七站叶鲁鱼，第十八站毕尔噶库，第十九站巴音和硕，第二十站博罗台噶，第二十一站奎里木，第二十二站英郭，第二十三站纳兰，第二十四站温都尔多博，第二十五站塔拉布拉克，第二十六站吉尔噶郎台，第二十七站站布克，第二十八站库伦。

包头至乌里雅苏台、科布多台站，自包头至库伦之第十五站赛尔乌苏起：北行则赴库伦路，西北则赴乌里雅苏台，第十六站莫敦，第十七站哈毕尔格，第十八站锡伯，第十九站罗斯，第二十站齐尔噶郎图，第二十一站哲林穆，第二十二站察布齐尔，第二十三站特古勒克，第二十四站哲林，第二十五站恩依锦，第二十六站乌尼克特，第二十七站哈拉图，第二十八站哈拉尼河，第二十九站谷利他，第三十站塔楚河，第三十一站呼都克乌尔图，第三十二站沙尔噶勒桌特，第三十三站乾站，第三十四站推，第三十五站乌尔图哈拉，第三十六站鄂洛漠，第三十七站乌塔，第三十八站拜塔里克，第三十九站札克，第四十站霍波尔，第四十一站奔巴图，第四十二站乌布尔济尔噶郎图，第四十三站布彦图，第四十四站岱罕得勤，第四十五站特穆尔图，第四十六站乌里稚〔雅〕苏台。

自乌里雅苏台西偏北行，第四十七站阿勒达勒，第四十八站博勒霍，第四十九站乌兰呼都克，第五十站伊克哲斯，第五十一站巴噶哲斯，第五十二站朱勤，第五十三站布固，第五十四站阿尔噶兰哈图，第五十五站巴噶纳尔，第五十六站杜尔根纳尔，第五十七站哈尔噶那，第五十八站吉勒噶郎图，第五十九站札哈布克拉，第六十站哈拉乌苏，第六十一站科布多城。全路约长四千里。

六、包头至古城台站

第一站昆都林沟，第二站台梁，第三站乌兰胡同，第四站大佘太，第五站石栏板，第六站巴颜布拉克，第七站海流兔，第八站保尔汗兔，第九站瓦窑，第十站哈拉托罗盖，第十一站乌尼乌苏，第十二站哦力素，第十三站哦力素胡同，第十四站巴尔湖，第十五站巴彦闪单，第十六站赛圪帖尔，第十七站布敦美多，第十八站尔留，第十九站博尔井，第二十站甲缸〔红〕兔，第二十一站乌兰脑包，第二十二站驼类布拉克，第二十三站尔的尼布拉克，第二十四站锡拉胡同，第二十五站巴尔旦，第二十六站谷沁，第二十七站讨不气，第二十八站哈拉不盖梁，第二十九站洪果岭，第三十站朝脑索儿古，第三十一站布格帖尔，第三十二站莫敦脑包，第三十三站哈拉牛顿，第三十四站力上，第三十五站察罕布拉克，第三十六站胡同康保尔，第三十七站赛胡同，第三十八站席尼乌苏，第三十九站速红兔，第四十站乌什克，第四十一站小驼类，第四十二站甲尔罕莫多，第四十四〔三〕站红脑尔，第四十四站夹拉孟，第四十五站苏集，第四十六站甲会，第四十七站老龙脑包，第四十八站锡拉尔图苏，第四十九站哈拉的会，第五十站章毛闪单，第五十一站柳树泉子，第五十二站乾湖子，第五十三站老爷庙，第五十四站木炭窑，第五十五站三塘湖，第五十六站红柳园子，第五十七站煤窑，第五十八站段家地，第五十九站吊水，第六十站花儿茨，第六十一站双脑包，第六十二站茇茇湖，第六十三站古城子。全路约长四千五百余里。

包头出发，经鄂尔多斯蒙古，六百九十里至磴口，又西南二百八十里至定远营（阿拉善王府所在），又南偏西行八百里至大靖堡，又南行二百里平番县，又南行三百八十里西宁（青海省会）。

包头出发，西南经磴口，九百七十里定远营，又正西行八百十里至镇番县，又西南行二百九十里至凉州。由镇番县西行三百里至永昌县，西行一百八十五里山丹县，又一百十八里甘州，又西行一百七十里至高台县，又西北二百七十五里肃州，西行三百四十五里玉门县，西二百八十五里安西县，西南二百七十里燉煌县。

乙　宁夏省

一、磴口　磴口为宁夏要口，在昔即为汉蒙贸易之点。距磴口西四日程有盐池，蒙名吉兰泰。池之大，东西六十里，南北五里。入水四五寸即见盐，洁白如水晶。又二洪湖距此间三站，亦产盐，质较逊于吉兰泰，然皆为西北最宝贵之天然物产也。此间官盐局，岁交租金一万元与阿拉善王，向之租来。催工人八十名捞取。由蒙古驼户运至磴口，每驼脚价一两三钱。其脚价银即向商店支取米面茶油。又以盐斤存在商店，须加店租一钱五分。故每驼盐商店向官盐局领现银一两四钱五分。盐之产额，视骆驼多寡为定，平均年约三万担。每担四斗，每斗重百斤，扣去斗十斤，实得三百九十斤。大都运销包头、归绥一带为多。每担售价四两。

二、阿拉善王府　磴口出发：西南六十里沙坝头，八十里哈拉托列盖（中间有沙窝），三十里苏机，五十里大荆，三十里爱莫肯乌苏，三十里定远营，即王府所在地。凡往甘肃镇番县者，必经之。

三、吉兰泰盐池　自磴口向西行六十里札高乌苏，六十里察罕淖尔，六十里爱列根乌苏，六十里吉兰泰，即产盐所在（参看磴口条）。

丙、甘肃省

一、黄河水运　由兰州至包头水程及上下货物

码头	码头间距离	与出发点距离	上水货物	下水货物
兰州	——	——	洋布、海菜、糖、火柴、洋烛、罐头、土布、茶叶	生皮、羊毛、羊绒、驼绒、水烟、木料、大黄
条城	一三〇	一三〇		黄烟
靖远县	九〇	二二〇	土布、杂货	黄烟、羊毛
五方寺	二八〇	五〇〇		皮毛、木料
大庙	七〇	五七〇		皮毛
中卫县	一九〇	七六〇	洋布、土布、糖、海菜	粮食、羊毛、甘草、枸杞、水果
宁安堡	一五〇	九一〇	——	枸杞、羊毛、粮食、甘草、生皮
秦坝关	一七〇	一，〇八〇	杂货、布匹	粮食
横成堡	二二六	一，三〇六	华洋布匹、海菜、糖、茶、粗磁、火柴、洋烛	甘草、枸杞、苁蓉、麻、羊毛、驼绒、皮张、粮食
清水堡	七〇	一，三七六		粮食、皮毛、药材
渠口堡	六三	一，四三九		粮食、皮毛、药材
石嘴子	九〇	一，五二九		羊毛、羊绒、驼绒、皮张
磴口	一八〇	一，七〇九	砖茶、粗布、洋布、杂货	盐、羊毛、驼绒、甘草、苁蓉
土城子	四四五	二，一五四	——	粮食、碱
南海子	五〇四	二，六五八	华洋布匹、糖货、火柴、洋烛、罐头、茶叶、海菜	生皮、绒毛、水烟、药材、盐、碱、粮食、木料

二、燉煌石室写经　　燉煌千佛洞，在肃州南八站。最初发现

者为湘人老道士。道士月夜往步平沙，足下忽陷，次早掘之，得石室，四壁皆佛，其像或凿，或塑，或画，其数不可偻〔缕〕指。一塑像背后有一小门，探首视之，堆满纸卷，知系藏经室，然不知其可贵也。旋法人百希和来，住数月，将洞中佛像、碑铭均摄影竣，及至室，乃尽将藏经发出。选名人所书数千卷以骆驼载去。旋与〔于〕巴拿马赛会得优奖，唐人写经自是始见重于世。教育部急下令搜求，整其所残余者，载入京师。闻沿途为地方官抽去不少，然佳者尽为法人携去，所余皆糟粕耳。兰州张督军（广建）一人竟藏至千余卷。

三、五马　马福祥、马廷勷、马玄章、马麟、马骐，世称甘肃五马。马福祥为回教中毕家昌派，甘肃导河县之韩家集人。其太夫人韩氏，系汉人之未奉教者。同治之乱，甘肃回教各派皆叛，独君教派未加入。左文襄入甘，其封翁率君及其兄福禄叩辕陈情，左大嘉许。福禄本为武进士，左乃令其入董福祥部，领骑兵营，君亦属焉。庚子之变，董入京焚使馆，与联军战，福禄死难，部伍乃归君统率。及董败，慈禧出奔，君徒步追至怀来，随扈至西安。慈禧念福禄功，授为西宁镇。民国以来，盛倡五族共和之说，中央以君为回教徒，颇加优异。二年，授君为宁夏护军使，维持地方，军民尚能相安。

丁、青海省

青海之有蒙古族，盖始于明末。时有额鲁特顾实汗者，自西北侵据青海，遣使修贡，诏封"尊文行义敏慧顾实汗"。自分其地为左右二境，部落散处其间，谓之西海诸台吉。札什巴图尔等咸来朝内附，封爵世袭。雍正元年，札什巴图尔之子罗布藏丹津诱众犯边，世宗命年羹尧进剿，歼除逆党，平定其地，惟不从逆者仍封其爵，定为三年一贡。分为三班，九年一周。三年，初编青海各部落旗分佐领，共分五部二十九旗。

一、和硕特部二十旗；

二、绰罗斯部二旗；

三、土尔扈特部四旗；

四、辉特部一旗；

五、喀尔喀部一旗；

六、察汗诺门罕一独立旗。

二一，一一，二〇辑于北平大学商学院

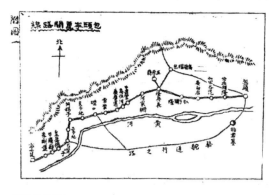

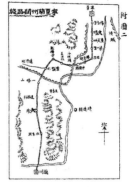

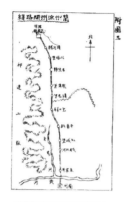

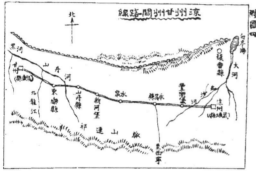

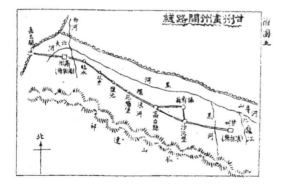

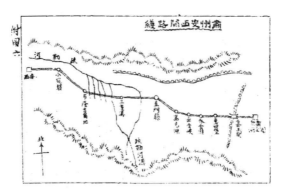

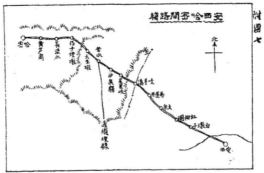

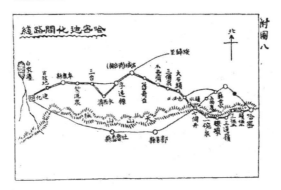

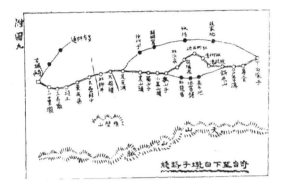

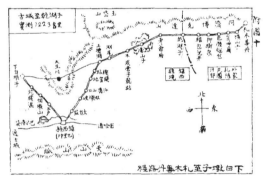

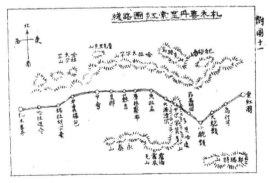

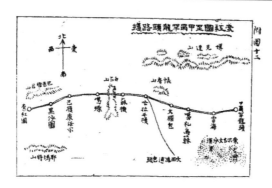

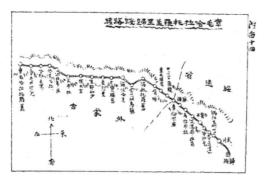

《西北青年》（不定期刊）

绥远省丰镇县旅平学生会出版部

1932 年 13 期

（赵志斌　整理）

日俄蒙角逐下的呼仑贝尔

——东北问题研究之一

盛襄子　撰

（1）绪言

日本人常说："北满是中国化外的地方，关于该地的一切情形，不但一班普通人民不知道，就是中国的官宪也不很知道"，因为我国有这种隔膜的情形，俄国人便可乘机将界碑生足，占去我北满数千方里的领土；日本人更可指鹿为马，说满蒙不是支那的地方，便可明火执仗无缘无故出兵满洲造成此次震布〔怖〕世界的"九一八"浩劫！

当然，东方巴尔干式的满蒙问题，我们不希望别人代我们解决，我们也不愿意别人代我们解决，我们认定解决现时一切边疆问题，是我们四万万同胞共同的责任。呼仑贝尔问题是此众多边疆问题中的一个，也就是满蒙问题中最重要的一个；我想在此国亡无日，中外关系总结账的当儿提出来单独研究与介绍，总不算全无意义吧！

考呼仑贝尔地方面积十五万五千五百九十九平方公里，是北满的一大区域，归属我国已有数百年的历史，居民大半与我内地人民同化，尽可以不必分家的。但以十七世纪斯拉夫民族的东侵，及最近日本民族的向北殖民，一九一一年外蒙政府的树立，乃至最近该地牧猎经济基础之动摇，在在使呼仑贝尔人民生活感觉震撼与不安，故时常发生变乱。而我国政府亦以国内多故，鞭长莫及，对此终未求得一彻底的解决。本文前数章在将呼仑贝尔的史地及政治、经济及变乱情形，作一系统的介绍，使读者了然过去我国处理本问题的错误，并根据该地特殊情形以另辟解决的新途径。

同时，呼仑贝尔地方的变乱，不是很单纯的，他有他一成不移的背景，这便是日、俄、蒙三国特殊势力之侵入，故作者将该地与日、俄、蒙三国的政治、经济关系另立专篇加以说明，最后，根据我个人对于本问题研究所得的经验和意见，代我国同胞划一万全的对策，希望我国同胞予以注意与讨论。

本文次第为：（一）绪言；（二）呼仑贝尔的史地；（三）呼仑贝尔的政治；（四）呼仑贝尔的经济；（五）呼仑贝尔的变乱；（六）呼仑贝尔与俄蒙；（七）呼仑贝尔的将来；（八）结语。

（2）呼仑贝尔的史地

呼仑贝尔一名海拉尔，位于黑龙江省西部，东据内兴安岭，西临额尔古纳河，北抵黑龙江本流，西南界外蒙之车臣汗而与索尔吉山毗连，昔为新巴尔虎、旧巴尔虎、索伦、额鲁特四部十七旗所分布之地；当北纬四十七至五十四度，及东经一百十五至一百二十二度之间，东西八百余里，南北一千五百余里，面积十五万五千五百九十九平方公里。其地以呼仑贝尔池得名，现属黑龙江省海满道管辖，地势最佳，正如一躺着的虎，呼仑湖像其眼，贝尔湖为其舌，额尔古纳河是其脊，奇乾金厂是其尾，兴安岭即其一伸三收的四腿，更有那喀尔喀河，自索岳尔济山发源，向西流着汇为贝尔湖，再出而为鄂尔逊河，乃入呼仑湖。西边又受克鲁仑河，从这里北出而为额尔古纳河。著名的海拉尔，也就是河流的名称，实为横断呼仑贝尔全区而为额尔古纳河上游的大川。凡南半部的河流，都朝宗于海拉尔河，北部的河流则部分入于额尔古纳河，这些山脉、河流组成此大好的锦绣世界。中部大平原南广而北狭，土地非常肥沃，三河口一带，平原旷野，更适于耕稼，海拉尔以北（呼仑）水草丰茂，牛羊成群，其北又有瑗珲江，沿江藏金颇富，兴安岭山脉迤西，则树木阴森，未加采伐，至今仍成森林区，南部因多湖泊，故牧畜、农耕，皆所适宜，其他若满洲里、札蓝诺尔等处复有大宗煤矿，产额极大，可供全境燃料之用，实为中国东北最有经济价值之地带，惜人口稀少，居民不过九万八千人，尚未能尽量开发也。

以兴安岭山脉横亘其中，故呼仑贝尔与内地隔绝，和外蒙反打成一片，且西以鄂嫩河界俄属西伯利亚之萨拜克尔省，为中俄国防上的重要地方，加以俄人筑有中东路铁路通过，此地更变为中西民族接触之中枢，年来呼仑贝尔之变乱，所以难于圆满解决者，大半原因，即在于此。我等在此民族大革命运动中，对此地理情形不可不加以深切的注意。

并且呼仑贝尔在历史上实为中国古代东北民族的发源地，獯狁、匈奴皆系索仑异译，而索仑乃该地土著，同为我黄帝子孙之苗裔，史迹尚可研考。汉代中兴以后，西域诸民族受汉朝指使，东向侵略，此时北方民族如匈奴等因逼于威势，于是沿漠东迁，止于兴安岭山之西南端，并以索仑名其山（按索仑山即兴安岭），其后种族繁殖延及全脉，女真、满洲均为旁派，汉末此民族一部移入内地，是为晋五胡之乱。及唐、呼仑贝尔属室韦地，辽属上京路，其后女真完颜氏离索仑山沿嫩江西岸而南，并吞南满及达靼诸部，入主中原，建立金朝，与赵宋对峙，而将其地隶北京路。

元时此地的札木哈与成吉思汗争强，号蒙古总可汗，后为成吉思汗建国的基础。明季则为索仑、达湖尔人所居。清初设呼仑贝尔副都统，驻海拉尔，以统率他部落，复将其民编为旗兵制，分新巴尔虎、旧巴尔虎、索仑、额鲁特等四部十七旗，有百什户、千什户隶属于佐领下，受节制于满洲将军，有事则当兵，无事则狩猎，惟例禁甚严，不准各部民族越境，苟有越境者，刑法随之，故人民至今不开化。惟在行政系统上，索仑、巴尔虎、额鲁特五翼设总管以下各官兵，鄂仑春部落设托河路协领，以下各官兵，皆隶属于副都统，副都统以下设一处二司，由各旗总副管、佐、饶〔骁〕等官，轮班当差，管率甚便云。

十六世纪末叶，斯拉夫民族侵入远东，贝嘉尔湖前后的布里亚特蒙古部落，纷纷败退，势力直达黑龙江流域，彼等——哥萨克骑士在黑龙江中部建有雅克萨城以为经营我东北的大本营，幸有康熙二十八年《尼布楚条约》稍把他们抵住。此后满清对此十分注意，首先便建筑了齐齐哈尔、墨尔根（嫩江）、瑷珲等城，以为屯垦驻防的基础，后来看到呼仑贝尔的大好山河，全系空地，因为乌拉特蒙古已经搬去，没有人来管领，只任哥萨克骑士们打猎侵占，故雍正十年由黑龙江派出索仑、达呼尔和巴尔虎骑兵驻防呼仑贝尔，并且建筑了海拉尔城，以为发号施令的中心点，设副都统一缺，特简派大员，以资坐镇，对于边界则设立鄂博（界碑）、卡仑（守望所）以便严防，此为满清最初的经营。

至光绪二十二年，清政府与俄缔结《喀西尼条约》，俄人取得中东铁道敷设权，俄人势力深入呼仑贝尔区域，清政府恐领土主权发生问题，故于光绪三十三年将黑龙江改建行省，并裁黑龙江将军，改设巡抚，并在呼仑贝尔副都统以下另添局、处，次年，改呼仑贝尔〈副〉都统统辖地为呼仑道，设一府三厅，即置呼仑直隶厅于海拉尔，满珠府于满洲里（宣统元年改胪滨），室韦直隶厅于吉拉林。及辛亥革命之役，外蒙脱离中国独立，呼仑贝尔的少数民族——多尔人，乃亦竟受俄人嗾使，与外蒙响应，宣言独立，遂有一九一一第一次叛变。至民国三年取消独立，六月更呼仑厅为呼仑县，胪滨府为胪滨县，室韦厅为室韦设治局。民国四年《中俄条约》，我政府承认其自治，民国九年徐树铮取消外蒙独立，呼仑成半自治状态，后根本取消自治，直置于黑龙江省统制下，改称海满道。民国十七年七月及民国十八年该处青年党起事，相继叛乱，其平复情形详下篇。总之，呼仑贝尔在整个的中国历史上已有数千年的关系，自清代平复内外蒙古划此入我国版图也有数百年的历史，绝对不容第三国置喙而发生什么主权问题、政治问题，我希望国人毋为日、俄人的反宣传所误，然后可与语改造呼仑贝尔之道。

（3）呼仑贝尔的政治

呼仑贝尔隶属我国的经历，上章业已略为述过，现在让我再来述述呼仑贝尔的政治情形。

清代治理呼仑贝尔完全是用羁縻政策，将该地居民编为新、〈旧〉巴尔虎、索仑、额鲁特四部，为十七旗，与齐齐哈尔、墨尔根、瑷珲、布特哈、通肯共置副都统，属黑龙江将军管辖，光绪三十三年清廷感俄人势力之深入，乃裁去黑龙江将军，改设黑龙江巡抚，又次年改副都统为呼仑道，置呼仑直隶厅于海拉尔，满珠府于满洲里（胪滨），并置设治局于吉拉林，取消呼仑贝尔在一七九八中俄《奈金斯克条约》的自治行政权。及辛亥革命，呼仑贝尔与外蒙同时独立，改为特别区域，不置都统，仅设道尹一员，使之监视蒙古政厅，兼为双方折冲机关，呼仑贝尔在此时始终依附外蒙民国，与黑龙江实际无关系。一九一五年中、俄、蒙三方恰克图会议结果，中国政府不得已予呼仑贝尔以自治权，都统制又复活，并设呼仑贝尔政厅，政厅有完全自治权，据民国十五年以前统计，管有军队三万七百七十二人，民国八九年之交呼仑贝尔代表左厅长成德，右厅长巴嘎巴迪及署索仑左翼总管荣安等，联电东三省巡阅使张作林〔霖〕请取消自治，故呼仑贝尔又复归并于黑龙江省，废特区制，置善后督办一员。民国十四年正式划为呼仑道，置呼仑道尹，兼置一呼仑镇守使，然其政厅始终未撤消。

呼仑道共管有四县，即呼仑、胪滨、室韦、奇乾是，道尹常驻海拉尔，兼任特派交涉员，呼仑县署与道尹同在一地，胪滨县署设满洲里，该县所辖三江地方，俄国居留农民甚多，所谓三江即指干河、结尔布拉尔、哈乌拉河一带地方，室韦县署设于鸡〔吉〕拉林，奇乾县署设于奇乾河，各县县长均直辖于道尹，但人民对他尚有称监督者，道尹对于民事直属于黑龙江主席，为执行一切法令，有命令县长的全权，复受外交部特派，办理一切对外事件，但不问内政，这是中国行政权的实行机关。

此外这里尚有蒙古人所组织呼仑贝尔的自治政厅，即蒙古副都统衙门，其中分为四部，即右厅、印务局、交涉局、左厅是，右厅管理军事及司法等事，附设有巡防局及裁判所等，今厅长为巴嘎巴迪，印务局管理文书事宜，今局长为济布森额，交涉局办理一切交涉事宜，左厅管理一切内政、财务及治安等事，设有巡警局、税务局等，今厅长为成德，此厅之下设有各旗总管，掌理一切地方行政事宜，总管之下更有旗，佐领员约六十名。

现在呼仑贝尔民族共设总管七人，二十四旗，即额鲁特一总管二旗，索仑左右翼二总管八旗，旧巴尔虎一总管四旗，新巴尔虎左右翼二总管八旗，泼里亚特一总管二旗是，旗数完全照旗帜的颜色以为分别；如索仑右翼领有正黄、正蓝、镶红、镶蓝四旗，新巴尔虎左翼领有镶黄、正白、镶白、正蓝四旗。

以上二十四旗中，索仑、巴尔虎翼及索仑右翼属通古斯族，新巴尔虎左右翼及额鲁特等均属蒙古的喀尔喀民族，根据他们的旗数来看，便可知道此区的巴尔虎人的势力最大，土著的索仑人次之，额鲁特人等最小，此以呼仑贝尔的民族运动应当由巴尔虎人领导，决不应由最少数的多尔人来发动，因为他们决不能代表呼仑贝尔的民意。

至于各旗所管领的区域，也很值得我们注意，巴尔虎人为蒙古族之别派，过去以编入八旗迟早关系，亦曾有陈、新巴尔虎之称，在此区内多在兴安岭东北及海拉尔河上下流，索仑人是通古斯族之别派，在此区的为数甚少，以牧畜为生，或与汉人杂居，或自营独立部落，居依敏河附近及喀拉图山一带，额鲁特则为纯粹的蒙古族，名称不一，有呼厄鲁特、卫拉特、瓦拉特的，人种学者称之曰西部蒙古族，以与东部蒙古族之喀尔喀族别，大都居库克其罗山硕山及本区之西北地方，鄂仑春人则属满洲族之沃洛川支，亦为索仑别派，大半由后呼仑贝尔移入，居于赤尼河及兴安岭一带，为数不及以上各族。其余尚有达湖尔人，初居额尔古纳河一带，今亦移入。

各族均有一通性，即文化低下，智识浅陋，天性强悍，勇敢好战，头脑十分简单，富于宗教感情，性情直率，最易受别人利用，为政若是得当便俯首帖耳，否则一旦群起反抗，统治便非常为难，近年外蒙政治独立，而此地民族多属蒙古族，故亦不安于治，常常发生变乱；据许多识者观察，我国过去对此所采的羁縻政策，恐怕不能再支持了！

（4）呼仑贝尔的经济

自从俄国人建了一条铁道横过满洲，二十五年中此区域内的人口由三百万竟增至三千万，使成为远东一大粮食区，所谓不毛的呼仑贝尔当然也逐渐繁荣了！可以说此地在二十五年前时完全逗留在游牧经济时代，现在逐渐变成农业经济或工商经济社会了！

因近年各游历家、专门家探测的结果，此地真不愧为一黄金世界；地底下矿产的蕴藏量之巨大，真是罕有比伦，三河等地的农业，更有容纳多数农民种殖〔植〕的可能，他如牲畜等诚是呼仑贝尔人民最大的资产；本文不过将呼仑贝尔经济的大概情形略为介绍，希望我国的企业家有所注意。

（一）农业——呼仑贝尔以自然地理的关系，生产上的表现亦各有不同，东北部多山，宜于农、林、矿业，西南部多肥沃平地，宜农、牧，以过去我国政府严禁移民的关系，多数地方尚没有垦殖，而俄人偷过国境在额尔古纳河一带开垦，反有美好的成绩。

据许多人报告，略事垦殖的地方，为中东沿线及三河地方与额尔古纳河及乌洛夫河口附近，犹以额尔古纳及三河流域较有成绩，未垦农地因未调查尚不知有若干，农业将来一定有大大发展的可能。兹据郭道甫氏将善后以来各属所造垦殖情形简表照录如下：

事别\县别	已垦向〔垧〕数		气候	土性	每向〔垧〕平均收获	农产物类
	华人自垦	俄人越垦				
呼仑	五十九向〔垧〕		冬寒夏暖	上则黑土，含有油沙，下则沙石参半	五六石	有大小铃铛麦，蔬类以老羌莱、马铃薯为大宗
胪滨	海拉尔河两岸三百向〔垧〕，满洲里及各卡约二百向〔垧〕		极寒	极松，不易耕种	二石余	穄子、铃铛麦、菜等

续表

事别 县别	已垦向〔垧〕数		气候	土性	每向〔垧〕平均收获	农产物类
	华人自垦	俄人越垦				
室韦	各日本独森斯、卧牛怀、吉拉林、金厂沟等处七百向〔垧〕	约一百一十五向〔垧〕随垦随弃	暑少寒多	松散居多，硬结较少	五六石	大小麦、荞麦、菜蔬等
奇乾	奇雅河十三向〔垧〕，永安山八向〔垧〕，额勒和哈达二十向〔垧〕	毕拉河等处共五百八十七向〔垧〕	暑少寒多	土黑坟，微带沙性	五六石	大麦、小麦、铃铛麦、油麦、蔬菜，同前
备考	右表向〔垧〕数系十亩为一向〔垧〕，呼仑、胪滨二县开垦均系园地 表中俄人越垦系在自治时代，九年善后，已由华人承种，并订有雇佣俄工合同 查各属现垦生荒，室韦约千余向〔垧〕，室韦所属河坞约三百向〔垧〕未列入 三年不加肥者为歇田					

以上各处地方的农作方法，大概都是以人力，只有车站附近间有用机械的。三河区垦地所用的利器，为自制的犁杖及大犁头和一切旧式农具，大概四月底始种小麦，六月方种荞麦，各地均有差异。据民国十九年调查，车站沿线区产小麦、大麦、荞麦、稞麦等共一一四二吨，三河区共一四六〇吨，额尔古诺〔纳〕河区七七三〇吨，乌洛河口区六二一吨，共计全呼仑贝尔区域产量一〇五九四一吨。

过去俄人来此经营农业，没有什么条约限制，只要领一张执照即可工作，自民国十五年我国官厅颁布法令以后，承租俄侨须归化中国或入三河地方承租的中国公司充当雇佣，但沿额尔古纳河附近的俄侨至今均未照办，每年不过出纳若干租金而已。

（二）林业——北满为世界最大林区，即以中东路西线各站而论，自碾子山小站至牙克什站，森林延长竟至五百五十里，而呼仑贝尔适占此森林带最大部分。本区主要树种为呼尔落叶松，占所有树木百分之八十，次为白黑桦、松，再次白杨树，此外北部贝斯特拉牙河流域，产针叶松，兴安岭附近产少数杉木、银松，其中成材落叶松之年龄有达到百年至二百多年者，高由十三公尺至三十公尺，故日、俄、蒙对此处林业异常重视，兹将郭道甫氏所制本区林业表照列如下：

采木区域	方向	面积	木材种类	承采者	附记
中东路西线兴安、宜思克、都乌奴尔、免渡河四车站之北，霍尔果站南	东北		黄花松、桦、杨、柞、杉	中、日、俄合办札免公司	旧为俄商谢夫谦克承办，民国十一年改三国公司办
梅尔河各河源及支流一带地方	东南	三〇〇方里	松、桦、椴、杉	俄商卧伦错夫	
洪果勒律	正南	七〇〇方里	松、桦	俄商义什马果夫	洪果勒律系河名
贝子河	东北			俄商马尔车夫斯克	贝斯得尔河转音
备考	右表林业各商，除札免公司外，均为蒙旗自治时代与俄人所订契约，现以履行纳税未曾收回。各林场每岁输于齐齐哈尔等埠者约十万余元				

以上四林场交通均系便利者，如马尔夫士基公司在贝尔特牙河流域，居兴安岭分脉中，有贝斯特拉牙及额尔古纳河之利，乌克尔克其罕河林场，设备更周密，有大道港湾若干，铁道亦可与林场密切联络。他如兴安岭及伊勒呼里深山中荫蔽百里，以无水流及铁道运输不能采伐，不能不任其货弃于地，诚是可惜！

（三）牧业——在呼仑贝尔没有完全开垦的现在，牧畜及狩猎在该区经济上实占极重要的地位，全呼仑贝尔版图不能畜牧的地方可说甚少，犹以沿兴安岭山麓以至森林地带之间，牲畜极多，居者皆为游牧民族，牲畜实呼仑贝尔的唯一富源，据郭道甫计算，呼仑蒙古地方牧养一千马群最多不过用五个人，而每年收入平均可得二百匹马，若每匹最低价格以五十元计，则每人每年的劳力可得二千五百元之多，这便可知该地人民之富，兹将全境各旗牧界列表如下：

事别 部别	旗别	方向	牧地界至
索仑	厢〔镶〕黄、正白	城东南	东至札敦河，西至依敏河，南至西尼克河东岸，北至海拉尔两岸
	正黄、正红	城正南及西南	东至依敏河，西至辉河，南至喀拉图，北至锡伯山
	厢〔镶〕红、厢〔镶〕蓝	城正南	东至鄂依那河，西至辉河，南至依敏河上游，北至喀拉图河
新巴尔虎	厢〔镶〕白	城正西	东至哈勒干特依，西至呼仑湖，南至滚诺尔泡，北至布木博木博诺尔泡
	正蓝	城西南	东至辉河，西至外蒙界诺们汗布尔都卡撒，南至哈达盖图河，北至滚诺尔泡
	厢〔镶〕红、厢〔镶〕蓝	城正南及西南	东至乌尔顺河，西至胡尔海图卡伦，南至贝尔湖，北至克鲁仑河
	厢〔镶〕黄、正白	城正西	东至公诺尔泡，西至乌尔顺河，南至西林胡都克卡伦，北至呼仑湖
	正黄、正红	城西北	东至乌尔顺河，西至外蒙界西巴尔图等卡伦，南至都兰哈拉山，北至沿边察罕教拉等卡伦

续表

事别 部别	旗别	方向	牧地界至
陈巴尔虎	厢〔镶〕白、正蓝	城正北	东至库勒都尔河，西至西布林布尔都泡，南至辉河，北至孟克西里、额尔得尼托罗辉二卡仑
额鲁特	厢〔镶〕黄	城东北	东至库克奇罗山，西至依敏河之喀拉胡吉尔泡，南至毕鲁图和硕山，北至西尼克河
鄂仑春	厢〔镶〕蓝两佐	城东及东北	海拉尔、库勒都尔札敦等河源东北，墨尔根、诺敏、讷们雅勒各河源及兴安岭一带星散而居，游猎为生
备考	按本境蒙旗牧界系清雍正时画分，陈巴尔虎厢〔镶〕白、正蓝二旗原隶索仑旧部，民国八年陈巴尔虎脱离索仑自为一部，增设总管一人，牧界仍旧。民国十一年全境蒙旗牲畜数计骆驼七千余头，马十八万二千余匹，牛十四万三千余头，羊一百四十一万余，汉人、俄人所有在外

由上表总可知牧地之广，蒙古人常常艳称此地为富庶的巴尔虎的，据一九一○年调查仅以五万人口的巴尔虎民族，保有马三十万头，牛二十万头，羊二百万头，骆驼五万头。民国十四年呼仑贝尔政厅统计，全境有马十七万匹，牛十四万头，羊一百五十万，骆驼七千头，平均每游牧人民有羊四十八头或四十九头，牛五头或四头，马五匹或四匹。此外全境尚有猪二千头，鹿一千头。最近几年以休养生息的结果，更有大大孳殖，据近人将铁路沿线及游牧民族所有产牲的新统计，全境有骆驼八四九五头，马一八○八九六匹，牛一七○六八八头，羊一五九七九九五头，但遗落土著人民的保有量，即此一端，已可概见其余了！所以呼仑贝尔除将此种畜产充分供自己享用以外，每年并可由输出换洋三百万元。兹将每年输出数量及价值略估如左：

种别	数量	价值（民国十二年至十六年，平均计算单位：元）
马	三〇〇〇匹	四一二五〇〇
牛	一〇〇〇〇头	五〇〇〇〇〇
绵羊	五一四〇〇头	三五〇〇〇〇
羊毛（未洗）	一二二九吨	一二〇〇〇〇
各种皮草	三二五〇吨	二三〇八三〇〇
马毛	三〇吨	三六八〇〇
萨拉油	三吨	一〇〇〇
牲畜遗物	三〇六吨	一〇〇〇
肉	七六五吨	三五五〇〇〇
骨	一四四吨	

　　这便可见呼仑贝尔牧业之兴旺，若能采用科学方法，施行大规模生产，将来的数量，一定可惊人哩！

　　（四）矿业——呼仑贝尔埋藏矿产在北满经济上实占一重要位置，此人所共喻。但以资本问题、人工问题关系，所组织的各公司尚无优良的成绩可资报告，请略为分述如左：

　　（1）金矿——金沙产地甚广，如海拉尔北部吉拉林及乌洛夫河口地方均是，吉拉林曾有上阿穆尔公司经办，无成绩。今由黑龙江广信公司开采，开采方法系就旧有淘孔开采，工人将淘出金沙卖与矿区账房，每一泥枣克合国币三元，计算方法多不给现金，以高价货物易换之。现时采金主要区域在吉拉林河一带，其所采沙金全年不过一百三十公斤，盗卖盗采者遍地皆是。

　　（2）煤矿——呼仑贝尔的蕴藏煤量甚大；今已开采者为札兰诺尔及满洲里一带。札兰诺尔煤矿，发现于光绪二十七年，据马尔克含伊事务局调查所得，该处积存之煤，深在一百公尺，有煤二万二千万吨，也不可说不多。满洲里煤矿在胪滨县差冈乌拉地方，为褐色煤，系蒙古人所发见，矿区约占十六方里之大，民二始着手开采，现由广信公司经办，计有矿坑二，每坑深约七十五尺，共计采额不过八千余公吨，质地较札兰地方为劣。其他尚有若干矿区，以无调查，姑不具论。

（3）盐碱——采盐采碱仅有一广信公司经办。盐区在白音诺尔及白音差冈湖地方，白音诺尔年产盐五百公吨，盐区甚广，系硫酸盐，此二处之盐一部供本地须求，一部运售后贝加尔一带。碱之产地在距海拉尔西南一百三十公里之胡吉兰泡，该泡宽一公里，长约一公里半，由广信公司开采，总计五百公斤碱料，可出纯碱四大块，每年可得纯碱五十公吨云。

（4）其他——呼仑矿产种别尚多，以无调查，不能多及。如大兴安岭一带系水晶产区，三河村之得拉果谦阔，品质最良，哈洛与哈伦阿尔善等处矿泉，尤为特别；大多无组织计划，不能充分开发该地富源，供我内地之需要，反予日俄二帝国主义以觊觎机会。它们或用阴谋外交手段笼络蒙旗王公以攫取开采权利，或越界盗采以侵占我国主权，或喧宾夺主收买我国矿票，真是不法已极，若我国当局及企业家，犹不急起直追，任其披猖，其祸固不待智者而言也！

（五）渔业——黑龙江省的渔业可以分为二大场所，即呼仑贝尔区（大赉湖、乌尔顺河、克鲁伦河、穆特那溪）与齐齐哈尔区是，犹以呼仑贝尔区产额最多，种别亦繁，有鲤鱼、白鲫鱼、鲮鱼、望天鱼、鲫鱼、竹截鱼、堵马鱼、海马鱼、白塔鱼、小扁鱼、小鲫鱼、假龙胆鱼、鳞鱼及虾蟹等。渔户捕鱼时间分夏冬两季，夏季所捕先蓄于池至上冻时乃转输到各地，兹将民国十五年两季上市鱼类捕获总额列表如左（吨为单位）：

捕鱼地别	乌尔顺河	穆特那溪	克鲁仑河	大赉湖	总计
民国十五年夏	四九一	一一四	二四五	一三二	九八二
民国十五年冬	——	——	——	三三四	三三四

兹更将五年来本区渔业趋势表之如下：

年别	产额（千斤）	产额（吨）
民国十年	七一五	四二五九
民国十一年	二七五〇	一六三八〇
民国十二年	五八三〇	三四七二七
民国十三年	八三六〇	四九七九七
民国十四年	六三六〇	三八〇〇二

这些出产大概都是由中东铁路输入内地及欧洲，每年进款真不少哩！

（六）猎业——本区以山脉横过，野兽甚多，故狩猎亦为本地人民职业之重要部分。本区野兽种类甚繁，有虎、熊、大野猫、狼、狐、青干貂、黄狸、鼠狼、野狸、黑貂、豹、貛等等，今以森林砍伐过多，狩猎甚为艰难，如黑貂在宣统三年年获万只，今不过二百只样子。兹就本区市场上皮张数目列表如左：

野兽名称	千张数	野兽名称	千张数
狼	八〇·〇	黄鼠	一〇·〇
后贝加尔种狐狸	三·〇	元鼠	一〇·〇
蒙古种狐狸	一〇·〇	猞猁	〇·五
小狐狸	一五·〇	旱□	七〇〇·〇
□	二·〇	灰鼠	三〇〇·〇
巨□	〇·一	带缟鼠	二·〇
水獭	〇·五	涉布拿	一〇·〇
臭猫	一五·〇		

据此表每年全境所产皮张约可值国币四百五十万元，猎者并

不直接售入市场，系由各乡区商人经手。如兴安岭北以伯里卓尔为中心，中南部则为中国及达乌尔之林野小店，在伯里卓尔交货者，扫数交付阿达克人（供给雅古特人生活品者），由阿达克人供给他们的〔以〕面粉、羊油、白毫茶、铅、火药等物品，再由此等小商输入都市拍卖，近年有许多外国皮货公司来海拉尔一带专事收买云。

（七）工业——北满地方在中东铁路未建设以来，没有什么机械及大规模的工业，大都以家庭工业及手工业为主；自东省铁道一通，俄人便有新式火磨等工厂的举办，谋以农产改制地方需要之各种物品，我国商人亦纷起效尤，乃日趋完备。兹将呼仑贝尔的制造工场分举如左：

（一）屠宰业——宰场分出品屠宰场及供给本地屠宰场二种，出品屠宰场有二处，即满洲里和海拉尔是，尤以海拉尔屠宰场为最好，每月能杀牛一万二千头，或羊五万头，猪六百头，场内设有绞杀驴五十架，宰猪大锅一具，满洲里较逊。

（二）制肠业——自民国十三年以后，此区有制肠工厂六处，海拉尔五处，满洲里一处，出口多为绵羊与山羊之羊肠，本地用者多为牛肠，近年因国际贸易不振，仅能销行于北满内地而已。

（三）洗毛业——海拉尔伊敏河畔有洗毛厂一所，设有水压机二座，一用以压制兽皮，一用以压制兽毛，厂与其车站有联络，交运便利，欧美商人将此种出品可径运外洋，惜此类工厂尚少，供不应求云。

（四）牛乳油业——现时全境有制油工厂十七家，此外尚有分厂七处，专司购集牛乳，全部专供牛乳之牛约八千头，每年出乳为八〇二〈公〉斤，故呼仑贝尔每年可得牛乳六百五十六〈万〉公斤，制油量为二十万公斤，消费牛乳共约四百三十八万公斤云。

（五）制革业——阿苦洛夫实业公司，在此开有制革、靴、鞋、地毡、制毛等工厂，设备完善，出品精良，其特异点即纯为单独组织，所出货由东铁运往东二线，海拉尔、哈尔滨没〔设〕有支店，海市每年交易额为国币六万元，哈市为七万五千元云。

（六）制粉业——本区制粉有用火磨者，沿铁路附近有火磨四，刵黑刵七衣及十里额尔古诺等处移民区域亦有，海拉尔站之广信公司，火磨发动机为一百二十五马力，每昼夜可制面粉三十三吨云。

（七）制酒业——所有工厂，以倭伦错大兄弟酿酒工厂为最良，最初制酒原料用土豆，今均致〔改〕为玉蜀黍及稷子等矣。

（八）商业——呼仑贝尔商业之发达，乃在中东路建筑以后的事，那时俄商欲想乘机垄断此地市场，虽以政府严征运入蒙古赋税，俄人仍极力奋斗。民元呼仑贝尔独立，俄商更大肆活动，中国商业几乎破产，幸欧战开始，呼仑贝尔取消自治，俄人势力乃为之一挫。我国商人近年颇能改良商业方法，与内地密切联络，颇有欣欣向荣之状。兹将海拉尔及满洲里商店种别分述如下：

货品种别	欧式店	中国式店
面粉产品、麦片	四八	二五
油	三	一
鱼	二	
菜疏	一	一
糖	一三	一五
杂货、食料	一三	三
制选品及装饰品	六	四〇
烟	三	五

其他尚有东省铁路职工消费组合社及蒙古消费组合，均占有相当地位。商业的将来发展必有可能，因为此地当商品出入孔道，东至哈尔滨及海参威〔崴〕，西至后贝加尔，为中、俄、日三国角

逐之场所，今俄国与中国交换之货物，为食粮、皮货、沙金、牛油、冻油等，中国与俄国交换之货物，为布、茶、酒精、鱼、肉、羊毛等，据民十八年统计，此区进口货值二八五〇五美金，出口货值三四七〇四美金，出口超入口计六十一万九千九百元美金。至于呼仑贝尔人与蒙人经济生活接触的机关，便是离海拉尔一百八十俄里的甘珠儿庙会，所输出的货物为牛、马、羊、兽皮、兽毛、家畜等物，输入则为面粉、糜子、米、砖茶等物，交易方法与普通市场不同，庙会将开，各处蒙人即携所有之牲畜及畜产至市场求售，遇有购者即于袖内伸指令对手者握之，互相论价，价合则付款取货，但大群牲畜则常由买主赴蒙人之牧地交易，每年出超金额为数万云。

（5）呼仑贝尔的变乱

呼仑贝尔之纠纷，由来甚早，清初我国因俄人入寇，结《尼布楚条约》（康熙二十六年），失去贝加尔湖以南一带数千里土地，即现俄属西北〔伯〕利亚萨拜克省的地方，而俄国乃承认额〈尔〉古纳河以东的地方为我国的领土，——即呼仑贝尔地方，于是清政府乃改设旗制，颁布自治，设置都统，奖励移民，数百年间没有什么问题，一直到光绪二十二年中俄结《喀西尼条约》，俄国获得中东铁路敷设权，其势重伸入呼仑贝尔的地方。清政府也恐怕俄人深入，动摇统治的主权，乃在光绪三十三年废止自治制，直辖于黑龙江巡抚之下。并置一直隶厅于海拉尔，一府于满洲里，以巩固统治的主权。

俄人也很明了中国的情形，在一九一一乘中国革命，与呼仑贝尔人民对废止自治发生反感的时候，乘机挑拨离间，并对呼仑叛乱者予以实力援助，乃有一九一一年第一次的变乱。即一九一一年八月呼仑贝尔的商民招集会议，议决呼仑贝尔自治权及其他特权的恢复。当时重要议案为：

（一）中国官宪、军队全数退出呼仑贝尔；

（二）呼仑贝尔统治的全权归于呼仑贝尔人之手；

（三）呼仑贝尔禁止中国人移居；

（四）现在呼仑贝尔地方住居的中国人有不服从呼仑贝尔官宪的即放逐于外；

（五）关税与发掘权以及因自然富源所生之税金，一概归呼仑贝尔官宪所收纳。

同时，一九一一年十一月俄人又嗾使外蒙宣布独立，呼仑贝尔亦大相呼应，牵制我国对外蒙的军事行动，我国不得已乃与俄国交涉，结果于一九一五年十月关于呼仑贝尔问题成立《中俄协约》，遂恢复从前的副都统，自治政治再复活一次，其条件如下：

1. 呼仑贝尔定为一特别区域，直接归中国中央政府节制，并受黑龙江省长监督，遇有必需之事及便利文牍之往来，则呼仑官府与该省长相商。

2. 呼仑贝尔副都统，由中国大总统以策令任命之，并享有省长之职权，呼仑贝尔总管五员，及三等以上职官，始有任命为副都统之资格。

3. 副都统设左右厅长，一由副都统，一由内务部保荐，均须经中国中央政府任命，此次厅长之任用，应以呼仑贝尔四等以上职官为限，各厅之执掌，由副都统规定之，该厅长应受节制，经副都统许可后，始有与中央政府及其他各省直接往来文牍之权。

4. 平时所有该地军事专就本地骑兵执行，但副都统应将军事筹备情形及其缘由呈报中央政府，呼仑贝尔地方官吏，若认地方不靖，无力弹压之时，中央即可派兵前往，惟先通知俄国，迫地方绥靖后，即行退出呼仑贝尔外。

5.（略）

6. 呼仑贝尔及中国内地农工商人等，自由往来侨居，均一律看待，不稍歧视，惟呼仑贝尔土地，既认为旗民所共有，则华人仅得以定期租借名义，在各处取得田地并须禀申地方官厅查明此项农业无妨旗民放牲畜之处始可办理。

7.8.（略）

一直到一九一七俄国革命爆发，《中俄协约》当然无效，一九一〇年我国遂取消呼仑贝尔之自治权，而置于黑龙江省统制之下。

但我国此次收回，仍不过是一种形式上的统治权，或宗主权的收回，并未获得实际上的权力，呼仑贝尔还握得自治实权。执此权的即是呼仑贝尔人的海拉尔政厅是，其组织如下：

呼仑贝尔蒙古副都统衙门

左厅……内政，财政，户口　　　右厅……裁判，人事

印务所……管理文书　　　　　　额鲁特总管……旗务

索伦右翼总管……旗务　　　　　索伦左翼总管……旗务

陈巴尔虎总管……旗务　　　　　新巴尔虎右总管……旗务

新巴尔虎左总管……旗务

这海拉尔政厅实在是一个地方行政自治机关，左右两厅各置厅长一，实据有司法、财政、行政之大权，我国不过拥统治的虚名而已。因为我国这种不彻底解决的结果，果然在民国十七年七月造成第二次呼仑贝尔的变乱。

据外国报纸所载，此次变乱似乎酝酿了好久的。在该年七月中旬外蒙库伦政府即开始输送武器弹药于克鲁伦附近（外蒙与呼仑贝尔交界地），并于交界地方配有重兵，准备异常周密。至七月中旬，克鲁伦开外蒙露天市场，呼仑贝尔的青年党即乘此机会召集会议，结果遂议决呼仑贝尔与外蒙合并。至八月外蒙政府突然对

海拉尔蒙古政厅发要求合并的最后通牒，以八月十五日为答覆的日期，并以武力加以威吓。对此呼仑贝尔副都统贵福与保守一派，一方警告我国当局，一方开会议，决以呼仑贝尔之现状只能要求有程度之自治，不认为与外蒙有合并之必要的理由，反对外蒙的提议。我国海拉尔的镇守使张明九及呼仑贝尔道尹赵仲仁等则不知事件之重大，不加防备。而海拉尔政厅左厅长成德及新俄派人物，我方亦不知，形势乃日趋恶化。

呼仑贝尔蒙古青年党首郭道甫（成德之子）及敖明泰（成德之甥）以合并要求未成，遂于八月十五日夜半率蒙古骑兵袭击中东铁道西线，十六日晨，蒙古青年军约四百五十名出现于乌诺尔（海拉尔之东）车站附近，袭击第六次列车，并随处破坏路线，以断我军与齐齐哈尔间的联络。我军队闻讯，即发铁甲车驰往救援，发炮交战，不久，即击退蒙古军队。又有蒙古军一队出没于依拉克提（离满德赫三百二十七基米）车站破坏路线数处，与我军交战，亦被我国军击退。

十七日上午满洲里附近磋〔嵯〕岗车站，又忽然出现大队的蒙古军，与我国守备队交战，至七时，满洲里援军开到，遂击退蒙古军。黑军首领万福麟，亦即于此时自满洲里回省，途中被阻，待路轨修复后，始通过。万去不久，蒙军又得三贝子方面援兵三百，仍复重来，并向海拉尔方面追击。行抵乌诺尔附近，适值黑军牛青山团率部往三贝子救应张鸣九，中途相遇，遂开火，互击一小时。海拉尔第五团闻讯来援，合力迎击，蒙军乃不支，向三贝子退却。此为十七、十八两日战情。此后中东沿线虽屡有骚扰，因我军严密警备，渐归平定，自十八日以后已无什么动静。后来东省当局为结束此次纠纷起见，特派呼仑道尹赵仲仁氏代表与郭道甫进行和议，议决条件如下：

一、呼仑贝尔设参议处，参议呼仑贝尔改进事宜，呼仑贝尔二十一区，每区代表一人。

二、呼仑贝尔保卫团原额五百人增为一千人。

三、都统署增加经费。

但因上列各条件均未实践，青年党干部人物均退回库仑，惟该党代表郭道甫投诚东北，以收拾残局。乃由东北边防司令长官张汉卿任为秘书，并委办东北蒙旗师范学校事宜，此次事务才算结束。而不到一年，呼仑贝尔独立运动又跃跃欲试了！

民国十八年七月，中俄与中东铁路问题大起纠纷，二国相见以兵，呼仑贝尔青年党徒又乘机作乱，其事实大略如下：战争起时中国在中东西线仅留梁忠甲一旅与俄国抗战，支撑了几月；到十一月二十五日满洲里、扎兰诺尔相继失陷，俄军东进，市内变成无政府状态，当时海拉尔及其附近的蒙古人以为有机可乘，乃自组军队，名保卫团，实行自卫。集骑兵千余人占据呼仑贝尔的首府——海拉尔，倡言自治，海拉尔的蒙旗当局公然以灰色态度不予抵抗，向南方草地避难。同月二十七日俄军希雷海尔将军所部开入市内，维持地方治安，十二月二日各旗保卫团复将我留守海拉尔骑兵二百名驱出。自是以后，他们就自己直接行动，委官设治，定有什么主席、委员、县长、公安局长等名目，全权完全在王公大人之手，居然像似独立模样。后来二派争斗日趋激烈，青年党乃在新巴尔虎盐场一带，集合二千余人，与王公派互斗，卒以兵戈扰乱海拉尔，王公派败北之后，青年党即在该地组织苏维埃政府，政府委员七人之中，除该党领袖成德及其甥敖明泰而外，复有俄人二名，外蒙人一名；内面分四部，即政务、外交、军事、财政，主席为敖明泰，俄人在此公开活动，一时呼仑贝尔之严重，实较过去为甚。十二月二十三日俄军西去，呼仑青年党亦迫于情势退出海拉尔，蒙古政厅乃与中、蒙、日、英、美各国人士所组织之国际委员会，协力维持地方治安，直到一九三〇年一日〔月〕

三日海拉尔镇守使张明九与呼仑道尹赵仲仁重入海市，副都统贵福亦由大赉避难归来后，遂与蒙古政厅开诚接洽，海拉尔仍由副都统贵福管辖，地方秩序，始恢复原状，呼仑贝尔始转危为安，第三次独立乃昙花一现。

但是呼仑贝尔的变乱仍未已咧！呼仑贝尔青年党自一九二一年成立至今，已有十年根深蒂固的历史，几次没有达到政治上的目的，遇着有机会的时候，难免不再要出来活动的。并且敖明泰等都在库伦，与外蒙政府连成一气，又以地理上兴安岭以西划入于俄国的势力范围，所以呼仑贝尔青年党的再起，和海拉尔的暴动，都有再接再厉的可能了！

（6）呼仑贝尔与俄蒙

呼仑贝尔西北境，自满洲里以北，直到奇乾，长约一千余里，仅隔额尔古纳河与苏俄的西伯利亚交界。且额尔古纳河左岸的草壤与林矿与该河右岸比较，确有"羡彼乐土寤寐思服"的感想，这是苏俄在地理上不得不侵略呼仑贝尔的情形。

至于政治上苏俄的侵略呼仑贝尔真是源远流长；十六世纪斯拉夫民族的打败贝加尔湖前后的布里亚特蒙古部落，哥萨克骑士在黑龙江中部的筑雅克萨城，便是俄人在政治上侵略呼仑贝尔的滥觞。幸有康熙二十八年的《尼布楚条约》和《呼仑贝尔自治条件》的协定，才把俄人危害呼仑贝尔的阴谋遏住了！然而光绪二十二年俄人建筑中东铁道计划成功，呼仑贝尔不由得不划在俄人的势力范围内。现在苏俄既唆使外蒙脱离了中国，对于此左右臂的呼仑贝尔当然是不会放弃了，所以近年呼仑贝尔的青年党运动，苏俄常常的在幕布里面活动。

上面述过额尔古纳河的右岸是很荒漠的，所以俄人自然不断的侵入呼仑贝尔，从事农工业，如额尔古纳河一带的俄农，他们既不遵守中国一九二六年的法令归化，又不认为是三河承租公司的雇佣，明白的揭出他们的侵略主义和领土野心。此外矿业如该地的唯一金矿今亦为俄人的阿米尔公司所经营，包含呼仑贝尔额尔古纳河、大赍湖起至贝士河止，所有沿岸的一切支流地域，林业亦有舍夫欠克等人经营。渡船业亦有马司连尼可夫等经营。要是渔业，更为俄人所操纵，依据呼仑贝尔蒙旗与俄人正式订约组织的公司已有三十一个，包含阿尔顺河、呼仑湖、达兰格粒种河、贝尔湖、克鲁仑、大赍湖、额尔古纳河等著名渔业区域，有效期限由五年至五十年，至于呼仑贝尔原料的输出，亦以对俄为多，真是言之惊人！

其次，呼仑贝尔与外蒙也有密切的关系。此地虽在满清时代属黑龙江管辖，但以中有数百里纵断的兴安岭山脉隔离着，颇有"鞭长莫及人绝烟断"的感慨，反与外蒙东境和北部完全打成一片，并以克鲁仑河一带，两地可以互相放畜，同时呼仑贝尔的巴尔虎民族在清代虽然编入满洲八旗，但新巴尔虎的两翼乃由喀尔喀迁来，并且完全崇奉拉〔喇〕嘛教，可以认为纯粹的蒙古民族，而陈巴尔虎、额尔〔鲁〕特、布里雅特、达呼尔等族亦可认为其别派，故外蒙在政治上决不可放弃此东方的唯一屏藩与门户，一九一一年外蒙独立后即以此为蒙古帝国领土的一部，正式宣布外蒙古哲布尊丹巴可汉〔汗〕为呼仑贝尔皇帝，一九二一年外蒙平民革命党成功以后，更直接间接帮助呼仑贝尔人民改革内政，现在呼仑贝尔青年党本部尚设在乌兰巴图城（库伦），几次呼仑贝尔的变乱，外蒙政府成了一基本动力。

至于蒙古与呼仑贝尔的经济，尤有密切关系，呼仑贝尔的巴尔虎民族发达以来，放牧场所渐缺乏，每到冬季，新巴尔虎两翼的人民必定迁牧于外蒙境内，等到春暮才回呼仑贝尔，这样的生活，已有一百余年历史，如果外蒙方面不许他们迁牧，那么呼伦贝尔牲畜每冬必受若干损失。贸易中二者关系更属显然，以甘珠儿处庙会家畜的交易竟占海拉尔全输出额之半，以民国十二年庙会期中之交易额，为牛一千五百匹，马二千匹，羊二千五百头，其他尚有兽毛、兽皮、面粉、糜子、米、砖茶等货品的大批交易。这便可知呼伦贝尔与蒙古经济生活的关系。

此外，日本帝国主义自日俄战争以后，已攫得南满铁路，保有俄国在满南的一切特殊地位，由近几年惨淡经营的结果，很有能力伸入呼伦贝尔区域，每逢呼伦贝尔变乱，他便乘机鼓动呼伦人民革命，以达并吞东北的目的。如一九二八呼伦贝尔变乱之时，日本帝国主义的代表机关——《朝日新闻》说："呼伦贝尔青年党郭道甫一派抱大蒙古共和国建设之理想，图蒙古民族之完全脱离中国而独立，对此点表示相当之同情。……日本的满蒙政策是对于此种民族独立觉悟的蒙古青年，负指导启发之责，同情于彼等理想之实现。"这便可以知道日本帝国主义所抱之野心。

日人所谓对内外蒙的积极政策最好引田中奏章来解释，那上面说："我国退伍军人可向王府收买土地及羊毛特买权，命其常服支那衣服，以避奉天政府之嫌疑，散在王府管内实行垦殖、牧畜、羊毛买收等权。按其他各王府仍依对图什业图王府方法，而进入到处安置我退伍军人以便操纵其旧王公，待我国民移住多数于内外蒙古之时，我土地所有权先用什把一束之贱价而买定之……斯时也，是蒙古人之蒙古欤，抑我日本人之蒙古欤？"所以他们对呼伦贝尔的旧王公特别拉拢，如大连的巴林王府完全由日本人建造，以保护此等残余的封建势力，并组织什么满蒙自决会，组织该区内的无知民众，并予蒙旗学生、土匪、王公以种种便利，造成呼伦贝尔社会的混乱与不安。总之：苏俄帝国主义则从下层基础着手，鼓惑青年革命党叛乱，日人则用种种阴谋巩固满蒙王公特殊地位，二者均殊途同归，以夺呼仑贝尔为目的。我们均不可忽视。

（7）呼仑贝尔的将来

呼仑贝尔介乎俄、日、蒙三民族角逐之中，加以内部民族复杂，党争剧烈，占有此远东交通上的唯一位置，所以这个问题要求一个彻底的解决非常困难。考自一九一一年呼仑贝尔独立以来，我国政府对此问题所采的方案大概不外四种，即是：（一）外交手段，这一派认定呼仑贝尔事变，完全是俄国人主使，我们只要把对俄外交办好了，这个问题便可迎刃而解，一九一五年外蒙和呼仑贝尔的独立，便是这么解决的。但我们应知道俄国人固然是一个嗾使者，但我们和呼仑贝尔民族若能有南北比利时民族一样的了解与互信，俄人亦无所施其伎俩，若能二民族在内政上把一切因袭的形式打破，整理得井井有条，则俄国人更没有什么办法造乱，并且历史上告诉我们每用外交手腕解决一次，日、俄人的权利，便增加一次，以后这个方法是万万不可再用的。（二）武力解决，这一派大概是迷信武力的，一九一九年外蒙和呼仑贝尔的自治之废除，固然收了一时之效，但二民族之感情便由此破裂，反动思想更深为传播了！况且呼仑贝尔民族，天性枭悍，勇而好战，该地骑兵有一人敌十人的能力，虽有巨枪大炮，对此散队冲锋的兵士，亦失其效力，加以呼仑蒙古地方，一坦平阳，骑兵出没无常，今所有的五千员兵足可困敌兵数万，出兵征伐，亦不一定有功。（三）笼络政策，这一派是认定蒙古民族是一点没有出息，也没有什么自决自治的能力，所以一点不想根本改造的方法，对于王公、喇嘛和知识阶级的青年们，都用笼络政策，无论国内的政治怎样革新，都不能影响到蒙古，所以不管是建设什么政府，对于蒙古王公们的特权始终予以保障，此政策的结果便是养成呼仑贝尔人民，永远没有自立的精神，这是故意伤弱呼仑人民，使之不能担任国家职责的政策，结果只有一天天使本问题复杂不得解决。（四）封建削权，这个方法便是把蒙藏人民广分部旗，旗设一扎萨克，掌司政令，权小势散，无集权坐大之弊，更合数部数旗或一部数旗为盟，设盟长、副盟长各一，每三岁搜集军实，检阅边防，清理刑名，审查丁册，集合有定所，仍简派大臣莅视，而盟长只有临时考核之责，初无统治之权，所以亦不怕有尾大不掉之患。其盟长受清册封，隶理藩院，民国成立便改理藩院为蒙藏院，国民革命而后，复改蒙藏院为蒙藏委员会，对于蒙旗组织、王公制度，均无变更，使呼仑贝尔人民在二十世纪的现在，还有蟒袍玉带的官吏，岂不滑稽之至。因此，狡猾的日人便将计就计，利用王公势力以侵入呼仑贝尔，俄人便利用呼仑贝尔的青年，以扰乱呼仑贝尔。这么封建方法，我们当然不可再用。据我个人的意见，我国政府应帮助呼伦贝尔人民作彻底的改进，大概可从底下三事着手：

a. 政治方面——呼仑贝尔人民的政治运动，与其说是对外的，无宁说是对内，因为该地在世界封建制度崩溃的现在，尚留有极可笑的王公制度，这种遗制不为一般新智识分子所欢迎，是必然的，该地青年独立党的领袖对此也曾明白的宣言，他说："我们深知呼仑贝尔是不够组织一个独立国家的条件的，所以我们对外主张自治，对内主张民治，我们运动的目标，是要蒙古人来治理蒙古，我们不要腐败的王公制度，我们也不愿受贵族阶级的宰割，我们是要近代的民治主义"，这便可以知道呼仑贝尔人民最逼切的要〈求〉是自治与革新，并不是要脱离中国另组国家，我们只有照苏俄统治各民族的例子，在该地施过一度训政以后，便尊重该地民族的独立思想与民众利益，承认其自治行政权，使成为中华民国的一健全部分，并援助该地的大多数民众意见，推翻现有蒙旗王公封建遗制。

b. 经济方面——呼仑贝尔地方宜农宜牧，可垦殖的地方非常之多，并不是什么不毛之地，日、俄两帝国主义对此地物产富源均有相当的调查与统计，并没〔设〕有统一的投资机关，专事开发，我国除清季苏、宋两都护使曾一度设立边垦局以发展该地经济外，今一无所闻，故呼仑贝尔虽开放业已数十年，经济事业尚依然故物，实我们没有努力的结果。此后我国政府对此地应举办精密的调查与统计，俾能认知此地真确的经济价值，更拟具五年或十年的经济建设计画，与该地民众切实进行，使呼仑贝尔的经济事业方能得一充分的开展，那么，日、俄在此区内的经济势力便不排自除了！

c. 文化方面——最近我国里面各民族之所以变乱，便是因为我汉民族与其他民族之不能互相了解，而各民族之不互相了解，又完全是民族文化没有立于同等地位，不能互相沟通的结果，所以我们对于外部各民族不但应扶植他们自治，更应尊重该民族的历史与文化，扶植其发展，只有民族文化立在同一水平线上，方无歧视与怀疑的事实，如苏俄之与各邦便是一例。此后我国教育界应注重该地文化事业的促进，并举办专校教诲该地青年，力破传统愚民政策的陋习，呼仑贝尔的政治、经济庶几有一番新的改进。

（8）结语

以上将日、俄、蒙三民族角逐下的呼仑贝尔情形述过，想我爱国同胞为了要保全此十五万六千方里地方版图，为了保障我内蒙和北满的安全，必不会袖手旁观，任他们在这儿逐鹿吧！犹其是当倭寇祸华，兴安岭外风声鹤唳之秋，想必对此地的现情的了解更是非常关切的。

不过，我们四万万同胞除一面对此太平洋上的巴尔干——满蒙问题加以深锐的研讨外，还应参入此伟大的民族斗争，与一切侵害中国民族生存的赤白帝国主义作殊死战，国家庶有可救之日，民族庶有复兴之期呀！

《世界旬刊》

世界学会长沙分会

1932 年 21、23、24 期

（李红权　整理）

内蒙近状

李寿山　撰

　　内蒙地带，业经中央设置热河、察哈尔、绥远、宁夏四省，惟省府名义，虽辖各盟旗王公，然其政治力量，仅及汉人，征收赋税，亦仅止于汉人。凡蒙人聚集之地，租税、行政，均受理于盟长王爷，其行政区域，仍以旗盟为准。蒙人村落之中，凡类似于区乡邻闾长之自治职掌，均无不备。区、乡以上为旗，旗主曰王爷，有左廷、右廷，等于左、右丞相。十旗为盟，盟长主之，盟长之权，拟于省府。盟之大，有逾半省者。盟及省每各自为政，惟遇有特别事件，则互相交换意见。蒙旗均有军备，其数为数千、数百者不等，盟则或统数万，弹械供给，除由剿匪截获者外，亦由中央拨给。近年来，内地军事，迭起风云，一般下野军人各部属，每沦于匪，聚啸成群，截劫生财，更向日俄商人，偷购弹械，肆行扰乱，以供强邻之利用。各盟军队，视匪众多寡，或穷加追剿，或避不应战，每每席不暇暖。内蒙自外蒙实权丧失之后，人民思想，即起显著之分化。各旗、盟王公，安于守旧，而一般留日留俄归来之青年学生，则醉心革旧，而尤以留俄学生，深染"赤化"，辄思妄动，总冀打倒旧势力，起而代之。惟各盟长王爷，深体中央德意，爱护国家之心殊切，沉着应付，竟不为动，故新派青年，卒不得逞，然隐忧四伏，前途诚难逆料也。又最近外蒙人民，迭于"赤色恐怖"之下，逃归内蒙，每次均在一千或数百以上，实为内蒙"反赤"最好之殷鉴。然逃来归附者，又多为老年男妇，及外蒙各地王公，青年人则甚少也。蒙人尚保存其古代游牧之生活，只知以牲口、皮毛、毡子与人交易，而不知精益求精，以从事各种织工业。虽有其别殊之文字，然除宗教经典、符箓而外，关于科学之叙述极鲜。村落中亦无学校之设备，惟将年长学邃之人，推为教师，使各家子弟，从之问字而已。热、察、绥、夏各有粗具雏形之学校一所，合授汉文、蒙文，即为各盟、旗子弟唯一升学之地，其学程低于初中而高于高小，就当地视之，亦中等学校也。一般人之心理，均安于游牧生活，绝不冀有何进步，且惮于改造。蒙人财富，悉源于畜牧，大富之家，牛马之多，以千万计，至少亦十数头，家无财产者，则为数极少。然此少数无产之流，亦每受雇于人，按日得资，绝不至赤贫如洗，故蒙人无乞丐，其所以然者，地广人稀也。深入蒙古者，无任〔论〕何人，若能操蒙语，则凡人烟之处，均可任意就食就宿，蒙人无不欢迎，如饭店旅馆，索取食宿代价之事，不见于内蒙。内〈蒙〉商业亦颇发达，日、俄商人，常涉足其间，尚有以物易物之风，亦有使用银两者，然皆为碎银、元宝之类，银元、钞票概不通用。谈开发西北者，每以开垦为口号，而开垦一举，实于游牧民族之利益相冲突。盖土地多辟一尺，则牧地缩小一尺，且办垦务者，必移内地人民承耕垦地，自蒙人视之，无异逐之他去，而占有其旧有之土地，最足以离间民族感情，而兆分裂之虞。故欲开发内蒙，莫如就蒙人牧畜事业，加以改进，使其生产增加，受到切身之利益，则内蒙之边陲巩固，可勿虑矣。

《蒙藏旬刊》

中央宣传委员会蒙藏旬刊社

1932 年 33 期

（陈静　整理）

现代之蒙古

苏俄一九一九年外蒙考察团　原著　　　王之相　译

原叙

　　本书发生之原起，有如下述：一九一九年春，全俄需供公司中央之西比利亚分部，因情势之所迫（详述于后）须利用蒙古之肉产，顾欲在其素不相识之新区域内，为广大之经济事业；此种环境，实须要对于该地域之产业、社会、政治，以及风俗、习惯、沿革等情状，有精确之认识，方能济事，此乃大前提也。因此，凡受嘱命办理蒙事者，必须先考察关于蒙古之著作，亦属当然之事。惟其搜罗此种著作之结果，甚为可悲。据最近之调查，始悉我国关于蒙古之著作，均属甚不丰富。其专门论述蒙古经济著作，且全付阙如焉。纵有数种著作，现所存者，如《莫斯科商业考察团之报告书》，勃葛列波夫与索葛列夫所著之《俄蒙商业概略》，以及勃罗班氏所著之《现代商业经济关系中之蒙古》等书，均已腐旧不堪；盖均系欧战前之著述，不足为吾人断定现今蒙古情状之可靠根源。此专门考察团对于蒙古实行新考察之意思之所由来也。中央联合会，嘱余为考察团之领袖，余欣然从之。当经议定以考察蒙古（专就北蒙或外蒙自治区域而言）经济，为考查团之主要目的。但因我国对于蒙古诸种事物，均欠明晰之故，考察团于同时，并受有嘱托搜集关于外蒙国家政治生活，以及文化沿革诸问题之材料焉。

一九一九年五月六日，考察团由伊尔库次克城启程首途，同月十五日，行入外蒙自治区域境内，直抵恰克图。第一久停之地点为库伦。在库伦办理整备行装，购置长途用品等事。并获得关于地方经济极有价值之材料，就中最关重要者，为哈特黑鲁地方人口、畜产之第一次调查表，盖系外蒙自治政府于一九一八年所编制者也。七月十一日，考察团由库伦启程西行，取道爱尔杰尼祖（额尔德尼召）、扎音沙毕、穆林库连、哈特黑鲁、杭嘎、齐森郭鲁、乌里雅苏台、杭格里次克等处，费时三月有半，约行两千俄里之遥。十月杪，考察团驻于杭格里次克河畔，布置一切，预备过冬。布鲁笃科夫君，曾于此处供给考察团以住所，并赠书籍多种，尤以关于蒙事之书籍为最夥。

考察团于冬季之数月内，实行考察科布多区域，完成中央联合会所委托之事件。并着手编辑所搜集之各种材料，本书亦系在杭格里次克河畔过冬时期之所编辑也。回俄之途，系取道哈特黑鲁、蒙德，直抵伊尔库次克城。总计考察团，在外蒙区域内，共历时十六阅月，行程约三千俄里焉。

组成考察团之人员，并非甚夥。余为该团之领袖，此外尚有余之帮办嘎黎科夫君，当时管理撮〔摄〕影及簿记事务。翻译员巴图哈诺夫君与艾波夫君，管理粮食、家事，并有管理马匹、粮车之夫役三四人。昔日考察蒙古之人，每以不能得有精良之译才为难事，余于此种关系中，则甚为满意愉快。盖余之翻辑译员巴图哈诺夫君，系库伦蒙古学校之教授，余实得有经验、学识两者兼优之译员，吾侪考察团之成绩，赖其辅助者甚多。此余对于巴君，及其他参与考察团之各员之勤劳协力，应致诚恳之谢忱者也。再，余考察科布多区域之时，中央联合会科布多事务员吉歇列夫君，曾与以最贵重之协助，亦当深为致谢。

　　考察团旅行蒙古之方法，甚不一致。由恰克图至库伦，吾人系雇用俄人经理之马匹，乘马而行。由库伦启程时，系乘用自己马匹，随带马夫四人（余个人全部旅行，均乘马或乘驼而行），在乌里雅苏台，留置车辆之一部分，并以车马、骆驼兼用之混合帮，行抵杭格里次克地方。行经科索郭鲁湖（通作库苏古尔湖）① 时，吾人系搭乘俄国中央联合会所有之蒙古号轮船。冬季之旅行，则全系乘用骆驼。归途直抵哈特黑鲁地方，均系乘马。吾人之行程，平均每日约三十至四十俄里。在各重要地点，如札〔扎〕音沙哗〔毕〕、哈特黑鲁、乌里雅苏台等处，均为七日至十日之停留。因此番经验之结果，余确信旅行蒙古之最良方法，实为乘骑而行：夏季宜于乘马，冬季宜于乘驼，在蒙古交通未经根本改革以前，余敢断然以此种方法，供献于将来之蒙古考察家也。

　　各种材料之搜集，余曾用尽种种方法，并曾寻求于各种处所，凡俄国领署、俄国侨民、中国商店、蒙古官署、蒙古寺院、蒙古王公、喇嘛以至于庶民，全在调查之列，余均尽力取得应用之资料。余所特别注意者，为取得蒙人之消息；关于此事，余实获得伟大之成绩。然因艰苦之经验，余确信对于蒙人所传达之消息，必须加以极大之慎重，而后可以定其取舍也。余于搜集材料之时，系同时使当地居民（俄人与蒙古人），知晓需供公司之实质及其目的。余曾将自伊尔库次克城带去之需供公司书籍多部，供给该地方之俄人，使之阅悉。至于蒙人方面，则考察团曾在库伦出版一种蒙文之《小册便览》，详叙需供公司之原理、制度，及中央联合会之组织内容。此种《小册便览》，曾经散布于蒙古都城，及其外省之各种官署。此外，中央联合会驻蒙之各种机关，亦曾加以传播焉。

---

　　① 后文又作"柯索葛鲁湖"、"科索葛尔湖"、"科索郭尔湖"。——整理者注

考查团办理事务所处之环境，甚为恶劣。当一九一九至一九二〇年之时代，俄国旧日之声威，在外蒙自治区域内，几至扫地以尽；此种声威之堕落，影响华、蒙人民对于俄人之待遇者，至重且大！前此俄国之旅行家，如柯兹罗夫上校等，几于蒙古各旗，无不受其欢迎；为之设备专用之居所，宰羊数十以宴享之，实曾与以种种之招待。今则时过境迁，迥非昔比矣！吾人所旅行之外蒙，虽不能即谓为怀抱仇视之地方，然亦究非亲善之地方，无时无事，不赖己力之维持。欲在蒙古官署方面，得有何种之协助，甚属难能之事！倘能得其通常持平之待遇，已属甚善；并此亦不多见也。至关于侨居外蒙之俄国商民，则其对于考查团之待遇，约具有两种性质：该商人等，始则因希望中央联合会补助其业务，表示对于考察团之好感，并与以协助；继则因其所受希望者不尽可靠，遂轻轻揭去其同情之假面具，伪示惊异之状而言曰："此民脂民膏之金钱，岂可如此任意浪费于各种'考察'等名目耶？"然不可因此湮没，足以使人欣幸之几种例外，如维特君、萨波拉诺甫君、布鲁笃科夫君，均曾加以亲善之待遇，宝贵之协助，使考察团得易于达到其目的，此余当深谢者也。再贺穆多夫君，曾送数种蒙人状态之铅笔画，亦当致诚恳之谢忱。

现将考察团所搜集之材料，关于其编辑之体裁，略赘述之：我国关于蒙古之一切旧著作，均具有两种性质，盖均系专门之著述，为一般人所不易领悟者，如波尔日瓦里斯基氏、柯兹罗夫氏、白甫撮夫氏，及其他诸氏之著作，几全系专门著述蒙古之地理。波塔宁氏，则系专注重于蒙古之地理与人种学。玻兹尼耶夫氏，则系专注意于蒙古之宗教。勃葛列波夫氏、索勃列[①]氏、勃罗班氏，

---

①　似指前文之"索葛列夫"。——整理者注

及一九一〇年莫斯科商业考察团之诸君，则皆系专门研究蒙古之经济是也。迄于今日，尚未有将所搜集之一切材料，郑重其事，合为一编者。且昔日考察家，多系记载其考察团之所得者，著为专书；其著书之外表体裁，多不适于用，非专门家之读者，常刊载旅行之日记，或就原稿刊载，或略加修饰（波尔日瓦里斯基氏、柯兹罗夫氏、波塔宁氏、玻兹尼耶夫氏，及其他诸氏之著作，均系此种体裁），均极干枯乏味，平淡无奇。其叙述同一之事物，常散见于十余处，此系日记之体裁，否则所不许也。各考查家有时亦欲为明显一般之叙述，而其所叙述者，则常具有晦涩之性质，转足以使一般之读者畏难而退。

　　专门之学者，率皆偏于欲在学科叙述未开明之体裁中，考察其学问之本真；其实，此种方法，不过为既往时代所遗传之旧习而已。盖彼时之所谓学问者，乃系少数学者之专利品，借以图其自己之私利；炼金术之化学家，其所著之书，务使一般人不能领悟，此吾人之所共知。炼金术化学家之惯技与心理，直至今日，虽属薄弱，尚仍继续存在于某种社会之中也。十九世纪之诸大智识家，曾以光明之模范，昭示吾人，高深之学理，如何可以使一般人同能领悟，并〈不〉失其无上美丽之叙述。试举勃克里氏、马尔克斯氏、拉萨里氏诸大家，可以知矣。乃专门之学者，竟岐〔歧〕视之，甚至表示疑意，谓此种维新之学者，能否认为当今之学者。

　　我国关于蒙古之旧著作，既极端受一般人之轻蔑；故余今日着手编辑考察团所得之材料，决意矫正昔日考察家之此种过失。本书之特色，遂因此而生。盖本书首应注重者，系将其内容，使人领悟；次应注重者，系非关于吾人之考察团为何种之叙述，乃系叙述蒙古之事物。且非关于蒙古生活中之某种一项事物而为叙述，乃系叙述其一切生活及全部地方也。既具有此种意见，故余将考察团之日记，全不列入（考察团之日记，仅可作为余之参考材料），而将其所得之重要统计表，刊附于本书。又因各项经济问题，为吾侪考察团之主要目的，故定为本书之重心点。其他关于著名地方，国家组织，以及宗教、风俗、习惯、历史、地理等项之论述，则系将吾侪考察团所得之材料，与昔日各考察家所得之材料，兼收并纳（凡采用昔日考察家之材料时，均于括号内注明其本源，及该项材料，系采自何处）。总期群流汇海，集成大观焉。盖余所抱之目的，欲供献于读者，非系欲其仅得琐屑之一知半解为已足，乃欲其得窥全豹！倘余得达此志愿之一部分，亦余所深为欣幸者也！

本书弱点之方面，余亦非盲不加察；良以吾人所手创之一切事业，均不免其许多之缺点，本书抑何能独免。矧本书所论述之地方，几毫无统计之知识。凡一切问题，专赖精确之统计数额，方能为完满之解答者。吾侪则须专赖观察之力以解决之，是其弱点，尤为不可逃也。余惟有尽心忍〔尽〕才力以为之而已！故将来考察中央亚细亚之诸大家，倘能获得较余完美之材料，深愿其有以矫正余之误点，亦如余于本书之中，多次矫正前人之误点。学问发达之自然程序，固当若是也。每代之著作，其矫正之责任，皆负之于其后代；后代矫正其前代之过失，亦能受矫正于其自己之后代焉。

（一） 土地

1. 地理之位置及疆界

外蒙自治区域，又称外蒙古（本书系专述外蒙自治区域），其土地成为中央亚细亚北部之终端；位置在北纬四十二度，及东经八十八度与一百一十六度之间。其天然地理疆界：在西北及正北方面，则有俄属阿尔泰山、唐努鄂拉（参看注一）、萨彦山、肯特山，及外兴安岭支脉，诸山脉绵亘不绝；在正东方面，则有大兴安岭岭脊之环抱；在西南方面及正南方面之一部，则有蒙古阿尔泰山众峰之高耸。此众山绵亘密接之连锁，仅在东南方面，方见断绝。外蒙自治区域，遂于此处得与中央亚细亚之大戈壁沙漠接壤焉。外蒙政治上之疆界，几全系随其地理上之疆界而定。仅在西南方面之一处，外蒙自治区域之领土，超越蒙古阿尔泰山界外，包有戈壁平原之几部分；但此乃例外。外蒙自治区域之全部，成为地理上之单独区域，天然与外界分离。其沿边界线七千俄里之中，约有三千俄里与俄国接壤，四千俄里与中国接壤。故外蒙自治区域，乃系介于中、俄两大间之地带。于本书下文，可以屡见此种事实，有切实之关系，及于外蒙历史近世时代之一切改革也。

注一：因唐努乌梁海区域，"叶尼塞河源区域"究应谁属，未经释明；余不将其列入外蒙自治区域之内，于下文将论述之。

2. 地域之长广

外蒙自治区最大之长度，自北向南，约达一千俄里，自西向东，约达二千五百俄里。其所占之面积，据克罗斯多维次及柯脱维赤两氏最新地图之所载圆周计算，可达一百二十五万俄方里（参看注二）。换言之，外蒙区域之面积，成为俄国面积十五分之一并超过欧战前大不列颠国、法兰西国、德意志国等，各该国总面积也。

注二：认为应行注意者，外蒙自治区域地理之研究，非属吾人考察团之目的；故于本章之内，采取昔日考察家之所得之材料，因该考察家等对于外蒙自然历史界，曾加以主要之研究也。偶参己见以补充之，亦属仅有之事。因此凡本章所叙述者，其正确与否自应由昔日考察蒙古地理诸家完全负责也。——译者案：实不正确，昔日考察家皆抱侵略野心也！

3. 土地之表面

外蒙自治区域所占之地域，处于高山峻岭之间，成为广大之平山高原，超出海平线甚高。此平山高原，形成两部：自俄属阿尔泰山之永雪界起，至鄂尔浑（浑通作坤）河之流域止（约自东经八十八度至一百〇三度），为最高多山之西北部蒙古。自鄂尔浑河之流域起，至大兴安岭之高处及大戈壁沙漠止（约自东经一百〇三度至一百一十六度），为较低浪纹形平垣〔坦〕之东部及东南部蒙古。

蒙古高原之高度，各地方自不一致，据参谋部之地图所载，其各地方超出海平线之高如左：

库伦城	四，三五〇英尺
乌里雅苏台城	五，四〇〇英尺
科布多城	四，四九〇英尺
哈特黑鲁卡伦（似即科布多、唐努乌梁海间之杭达盖图卡伦）	五，五〇〇英尺
爱结面河中流（后译作爱杰河，为色楞格河之上源，通作额德尔河，一作鄂叠尔河）	五，六四〇英尺
哈拉乌苏湖	三，七四〇英尺
乌勃萨湖（乌布萨湖）	二，三七〇英尺

超出海面平均之中等高度，西北部蒙古，为五千英尺。东部及东南部蒙古，为三千七百英尺。蒙古高原之全部，为四千六百英尺。或约计有一零四分之一俄里焉。

高原之表面，有山甚多。各边区内，有俄属阿尔泰山、蒙古阿尔泰山、萨彦山、唐努鄂拉、肯特山，及大兴安岭诸山脉；绵亘不绝，其高度几超过永雪界。蒙古之最高点，为塔崩勃格多（蒙古阿尔泰山，"塔崩"蒙语五也，勃格多应五〔为〕博克多也）。
群峰中启腾峰（启腾，应作奎屯，蒙语冷也，见各图）之巅顶，
高出海面一万五千英尺之多（参看一九一一年萨波日尼科夫氏所
著《蒙古阿尔泰山》第二七二页）。其他之高顶，在蒙古极边西北
部乌勃萨湖附近，有哈尔奇拉山峰，高达一万二千五百英尺。又
在柯索葛鲁湖（即库苏古尔泊）北岸，有蒙古萨尔堆克峰，高有
一万一千五百英尺（参看葛卢穆葛尔日玛意罗氏所著之《西蒙古
与乌梁海》第一卷第九八页至第一七〇页）。外蒙边区诸山分出多
数支脉，散布于各处，隔断外蒙自治区域之地域。除沿边之诸山
脉外，蒙古高原之内部，复有广大之内地山脉，即杭盖山脉是也。
此山脉自西北向东南，自唐努鄂拉岭脊起，至鄂尔浑河源止，绵
亘不绝，延长四百余俄里。其中等高度，约达八千英尺。此山脉
之中心点，为塔尔巴哈台山峰（在乌里雅苏台城附近），其最高之
鄂赤尔王峰（亦称鄂特洪腾格利峰），高出海面一万二千英尺。杭
盖山脉中，常遇有业经熄灭之火山，可为默然不语之证人，证明
此处于既往之某时期内，曾有天然力之奋斗。然即在吾人之今日
时代，地下热火之剧烈动作，亦正尽〔不〕息也。外蒙自治区域
内，有时发生地震。最后一次之地震，发现于一九〇四年，其震
动之区域甚广，自乌勃萨湖起，至桑根达赖湖止（桑根，通作桑
沁。亦作三沁达赖泊），约长四百俄里。至今蒙人尚指示因大地震
之结果，地中所遗留之最深裂隙。该处有王格音呼赖庙宇，正坐
落地震区域内，蒙人多因某佛喇嘛之预言，信其不久即将倾毁焉。
在此庙中，时亦至今尚能时常听得地下轻微之震动声也。

　　杭盖山之西北，有甚长（约二百五十俄里）而狭窄多石之杭
科科山岭（地图内普通注为杭呼贺依山），与杭盖山相连接，直抵
乌勃萨湖止。此山岭不甚高，在其最高之杭科科山峰巅顶上（本
山即因此得名）。夏季时，只在最深之积雪地方及山谷内存雪不

消。山岭之本体，均无存雪。故葛卢穆葛尔日玛意罗氏之推测，谓杭科科山几处极高之点，达于一万二千英尺，显系误谬也（参看注三）。

注三：见葛卢穆葛尔日玛意罗氏所著之《西蒙古与乌梁海》第一卷第一六七页。余个人关于杭科科山所有之意见，乃系得之当地人之传述及自己之考察；盖吾等之考察团，曾在杭格里次克过冬，乃正系在杭科科山北面之山脚下也。

因土地表面具有如此之性质，故蒙古之地方，尤以西北部蒙古为最，乃系多山岭之特殊地方。形成为众山间不甚广阔之山谷及盆地。有多数之河流、湖泊在焉。其各山谷地方，颇有真正美丽者。鄂尔浑河（洪〔地〕图作帖哩吉尔穆连河）、塔密尔河、切里吉尔穆林河、德日尔嘎兰特河，及其他诸河之流域地方，其美丽之景色，与山水之明秀，均足以引人入胜。余最为念念不忘者，为德日尔嘎兰特河之流域地方。此处山光美丽，茂草如丝；清流激湍，经过石间，潺潺有声；两岸绿草铺茵，有如织锦；空气则鲜洁爽畅，充满花草之馥芬，吸之甘美无比，如啜香醇之饮料。凡此清景，均足使人心旷神怡，感念不忘也！余当夏日夕阳西下之时，登高远眺，游赏此落日衔山，晚霞辉映之山谷，不禁心神焕发。觉此山谷，名实相符，确系快乐之境界也（德日尔嘎兰特，蒙古语快乐之意思）。蒙古各山脉之一般形态，与吾人在欧洲及西比利亚西部所习见者，颇有不同。如除去沿边最高之山岭，及各分立之塔尔巴哈台、哈特奇特诸山，则在蒙古内地，实罕见险恶之山岭，具有岩石之岭顶，悬绝之石壁，深暗之山谷，及繁茂之林木也。蒙古各山之景色，亦非具有雄伟之层叠与夫勇壮之飞腾〔腾〕，直上天空，毫无险恶可怖之形势。常系中等之高大（高度普通为一千至一千五百英尺），其丘陵式之山顶，多系漫圆形，并无林木，仅蔽以茂草。众山连琐〔锁〕，绵延甚远，此平坦绿色之地面上，偶有尖锐之石块与突出之怪状岩石，闪铄〔烁〕入目。不见此种岩石之时，则细微之山形，倾斜之坡面，平匾之高顶，又复现于面前。此地之天然景色，非促人警醒，乃使人精神上感触沉静平淡之意味而催眠也。

　　然前述之各种山形，及各山之间之碧绿山谷，不能概括外蒙自治区域土地表面之各种形状也。此外尚有沙地与沙漠：蒙古之沙漠，乃系中央亚细亚大戈比沙漠之支脉，如巨大之斑点，散布于各处，以南部与西部为最多。吾侪之考察团，在乌里雅苏台至杭格里次克之途中，经行空谷河（此河流入阿依里克诺尔湖）流域之沙漠，经四日之久。此沙漠东西延长，约达一百五十俄里；其广度，由八俄里至三十五俄里，各处不等。其地面之下层，系不甚高之山脊，由红色之花岗石所成。但现今此山脊为沙土所掩蔽，直埋没顶端（参看葛卢穆葛尔日玛意罗氏著书第一卷第一八三页）。登于高处，望见此空谷沙漠之时，则恰如广阔无际波涛翻动之灰黄色大海，现于面前，为大魔术家引入梦境。其无数之波浪，均保持其原始之奇异状态而永久凝固，并成为茫无际涯迷离曲折之螺堂。丘陵起伏，状态相同，彼此互相依附，凌乱无序，堆叠而成。此大沙漠海之内部各处，偶见有尖锐之花岗石山顶突出。此乃昔时山领〔岭〕之遗迹，恰似追怀既往，而对于现在有所抗议焉。如美丽伟大之古尔布乌兰（蒙古语，系三个红色之意思）群峰是也。此处为沙漠最狭窄之地方，吾侪即系由此地经过。吾侪因预知通过之难，曾先筹得预防之必要方法，所有行装辎重，均由吾侪所携带之骆驼运载之。马则加料饲以燕麦，马夫几全路尽系徒步而行。虽如此，而吾侪强壮经练之三马，驾一空车，尚能强力曳之前进。盖车轮陷没沙内至轴，马则陷落及膝之半；每逾十五分至二十分钟，必须给与此力竭声嘶之马匹以休息之时间也。经行此八俄里之沙漠地，计费四小时有余。渡过此难关以后，吾侪直向宫诺尔之小湖地方，马匹疲劳之程度，达于极点，必须为竟日停留，以资休养也。

空谷沙漠，并非系外蒙唯一之沙漠。此外尚有广大之沙漠海，由都〈尔〉嘎诺尔湖向东南方面，延长三百俄里之遥。经过克色音搭拉，直达扎音贺音河源，其广宽由十五俄里至三十俄里不等。杭科科山与贴斯河下游之间，亦有极大之沙漠地带。此沙漠在乌勃萨湖之东方，长约一百七十俄里，宽度五俄里至三十俄里。惟此贴斯沙漠内，夏季尚有蔽以草类植物之处。空谷沙漠与都尔嘎〈诺〉尔沙漠，则大部分皆系不毛之地也。蒙古高原之沙漠地，与其他流沙性之沙漠地相同，亦有迟缓而不能制止之流动。蒙人之向导某，在空谷沙漠内，曾示余一奇异之地方。盖此处昔日曾有某戚属之冬屋，临近之沙丘，渐渐掩蔽之。年复一年，掩蔽愈甚，势非将此冬屋尽行埋没于灰黄色大沙丘下不止。冬屋之所有人，遂弃之而迁徙于他处。逾数年后，此冬屋竟复自行出现，渐渐由沙内露出。惟系在沙丘之反面，非复居于原处矣。其出现之顺序，系先露出屋之一角，次为屋基之一部，又次为全屋之一半。当余见此屋之时，约有全屋三分之二，已经出现。据蒙人之向导某所言，该屋之主人，拟过二年后，将重复占有其曾经被难之所有物焉。流动之沙漠，现在已越过此冬屋前进。关于上述之事实，余曾屡次听得都尔嘎诺尔湖与空谷河、扎音贺音河区域内之土人传述也。

除沙漠外，在外蒙境内，尚有广阔之草地平原，愈向东方愈多。此项平原，通常皆系具有轻微之浪状，蔽以密茂之草。有形成不甚深之盆地者，有形成低丘式两山间之广大山谷者。其特点成为不愉快之性质者，系该处之水异常缺乏。行经数十俄里之途程，常不遇一小河或泉水，并最下之池沼亦无之，实系一望无际之绿草地也。吾侪之考察团，旅行蒙古之时，屡次经行此种之绿草地。为使阅者对于蒙古草地之性质，能得明了之想像起见，特由旅行日记中，择录简略之叙述如左：

天色蔚蓝，望之不知其所极。此苍苍无限之空际，时见白云悠悠，重叠高下，奇形怪状，其势不一。映以七月天气之晴光，静止不移，恰如有所牵系者。赤日高悬，炎热甚炽，施其酷暑之光辉及于地面，空气红烧。遥望之时，见精细光明之气流，蜿蜒如蛇。此天空之下，有广漠碧绿之草地。其茂密之草，静默微摇，似若处于此帝德造化亲热接吻之下，而毫无感觉者也。草地之天涯尽处，遥观众山曲折之顶线，似有尖锐之山峰石岩突出，似有古代之遗迹形体，发出蓝色，体态轻盈，薄蒙雾色，飘飘然若浮于空际。当此困人天气，溽暑郁闷，不堪言状。在此广大旷漠，一望无际之草地内，其狭小黄色如带之曲径，切断草地，由此端直达彼端。此种情景，殊令人发生奇异之愁肠与纷扰不安之前途意向也！

此旷无人烟毫无生气之草地也，纵目四望，各处皆空。无帐幕，无马群，无羊牛，亦无于此绿色平原上乘马疾驰之人。盖以百里之内，常无涓滴之水，故甚至飞鸣之禽鸟而亦无之。仅见有多数硕大之黑色蝴蝶，飘忽花间，纷纷飞舞。及数千肥大之旱獭，晒暖穴旁，喧嚣争鸣而已。

吾侪自清晨绝早之时，即行经此酷暑之旷漠，极为难堪。身体之上，有如灌以热铅，喉间干燥异常，时时思饮。全身之各部，均疲敝不堪。但吾侪究属尚有减轻困苦之可能；盖吾侪带有饮用之水，当休息之时，可以烹茶解渴也。所可怜者，此困苦之马，当此永昼，终日未得一滴之水。驾马中之一，曾疲弱过甚，不能前进，只得易以新者。其他各马，亦均具有沮丧之形状，令人目不忍睹！当正午之时，虽饲料甚美，无一食者。均疲劳难支，卧于草地之上，俯首及地焉。

此一九一九年七月十六日，吾侪经行多伦哈拉（在多罗依河、鄂尔浑河之间）高原时之情形也。

4. 地质

外蒙自治区域所占之地域，应属于地球上最古地质组织之列。据奥国学者鸠斯氏之意见，其大部分曾为原始时代大陆之一部。当时地球之上，尚无一切生物。原始时代，大沙漠之波浪，曾灌溉后发生各大陆之地带。邃古之时，由今日叶尼塞地方，至今日之阿尔古额地方，曾延长大陆之一部分，成为古代原始大海洋广大海湾之南段终端；其海湾系深入维其穆高原及萨彦高地间之大陆。宽度约达伊尔蒙〔库〕次克城。今日外蒙自治区域，实为此原始大陆之一部（参看葛卢穆葛尔日玛意罗氏著第三页）。

外蒙地域之发生及其地质之组织之古，有如上述。蒙古山岭之主要原质，系片麻石与花岗石。其草地与山谷之下层亦同。嗣后附加后成之各层，如云母石与绿泥石之石片；石灰与结晶之石灰石、白斑红石、熔化石、粘砂土、水漉石。淡水第三次之沉淀，含有栗色之煤质，以及其他各种层质是也。各山之南面，常系砂石之地层。其北面，多系密实深厚粘土质之地层。亦间有石质之地层。各草地内，则具有沙质圆形细石，亦间有粘泥质者，各河之流域，普通多系淤积之地层，为泥砂质、砂质、多泥质，偶有粘土质，粘泥质者；黑土壤之地质，外蒙地域内，几全无之。其耕种之最良土壤，为黑灰色之粘土质。各大河之流域附近多有之（鄂尔浑河、色楞格河、台拉河、伊罗河等）。因此，多有盐碱之地。当地土人，称为古德日尔。蒙古之牲畜，甚甘美之。各处之地层，均属甚薄，通常只有三俄寸至四俄寸，罕有较多者。且颇有较甚之地方（如乌里雅苏台与科布多各山之间），其地层之表面，尚在初期构成之时代，地面系由圆形细石及粗大砂粒组合而成之（参看莫斯科赴蒙商业考察团报告书第二一四页至二一五页）。

（二）河流及湖泊

外蒙自治区域，有广大统系之河流、湖泊，为之灌溉。其重要之河流如下：

（一）克鲁伦河——此河发源于肯特山，流入达赖诺尔湖，流向东方，延长一千俄里（约有一百五十俄里，经满洲领域之内），为蒙古最大之河流。因达赖诺尔湖与阿尔古额河（通作额尔古纳河）相通，故克鲁伦河，应属于大东洋各河流之统系。

（二）色楞格河——此河系受杰尔河（发源于杭盖山）与切里吉尔穆林河（发源于唐努山）会合而成。并由左右两方面，容纳多数之支流。其右方支流中之最要者，为鄂尔浑河（鄂尔浑河之浑字作坤者多），长约七百俄里。非仅流其本河固有之水入于色楞格河，且会合其多数支流之水，一并流入托拉河（托拉河作土拉或图拉者多）与伊罗河，皆其最大之支流也。色楞格河左方支流中之最关重要者，为爱金葛尔河，发源于科索葛尔湖（鄂金果勒河发源于库苏古尔湖）。色楞格河流于东北方面，仅有一部分属于蒙古。在恰克图附近，陡然折向北方，入俄国境内，流入贝加尔湖，因此属于北冰洋各河流之统系。色楞格河，长约一千二百俄里。在蒙古境内者，约有九百俄里。且在蒙境之部分，成为极大之河流，水溜甚急。吾侪之考察团，曾在邦基格根庙附近（邦基似应作班第）渡过此河，此处约当爱结尔河与切里吉尔穆林河会流处以下四十俄里。河之宽度，约达六十至七十俄丈，深约二俄丈有余。此尚系在八月杪之时期也。流入色楞格河之一水源切里吉尔穆林河之水，虽甚清洁；而色楞格河之水，则甚浑浊不清，呈发灰之颜色。俄国境内之色楞格河，甚为美观，尤以上乌金斯克与色楞金斯克间之流域为最佳。时见两山夹岸，茂林丛生，流于悬岩石壁之间。一九一九年五月，余乘轮舟顺色楞格河赴蒙之时，实使余怀想，如见莱茵河。因思二千年前，切扎尔与日尔曼人在莱茵河岸战争时当时之莱茵河即若是荒野广大也。蒙古境内之色楞格河，则极为平庸无奇。亦偶有风景较佳之地方，但并无何种特殊之美丽也。色楞格河之流域甚广，按照最朴实之计算，亦占有四百俄方里之面积（在外蒙自治区域之中央部分）。并可断然确认色楞格河及其各支源，实为蒙古水利全体统系上最重要之一连琐〔锁〕也。

克鲁伦河与色楞格河两河之水，皆流入大洋。但两河之外，尚有多数之大小河流，流入蒙古高原之内地，尤以多山之西北部为最多。此种河流之最大者如左：

（三）贴斯河——此河发源于杭盖山之高处，流入乌勃萨湖（多作乌布萨湖），长约七百俄里，容纳由杭盖山、唐努鄂拉、杭科科山高处所来之多数河源。其水溜甚急，水甚清洁。低下之处，普通宽度，有五十至六十俄丈之多。深度则约达一俄丈至一零二分之一俄丈。

（四）科布多河——此河源于蒙古阿尔泰山之冰界，流入哈拉乌苏湖。长五百俄里。其右方之主要水源，为萨克依河。科布多河水溜甚急，水则异常清洁，低处之宽度，达六十至六十五俄丈。中等深度，约一俄丈至二俄丈焉。

（五）扎坡贺音河（扎布罕河亦作匝盆河）——此河发源于塔尔巴哈台之各山下（附近乌里雅苏台），流入爱里克诺尔湖，长约六百俄里。其水源中之最主要者当独推乌里雅苏台河。水势较缓，低处宽度，达一百五十至二百俄丈。但其中等深度，则不过二俄尺。一河分为数个支流，故当炎夏之日，偶有河水完全涸竭之时。

扎坡贺音河在蒙古各河流之中，因此享有特著之声名；惟非属赞
誉之声名也。此河之中流，尤以下游为最甚，乃系经行沙地，此
沙地即系前属述都尔嘎诺尔沙漠之一部分。扎坡贺音河，实因此
种情状，受切实之影响。河流常有变动，非仅按年变动；且一夏
之中，有变动数次之时。常离去本河身二百三百甚至五百俄丈之
多。河岸、河底甚为泥泞，乃系纯粹之陷泥塘，吸收归入彼处之
一切物质。因此渡扎坡贺音河，极为危险。然扎坡贺音河附近所
住之蒙人，善知此河，并能知河道最近时期内将归于何处，其断
定毫不误谬也。

　　扎坡贺音河，既具有此种之特性，因而发生特别之传言。据当
地之蒙人传言，扎坡贺音河有二：一为地上之河，为吾人所见者。
其他为地下之河，为吾人所不见者。地下之扎坡贺音河，与地上
之扎坡贺音河中间，有较薄之沙底以分隔之。凡牲畜或他物被河
之陷底吸收之时，此乃陷入地下之扎坡贺音河是也。蒙人之中多
信有地下之河流，似属地下之各种贮水所，均相通贯。坡兹聂耶
甫教授叙述（参看坡兹聂耶甫所著《蒙古及蒙古人》第一卷第四
〇三页）谓居住于两贺勒勃湖（即大贺勒勃湖与小贺勒勃湖）沿
岸之蒙人，均坚信两湖之地下相联，并说明一故事以为佐证。据
云：昔时曾有一牛，沉没于大贺勒勃湖，而嗣后在小贺勒勃湖浮
出。余本人亦迭次闻得蒙人相同之确信，谓奇尔吉兹湖与乌勃萨
湖（乌布萨湖），又科索部〔郭〕尔湖（库苏古尔湖）与贝加尔
湖，均属地下相联也。关于此事，亦引出传言为证，与坡兹聂耶
甫教授所传述者颇相类（参看注四）。地下贮水之不能由一贮水所
通于其他贮水所，自不待言。然因引证之事，处处常为确信，遂
不免发生合法之疑意。当余驻在科索郭尔湖之时，余关于地下河
流之传言，得以明悉其大部分之真相。盖蒙人曾引证谓科索郭尔
湖曾浮出贝加尔湖内遭难船舶之碎片，借以使余确信科索郭尔

与贝加尔湖有地下之相联，此实显明之愚昧无知也！因科索郭尔湖之位置，高出海平线五千五百英尺之多，贝加尔湖仅高出一千六百英尺，如两湖之地下贮水，确系相通，则亦应自科索郭尔湖通入贝加尔湖，而不能相反也。

注四：关于奇尔吉兹诺尔与乌勃萨曾有传言，谓昔时有一蒙古幼童，牵一鞍鞯齐备之马，至奇尔吉兹诺尔湖饮水，马沉入湖中，嗣后此马及其有之鞍，竟在乌勃萨湖发现云云。惟吾人所奇异不能者，奇尔吉兹诺尔之水，其水味苦咸，牲畜不喜饮之，蒙古之幼童，何以必在此处饮马乎？

蒙古诸河流，尤以色楞格河为最，均有同一之特点，即有涨水之两期也。一在春季积雪融解之时，一在夏季（六月至八月）雨水盛行之时。惟夏季之涨水，比较春季为多。盖因蒙古地方，冬季之雪较少也。

尚有可以叙述者，即蒙古各处，具有各种之矿泉甚多。当地称为阿尔响。其水有含有硫黄者，有含有铁质者，有咸味者，有冷者，有热者，亦有其他之各种。吾侪旅行之时，常常遇之。几至每处之寺院村落与阿伊勤（即蒙人所居帐幕之集合处所），无不对于吾侪称述其附近之阿尔响。蒙人关于矿泉水之治疗功用稍有了解，故常用之以医病。且有某处（如库伦、乌里雅苏台附近，唐努鄂拉及其他各处地方是）曾经设有类似疗养处所之布置。每当夏季，土人集于此地，居住帐幕之中，常至数星期之久。在粗挖之坑内，为疗养之沐浴焉。

外蒙自治区域内之水利，除河流外，湖泊亦占重大之地位。外蒙之湖泊甚多，以数百计。且无论平原高山，随处皆有。各湖泊多半具有平常之广大，湖内之水颇少，围以平坦愁闷之沿岸。但亦有例外，属于此项例外者，当推蒙古湖泊中最大广阔之科索郭尔湖（蒙语称为瑚布苏图勒达赖湖）为首。此湖之位置，几由俄、蒙之交界处（距伊尔库次克不远）起，长约一百二十俄里，宽度十五俄里至四十俄里不等。湖水最深之处，达二百至二百五十俄丈。湖水呈浓黑之蓝色并极为透明，在数俄丈深之湖底，其小石块可见也。当日光照耀此广大之湖面时，湖水即迅速变幻其颜色，发出各种之光彩与阴影，忽而碧绿，忽而深紫，此种奇观之颜色游戏，余于他处未尝见之。科索郭尔湖周围，有高峻美丽之山，环抱其北岸与西岸之全景，尤为大观。北岸雄峙蒙古萨尔得克山，如白雪之冠，西岸则其蓝色之水中，映有达尔哈特山的岩石巅顶。此巅顶则为狭隘之山谷与山涧所截断，并满布茂密碧绿之松林。如登东高而望远，此巨大湖泊之全景，尽入目中，则不禁感怀其美丽与广大焉。科索郭尔湖颇类似瑞士之湖，惟较为广大，较为粗野，较为雄伟也。其广大之湖面，遇风之时，则翻起巨大发泡之波浪。其波浪之声音，颇似海潮之声音。此种涛声，即在瑞士极大之日来弗湖，余亦未尝听得。科索郭尔湖，乃余旅行蒙古所经历各处中之最美丽处所，此乃断言无疑者也。

蒙古其他各处之贮水所，最可注意者，当推科布多区域之湖泊系统。属于此者，有乌勃萨湖（长一百俄里，广七十五俄里）、奇尔吉兹诺尔（长六十俄里，广二十俄里）、爱里克诺尔（长十二俄里，广五俄里）、哈拉乌苏（长七十俄里，广二十俄里）、都尔嘎诺迩（长七十俄里，广十五俄里），就中乌勃萨湖、奇尔吉兹诺尔与哈拉乌苏湖，均具有苦咸不堪饮用之水。都尔嘎诺尔，则呈其原来之现象，即湖之南半部，具有苦咸之水；北半部，具有清淡之水，此盖因湖之北方有淡水之河流入，为其淡水之大来源也。爱里克诺尔湖，因受扎坡贺音河（扎布罕河）之供给，亦具有淡味之水。凡此诸湖，其沿岸大半系属平坦，有茂生芦苇及高草者（哈拉乌苏湖之沿岸最多）。据地质学家之意见，科布多区域内所有之各湖泊，当系古昔某时代内地大海之遗迹。推想当时之大海，曾经过几千万年，渐渐干涸。此说极为或有之事，盖当地之蒙、俄居民均一致确言，谓各湖泊现时仍继续减小。且每当三年四年或五年之期间内，可以见各湖之减小焉。奇尔吉〈兹〉诺尔湖之沿岸，颇足证明此种传言之确实。盖其沿岸，呈有多数整齐之土坛形阶级，应认为湖水退落，渐渐低下时之浪痕，否则难以解说也。

除上述各种湖泊外，在蒙古高原之各部，尚分布多数之湖泊。其水中含有多量之盐质，如结连诺尔、帕勃登诺尔、索贺尔诺尔，及其他各湖泊，均属此种类。此各湖之中多产精美之天然盐，当地居民，均用以供给自己之需要焉。

然归结而论，应知外蒙自治区域之水利，究属不甚充足。其河流多系短小而浅水；湖泊所占之面积，与其广大之地域相比较，亦属甚小。蒙古之西半部，且最为缺乏。此种情状，其关系甚大。蒙古民族之命运及其历史因水利不足，所受之影响，吾人于下将屡有考见之机会也。

（三）气候

地域之极高，固有水利之薄弱，距离海岸之甚远，以及沿边环绕许多之高山，因而阻止海洋所来之潮湿，此皆外蒙自治区域气候定性之主要原因也。所谓大陆气候者，外蒙气候，实为其显然可以形容之实例。其气候异常干燥，温度有非常剧烈之变动，并极为严寒。

外蒙雨雪量之数额甚小。如在库伦，终年中等雨雪之数，为二百三十八密里迈当，与塔什干特及阿斯特拉罕地方之雨雪量相埒。雅克切林诺斯拉夫地方，与库伦位置，在相同之纬度，而其中等之雨雪量，则达于五百密里迈当，即较多在二倍以上也（参看一九一二年莫斯科商业考察团报告书第二〇九页至第二一〇页）。每一年之内，雨之降下，其量不均。六、七、八等月为外蒙雨水最多之季（色楞格河常在夏季涨水最甚，即因此故）。余对于此种意见，殊信其正确。盖吾侪之考察团，当七八月之时，几不断被水所湿。且八月十四及十五两日，在杭内葛尔河（色楞格河之右方水源）附近，吾侪曾被可畏之倾盆大雨，继续至四十八小时之久，毫无间断之时。吾侪因不能行程，不得已为意外之两日停留。吾侪当时之情状，殊为恶劣。帐幕被雨浸湿，且各处渗漏，铺地之毛毡以及行李、寝具、物品、衣服，均皆湿潮，吾侪在帐幕内，架薪生火，借以御潮湿之气，使之稍干，并资以生暖。而其所生之烟，则又侵及眼、鼻与喉，使人难堪。吾人设置帐幕附近之小河，变成洪水滔滔之巨流，时时有淹没吾侪居所之虞，不得不掘地为引水之沟渠以防之。第二日将暮，雨始稍息，渐渐雨过天晴。然杭内葛尔河，因此成为奔腾澎湃之巨流。平时此处羊群可涉者，今则想可渡过矣。阅三日后，雨水退落大半，吾侪煞费劳力，始获渡河达于彼岸焉。

除夏季之数月外，每年之其他时期，雨水甚少。外蒙自治区域内，冬季之雪，异常缺少，成为通常之现象，故雪车不能应用也。可为例外者，仅有各大湖泊之盆地，如科索郭尔湖、乌勃萨湖、奇尔吉兹诺尔湖，及其他诸大湖是。此地当湖水结冰之时，常发生浓雾，降为深厚之雪，被于地面。再冬季之时，有时湖内之冰发生裂隙，成为冰穴，雾气弥漫四周之平原，可以遇冷降雪。

天空之异常清朗乏云，成为空气干燥之结果。外蒙地方，夜间之星辰，闪烁之光，异常明亮，使欧洲人可以惊异。昼间则远方物体之形状，异常清晰。距离之远近，极为隐伏，初时常引人入于迷途错误之境。故常有时向一方之山谷或山顶进行，就目力视之，似属甚近，引臂可及。然行经多时，尚不接近。实则距离之

远，仍旧未曾减少。盖推想有五六俄里之距离者，实则有二十至
二十五俄里之遥也。当炎热之夏季，有蜃气之映景。远山似与地
分离，浮于空际。在山间似有急流之瀑布。沙漠与草地之中，几
常类似大湖之静止湖面焉。

蒙古高原，温度之变动甚大。兹举其可以证明确实之温度变动
例〔列〕表如左：

地　名	中等温度		最高热度	最高冷度	每年中等温度
	七月	一月			
库　伦	一七・六°	二七・八°	三四°	四八・二°	二・九°
乌里雅苏台	一九・二°	二四・二°	三三・一°	四七・三°	○・二°
科布多	一七・○°	二二・一°	三五°	三八・八°	一・九°

注五：本表内所载库伦之数，系根据驻库伦俄国领事馆之记
载。乌里雅苏台，系根据安特罗波甫君之考察。科布多则系根据
布鲁笃科甫夫人之气候日记。参看葛卢穆葛尔日玛意罗氏著书第
四一四页至第四二○页，及莫斯科商业考察报告书第二一二页。

据上表所载，可见每年温度最大之变动，在库伦为八十二度，
在乌里雅苏台为八十度，在科布多为七十四度。且有时在二十四
小时之内，温度亦有可惊之变动。莫斯科商业考察团，曾记载此
种事实，即在一九一○年五月三十一日至六月一日之夜间温度，
当摄氏表一・八度，而六月一日之午后二时，则温度忽达于摄氏
表四二・三度。是未及一昼夜，而温度升降最大之变动，达于四
○・五度之多也。余当旅行之时，未曾为气候之考察，故不能对
于此问题指证何种升降之度数。然因此之故，可以证明者，即余
因气候忽冷忽暖剧烈变动之影响，曾屡感困苦也。如八月十五日
黎明，由停宿地点（在杭内葛尔附近）起程之时，考察团之全体
人员，均须着皮外衣。乃至午后一时，竟极为炎热，甚至身着轻
薄之汗衫，尚觉〔觉〕重如负担。盖蒙古地方，夏季之时，昼间

使人疲困，天气炎热，夜间则甚为寒冷，此乃普通之状况，故无皮制之寝具，则不能安眠也。

外蒙之春季始于五月（五月将终，草始萌芽），冬季始于十月。然则八九月之时，即常发冻，并有时落雪。吾侪在哈特黑鲁至乌里雅苏台之途间（九月八月〔日〕至九月二十六日）。当清晨之时，常见湖河之沿岸，结有薄冰。十月九月〔日〕，在乌松鸠里河（西北向距乌里雅苏台五十俄里）取水，当时河内所结之冰，已甚坚厚，可任人行于其上，须用力击之，凿穿成孔，始能得水。冬季之时，湖河之冰，其厚达于二至三俄尺（四五月之间始完全融解），而冻力常至四十度有余。因外蒙地方，冬季少雪，且时常有风，并此少量之雪，亦吹散之，故地常冻至甚深。遇有触动，其声如铁。此种地方，乃与萨拉托夫（句）、基也夫（句）、鄂杰萨（句）、克雷穆（句）、远高加索等处位置，在同一之纬度也。

库伦每年之中等温度（二·九度），与俄属托勃里斯克省白蓼佐甫地方，或克勒古耶甫岛等处之中等温度相当。乌里雅苏台之温度（〇·二度），则与俄属渡尔穆沃洛郭德省相当。故就温暖之度数而论，外蒙自治区域，仅可与欧俄之北部边徼相比拟也。

（四）植物界

外蒙地方之植物界，因气候严寒之故，不甚丰富。外蒙之森林颇少，吾人欲在外蒙觅得与西比利亚相似之密林，殊不可能也。外蒙森林之地带，乃在北部，且普通皆在北纬四十度以上。森林广布之南部界限，为杭科科山、色楞格河流域、库伦附近之博克多乌拉山脊。再行向南，则为草地矣。外蒙之森林，普通皆不甚大，且均系山岭之北面及西北面生长。其山岭之南面生长者，仅系草地之植物。推原其故，盖因为林木所必须之水气，借风力由北冰洋带来者，为数无多，均停着于山岭之北面也。山谷之地方，通常皆无森林。外蒙高原之林木，松类为最多。最广布者，为落叶松、刺松、柏树、松树，及白杨、柳树、杨树，亦间有榆树、桦树等类。其灌木类之植物则多，有柳条、忍冬枝、斯莫罗基那、覆盆子、接骨木、博古里呢克、拉坡查特卞（蔷薇科）、卡拉甘那（金合欢）。其在沙漠地者，尚有萨克萨乌鲁，极为著名，蒙人称为"德扎克"者是也。

　　北纬四十八度以南之外蒙，为纯粹之草地，无处不为流沙所隔断。此种地方，仅有草类之植物，常至数百里不见有林树木，甚至于丛生之灌木亦无之。由库伦至爱尔杰尼租地方，约四百五十俄里之遥，吾侪经行全部途程，未曾见一树也。吾侪在鄂尔浑河流域，始于两星期之途程中，初次见杭盖山顶之森林焉。草则处处均佳。平原及山之两面，均蔽以茂草，直至山顶。草之高度，有与人齐者。草类之中，有益母草、普通麻特黎克草、林木麻特黎克草、莠类草、水洼地三棱草、草筛、野葱、苏利胡尔草、零陵香、结里荪草等类。尤结里荪类之杂草为最多，在盐质之土地内，常见之。

（五）动物界

　　外蒙自治区域之动物界，亦不甚繁多。家畜之中，有骆驼、马、牛、羊、山羊、豕，仅有中国人饲养犬猫等类。野畜及野兽之中，有票〔栗〕色熊（科索〈郭〉尔湖区域产之）、红狼（各处皆产，为数甚多）、野驴（蒙语称为胡兰，产于蒙古西部）、野猪（贴斯河、杭盖山均有之）、鹿（产于杭盖山及唐努鄂拉之森林中）、獾、狐、大獾、野鼠、野猫、貂、黄鼠、栗鼠、土拨鼠（蒙语种〔称〕为塔尔巴廿，即旱獭），及几种之小山鹿（以德结连种之小山鹿为最多）。旱獭在高处之旱地上，为数甚多。小山鹿则游行于山岭及山谷之间，有时集合，成为大群。吾侪考察团，曾屡次吓逐二百头、三百头、四百头及较多之德结连鹿群。外蒙自治区域之禽鸟类，有鹰、猎鹰（为数极多）、天鹅、鹅、鸭、灰鹤、山鸡、乌鸦、寒鸦、喜鹊（性极凶猛，常啄破马及骆驼之背而吸其血）、鸮、啄木鸟、黄雀、白鹡鸟、家雀、红拙老婆、鹎、鹌鹑、鹬鸽、山鹬，及其他各种。已经知悉之鸟类，其名称之总数，达于二百九十一（参看葛卢穆葛尔日玛意罗氏著书第五二二页）。其爬虫类中，有蛇（多系毒蛇），为数不多，余于全部旅行之中，只见三次。蜥蜴、鲵鱼等类亦有之。至于鱼类，则有泰门鱼、鲑鱼、鲟鱼、鲈鱼、黑鱼、鲍鱼、鄂期满鱼等类，因蒙人素不食鱼，故有多处鱼之数额，为数极夥。托拉河、爱结尔河、穆林葛勒河、白卡莫林河等之鱼，尤为丰富，有时可以徒手得鱼。吾侪考察团中之二人，当停驻在穆林葛勒同〔河〕畔时，即曾徒手捕得一极大之泰门鱼，重三十五磅。

结论

兹将以上所述，加以结论。外蒙自治域，或称外蒙古，乃系中央亚细亚之北部，成为高广之高原，周围为雄峻之山岭所环抱，仅在一处与大戈比沙漠相连接。内部不甚高大之丘陵式山岭，绵延于各处，隔断成为数部。各山谷盆地，广大草地，及较小沙漠地点，均位置于众山脉之间。外蒙土地之下层，几各处均系片麻石与花岗石所成。地面则系沙质、泥质、沙泥质、粘泥质，及多泥质、粘性土质。黑色肥沃之土壤，几全然缺乏。地方之水利不足，气候系剧烈之大陆性，植物均具草地之性质（森林繁殖甚弱），动物之种类，甚不繁夥。外蒙自治区城〔域〕之天然历史情状，有如是也。干燥严寒之地方，具有景色简单丧失美丽之天然界，此外蒙之特殊情状也。

人民

人口之总数

昔日之调查

试行指定蒙古人口数额，非止一次。然因缺欠任何可实〔靠〕统计之故，均成为观察之性质，故不能冀其有最少之确实也。且其指定数额，既非根据于完善之统计资料，因而多系由各旅行家与考察家之见解而增长之。关于纯粹算术之问题，参以许多主观之成分，其结果遂致各个著述家，各有其自己之人口计算数额。各著述家所指定之数额，其间相差之数，动辄数十万，甚至数百万。此于蒙古无多数额民族之总额上，殊有重大出入之关系也。

如尧钦夫氏在其一八四二年出版之《中华帝国统计录》中，曾根据中国方面征兵名册，认定蒙古之人口为三百万。逾四十年后，坡〔波〕尔日瓦里斯基，则认定为三百万至四百万（参看坡〔波〕尔日瓦里斯基氏一八八八年森彼得堡出版之《中央亚细亚第四次游记》第四九三页）。玛图索福斯基氏，于一八八八年又认定为一二百万整（参看玛图索福斯基氏一八八八年森彼得堡出版之《中国地理》第三四二页）。此数额为勃葛列波夫与索勃别夫两氏所采纳（参看勃葛列波夫与索勃列夫两氏一九〈〇〉二年多穆斯克出版之《俄蒙商业概略》第一二三页），一九一〇莫斯科商业考察团亦采纳之（参看莫斯科商业考察团一九一二年莫斯科出版之报告书第二一八页及第二九九页）。库舍列甫氏，则认定蒙古人口之总数，为二百万至二百五十万，似系根据一九一一年中国方面之户口册（参看库舍列甫氏一九一二年森彼得堡出版之《蒙古暨蒙古问题》第四九页至第五十页）。又最著名之英国年报 The State

Sman's Year Book 一九一〇年份，根据中国之调查材料，推定蒙古之人口达于二百万至六百万之数。以上所举之各著作家，均系就蒙古之全体立论，印〔即〕包含所谓外蒙（自治区域）、内蒙及阿拉善（句）、库库诺尔（句）、斋达穆（句）、阿尔泰等（沙拉苏麦区域）诸小部之蒙族而言也。吾人可见上述著作家所引叙之蒙古人口数额，其出入在二百万至四百万之间。最大出入之数成为百分之一百（关于蒙古种族之内部区分，以下在蒙古之国家组织章内将详论之）。

其他之各著作家，系专就蒙古北部即外蒙自治区域之人口数额，加以断定，正系吾侪考察之目的地，试举其各种断案如下。边尼克先氏认定外蒙之人口为一百四十万人（参看边尼克〈先〉氏一九一二年在森彼得堡出版之《现代蒙古的〔机〕几项调查》第十一页）。郭特维赤氏，断定为七十万人（参看郭特维赤氏一九一四年在森彼得堡出版之《蒙古历史〈及〉现代政治状〔情形〕概略》第四十三页）。勃罗班氏，以十六和硕之人口统计为根据（参看一九一四年勃罗班氏在森彼得堡出版之《现代商业经济关系中之蒙古》第五十一页），认定为四十万人（加入中国人八千及俄国人一千五百）。上述之库舍列甫氏，推定外蒙之人口数额为八十五万（加入中国人一十五万）。于此亦可见各著作家之所断定，颇相悬殊。两极端之数，为一百四十万。其最大之出入达于百分之二百五十。似此种人口数额之计算，非系统计，乃系猜度也。惟因欠任何可靠之统计数额，此种猜度之数额，自然久为信赖之资料。然无论如何，欲求精确真实之知识，此种猜度之数额，究属关系甚为薄弱也。

一九一八年之调查

吾侪之考察团，曾获得外蒙人口数额，为比较确实之第一次调查数，殊可喜也。此种数额，系外蒙人口、畜产第一次调查表之所载，而该项调查表，则系一九一八年所制作者（外蒙官名称为共戴纪元八年，即库伦博克多活佛自一九一一年至一九一二年政变时，脱离中国即位为独立外蒙政治首长之第八年也）。因此后之叙述中，余将常为该论及该项调查表，故于〔于〕此处将该调查表内所载之数额，论断其可认为确实之程度，非多事之举也（参看注一）。

注一：阅者幸勿思一九一八年之调查表册，取得甚易。外蒙自治区域，为东方之国家，一切政务，惯于严守秘密。凡欧洲婴儿皆知之事物，且进而言之，国民负应知之义务者，亦不使知之。例如一九一九年外蒙自治政府，曾出版蒙古新法规，共分六十四部。当时极端秘密，特别监察，其出版之部数，亦被限定是也。盖外蒙认法规为国家之秘密，仅有少数之当局可以知之。一九一八年之调查表册，亦系国家之秘密。然谚云有志者事竟成，余坚欲取得外蒙自治区人口及畜产之统计数额，卒遂所愿而获得之。

现请先述调查表内之范围。调查表非包含外蒙自治区域之一切人民，乃仅及蒙古之人民。中国人、俄国人，及其他之外国人，皆未列载。即蒙古人民之中，亦有数部分，未经受此统计之调查，如科布多区城〔域〕及博克多活佛领域内科索葛尔湖区域之居民是也。（参看见二）

注二：关于外蒙自治区域之行政组织，虽将详论于后（参看以下国家组织章），但为使阅者便于明了余所引叙之调查表起见，认为应将其大略之根本概念，先加叙述。外蒙自治区域行政区域之单位为和硕（旗），每旗几永系以世袭之王为主。外蒙自治区域，全部共有一百一十旗，各旗联合成为阿依玛克（盟），以末鲁干达尔夏（盟长）为酋长。盟长系由本盟各王会议选举，由中央政府核准之。现时所有之各盟，为车臣汗（二十六旗）、土谢图汗（二十一旗）、三音诺颜汗（二十四旗）及扎萨克图汗（二十旗），此外科布多区域，尚有卓列克图汗（八旗）及达赖汗（十二旗）两盟，此两盟在法律上，与其他之各盟，处于相同之地位。但因几种原因（下将详述），其服从中央政府，颇不顺善。因此之故，一九一八年，未能为科布多区域人口、畜产之调查。中央政府，在库伦城内，以博克多活佛为国家最高之统治者。除上述人事行政之区域外，尚有神道宗教之区域。外蒙自治区域全部，共有十三教王（呼图克图或活佛），与人事之各王相同，亦有其人民。其中有四王管有特别领土，其他九王，皆无自己之领土，其人民皆散居于其他各旗王所属人民之中。国家最高统治者之博克〈多〉活佛，为外蒙自治区域最大之统治权者。享有（一）专属不甚广大（约三五〇〇〇方俄里）之领土，在科索葛尔湖区域内，住有一万六千人民，（二）约七万人民，散居于四盟之全境，归特别之教署统治。此种特别教署，蒙语称为萨毕衙门，博克多活佛之人民，则称为萨毕。故统计各旗及教王领域与萨毕衙门，则外蒙自治区域全部，共可区分为一百二十五行政区域之单位也。

调查表内，虽具有此种可痛惜之除外，究竟载有外蒙自治区域蒙古人民，约百分之八十八。全体人民（华、俄人民包含在内），约百分之七十五。此项调查表，足为统计之基础，可以对于外蒙全部为相当之断定也。

次应关于该项调查表所载数额之确实，加以考察。关于此节，实不应过于为特别之奢望。盖即在文化甚高之国家，如英、德等国，其全体人民之调查数额，亦常含有显著之误点。此种误点之发生，其主要原因，乃在人民对于调查表所列载之各项，不愿为确实答覆也。凡曾利用英、德人口调查表为资料之人，均明悉其所有之缺点，关于俄国之人口调查表，则尤为恶劣（试举一八九七年之人口调查表，已足想见其实际上若何之荒唐无稽也）。处于此种情形之中，应先为承认外蒙乃文化未开之国家，其第一次之人口总调查表，又专系为国库之目的而举行，自当含有许多失实之处。该项调查表之误谬，有两种根本原因。第一，为计算之方法不完备，当作制调查表之时，外蒙政府，虽曾利用俄国专门家方面之参议与指导，但其全体之调查与计算，均蒙古官吏之所为。其事务之性质，因此颇受影响。余当记合与分折〔析〕该调查表之统计数目时，曾屡次发见纯粹算术上之误谬，并就其所能者，更正本书后附原统计表之计算数额（参看本书后附统计表第一、二、三、四各号）。第二，则尤关重要，即调查表之统计数额，因被调查人民之虚伪陈述而失实是也。由此点观察，调查表之各部分，非皆有相同之价值。调查表所载之人口数额，就大体而论，可认为确实。盖可考虑而知者，为外蒙之征兵制度，乃系纸上空谈，少见实行。其纳税义务，又非按人征税，乃系因其所有畜产之多寡，按照财产而征收之。故人民方面无特别之要因，隐匿其家中人口之真实数额也。且外蒙之人口甚稀，几每个住民，皆认识其本旗之人，实亦不易隐匿。然因此之故，关于畜产之统计数额，则异于此，人民有种种原因，为虚伪之报告，减少其真实之数额，且亦易于隧〔隐〕匿也。政府为国库之利益所激动，诚然曾设种种之抵抗方法，据余之所闻，凡隐匿真实数目发觉者，均遭痛打。惟据深知实情者之传说，为四盟人民纳税所作制之畜产统计表（参看附表第一号），其中所载之畜产数额，约比照真实之数额，低减百分之三十。余自身根据该调查表统计数额之几项实地印证，亦趋向此种意见。至关于教署内（萨毕衙门）之畜产统计表，则其所载之数额（参看附表第二号），显然为不确实。因此为断定博克多活佛属民所有畜产之真实数额起见，余不得不另设方法。其方法若何，将详述于后。一九一八年之调查表，虽具有上述之种种缺点，然毕竟首先给与农〔某〕种实质之统计基础，可借以推断外蒙自治区域人口、畜产之数额，此非普通之臆度可比。其所载之数额，固不完全，然究属大体上能合实际之情形也。故自一九一八年起，对于外蒙为猜度统计之时期，已经告终，而开始正确知识之时期焉。

人口之数额

计算外蒙自治区域内人口之数额，余以左列之方法为之。

（一）依四盟（加入十三教王之所领）及教署团〔调〕查表

之统计数额为基础，余仅按照余所持有之名册，加入王公之家族（各王公皆为不纳税之人员，故皆为调查表之所未载）。

（二）科布多区域内人口之数额，余系以访问熟悉人员之方法所搜集，断定各旗帐幕之户数。

（三）博克多活佛领域之科索葛尔湖区域，其人口之数额，系根据四盟境内蒙民蜜〔密〕率平均之数而计算之。

（四）华、俄人民（此处所称之俄人当解释为凡系俄国籍之人民皆属之，不有种族之区别）之数额，系以访问之方法所定，故仅能认为系约略之数目。

据此所得之结果，则外蒙自治区域一九一八年人口之总数可计算如左：

（一）车臣汗盟	一〇一，七九二人
（二）土谢图汗盟	一〇〇，二二四人
（三）三音诺颜汗盟	一三三，八六〇人
（四）扎萨克图汗盟	七〇，二四一人
（五）四盟萨毕衙门所管	七〇，三八七人
（六）博克多活佛科索葛尔区域之领土	一六，〇〇〇人
（七）科布多区域	五〇，〇〇〇人
（八）中国人	一〇〇，〇〇〇人
（九）俄国人	五，〇〇〇人
总计	六四七，五〇四人

由是观之，昔时之各考察家，实无一人能正确指定。〈外〉蒙自治区域人口之真实数额，均皆误谬，且均系失之过于加多（边尼克先氏指定为一百四十万人，库舍列甫氏指定为八十五万人，部〔郭〕特维赤氏指定为七十万人），只有勃罗班氏一人，似系过于受蒙人种族衰弱之传言所感，而趋于反对之极端，失之过于减少也（参看勃罗班氏著书第五十二页）。

外蒙自治区域内，蒙古人民之真实数额，如调查表之所载，仅有逾五十万（实系五十四万二千五百〇四人）。人口之总额（加入华人与俄人），约达六十五万人。因蒙古统计不完备之故，此种计算之数额，或不免显然之误谬。然其相差或在二三万而已，如昔日之误谬，动辄十万百万者，则绝无其事也。

以上所述之数额，系专就外蒙自治区域而言。因此可得充分之根据，加以推断。多数考察家，指定中央亚细亚高原内游牧蒙人之总额，达于三百万至四百万者，亦系过于加多也。实际而言，纵然赞同库舍列甫氏之说，认定内蒙之人口，达于一百万，不论其过于加多（参看注三），并采用坡〔波〕尔日瓦里斯基氏（参看坡〔波〕尔日瓦里斯基所著《第三次游记》第二十五页，《第四次游记》第三百〇三页）及阿〔科〕兹罗夫氏（参看一九〇五—六年柯〔科〕兹罗夫氏著书第一卷第六四页）关于阿尔泰（句）、斋达穆（句）、库库诺尔（句）、阿拉善与中国领域数部之蒙人数目所定之极多数额，则加以外蒙之人口，约亦不过二百万人而已。

注三：参看库舍列甫氏著书第五十页，库氏所指定之数额，乃系根据一九一一年中国调查表所载之数额，此实应大加审慎。盖该调查表内，具有矛盾妄言之处不少，例如调查表内认定乌里雅苏台城有华人六万七千二百二十五人，科布多城有华人且至八万五千五百四十人之多是也。实则两城之中，俄、蒙人合计，均不过二千至三千之居民而已。故该调查表所指定之内蒙人数，亦定不免有过于加多之弊也。

可见中央亚细亚蒙人之总数，甚非众多，尚不足组成欧洲最小之国家，如那威（二百四十万人口）或丹麦（二百八十万人口）也。至关于外蒙自治区域之人口，则可全部置于欧洲如基瓦蒙痕或里翁等一不甚巨大之城中焉。

人口之平均率

外蒙自治区域人口之平均率。因领域之广大（十二万方俄里），及人口之甚少（五十四万二千蒙人加以华、俄十万五千人），自然甚为低微。其实际原系如此。故专就蒙古人民而论，其平均率，每方俄里，成为百分之四十四人。就全体人民而论，其平均率，每方俄里，则增至百分之五十二人。为博览起见，吾人将此项数额与其他各国之此种数额，并列比较，而明其每一俄方里应有之人数如左：

外蒙自治区域	〇·五二人
全部俄罗斯	九·五〇人
欧洲俄罗斯	三一·〇〇人
北美合众国	一二·〇〇人
德意志国	一二八·〇〇人
英吉利国	一五八·〇〇人
比利时国	二七六·〇〇人

因此之故，如谓现今之外蒙，为人烟稀少、荒芜未辟之空旷地域，诚非过论也。

（一）种族之区别

蒙古人

蒙古民族之三大支派

现时在外蒙自治区域内游牧之五十万蒙人，就民族而论，并非全属同一种族之民族。可分为几个人群，几个种族，均系在往蒙古之时代发生成长。余于此处，不追述其历史之详情（参看国家组织段），仅略为叙述。即约当欧洲纪元十五世纪之末叶，蒙人分为三大主要支派，一曰北部支派或称喀尔喀人，组成外蒙民众之主要部分；二曰南部支派或称土麦特人、扎哈尔人，及其他人等，组成内蒙之人民；三曰西部支派，或称鄂伊拉特人（为楚罗斯、哈依特、霍什楚特、托尔葛乌特四种人所结合），游牧于朱翁嘎里，处于阿尔泰与天山之间。当最近之四世纪，其各支派及各种族，彼此或相和好，或相敌抗，屡起变动，并游行于中央亚细亚高原之广大地域，迁徙靡常，且曾有时现其踪迹于邻近之欧洲各区域（参看注四）。最后始在现今外蒙自治区域所占之领域内，成为各种种族混合之民族。各旅行家、考察家，均有触目甚杂之感。吾人对于此种族，须加意考察之。

注四：例如一六一八年托尔葛乌特，随同其王霍乌尔留克，离去朱翁嘎里地方，进向北方。一六二八年在爱穆巴及乌拉尔两河沿岸游牧，一六二三年达于窝尔嘎河。托尔葛乌特，于此处以卡尔美科夫名称，大著声名。但约当一七七〇年之时，托尔葛乌特之一部分，复回朱翁嘎里，继续停住，直至今日。参看郭特维赤氏一九一四年在森彼得堡出版之《外蒙历史及现代政治情形概略》第九页至第十一页。

喀尔喀人

喀尔喀人，组成外蒙自治区域人民之大多数，并以密合之民众，占居四盟（车臣汗、土谢图汗、三音诺颜汗、扎萨克图汗）及科索葛尔湖区域。喀尔喀人，与其他文化低微之民族相同，以神秘之传言，叙述其发生之事实。有一种传言，谓古时二王相争，人民尽被杀戮，只一妇人尚存，遇一公牛于野，与之同居，生二子。蒙古民族，遂因此繁昌。此种公然无耻，表现游牧民族本性之传言外，尚有他种传言，与之并行，宣传甚广。谓古时曾有一神圣喇嘛，掬土在手，吹以法气，散之而生中国民族。折草在手，吹以法气，散之而生俄国民族。复取石四块，吹以法气，散之而生蒙古之四盟（参看波塔宁氏所著《蒙古西北概略》第十一版第一六一页至一六二页）。历史学科上，喀尔喀人之发生，极为暧昧不明。所可考者，仅当欧洲纪元十二世纪时，曾在现今车臣汗盟之北部克鲁伦河流域游牧。相邻之各民族，均不知其存在。喀尔喀人，自成吉思汗时代，始现身于历史之舞台，逐渐扩张其游牧于南部及西部，逐渐达于杭科科山及科布多湖区域，至今尚居于此各区域中也。喀尔喀人，较其本族中其他各支派，善能保存蒙人之本来性质，盖因其与他种民族接触之事，比较其他同族各支派为少。其固有文化之发展，亦属较高。人口之数额，吾人知之甚确。一九一八年之调查表，实际上即系记载喀尔喀人独详。其总数为四十九万二千人。

就尔别特人（亦作杜尔伯特）

就尔别特人（包有其附属之巴伊特人）成为外蒙自治区域人民次多数之民族。在科布多河左岸至唐努鄂拉游牧，占有乌勃萨湖及贴斯河下游之区域。就尔别特人，为各该处比较未久之住民，先归属于蒙古西部支派（鄂伊拉特人），约当十六世纪之时，与前述之楚罗斯族分立，当时在阿尔泰区域黑伊尔太什河上游一带游牧。嗣后当十七世纪或十八世纪初叶，在鄂伊拉特人与满洲人及处于满洲人保护下之喀尔喀人战争时代，就尔别特人，迁至现今为其所占之地域而成为土著焉。其完全占居乌勃萨湖区域，似在十八世纪之中叶。因中国于一千七百六十六年，已经在科布多城设立管理就尔别特人事务专署（参看坡兹聂耶甫氏所著《蒙古及蒙古人》第一卷第三百〇五页）。就尔别特人之形状、语言、衣服、性情，均与喀尔喀人颇有区别，性质活泼爽畅，精神敏捷，大多数务农业。其中颇多有各种工艺人，如铁匠、木匠、皮靴匠等，为喀尔喀人中之所无。就尔别特人之宗教信仰力，较喀尔喀人为弱，无若许之喇嘛与庙宇，亦无活佛之产生（佛教徒信灵魂之转生。据佛教徒之意见，大慈善人之灵魂，在其躯壳死亡后移附于他人。各大宗教家及圣灵者之再生者，称为活佛或呼比尔甘），非若外蒙自治区域之其他部分，处处产生也。就尔别特人之确数，不能断定。因一九一八年之调查表，并未及于就尔别特人所住居之科布多区域。惟据余所搜集之大概材料，其数额可达三万九千人。其中约有巴伊特人一万五千之谱。

小种族

外蒙自治区域内，除喀尔喀人及就尔别特人外，尚有数种之小蒙族，属于此者。首称鄂列特人（亦作额鲁特），在科布多附近，占有一旗，共有三千人之数。其次为扎哈臣人（亦作扎哈沁），在蒙古阿尔泰山间游牧，所占地域，介于喀尔喀人与托尔葛乌特人之间，并不属于两方之任何一方。扎哈臣人，似系为各鄂列特旗之混合族种（扎哈臣人自称为鄂列特）。据柯〔科〕兹罗夫之叙述（参看柯〔科〕兹〈罗〉夫氏所著《蒙古及卞穆》第一卷第五十一页），扎哈臣人，极为污秽，野蛮险恶，共占有二旗，总数四千五百人。在鄂列特人之北，附近科布多河及哈拉乌苏湖一带，尚分布有游牧之一小种族，曰明盖特人（亦作明阿特）。据传述，谓彼等先居于贴斯河之上游，至什得尔王乱后（一七五五年），中国移其民之一部分于科布多河，遂在此成为明盖特旗（关于蒙人发生之其他叙述，参看国家组织段），现时约有二千人。奇尔吉兹诺尔之西北岸，就尔别特游牧种族之中，住有康顿人。当一八七六年、一八七七年，坡〔波〕塔宁氏经过此处时，约有康顿人之帐幕一百。自彼时至今日，四十余年之久，康顿人大增，据余所得之材料计算，现时约有帐幕三百五十，人数一千五百之谱。康顿人属于鞑靼种族，曾奉默罕麦德教，惟嗣后渐渐忘其往事，而与蒙古人同化。后辈之人，仅能操蒙语（能知鞑靼之语言者惟有老叟），均倾向佛教。康顿〈人〉因默罕麦德教之遗传，留有混杂之教育及风俗，如死者之土葬是也。其主要之业务，则为耕作，以面粉纳赋于就尔别特王。康顿人何以来至科布多区域，甚难明悉。坡〔波〕塔宁氏以向康顿人访询之所得为根据，谓康顿人昔时曾在朱翁嘎里之西部游牧，因与布哈尔有某种关系，嗣后迁至奇尔吉兹诺尔，其时约在一七七〇年云（参看坡〔波〕塔宁氏著书第十一版第十六页至第十八页）。

　　为完满叙述外蒙自治区域内所应考察之人种起见，尚应述及所谓乌梁海人。乌梁海人分为两种。一为阿尔泰之乌梁海人，在蒙古阿尔泰之科布多河上游至布鲁滚河上游一带游牧，共成为七旗，操蒙语，属于鄂列特族。一九一一年至一九一二年之政变后，先加入外蒙自治区域，过数年，又复回归中国之国籍，但至今尚有时随带其畜群，现于外蒙自治区域之领域内。其人民除牧畜外，亦以捕猎为业。惟此业不足以济其贫乏及饥饿也。其他之一种，为唐努乌梁海人，虽其名称相同，实则与前者毫无相同之处。唐努乌梁海人，乃系鞑靼之种族，操鞑靼语，游牧于唐努鄂拉与萨彦山之间，但其同族之数部分，越过唐努鄂拉达于贴斯河流域。据就尔别特人传述，乌梁海人之发生如下。谓昔时在现今乌梁海人所游牧之各处，逃来亚洲各民族之罪犯甚夥，乌梁海人，即由此辈所繁殖。就尔别特人为证实其此种意见，曾引方言学之证据，谓乌梁海之一语，为音讹之语言，正音应读为乌龙盖，乌龙盖云者，译义则为机巧之骗者云。就尔别特人此种历史与方言之解说，是否确当，余不得而知。惟有一事可确信不疑者，即乌梁海人之中，实有窃贼骗手与盗匪甚夥也。尤以盗马之人特别著名。当一九一八年至一九一九年之时，因中国欲占业尼塞河源区域，发生政变，乌梁海人曾备极残忍，焚掠该处之多数俄国住民。虽系如此，对于就尔别特人之所述各节，仍应加以极大之审慎。盖就尔别特人于彼处，乃系利害关系之方面也。就尔别特人来到现时所居之游牧地带以前，由杭科科山至唐努鄂拉间之全部地带，均为乌梁海人所占据。就尔别特人来此驱逐乌梁海人，迫令北徙，越过唐努鄂拉。此种相争之事，难免相互之恶感与恨怨。而此种感觉，对于其相对之敌人，难为客观公正之评论也。

各种族人数之比较

两种乌梁海人，现时既不属于外蒙自治区域，可将其除外。如此，则属于外蒙自治区域各种族人数之比较，有如左列：

喀尔喀人	四九二，〇〇〇人
就尔别特人	三九，〇〇〇人
扎哈臣人	四，五〇〇人
鄂列特人	三，〇〇〇人
明盖特人	二，〇〇〇人
康顿人	一，五〇〇人
总计	五四二，〇〇〇人

外蒙自治区域内，虽有各种蒙族之人民，然当地之人民，究属显明为全体一致之同种大民族。盖其人民之九十，尽系喀尔喀人，并占有连绵蜜〔密〕接之领域。仅在科布多区域内，有其种族分立之地带。但其分立之弊害结果，因该处各种族人数甚少，甚趋于中和也。该处各种人民之总数，仅成为外蒙自治区域全部人民之十分之一而已。

（二）全部领域之人口分配

各旗人口之分配

现在吾人应考察，于他种关系中，表明外蒙自治区域人民之数额及事实。首先应加考察者，为全部之人口分配。因此项材料，系由一九一八年之调查表所得，故以下所有考证断案，均仅及于喀尔喀人。盖喀尔喀人实为曾受统计调查之唯一种族也。

全部之人口分配，难以称为密率均等，自不待言。人口之密率，变动甚大，因此而异。且因此种关系，外蒙自治区域行政单位之各旗，其广狭大小，亦相悬殊。各旗之中，有极广大者，有极狭小者，亦有占中等之地位者。关于此问题，阅者可参看本书所附之第五、六两号而得知其详。余于此处，仅引叙最主要之统计材料。喀尔喀各旗中之最大者（即所称为 Jeviathan 者，鲸鱼之意），为达赖卓音贺尔旗（三音诺颜汗所属），约有住民二万四千二百一十九人。最小者为呼赤图王旗，仅有住民一百四十九人。其相差之悬殊若此。如将此各旗，分为几组，小者（人口至二千人者），中等者（二千人至六千人之人口者），大者（六千人至一万二千人之人口者），及极大者（人口达于一万二千人以上者），则得列表如左：

各盟之名称 ＼ 各旗之大小		二千人者	二千人至六千人者	六千人至一万二千人者	一万二千人以上者	
车臣汗盟	旗数	一二	九	三	二	二六
	人口数	一○，八三二	三六，○二二	二三，五六五	二七，九八三	九八，四○二
土谢图汗盟	旗数	九	八	二	二	二一
	人口数	六，五三四	三三，五○五	二三，二七七	三六，八一六	一○○，一三二
三音诺颜汗盟	旗数	八	一一	三	二	二四
	人口数	一○，三二一	三六，二一六	二七，二一一	三七，三六四	一一一，一一二
扎萨克图汗盟	旗数	九	八	三	无	二○
	人口数	六，八二二	三○，三三二	二八，八三六		六五，九九○
四盟之合计	旗数	三八	三六	一一	六	九一
	人口数	三四，五○九	一三六，○七五	一○二，八八九	一○二，一六三	三七五，六三六

由上表观察，可见共有十七万人民（占百分之四十五）之大多数旗数（占百分之三十一），均属于中等及狭小两类。其大者及

极大者，仅占有总共旗数之百分之十九，而其人民则有二十万零五千之多（占百分之五十五）。

每旗之平均人数

每一旗所应有之平均人数，有如左列：

车臣汗盟每旗	三，七八九人
土谢图汗盟每旗	四，七六二人
三音诺颜汗盟每旗	四，六二五人
扎萨克图汗盟每旗	三，三〇〇人
四盟各旗平均每旗	四，一二八人

教王之领域

教王之领域甚小（博克多活佛不在其内），实际言之，仅十三旗，共有人民三万零七十一人。每一呼图克图，得平均人数二千三百〇八人，且于此应为注意者，各呼图克图之中，仅有扎音呼图克图及爱尔结尼班吉达呼图克图二者管有多数之人民（前者有人民八千四百八十六人，后者有人民八千七百二十二人），按照吾人之分类，归入广大王封之列，其余均属于狭小封域之类也。

人口密率之差异

外蒙各地人口密率之差异甚大。人口密率之最高者，为阿哈依贝勒旗（三音诺颜汗盟所属），每一方俄里，应有二又百分之八十五人。最低之密率，为毕舍列利图扎萨克旗（扎萨克图汗盟所属），每一方俄里，仅得有〇·〇二人。喀尔喀全部之内，其十二旗（占总旗数之百分之十三），其人口之密率，每一方俄里，得有几百分之一人。又二十五旗（占总旗数之百分之二十七），其密率每一方俄里，不超过〇·二人（详见附表第六号）。上述各旗人口密率之数额，自然较之实际为低。盖博克多活佛之属民所称为萨毕者均未列入也。然其去于实际，亦不甚大。如将七万〇三百八十七人之萨毕，分配于四盟之全部，每一方俄里，仅得〇·〇七人而已。兹将平均之密率列举如左：

车臣汗盟	每一方俄里〇·三九人
土谢图汗盟	每一方俄里〇·三四人
三音诺颜汗盟	每一方俄里〇·五〇人
扎萨克图汗盟	每一方俄里〇·三六人
四盟平均	每一方俄里〇·四〇人

据上表观察，人口最稠密者，为三音诺颜汗盟。人口最稀者，为扎萨克图汗盟。如对于四盟之人民加入博克多活佛之属民，则喀尔喀地方人口之平均密率，每方俄里，可增至〇·四七人。外蒙自治区域全部之人口，平均密率，列表如左：

行政区单位名称	方里数	人　民	每方里之人数
车臣汗盟	二六五，〇〇〇	一〇一，七九二	〇·三九
土谢图汗盟	二九六，〇〇〇	一〇〇，二二四	〇·三四
三音诺颜汗盟	二六七，〇〇〇	一三三，八六〇	〇·五〇
扎萨克图汗盟	一九六，〇〇〇	七〇，二四一	〇·三六
科布多区域	一七〇，〇〇〇	五〇，〇〇〇	〇·二九
科索葛尔湖区域内之博克多活佛领域	三五，〇〇〇	一六，〇〇〇	〇·四五
四盟之教署领域	无	七〇，三八七	无
外蒙自治区域全部	一，二二九，〇〇〇（附注）	五四二，五〇四	〇·四四

附注：一九一二年后，尚有新设之各旗。地图内之划分，不能明了。其地域之总面积，约有二〇，〇〇〇方俄里，亦应加入。如此，则外蒙自治区域全部，当得有一，二五〇，〇〇〇方俄里也。

（三）男女人口之比较

一九一八年之调查表，关于喀尔喀人之男女两项人口有完满确实之统计。吾人考察其各项数额（参看附表第五号第四项及第五项），则甚为触目。盖各旗之大多数，均显明男女人数之大不相合也。实际上言之，九十一旗之中，仅有唯一之巴图鲁王旗（土谢图汗盟所属），男女两项人口之数额，完全相等，均为四百五十。其余各旗之中，或男人之数较多，或女人之数较多，且有相差悬殊，如毕舍列利图扎萨克旗（扎萨克图汗盟所属），其一百人之中，男人有七十三人之多，女人仅有二十七人而已。又伊特葛穆赤图贝勒旗（三音诺颜汗盟所属），其一百人口之中，男人且占八十三，女人仅占十七也。反之，爱斯图公（土谢图汗盟所属）旗，每百人之中，女人六十八，男人仅三十二也。就各旗之全体而论，男人较多者五十九旗，女人较多者三十二旗。教主十三旗之中，则男人较多者八旗，女人较多者五旗也。

各盟人民之男女人数，亦两相差异。惟归结而论，喀尔喀全部之男女人数，则完全相埒。兹将各盟每百人中应有之男女人数，列举如左：

区域名称	男　数	女　数
车臣汗盟	四七	五三
土谢图汗盟	四九	五一
三音诺颜汗盟	五四	四六
扎萨克图汗盟	五三	四七
教署所管	四三	五七
喀尔喀全部	五〇	五〇

由是观之，喀尔喀之男女人数比较，与俄国颇相类似。俄国

每百人之中，有男数约五〇·二〔一〕人，女数四九·〔〇〕九人焉。

（四）成年之数额

调查表内，关于区分年龄之数额，远不若其关于男女数额之完备。一则女人未曾为年龄之分类（仅备有女人普通之一栏），次则男人方面，亦非各色人等，全皆按照年龄，列为分类。如属于宗教阶级之人（人数甚夥，参看下述），尽列入喇嘛、班吉一共同之栏，毫无年龄之区分。贵族（台吉）则仅按照年龄，分为两类，即未成年者（十八岁未满者）与成年者（十八岁已〔以〕上者）是也。仅有关于两种男人，即奴隶（哈穆直勒噶）、自由民两项，载有较详之区分。因此两种人民，实占四盟人民男人总额之〔百分之〕五分之二以上（确实言之为百分之四二·六）。故余认为将上述两项男人，作成年龄之区分，非为多事之举。此区分年龄之统计，不能解答喀尔喀全体民众年龄统计之问题，固不待言。然对于吾人所注意之目的物，究能放一线之光明也（参看附表第七号）。列表如左：

各盟名称	奴隶及自由人之数目额			
	未满十八岁者	十八岁至五十岁者	五十岁以上者	总　　计
车臣汗盟	六，三三七	八，六四五	五，二一三	二〇，二三五
土谢图汗盟	八，六八三	九，九五五	三，七六五	二二，四〇三
三音诺颜汗盟	一三，五三八	一二，八二三	六，七二二	三三，〇八三
扎萨克图汗盟	六，〇八九	六，二一五	四，七四五	一七，〇四九
教署所管	二，六三二	三，二二三	二，八一二	八，六六七
总　　计	三七，三一九（百分之三六·六）	四〇，八六一（百分之四〇·一）	二三，二五七（百分之二三·三）	一〇一，四三七（百分之一〇〇·〇）

据上表所载，是幼童及近成年者——十八岁未满者多于三分之一。中年人——十八岁至五十岁者约五分之二。而老年人——五十岁以上者则多于五分之一也。

（五）家族之大小暨家宅之户数

外蒙自治区域，无宗族制度之存在。此种社会经济之制度，究于何时消灭，殊难断定，似属早已如此。极端言之，首先考察中央亚细亚之坡〔波〕尔日瓦里斯基（参看坡〔波〕尔日瓦里斯基氏《第四次游记》第二三一页）及坡〔波〕塔宁两氏，前世纪七十年时代，均发见蒙人之中，非旦〔但〕完全无宗族制度组织，且毫无关于此种制度之任何遗迹。现今之外蒙家族，则完全具有个人制度之性质。关于此点，颇与欧洲之家族性质相合。论其多妻制度，虽未为喇嘛教（佛教各支派中之一种）规律之所禁，实际上几不存在。仅有少数之王公，蓄有二三妻妾，且多系于嫡妻无子之时为之。其普通人民则均严守一夫一妻之制度焉。通常皆系子已有室，则父使之分居，为之特设帐幕，听其自由处置。故外蒙自治区域之每一家族，同时皆成为独立之家宅，管领自己之帐幕。

外蒙之家族，平均大小，究竟若何，对于此问题，诸大考察家，至今尚各异其说，莫能一致。有谓外蒙家族以五六人组成者（参看莫斯科商业考查团一九一〇年报告书第二八一页至第二八七页），有谓其家族之分子不过三四人者（参看勃罗班斯〔氏〕著书第五十一页至第五十二页）。由外蒙之俄侨及当地蒙人方面，余曾屡次闻得传说互异，甚至完全相反之意见。一九一八年之调查表，最能消除关于此问题盛行至今之纷歧议论。该调查表内，备有帐幕数额之一栏，喀尔喀种族家宅之总户数及各家族之平均大小，均足借以断定也。

考查该项数额之结果（参看附表第五号第三栏），则可知家族之大小，因地而大相差异。最大之家族，乃在扎汗哲呼图克图教王（隶扎萨克图汗盟）之领域内。平均计算，每一家族，得有八·一人。最小之家族，在乌依金公旗（隶扎萨克图汗盟），每一家仅得一·六人而已。其他各旗家族之大小，均介于此两极点之间，而有所变动。各盟家族大小之变动。有如左列：

各　盟	帐幕数额	人口数额	每一帐幕中人口之平均数目
车臣汗盟	二五，五五二	一〇一，七九二	四·〇
土谢图汗盟	二〇，八五八	一〇〇，二二四	四·八
三音诺颜汗盟	三〇，六五一	一三三，八六〇	四·四
扎萨克图汗盟	一六，四〇七	七〇，二四一	四·三
总　计	九三，四六八（附注）	四〇六，一一七	四·三

附注：右表所载帐幕数额，已加入普通王公、教［数］王之帐幕一百一十五，为原调查表之所不列入者。

据上表所载，三音诺颜汗盟，特著最大之家族。车臣汗盟，特著最小之家族。惟其相差之率，不甚大而已。四盟各家族之大小，平均为四·三人。因此四盟人民之总数，占外蒙全部人民之百分之七十五。故吾人如认此四·三人之数额，为外蒙自治区域全部家族共同之平均家族数额，亦无陷于误谬之大危险。昔日之各考察家，试行断定外蒙家族之大小者，实无人能得正确之数额。盖外蒙之家族，非以五六人组成，亦非以三四人组成，其真实乃两数之折衷也（参看注五）。

注五：为比较参证起见，兹将其他各国家族之平均人数，列举如下：法兰西每家三·六人，瑞典三·七人，比利［得］时四·三人，丹麦及那威四·四人，德意志及意大利四·六人，匈牙利、英吉利、美国均系四·七人，日本五·四人，由是观之，外蒙家族人数，并非甚少，可稍〔称〕为中等人数之家族也。

帐幕之数额，即家宅之户数。四盟总计，共有九三，四六八。就外蒙自治区域全部之人数加以计算，则帐幕或家宅之户数，可得一二五，〇〇〇焉。

（六）阶级之区分

现时外蒙自治区域，存有五种阶级。即王公、贵族、平民、奴隶暨教务人员是也。此外尚有一特种之人，曰布塔赤，即无种族之来源，多由于不法而产生者也。

王公

王公为最高之统治阶级，通常每一旗，皆有一世袭之王公为首长（长子继承王位）。仅有科布多区域之四旗，如鄂列特（句）、明盖特（句）、扎哈臣等，有选举之王公，王族之发生，常具有荒渺无稽之传述与纪事。兹引叙楚罗斯（或作撮罗斯）种族之就尔别特各王发生之传言，作为举例，则可见一般。该项传述，谓古时现之就尔别特人祖先，曾在那德高山之旁游牧。此山之高，直达云霄，常为浓云所蔽。山之巅顶，有一小湖，充满清洁之泉水。湖之沿岸，则灌木丛生。某日一青年之猎者，追逐野兽，登此山巅，行经湖畔，忽闻欢笑语言及湖水激动之声。青年之猎者心异之，而欲穷其究竟，潜至湖岸窥之，则见天女数人游浴其中（天女，蒙语稍〔称〕天葛利科洪），忽降入湖内，忽腾于云端。青年猎者之情欲，为其所动，潜回家中，携套马绳索，再登山顶，隐身灌木丛中，天女毫无察觉，降入湖中，沐浴如常。青年猎者，得便抛绳，系获一女，引上湖岸，余众由湖面惊起，匿入云间。青年与此女缱绻后，复纵之还，女遂复回天上。然此人世青年，与此天女之一度爱情，未能了却尘缘。未几，天女自觉怀孕，欲掩饰其耻辱，复降至山巅之湖畔，遂于湖岸生一子。女制一摇篮，悬于树间，以居其子。并出胸前之乳，盛入壶中，而将壶嘴纳入其子之口以哺之。为免此婴儿啼哭起见，置一黄鸟于枝头（蒙语稍〔称〕此鸟为唐盖特爱美特），以其歌声愉悦之。后此天女遂永归天界，不复来至人间。当时恰值就尔别特人之租〔祖〕先，王位无人承袭，群众请求圣哲指示，何处可以得王。圣哲祷告而言曰，示尔有众，那德高山，速往登临，寻之湖畔。来〔群〕众得圣哲之指示，同往指示之所在，行抵湖畔，忽间〔闻〕鸟鸣儿啼，众遂解下摇篮，携此婴儿还，黄鸟则自行飞去。此天地之子，遂得为楚罗斯王族之首长焉（此段系布鲁笃科夫君向余传述者）。

蒙古各王发生之实在情形，自然非系若此之可歌可咏。其大多数，尤以喀尔喀为最，均系成吉思汗之后裔。因此之故，彼等甚为骄矜。惟此大战争家之后裔，已不能将其雄威祖先之重量盔甲置于肩上。最古老最荣誉者，为土谢图汗之种族。王公之数，并不甚多，与旗之总数相埒。且仅在科布多区域内，有无统治权之王三人。外蒙自治区域共有王公或王府一百一十五。王分为六种等级如左：

（一）亲王；

（二）王（郡王）；

（三）贝勒

（四）贝子

（五）土谢公（镇国公）；

（六）公（辅国公）。

此系中国及满洲之官爵名称。自蒙人归附中国后，蒙人遂采用之（即一六九一年时蒙人归附中国）。

贵族

贵族之阶级（蒙语称为台吉），由王公家族之年幼卑属组合而成。贵族阶级，系永相世袭，历代相传。贵族与王公同属于白骨统系（白骨，蒙语称察罕雅苏，即血统洁净之意，指台吉而言，台吉均姓包尔吉格特），故其相互缔婚，与亲族缔婚相同，均皆禁止。贵族通常皆在各旗之官署充任高级官吏，并在各盟官署及中央各部供职。总之，彼等充满地方及中央之行政各机关，为特殊权利之阶级，享受租赋及司法之豁免利益。例如审讯之时，贵族不受刑责，且关于贵族案件之刑事判决，须经中央当局之核准，方能生法律之效力，皆为其特殊之待遇也。

自由人民

自由之人民，依理论而言，似应成为蒙古民族之中心。然因其数额较少（其数额若干将列载于后），无若此之能力。彼等为主要纳税、服役（征兵、驿站等事）之人，且为蒙古国民经济之主要流动力焉。

奴隶

奴隶即属下人（蒙语称为哈穆直勒嘎），为王公、贵族之护卫。为免除误解起见，余认为应加说明。蒙古奴隶之现时地位，与改革前俄国奴隶之地位，极少类是。在既往稍远或稍近之时代，蒙古似亦有蓄奴权制度之存在，一如一般之蓄奴制度。余曾闻得老年蒙人之传言，谓古时王公曾视奴隶为所有物，鞭挞、买卖、赠与、赌负，种种处分，任其所为。但此皆系往古之事实，年代甚远，余所闻老年人之此种传述，甚类似混乱时代及恐怖可骇之传言，不类似较近时代之事实也。现时奴隶之地位，实质上与自由人民之地位，无大区别。其对于王公或贵族之关系，最主要者为应以身服役于其主（通常属下人等均在其主人宅第轮流值日），并常代主人偿还其所负之债务。因此奴隶均享受蠲免租赋之利益，并不负征兵之义务。总之，外蒙自治区域之奴隶制度，系往古遗存之陈迹，处于今日情势之下，将速归于消灭而已。

宗教阶级

外蒙自治区域之宗教阶级，专由誓约独身之喇嘛而成。因蒙人之风俗，二子之中，必有一子出为喇嘛，故其数甚多。喇嘛组成国家中最大且有势力之阶级。人类天性之薄弱，及国民经济之需要，自然能使宗教阶级不尽皆严守其清规之誓约。其常住庙中，束身守法，遵僧人所应为之本分者，未必多于三分之一也。大多数之喇嘛，常住于尘世，经营家业，甚至娶妻有家，与宗教之关系，不过光头落发、着黄红喇嘛服，及每遇大典之日，现身于庙堂而已。喀尔喀地方尤特别养成此种习惯（杜尔伯特人之规则稍严），多数之男子，均属于僧人喇嘛之身份，不能不发生生理（生育之数减少）与经济（生产工作减少）之关系也。

各阶级人口数额之比较

一九一八年之调查表，关于喀尔喀人之阶级区分，可惜其不甚完备，仅及于男子，且王公及高级喇嘛均未列载。该调查表虽具有此种缺点，然其关于阶级区别之记载，必须认为极可注意者也。共分为贵族（台吉）、奴隶（哈穆直勒嘎）、自由人民（负兵役义务者）、僧人（喇嘛与班吉）等四类。引叙该调查表所载之统计数额，则可得列表如左（详请参见附表第八号）：

各盟名称	贵族	自由人民	奴隶	僧人	无所属者	总计
车臣汗盟	二，五〇五	一二，二六六	七，九六九	二一，九〇八	二，六五二	四七，三〇〇
土谢图汗盟	二，五一六	一一，三八八	一一，〇一五	二一，三九四	三，〇八八	四九，四〇一
三音诺颜汗盟	四，一七四	二〇，七三六	一二，三四七	二八，六七二	七，四四九	七三，三七八
扎萨克图汗盟	四，〇七九	八，九九一	八，〇五八	一二，二九四	三，七二六	三七，一四八
四盟之教署所管		八，六六七		二一，三〇九		二九，九七六
总计	一三，二七四 百分之 五·六	六二，〇四八 百分之 二六·二	三九，三八九 百分之 一六·六	一〇五，五七七 百分之 四四·六	一六，九一五 百分之 七·〇	二三七，二〇三 百分之 一〇〇·〇

如此表所载，是贵族之男子，占喀尔喀全体男人总数之百分之六而稍差。自由人民之男子，占百分之二十六而稍强。最可注意者，为关于宗教与奴隶两阶级之人口数额也。盖由上表可见，喀尔喀地方之喇嘛，达于可骇异之数额，即达于男人总数之百分之四四·六或半数而稍弱也。但此为平均之数额，按其各旗分别计算，则数额大为增加。二十八旗（九十一旗中）之喇嘛数额，超过男人总数之半。卓列克图贝子一旗（车臣汗盟所属）之喇嘛，成为男人总数之百分之七十一。教署所管之嘛喇，达于男人总数之百分之七十。如将博克多活佛所属科索葛尔湖区域，并连同科布多区域，合并计算，则外蒙自治区域全部之喇嘛，可达一一五，〇〇〇人之多（科索葛尔湖区域之喇嘛三千人，科布多喇嘛八千人，科布多区域喇嘛之数甚少，杜尔伯特人中之喇嘛为尤少），成为男人总数之百分之四二·四，人口总数之百分之二一·二。俄国宗教阶级之人员，仅居人口总额之百分之〇·五。并列比较，殊有趣味。此外，屡经叙及之勃罗班氏，于其关于蒙古之著书中，以加推断，谓蒙人总数四〇〇，〇〇〇人之中，喇嘛之数，无论如何，当不在一四〇，〇〇〇人以下也（参看勃罗班氏著书第五十一页）。如此，则是喇嘛之数，居男人总数之百分之七十，居人口总数之百分之三十五矣，勃罗班氏显系有惑〔感〕而云然。盖外蒙自治区域之僧人为数极夥，固不待言，然究不至若此之甚，如工商部委员之此种骇人听闻之臆断也。

奴隶之数，亦属甚夥。四盟之全部，可达三九，三八九人，居男人总数之百分之一六·六，或谓为居人口总额之百分之一六·六，亦无不可。盖女人奴隶，即男人奴隶之妻女、姊妹等，所有之数额，与男人奴隶之数额相垺也。各盟与各旗之奴隶数额，其差异颇大，有如左列：

各盟名称	奴隶之数	占男人总数之百分数
车臣汗盟	七，九六九	百分之一六·八
土谢图汗盟	一一，〇一五	百分之二二·三
三音诺颜汗盟	一二，三四七	百分之一六·八
扎萨克图汗盟	八，〇五八	百分之二一·六

如上所载，可见奴隶人数之最多者，当首推土谢图汗盟。次为扎萨克图汗盟，其他两盟之奴隶人数均属较少。各旗之奴隶人数，差别尤甚。兹举例数端，列之于左：

各旗之名称	男人奴隶之百分数
苏密雅伦旗（土谢图汗盟所属）	百分之四
卓列克图贝子旗（车臣汗盟所属）	百分之五
爱斯图贝子旗（扎萨克图汗盟所属）	百分之五

再就喀尔喀而论，有二十余旗，其男人奴隶之数额，超过百分之二十五。其中之最多者，有如左列：

各旗之名称	男人奴隶之百分数
土谢图公（三音诺颜汗盟所属）	百分之五三
土谢图汗（土谢图汗盟所属）	百分之五一
伊勒登公（土谢图汗盟所属）	百分之五〇
车臣王（扎萨克图汗盟所属）	百分之四三
阿赤图公（三音诺颜汗盟所属）	百分之四三

教署及教王之所管，无奴隶之阶级。又杜尔伯特及科布多区域之其他各种族中，亦无奴隶之阶级。

四盟领域内（教署所管一并列入）男系人民之阶级区分，可得总结列表如左：

阶级区别	专属数额	占总数之百分数
王公（参看附注）	二〇五	百分之〇·一
贵　族	一三，二七四	百分之五·六

阶级区别	专属数额	占总数之百分数
自由人民	六二，〇四八	百分之二六·二
奴隶（即属下人）	三九，三八九	百分之一六·六
僧　人	一〇五，五七七	百分之四四·六
无所属者	一六，九一五	百分之七·〇
总　计	二三七，四〇八	百分之一〇〇·〇

附注：喀尔喀全部之王公家族，共九十一户，约四百一十人。因按照调查表之统计数额，喀尔喀人口之男女数额相等，故可认定王公之男子为二百〇五人也。

（七）蒙人之体格与容貌

形体

喀尔喀种族之蒙人，通常皆系中等躯干，体格强健。面部广阔，颧骨高耸，鼻形平扁，皮肤稍黑，较欧洲人为黑。目睛黑而有光，形似曲斜位置之狭隙。牙齿洁白，光辉如珍珠之色。两耳外张，面无毛发。男人之具有胡须者，极有〔为〕罕见。头上之发甚密，其色如乌鸦之羽。男及女（十六岁以下者）头之前部剃光，后部留坚密结合之长辫。已嫁之妇女，头前之发，并不剃除，总梳成特别之发结，下将详加记述。杜尔伯特人之状貌与喀尔喀人稍异，面部稍长，鼻亦较长较直，皮肤尤黑，然此皆为较细之变状，两种人之本性则相同也。蒙人中亦偶有和蔼英智之容貌，妇女中多系本来固有之容貌，美丽者甚少。因此蒙人之形体中，绝无风雅动人之处。凡高加索山人所具有之端庄合度窈窕轻妙，皆非其所有。蒙人适与之相反，殊见其体短而肥，姿势蠢钝笨重也。蒙人之体质，普通皆系坚强枯瘦，然亦有例外。如喀尔喀之阿赤图王则甚为肥硕，坐于马鞍之上，其腹部乃倾越鞍之前部。其他如扎贝子亦甚肥重，当吾侪考察团驻在扎音萨毕之时，彼曾来至吾等之居所，一马之力皆不足以负之，故乘俄国马车，驾以一双良马而行。蒙人之腿部，与善骑者相同，呈弯曲之状。两腿相离甚远，似两腿之支持颇不稳健者，不良于徒步而行。进行之时，全体倾而向前，双臂投向背后。男女间外表之差异甚小，其服装之相同，及男子面部缺乏毛发，愈加表现其相类。故欲辨别立于面前之蒙人，而断定其为男女，殊非甚易也。

健康

余与其他外蒙考察家之见解相反，喀尔喀人及杜尔伯特人，由余视之，实为强壮健康之民族，此系由于天择之效能，自不待言。盖处于蒙人严厉生活条件之中，其病弱者早已丧于婴儿之时代，仅有天赋健全者可以长成也。蒙人体质之强健，犹有一种有趣味之事实，可以证明。凡施以割疗手术，其经过甚为良好，普通皆系如此，几无须麻醉之剂。且伤创之长成甚速，华人则不足以语此矣。柴贝克塔罗夫博士，在库伦行医约十年之久。据伊之意见，谓系因蒙人之体质中，具有甚多之生活神经。华人之体质中，则比较缺少。一系新鲜弹性之组织，一系衰萎损毁之组织，颇不相同也。惟余对于波尔日瓦里斯基氏所为之断定，谓蒙人达于老耄之年龄者甚不少见，无论如何，殊不能加以赞同。余居留外蒙自治区域境内一年有余，对于蒙古各部所为之调查，实使余趋于相反之断定。即蒙人之寿命，并非如此之高。蒙古人中须发皆白之老者，殊罕见也。蒙人年当五十、六十之时，牙齿尽落，其原因似系多用肉食为主要食品之故，外观亦极为衰老不堪。一九一八年之户口调查表，凡年逾五十以上者，皆列入老年人分类中，良不诬也。

疾病

蒙人纵可认为强壮健康之民族，亦并非谓不患有任何疾病，自不待言。蒙人之中颇有疾病，且有几种疾病，性质极为危险恶劣，将来可危及蒙古民族之生存。然现时病毒之流毒于民族，尚未甚深，时机尚未放过，犹可施行必要之治疗方法也。

其各种疾病，可述之如下。儿童病症，在蒙古民族之中，非若欧洲人民中之种类繁多，如猩红热及白喉两种病症，在外蒙自治区域内，几全无之。上述之柴贝克塔罗夫博士曾告余云，彼在库伦行医十年之久，仅遇有患白喉病症者不过五次，且均系当地之俄侨。因此患肠病之儿童甚夥，肠病之传播甚广，实为当地人民之大患，蒙古儿童之死于此者为数极多也。因缺乏相当统计之故，欲为统计之指明，殊不可能。然凡稍知蒙古生活情形者，均能一致证明此种事实之全然不诬也。

外蒙自治区域内，普通疾病中以各种眼病及皮肤病之传播为最甚，盖由于污秽不洁之结果。吾侪之考察团，每停留一处，必围聚蒙人甚夥，乞求眼药，患眼病者之多，可见一班〔斑〕。且患者之中，多有患特拉贺穆之眼病者。患皮肤病者之中，并无红色脓疹之病症，甚至据柴博士所云，彼未曾遇见一次。反之，胃部蟹肿及食道紧缩两种病症甚为常见，此盖因蒙人食用生肉及未煮熟肉品之所致。又偻麻质斯（风瘫症）及痔疮亦常见（由于乘马之时过多），结核肺痨病则几全无之（柴博士十年之久仅于僧侣之中遇有患黄瘦肺病者三四人），心脏病亦甚少见。

僧侣喇嘛之中，男色病传播甚广。全体人民之中，则梅毒之传染甚广。梅毒之传染入蒙，初由于中国，继由于俄国，逐渐广布于各种阶级与地位之人民，其流行至于不能制止。一八四二年，库伦之呼图克图乃喀尔喀之地方最高活佛，亦因传染梅毒而死，观此盖可知矣。侨居外蒙之俄国人民，均具有坚确之意见，谓外蒙人民几至人人皆被梅毒所传染。惟无论何人皆不能举出任何统计之调查，证实其此种意见，不过观测之断定而已。余以为此种之推断，实有太过之处。外蒙境内之梅毒，业已根深蒂固，则不容稍为怀疑者也。盖鼻部破坏者、腐败伤痕者、发出梅疹者，种种病征，在博克多活佛领域内旅行时，皆可数见不鲜，有时且有极苦痛之景象。曾忆某日当考察团旅行之时，吾侪曾在距色楞格河十五俄里之巴音葛尔瑚赖庙附近停宿。附近居民，一如往常，均迅速向吾人停住地点之火光集合而来。众来宾逼近火旁时，余注目观察此密集之群众，不禁惊恐异常，众人几全无鼻，语言带有鼻音，且有现出剧烈之疮伤者。遣往邻近各蒙人居所购求牛奶、肉品及其他物品者，归时均称彼处亦系如此情形，因此不欲向此传染病毒之人民购取何种物品。吾侪乃速下逐客之令，将此众危险来宾驱逐，并于天晓时离去此可怖之地方。外蒙地方梅毒之广播，犹有一事可以证明。即沿途喇嘛医生之时常请求医治梅毒药品是，尤以求与水银软膏者为最多（外蒙喇嘛系效法西医而用此药），吾侪因预知能有此种之请求，随带此种药品甚多，凡请求者皆欣然与之。与喇嘛人等为各种交际，水银软膏为最佳之礼物（外蒙地方无礼物则寸步难行，此人所共知之事）。并裨益吾人之考察事务不少，喀尔喀各寺院中最古老最灵应之额尔德尼昭活佛，因余于各种礼物之中，赠送一小盒水银软膏，彼则极为喜悦，此亦颇有趣味也。

种种情形，虽如上述，然余终不断定，谓外蒙人民全体，或几至全体，尽皆传染梅毒也。柴贝克塔罗夫博士谓库伦城内染毒之人民，达于百分之五十，梅毒传播于库伦之四周，约达五十至一百俄里之广，并推断喇嘛三分之一，皆为患梅毒症者。草地内之患梅毒症者，较为少数，余经行外蒙自治区域，几达全部，实赞同柴氏之意见。惟对于梅毒传染之区域，则以为应加入乌里雅苏台、科布多，及各大寺院如额尔德尼昭（句）、王瑚赖（句）、扎音瑚赖等附近地域，以及俄、蒙沿边之地带也。总之，梅毒在外蒙自治区域内，潜伏于人烟稠密之处为最甚，其游行于草地之游牧人民，现被传染者，尚属较少。然其情形大有愈趋愈下之势，此则无可讳言也。

除通常之各种疾病外，外蒙自治区域亦患有各种不择地而生之流行病。其中最常有最危险者，厥为出痘之症，每次断送数千数万人之生命于墓中。然被痘症死亡空虚之地域，逐渐缩小。盖俄人将种痘之法，带入外蒙自治区域，当地人民得速即蒙其福利也。喇嘛医士承认种痘之法以后，蒙人遂皆情愿种痘，且愿偿较巨之钱款，尤以流行病盛行之时期为最甚。惜喇嘛医士不能自制痘浆，仅系偶然得之于俄人，供其应用。故外蒙自治区域内统系之种痘，尚不存在，而痘症仍有甚大之牺牲也。

除痘症外，有时亦发生他种之传染病。如一九一八年时，外蒙自治区域全境曾流行一种传染病，当地俄侨称为伤寒病（ufluenza）。此种病症，究竟是否所谓伤寒病，抑系因无医学知识之故，而以此名加之于他种病症，不得而详。第知此种伤寒病症，于一九一八年时，确曾致死蒙人甚夥，有时全家尽行死亡。其尸身留置于帐幕之中无人掩埋，直至有人偶然发现此种空虚住所之时为止也。

八　蒙人之性质精神

被动性

蒙人最深之被动性，实为其秉性中之主要根性，并为其心理作用之基础。此种被动性乃天然与历史所养成。盖中央亚细亚高原地方，自邃古之时，蒙古游牧种族即已游牧于其间。其天然界乃严厉荒野之景象，具有广漠之大地域，剧烈之大陆气候，沙石之地面，灌溉之薄弱，动植物之缺乏，多数不适于生活之大沙漠。凡此种种情状，皆为天然历史之环境。现今所称为蒙古之民族，曾在此中经过其生存历数千年之久。就此伟大严苛之天然界比较而论，最初之人类，尚未具有战胜万物知识之实力，乃衰弱无能的，其所处之地位，恰如乳鸭浮泛于奔腾澎湃之大洋波浪间。中央亚细亚广大地域之天然界，足以制服人类，而降伏其智能，使其观感上充满恐怖之思想。人类与天然界竞争之念，因之泯没无存。人类自认为天然力之奴隶，业已养成习惯，听命于其雄威暴烈之前，而无怨言，亦不思所以抵抗之。对于此天然界，如由继母之席上，间亦投以可怜之残余物品，亦怡然受之。凡此种种情状之集合，似故意欲将人类之自由意思、固有血气、自信力、刚勇性，及希望进步等事，全皆除去。换言之，实故意养成人类之精神委靡、冷淡性情，服从命运，满足当日所得之些微，此天然势力之所致。更有由于历史之势力者，如物质享用之低微，文化发展之鄙陋，民族内政组织之专制权力，多年处于外国压迫之下，受印度佛教势力之支配。凡此一切情事，皆足以于中央亚细亚各民族之精神上，加以印象，尤以蒙古民族为最甚。其结果遂致此最深有机之被动性，渐成为天性，虽有几次例外，此被动性究足判定蒙古民族之千年历史也。

　　此被动性，由欧洲人视之，乃奇异莫解者也。直至今日，仍触目皆是。凡政治组织、经济生活、宗教信仰、道德风俗等事，几无处不有服从混同之恶化精神之显然痕迹。牧畜之事，最为显著。盖蒙人乃游牧之民族，牲畜为其生存之唯一根本，谓其生死系于畜产，实非过论。因此之故，彼等关于牧畜之事，自应不惜时间、劳力与精神而经营之。且关于牧养及防止畜类传染病等方法，于其千年之历史中，亦自应有所发明，或本其经验之所得，而著成合理之法则。然实际上吾人之所见，乃适与此相反，应有者则皆无有也。现今蒙古之牧畜制度，鄙陋达于极点，全在原始牧畜之状态中，几全未施以何种人力。畜类不分冬夏，全年游行于草地之中，恃草为生活。饲养之刍，蒙人向不备置，燕麦、大麦等饲料，亦向所不用。温暖之居所，从未建设。畜类之安全，尽系听天由命。其结果遂致每年马、牛、羊之死于饥寒，及冬季风雪，与春季暴风者，动以数百万计也。再蒙人关于医治畜类病症之固有知识亦属甚低，其兽医之事，无非巫医等类，对于重要之兽类传染病，无治疗之能力。如牛、羊每年常因传染疫症，死亡极夥，甚至空群，而当地人民则坐视其财富之大部损伤，认为此系上帝之惩罚。直至有俄人到来，方与以防疫注射药，于极短时间博得当地人民感谢之意。疫症姑不必论，蒙人乘用骆驼数千年之久，对于骆驼长途旅行之时，磨伤脚掌之事，至今尚不能谋得一项稍为确实之方法，以防止之也。

凡此种种事实，具有欧洲人心理之人，皆认莫须有者也，蒙人之思想与感觉则大异其趣。曾忆考察团出发之初，在库、恰之途中，余当停驻时获与一智识阶级之喇嘛语。该喇嘛系由寺院回家暂住者，深愿〔虑〕天时不佳，据云去岁冬季（即一九一八年至一九一九年之冬季），彼之财产受重大损失，羊二百五十，瘠死一百五十头，牛五十，死十头。余不禁发问曰："君何不刈草以饲之乎？"并为之详细说明合法经营牲畜之利益。喇嘛倾听良久，两唇作势，发为坚确信实之声音以代答复曰："吾等殊不惯刈草饲畜也。"语毕默然，将手中所持念珠移动数颗，继续言曰："上帝赐之，上帝夺之，奈之何哉？惟应祈祷而已！"

蒙古喇嘛之言，使余深为惊异。余以为与谈话之人，乃一奇异之人，不可以理解者也。余现悉余之疑怀，实毫无根据。盖此服从命运之喇嘛，乃其民族之本性代表。其发言则为公共认许之词旨，足以传达蒙古精神之神秘举动，而表现之。其数百世之有机根性，乃其天然界历史界环境所养成之被动性也。

懒惰与游嬉

蒙人之性质中，尚有他种之本性与其被动性密切关系，即其本来之懒惰性是也。不可谓蒙人不具有工作之能力，遇必要之时（如随骆驼帮长途旅行等事），真能尽力耐劳。然通常蒙人不喜工作，一切经营致力之事，皆深恶之，以安闲无所事事为世界无上之幸福。德意志之谚语，所谓"生活由劳苦而甘美"，不足为蒙人道也，蒙人之本性上实不足以知之。每见俄国首长（即商业、外交或其他任何业务之主要人员等）永久繁忙有所经营，则深为惊异。依彼等之意见，凡人所居之地位愈高，则其服务应愈少。盖天之生贵人者，实使其养尊处优，享受荣华，不劳其心身也。

此种天赋之懒惰性，养成习惯性之游嬉性，成年之男子为最甚。妇孺则尚多工作也，凡收集干粪作为燃料、烧灶做饭、饮牛羊、缝衣裳等事，皆妇女之任务，牧畜则幼童幼女之任务也。因此妇孺反多勤劳，其天赋之被动性，表现者亦颇弱小。成年之男子，则通常皆系无所事事之人，除随从驼或牛运输帮之时外，其余之时光，尽皆虚掷于极端闲散之中。或幕中高卧，或饮茶无度，或食"塔雷克"（其物如煮沸乳汁之类），或食"乌尔穆"（乳汁制之厚片）。凡意想所及之无谓琐事，相与聚谈，絮絮不休。当夏季之时，幕前常系有备鞍之马，蒙古之男子，不肯徒行一步。高卧于自己幕中，久而厌烦之时，则乘马赴邻人处，仍饮茶、食"塔雷克"及"乌尔穆"并与主人交换新闻。主人与客同为无所事事之人，故彼此联合，二人同往第三邻家，再为同一之举动。对于相近之邻人走访一周，傍晚乃归家安眠，并含有愉快之意，以为当日之经过甚畅美也。次日则仍旧无所事事，饮茶不休，走访邻人或接待邻人。如此日复一日，直至严寒之时为止。只有冬日之严寒，及遇有怜惜此饿马之必要时，可以羁留蒙人于其自己之幕中。此时牧畜之事亦较困难，故家长无论出于情愿或出于勉强，应参与其事也。然总结而言，蒙古之男子，几全年十二个月连续处于游嬉之中。蒙人终年之中，只有唯一之佳节，即蒙人所称为"察干萨拉"之新年者是，实无足异也。新年之外，别无他节。惟蒙人之成年男子，既终身为密接无间之佳节，听其岁月之蹉跎，尚何为哉！

时间非金钱

此种生活情形之中，其时间之价值，可等于零，自不待言，有时且发生相反之结果。美国著名之谚语，谓"时间即金钱"（Time is money），凡西欧各国莫不是认之。蒙古则适与此相反，当谓"时间非金钱"也。盖蒙人素不爱惜时间，且不知如何可以爱惜之。就时间之意味而论，蒙人为真正之"浪费者"，为欧洲人人所深恶痛绝者。如与蒙人约定行帮于星期五日出发，该蒙人于星期日或星期一始将骆驼牵至，亦意中之事。君如对于此迟延误事之人，加以发怒之责言，彼则仍持毫无羞忿之态度而声辩曰："余度君于是或不启程，君必曰吾等已约定于是日启程，余何能不行？"彼将谓："余自清晨看出，天气不佳，阴云在空，余度君必不行矣，且急急何为？一年之中时日正多。"君闻悉此种声辩之后，当知此非欺人之谈，亦非系借以饰非之遁辞，乃其极诚恳深切之信实心也。蒙人天生不能明悉，行帮应于约定日期出发之关系若何。一年之中，时日本属甚多，而此甚多之时日，对于蒙人则均相同等焉。观蒙人之谚语，对于节省时间为坚决之非难，益信其不诬。据坡〔波〕尔日瓦里斯基传述，蒙古之向导人，曾迭次向伊云："善良之人，永不急急。其急急者仅盗贼之所为耳。"吾等考察团中之向导人某，每当余急急由停驻地点出动之时，彼必表示不满意之面目，发怒而言曰，急煞冻煞。

德国著名经济学者卓穆巴尔特氏，于其《现代资本主义》之著作中，形容日斯巴尼亚国民经济与文化之衰败。举述日国各铁路停车场不尽备有时计之事实，以为其意见之佐证。外蒙自治区域之时计设备全然缺乏者，使卓氏得知，亦必将为同一之论调也。外蒙之王公、喇嘛，固亦偶有备欧洲之时计者，然此乃因近年由我俄国传来之势力。其广众之人民，则至今尚无有任何计算时间之器具，可见其并无此种需要。不特此也，蒙人并量长短距离之尺度而亦无之。其唯一之量长尺度，可与欧洲之尺度相比拟者，厥为"阿勒当"，即以两臂引伸之长度。惟此种长度之大小，自然因量者之体高，而生差异。顾无论如何，此犹可谓为与尺度相类也，此外则毫无何种尺度矣。盖"阿勒当"以下最终之距离量度为"乌尔顿"，即邮站是也。其相差乃至十二俄里及六十俄里，是则可以辨别者。蒙人对于中、俄两国之钱币虽已完满采用，而对于两国之尺度则茫然不知也，此种奇异之事实，可与时间价值等于零之事实相发明也。蒙人行路之时，不甚关心于何时到达，驼或马终必送彼达于目的地。至于先数小时而达到，或迟数小时而达到，则于彼全然相同。一年之时日甚多，无须急急也。因此之故，在蒙古旅行之时，欲先明其距离之远近，常属甚难。对于至某处距离远否之问题，蒙人常为极不确定之答复。如云，"远""近""不甚远""好马一日可达""须经两宿"之类是。如反复追问，则最后必将尽其所能知之确实方法，断定距离，答曰一"乌尔顿"，发问之人仍旧不能明了，究竟尚应行十二俄里或六十俄里也。

污秽及不清洁

蒙人与一般文化低之人民相同，生活于污秽及不清洁之中。胰皂之应用，蒙人皆不知之。手及面部有时尚以冷水洗濯，身体则永不沐浴，因此其皮肤之上，积之日久，污垢丛生。蒙人所着之衣亦不加浣濯，且不着至褴褛不堪之时，不肯解除。恰巧蒙人所用以制衣之中国材料，不甚坚实，不能支持一年以上，故最久于一年之中，尚能将上衣下衣更换一次。通常蒙人之衣服，皆系油渍污垢达于极点，因其积垢与汗混合，蒙人皆发出一种特别之气味，令初次嗅及之人发呕。蒙人之家庭各处亦极不清洁，器皿永不洗涤，积垢甚多。油内常存有毛发、皮块及其他异种之混杂物，牛乳之中常存有多量之杂质，故将一杯饮干之后，杯底残留浓黑之沉淀，类似砖茶。此种积久之不清洁，蒙人非特不厌恶之，转认为有何种宝贵佳妙之处。盖蒙人之中，流行一种迷信，谓涤除污秽，即涤除其幸福也。因人人皆欲达到其幸福，故人人皆尽力于污秽之培养。此种不清洁之癖性，自然不能无流弊，为以上所述各种皮肤病及眼病之泉源，且足以助长多数之寄生物，虮类猖獗，吸食蒙人。蒙人闲居，时常以手搔痒，善于捉此浊物，并投之于地，盖按佛教之教义，杀害任何生物皆为罪恶也。旅行外蒙最难之事，为避免寄生物之传染，吾侪考察团之各团员，得比较安全而免于此种危险，殊堪自庆也。蒙人此种本来污浊之外，尚有任意大小便之习惯，无论何人在旁，均不避忌。且在外蒙首都之库伦城内，亦可见男女鹰踞出恭之体态。据俄国第一任驻库伦领事锡什玛列夫氏一项公文内称，都城得以救护免于蒙人恶习之害者，实赖有多数之野犬，食去一切之秽物也（参看附注）。

附注：久居库伦之俄人，曾向余讲述云，二十五年至三十年前，因蒙人任意出恭之事，曾发生外交冲突。彼时驻库俄领锡什玛列夫氏，经行街市时，其车将出恭之一蒙妇轧死。地方当局因此提出要求，锡什玛列夫氏当时答复云，如居民在城市通衢之途中，任意鹰踞，彼殊不能担保其无危险。外交文件争持甚久，最后之结果，始商定另辟一特别街道，专为锡氏及一切俄人通行入城市而设，不准蒙人在此街道上鹰踞出恭云。

愚昧及迷信

由上述种种情形观察，可以明悉，欲待蒙人于文化、教育方面，有何种伟大进步，实未免看事大易也。蒙人之愚昧，殊堪惊异，除高级喇嘛及少数揽政权之王公以外，其余外蒙自治区域之住民，其知识之程度，均低微达于极点。中常之蒙人，除自己之牲畜及游牧生活之简单家事外，实则毫无知识，且忘记其既往。关于自己民族之历史，毫不明悉。全国各处所散布之古墓及城郭遗迹，亦不能道其详确之经过，不识本民族固有之文字（能读诵并书写蒙文者不过百分之一）。远离本和硕之外，越界他往之时甚少，库伦为其九天以外之九天王国。至于蒙古境外之一切情事，梦中亦未尝忆及之。曾闻有爱登汗（中国博克多汗）及察干汗（白王）存于世界之上，但其领域何在，何人册封，至及该处所盛行之风俗与秩序若何，凡此种种及相类之问题，均为其思想所未及者。其对于此等事情，恰如对于去年之荒草，漠不相关也。最足证明者，非任何普通之蒙古人，最著名额尔德尼昭寺院之瑚比勒干，乃外蒙宗教上高级人物之一，当余拜谒之时，曾问及云，察干汗安好否，一九一九年夏季之事早已发生矣。

愚昧之外，且有许多离奇无知之迷信。例如居住于旧科布多城故址附近之蒙人，互相传说，该故址现为鬼神所占据，夜间喧哗谈笑，并击防守之锣（参看坡兹〔德〕聂耶夫〔甫〕氏所著《蒙古及蒙古人》第一卷第三三九页）。掘地之事，蒙人认为非常危险，谓其可以招灾。吾侪考察团，曾在加拉科卢穆部落，成吉思汗古都故址旁停驻。当时附近蒙人均向吾人停驻地点而来，并现惊扰不安之状，询问吾人是否预备掘地。据云十年前亦曾有某项任务之俄人来此，彼等掘地之结果，畜类发生传染病，倒毙者甚夥。又在他处据蒙人之向导某传说，前此未久，喀尔喀人某因闻传言，古墓之中，埋藏之宝物甚多，为其所动，遂发掘古墓，果获得金制物品，但未几其全家之子女尽皆暴亡。凡在所谓圣地砍伐林木者，亦甚危险，圣地之数，乃至十万百万之多，砍伐圣地林木，能致旱灾、冬季多雪、人类死亡，及他种灾害。扎音萨毕之蒙古扎贝子，因其子死亡，曾向当地俄蒙银行分行要求赔偿，其理由则以该银行曾于三年前砍伐圣林之树木数株。其子之死，认为系此种亵渎圣物之结果。蒙人信鬼于夜间游行，以鬼火闪烁，使行人迷途，并信有多翼之龙，有飞向圣灵者及活佛之时。彼等坚信喇嘛能以咒语散开云雾，先施雷雨，并能停止或加速天体之运行。余曾闻得有趣味之传说，谓那尔班赤活佛，为免于所订期限偿还对于中国商人之欠债，曾系日而停止时光之进行。厥后居民恐惧，相与集足偿债必需之款额。此灵巧之活佛，始将日解系，而恢复当时之秩序云。

识别力及访询性

蒙人性质中之特点，为其奇异之识别力。系由于蒙人普通感触之事物稀少耶，抑由于其新鲜未为外物所蔽之聪明力强大耶。只此中央亚细亚高原半野蛮之游牧民族，善能辨识欧洲人所不注意之事物。蒙古人实具有特别之视官、特别之感触者也，能于他人数百只绵羊之大群中，觅得自己之绵羊。按照经过驼帮之踪迹，行数百俄里之遥，不致失迷路途，能在无标识可认之旷漠草地内，及戈壁沙漠之凹形同类中，觅得路途，蒙人视为通常之事。如欧洲人行于城市之通衢焉，有时且能遇有超出天然识别力以上之实例。如扎坡贺音河有一极富之蒙人，管有骆驼千头，能按其足迹而认识其某者，一一无差。此种性质，就蒙人常对于杂居之外国人加以绰号，亦往往显著。例如库伦一德国大商行之委任人俄人某，发言时喜滥用"鬼"字，蒙人当时察觉，群呼之为鬼，此名遂从此传留。又俄商人某，初次来蒙时，着白鼠皮帽，遂因此得"察干玛拉盖"（即白帽）之绰号。再有一俄商人某，喉中有一银管，系于手术后经医生所置者，众遂呼之为"蒙恭贺勒"（即银喉）。此种实例可举出甚多也。

蒙人甚喜访询，犹如幼童。库伦俄商人妻曾向余述说云，伊初次来到丈夫处时，其贸易之幕前，自晨至暮，聚观者甚夥。附近蒙人均来看彼，抚摩其衣服，转动其帽或巾。且距离三十、四十至五十俄里之人，均曾特来参观。蒙人相见时，相互发问之第一问题，必云有何新闻，互相谈话者，遂开始将个人所有之一切消息，倾囊倒出。吾侪旅行外蒙之时，亦常有好访询之土人围观。蒙人于草地之中，无论何处，遥见吾侪之行帮，必即速转向吾人方向，于马上尽力奔驰，来至吾人车驾之前，访问吾等何人，自何处来，往何处去，作何事务，然后疾驰而去，瞬息甚远，忙向其同伙传说新闻，一日常遇此等事至数次之多。晚间停宿时，则附近游牧之居民，群集吾人之幕前，围坐向火，并如儿童之喜访询，对于吾人一举一动，无不追踪。有时，尤以吾人以晚餐享客，并以茶饮客，相与长谈之时为最甚，彼等则更肆行其多话访询之能事。最后则纷纷兴起，乘马驰向各方而去，到处散布消息，谓来到奇异之俄人团体，甚为豪富（日日食羊肉），但并未携带货物，人人皆书写记载并视察土地而已。因此种"蒙古电信"之故，考察团之消息，永远传达在吾人到来之先。吾人行抵某处之时，常获悉此地早已知吾人之将到来也。总之，蒙古草地虽甚广漠，而各种消息，则因当地人民之喜传说好访询，传播之力具有可惊之迅速焉。

宽厚及好客

畅快之宽厚性及好客性，均属于蒙人之性质中之主要感情性。蒙人之愁眉怒面，状似忧戚者，极为罕见。蒙人可轻于发怒，恶声辱骂（其肆口谩骂不亚于俄人），甚至以拳相加，然究非本性自然聚精会神以发怒也。其心性之变化异常陡然疾速，方经极端忿激，喧嗔诅咒，时历一刻，则状貌聚变，达于不可知之境域。一天云雾俄然皆散，喜上眉稍〔梢〕，目光含笑，如未曾发怒者然，已向君引臂和好矣。君不禁引起感觉，周旋于君之前者，非系成年之人，恰如小儿也。然忿怒之时较少，通常皆处于快乐宽厚之中。时露其洁白美观之齿牙，诙谐笑谑，并喜听他人之诙谐笑谑，大声欢笑。尤喜高歌，每于草地之上，乘马驰行，歌其同一声调，有如草地。洪朗舒畅之歌曲，此时视之，则令人不能免除一种奇异激动之感想，恰如揭穿千年之重幕窥见自己固有之往古，业经久已消失忘怀，埋没于许多世纪花岗石地层之下者，而留有几种深远返响，及混杂闪烁之背影，存于心性中也。

蒙古之接待宾客亦颇宽广，凡入蒙人之帐幕者，皆可望得其殷勤欢迎之接待。来宾被延至屋角而坐（屋角者即蒙人帐幕内之红色屋角也），女主人亲至献茶，主人则出鼻烟盒以让客，客应以指取用，不取用者，对于主人为失礼，客自己亦应出其鼻烟盒敬主人。周旋毕，始讲论新闻。蒙人初次识其所应用之人时，赠之以哈达，即稀丝制之宽带，通常皆为天蓝色。哈达在外蒙境内，成为拜谒名刺之用，传播极广。无哈达与无礼物者相同，皆寸步难行也。就哈达可表明两人彼此之关系如何，哈达愈长愈佳者，则为赠者对于受者之敬意愈深。哈达并可作为辅助货币之用，于后将详述之。

接待宾客之风俗，于蒙人之旅行各处极为便利。凡行旅之人及拜佛者，皆可信其无庸挂怀于途中之食住。各帐幕中，无处不饮之食之宿之，并与以饼干之类，供其携带。故蒙人之首途，有如天空之鸟，任何物品皆不携带。犹忆某日在"托罗依"及"鄂尔浑"之途中，吾侪之考察团，曾被自库伦往额尔德尼昭拜佛之一双行善夫妇追及。此夫妇二人与吾人之行帮会合而行，同行数日之久，余得加以考察。此拜佛者之行装，殊使余惊异。彼等乘马而行，鞍旁之布囊内仅有外衣一袭，预备到目的地后，装饰之用，此外则一无所有。凡肉品、饼干、酪干、面包等类，皆不曾带。且并通常蒙人所用以饮牛乳及茶之杯类，而亦无之。自库伦自〔至〕额尔德尼昭路程达四百五十俄里之遥，余当经询问同行之人，彼等行如此长途，何以所备行装如此轻减，有一人具极笃实惊异之意答曰，否则将若何，沿途之帐幕岂不多耶。

吾人旅行外蒙自治区域之时，曾常获享受蒙人之招待。余关于此等时会曾保有极好之记念，有时且遇有可感动之歌舞。如考察团在鄂尔浑河流域之古代"卡拉科卢穆"故址停驻时，是其一例。其歌舞之佳妙，使余不能不感动而为详细之记载，有如余旅行日记中之所记也，兹引叙之如左：

　　当吾等行帮整理行装预备就道之时，前此曾来会面相识之蒙人，复来至吾人处，邀请到彼幕中待茶。是日天气阴雨，吾等均无谢却之决心，遂相与同往。主人之居，人已甚满，全家之人及其远近戚属皆在焉，妇女及幼童均甚夥。妇女之中以主人之女为最美，盖为一年约二八之妙龄女郎，嫣红秀丽，凝眸含情，乌丝浓密，如此黑夜，束以红缘，此为草地真正之鲜花，春风生意与地母丰饶，胥钟于是也。

　　众人围坐向火，如蒙人习惯，更觉人满。主人以佳美之品享吾等，凡"牛乳""酪""茶""塔雷克""阿拉齐"（蒙古烧酒）无不具备。当时精神欢畅，考察团之团员数人最后均入于喜悦美满之境遇。而余同行少年中之一人，则凝视主人之少女，颇为其所动，并加以评断，谓地球之上有五大洲，曰欧罗巴、曰阿非利加、曰阿美利加、曰澳大利亚、曰蒙古利亚。蒙古之三音，则极为三音（蒙古三音为良好佳美之意）。同时吾人受引动之伴侣举其右手之大指，盖蒙人每当表示何种特别赞许之时，必如此也。

　　幕中有带弦乐器二具，纯为蒙古乐器，类似粗制之胡琴，仅有马尾之单弦。余当请求弹唱，主人与其子操琴，而其美女则开始歌唱。歌女之喉音清朗，乐师之技艺超群，因此合奏之结果，成为佳美本原之三合音。最可使余惊奇者，主人女公子所歌之歌曲，乃系即席之诗词，为余而作者，兹译其内容如左：

河水夹岸流兮

念逝者之潺潺

溯河流远瞩兮

见异乡之新旋

注浓美之酪浆以享我佳宾兮

宜磁杯而蓝缘

献白粉之香饼于灰缘磁盘兮

且罗列于君前

美目长官之来游斯土兮

设双幕于险峻之江干

经两日之飘摇兮已撤兮

知长官之无意于盘桓

愿来日之重逢兮

将聚首而言欢

如今日之分襟兮

　　殊畅悦而无难

　　余当时颇为感动，曾赠与歌女二十五卢布。歌女得钱，笑容可掬。惟此后则频引臂入怀捉虱而投于地板之上，此真蒙古之本色也。

　　余于此处可乘便驳正一种误谬之见，盖凡与蒙古交际往来之俄人，皆盛传此种谬见。如在库伦之时，我国人等曾向余言及，谓蒙人好客之风俗，达于若此之境界，由欧洲人视之，直成为痴愚之性质，主人似常将其妻女供于停宿之宾客。惟余在外蒙一年之久，考察之所得，实不能证明此种传述之确实，此种事实或亦偶然有之也。

　　《现代之蒙古》一书，系苏俄出版，原著甚长，关蒙古之法律、政治、经济方面，均有详细之叙述。因原书及译稿均已遗失，不能窥其全豹，至为歉然。本刊各期所发表者，系未经失去之译稿，至此已完。译者附言。

《东北月刊》

北平东北月刊社

1932 年 1 卷 1—6 期

（李红权　整理）

绥远准噶尔旗鸟瞰

行征兵制，喇嘛为特殊阶级

社交公开，教育已无形消灭

作者不详

人口土地

准噶尔旗为鄂尔多斯左翼前旗，东与托县、清水河、偏关接壤，西与东胜县、达拉特齐〔旗〕毗连，南界河曲、府谷，北界萨拉齐、托克托，横约一百八十余里，纵约二百四十余里，全旗面积约二万二千二百方里。境内已垦之地约五六千顷，除黑界、河套川业经报垦外，其报垦未放者，即白界地柳青梁户口地，近年多已私垦矣。河套川一带土地肥沃，耕户殷繁，其余土地，砂碌〔砾〕丘陵，地质硗薄，在各川土地尤多斥卤也。居民男女共约三万余口，其中汉民约有三分之二，蒙民约有三分之一，汉民大半为河曲，府谷、萨县移来者次之。

人情风俗

准旗四界因与各县毗连，蒙人习俗，渐染汉民风气，饮食起居，与汉人无异，惟四季念经、跳神、祈福等事，仍沿旧俗。蒙人外出，持哈达、鼻烟壶二物，为接见之礼义〔仪〕，自那森达赖掌理旗政，将持用哈达、鼻烟壶之习惯，概予废除。蒙人得病，每请阴阳书符，念咒治疗，知识稍开之人民，间有用药材治疗者，但皆研末吞服，非同汉人之用水煎服也。结婚仪式极简单，以马迎娶，进入洞房。丧葬，有资产者用棺殓，但棺材为立式，以死尸坐其中，贫民多用火化，以塔压于灰烬上，以资标记。男女均喜用白手巾缠头，女子梳头为炼锤，长七八寸，由耳际下垂，炼锤之上，佩以珊瑚、宝石、珍珠之类，王公之家，妇女头上所佩之珠，价值有至数千元者。蒙古小曲，淫秽不堪，民众却喜听之，男女社交公开，稠人广众之下，尝见男女相依而戏，风俗之坏，可见一般矣。

军事政治

军队现有独立团二，混成团一。独立团团长奇文英，驻暖水，所属三营；奇凤鸣驻将军窑子，所属三大连；混成团团长郝聚斌，驻萨坑都，所属四营二独立连，统计兵力约在六百名上下，枪约五百余枝，其团长名义均系奇寿山时代给予者，并非蒙军编制应有。政治组织，扎萨克之下，设东西协理台吉二员，协理之下设管旗正章京一员、副章京二员，正为公布扎部，副为伯尔闹海及们肯济尔格拉，以上五人谓之事官。此外八参领、四十佐领、四十骁骑校分管蒙民，又分全旗为十三排，每排设达庆一员，分管汉民。

交通文化

全旗教育机关，只有那公镇同仁学校一处，亦系有名无实。蒙人读汉文者极少，读蒙文者不多见。奇子俊生前尚知世界潮流，竭力提倡，经此二次事变，教育已无形消灭矣。交通以王府——俗称大营盘——为中心，由此在河曲、府谷等处均有宽阔平坦之大道可行，载重车辆，惟过黄河须由船渡，若赴东胜、清水河、达拉特齐〔旗〕、郡王旗各地，虽有大道可行，但须绕砂越岭，道路崎岖，转折迂回，行人颇感不便。

出产税收

出产动物有牛、羊、驼、马、驴、骡。矿物有大碳、煨碳两种，煨碳产量颇丰，除供全旗燃用也，尚可行销于沿边各县。税收分地租、水草、靠捐三种。地租按地之好坏，以定租价之多寡；水草每羊一只，收洋七分，每牛一头，收洋一角；靠捐每羊百只，征二只，全年收入至多不过三万元（烟款不在此限）。

兵与喇嘛

准旗境内大部尽系黄沙，户口之少，亦所仅见，除将军窑子、那公镇、柴登哈拉寨、那令等处有住户数十家外，绝少五家以上之村庄，极目黄沙，穷苦难言。军队系征兵制，有事为兵，无事为农，惟平日对于训练极不注意。召庙全旗共有二十二所，以准噶尔召（俗称西召）为最大，总计喇嘛约有七八百名，各召均有养召土地，为讽经及香灯之助。蒙民对于喇嘛，仍视有〔为〕特殊阶级，一家有子二人，最少须有一人充当喇嘛，是以许多年来，人口并不增加。喇嘛在蒙民中，享有特殊利益，无论到何人家，有饭先尽喇嘛吃，有房先尽喇嘛住，蒙民之愿当喇嘛，不为无因也。

《西北言论》

北平西北协社

1932 年 1 卷 2、3 期合刊

（朱宪　整理）